마법, 위치크래프트, 오컬트의 역사

A HISTORY OF
MAGIC
WITCHCRAFT
& THE OCCULT

)(C
OCCULT

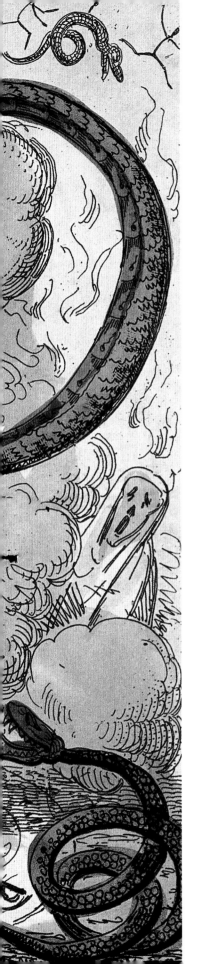

마법, 위치크래프트, 오컬트의 역사

A HISTORY OF
MAGIC
WITCHCRAFT
& THE OCCULT

DK LONDON

Senior Editor Kathryn Hennessy
Editors Rose Blackett-Ord, Anna Fischel
Senior Art Editor Nicola Rodway
Managing Editor Gareth Jones
Senior Managing Art Editor Lee Griffiths
Picture Research Sarah Smithies
Senior Production Editor Andy Hilliard
Production Controller Nancy-Jane Maun
Jacket Designers Suhita Dharamjit,
Surabhi Wadhwa-Gandhi
Design Development Manager Sophia M.T.T.
Associate Publishing Director Liz Wheeler
Art Director Karen Self
Publishing Director Jonathan Metcalf

First published in Great Britain in 2020 by
Dorling Kindersley Limited,
DK, One Embassy Gardens, 8 Viaduct Gardens,
London, SW11 7BW

Printed in UAE

For the curious
www.dk.com

마법, 위치크래프트, 오컬트의 역사

초판 1쇄 발행 2023년 7월 28일
ISBN 979-11-91509-38-0 (03900)

지은이 DK 편집부
옮긴이 오컬트 & 스토리
편집 박지영, 신정진, 이자연
편집디자인 북디자인경놈

오컬트
주소 경기도 남양주시 다산순환로20 4층 49호
이메일 occult.pub@gmail.com

FSC
MIX
Paper | Supporting
responsible forestry
FSC™ C018179

This book was made with Forest
Stewardship Council™ certified
paper -one small step in DK's
commitment to a sustainable future.
For more information go to
www.dk.com/our-green-pledge.

차례

ANCIENT ROOTS 고대의 기원
선사 시대부터 기원후 400년까지

CURSE OR CURE 주술 혹은 의술
400년에서 1500년까지

SCHOLARS AND SABBATS 학자들과 사바트
1500년대부터 1700년대까지

SECRECY AND CEREMONY 비밀과 의식
1700년대부터 1900년대까지

MODERN MAGIC 현대의 마법

1900년대 이후

서문

수재나 립스콤Suzannah Lipscomb

작가, 방송인, 영국 로햄프턴 대학University of Roehampton 역사학 교수. 영국 왕립역사학회 및 고등교육아카데미 회원으로 16세기 영국과 프랑스 역사 전문가이다. 특히 종교, 젠더, 정치, 사회 및 심리학의 역사, 일반 여성의 삶과 신앙, 결혼, 성, 마법과 마녀재판에 조예가 깊다. 지금까지 5권의 역사서를 썼고, 공동 편집한 역사서가 1권 있다. 신문 및 역사 잡지 『History Today』에 칼럼을 기고하고 있고, TV 프로그램 사회자로도 활동하고 있다. BBC, ITV, 내셔널지오그래픽 등에서 18편의 역사 다큐멘터리 시리즈의 시나리오를 집필하고 발표했으며, 수상 경력도 있다. 히스토릭 잉글랜드Historic England의 팟캐스트 〈Irreplaceable: A History of England in 100 Places〉의 진행자이기도 하다.

편집 자문

소피 페이지Sophie Page

유니버시티 칼리지 런던UCL의 역사학 부교수. 중세 유럽의 마법과 점성술 분야가 전문이며, 특히 정통 종교, 자연 철학, 의학, 우주론과의 관련성을 연구하고 있다. 마법에 관한 서적을 저술하거나 편집했으며, 애슈몰린Ash-molean 박물관의 전시 〈마법에 홀리다, 의식과 마술Spellbound Magic, Ritual and Witchcraft〉(2018년 8월~2019년 1월)의 큐레이터로도 참여했다.

집필진

토머스 커선즈Thomas Cussans

프랑스에서 활동 중인 프리랜서 역사학자이자 작가. 베스트셀러인 역사 지도 시리즈에 오랫동안 관여했으며 DK 출판사의 수많은 책들에 참여했다.

존 판든John Farndon

케임브리지에 있는 앵글리아 러스킨 대학의 왕립 문학 연구원이며, 극작가, 작곡가, 시인이기도 하다. 국제적 베스트셀러를 포함하여 많은 책을 썼다.

앤 케이Ann Kay

문화사 전문 작가, 편집자. 미술사 석사로서 공저 포함 약 30권의 책을 저술했으며, DK의 다양한 책들을 작업했다.

필립 파커Philip Parker

역사학자, 출판인. 영국 외교관을 역임했다. 케임브리지 트리니티 칼리지에서 역사를, 존스 홉킨스 고등국제학대학에서 국제 관계를 공부했다. 비평가들로부터 호평을 받은 작가이자 편집자로서 수상 경력도 있다.

서문
FOREWORD

1611년 크리스마스를 앞둔 어느 날, 한 어린 소녀가 앞 못 보는 할머니의 손을 잡고 방앗간 주인의 집을 찾았다. 할머니의 밀린 품삯을 받기 위해서였다. 하지만 방앗간 주인은 돈을 줄 생각 따위는 없었고, 도리어 두 사람에게 소리쳤다.

"이 마녀와 창녀 같은 것들, 얼른 나가지 않으면 하나는 태워 죽이고 또 하나는 목매달아 죽일 테다!"

소녀의 할머니는 복수를 다짐하고 손녀에게 이렇게 말했다.

"가장 빠른 방법은 마법을 사용하는 거지. 그 사람을 닮은 점토 인형을 만들어 바늘로 찌르면 고통을 줄 수 있고 불에 태우면 죽을 테니까."

주변 사람들뿐만 아니라 스스로도 마녀라 믿었던 이 노파는 엘리자베스 서던스, 일명 '올드 뎀다이크'라고 알려진 인물이다. 그녀는 80세이던 1612년에 체포되었는데, 잉글랜드의 펜들 마녀재판에 회부된 20명의 여성 중 한 명이었다. 그녀는 재판 전에 사망했지만, 손녀 앨리슨을 포함하여 함께 기소된 피고 중 10명은 '악마와 같은 잔인한 방법'으로 사람들을 저주하여 죽게 했다는 이유로 교수형에 처해졌다.

마녀와 흑마술에 대한 두려움, 마법의 매개체가 되는 물건들, 힘없는 사람들이 힘을 얻기 위해 마법을 이용하는 것 등은 마법에 대한 믿음과 그 실천에 관한 세계적으로 우수한 연구들에서 모두 반복적으로 다루어온 주제이다. 이 책에서는 고대 메소포타미아와 이집트, 로마 시대의 프라이칸트릭스praecantrix(여성 예언자), 조로아스터Zoroaster교의 마술, 중세 일본의 비술, 북유럽의 마법사wand-carriers, 부두교, 강령술을 위한 문자판인 위저보드Ouija board, 산타클로스, 신흥 종교 위카Wicca 등 시공을 초월한 다양한 사례를 살펴본다.

주문, 의식, 비술 등 마법의 형태는 참으로 다양하지만, 이 책의 총체적인 조사를 보면 마법에 의지하고자 하는 자들은 근본적으로 비슷한 고민을 했다는 것을 알 수 있다. 사람들은 자신이 통제하기 어려운 것들을 지배할 수 있는 힘을 추구해 왔다. 이해할 수 없어 두렵고 불안한 일들을 해결하고자 한 것이다. 예를 들면 그린란드의 이누이트Inuit들은 자신들의 터전인 얼어붙은 황무지를 통제하는 정신적인 힘이 존재한다고 믿었다. 마법은 늘 직면하게 되는 일상의 곤란한 문제를 해결하거나 농작물을 파괴하는 날씨를 통제하며, 난임이나 질병을 치료해 줄 것을 약

속한다. 여기서 알 수 있는 것은 어느 시대에나 영적 세계와 소통할 수 있다고, 자신이 인간 세계와 영적 세계 사이의 매개체라고 스스로 믿는 자들이 이런 역할을 해왔다는 것이다. 이 때문에 마법은 수 세기 동안 사람들을 사로잡아 왔고, 앞으로도 계속 그럴 것이다.

특히 놀라운 점은, 미래를 예측할 수 없는 인간이지만 수많은 수단을 동원하여 미래와 미지의 위험에서 벗어나기 위해 필사적으로 노력해 왔다는 사실이다. 찻잎 점이나 손금 점은 물론이고 향 연기를 읽어 점을 치는 리버노먼시libanomancy, 새의 행동에서 징조를 읽는 오니토먼시ornithomancy, 심지어 내가 가장 좋아하는 말 울음소리로 점을 치는 크레메티스모먼시chremetismomancy까지, 다채로운 수법이 전개되어 왔다.

많은 마법이 그렇듯 대부분의 점술은 금지되어 왔다. 마법과 기적의 경계는 종이 한 장 차이에 불과하지만, 어느 쪽으로 해석할지는 사람마다 다르다. 마법은 종종 범죄로 여겨지기도 했지만 지배적인 종교에 통합된 경우에는 기성 권력 구조를 위협하는 새로운 권력의 파트너가 되기도 했다.

마법에 대한 믿음만큼 명쾌한 것은 없다. 누군가가 주술을 사용했다고 다른 사람을 고발했다면 고발한 사람 역시 자기 불행의 이유를 초자연적인 현상을 통해 이해하고자 한 것이다. 16~17세기 유럽에서 일어난 마녀사냥 열풍으로 인해 거의 5만 명이 처형당했는데, 그 근본에는 악마로부터 사악한 힘이 나온다는 사상이 있었다. 그리고 약한 여성은 악마의 유혹에 걸려들기 쉽기 때문에 마법사의 대부분은 여성이고, 마력을 사용하여 남자를 조종한다고 여긴 것이다.

정말이지 뜨거운 증기에 싸인 마녀의 가마솥처럼 마법의 주변에는 잘못된 정보가 넘치고 있다. 부디 이 책이 마법을 걷듯 독자를 사로잡기를, 그래서 마법을 둘러싼 안개를 걷어내고 그에 대한 저주를 풀어서 영원히 매혹적인 이 주제를 선명하게 조명해 주기를 바란다.

수재나 립스콤

고대의 기원: 선사 시대부터 기원후 400년까지

ANCIENT ROOTS

PREHISTORY TO 400 CE

들어가며
Introduction

마법은 인류의 역사만큼 오래되었다. 주변 환경에 대한 고대인의 인식은 자신들을 둘러싼 세계에 정령이 가득하다는 것에서 시작되었다. 그 힘을 빌리면 샤먼이나 예술을 통해 주변 환경을 통제할 수 있다고 믿었다. 사람들은 샤먼이 정령들의 세계를 오갈 수 있다고 생각했다. 고대인이 토우를 만들거나 동굴 벽에 동물을 그린 것은 그러한 행위를 통해 마법의 힘을 얻을 수 있다고 믿었기 때문이다.

사회가 발전함에 따라 인류가 상상하는 정령의 세계에도 위계와 질서가 만들어졌다. 기원전 4000년 무렵, 고대 이집트 왕국이나 메소포타미아의 도시 국가 수메르에서 신들은 통치자나 신관, 귀족들과 동등한 존재로 여겨졌다. 문자의 발명으로 인해 이러한 지역의 공식 종교에 대해서는 신석기 시대 문화에 비해 훨씬 많은 것을 알 수 있다. 마법에 대해서도 좋은 내용이든 나쁜 내용이든 상세한 기록들이 남아 있다. 예를 들어 떠도는 유령을 막기 위해 토우상의 다리를 부러뜨린 고대 바빌로니아인이나, 마르두크Marduk 신을 속여 적을 병들게 한 마녀 등은 고의로 해를 끼친 나쁜 사례로 기록되어 있다. 한편 사악한 기운이 들어오는 것을 막기 위해 문턱 아래에 토우를 묻어둔 것은 영적 세계에 존재하는 악의 힘을 인정하고 달래기 위한 행동일 뿐이다.

후세에 사용된 마법 도구의 대부분은 놀랄 만큼 이른 시대부터 등장한다. 고대 바빌로니아인과 이집트인은 수호 부적이나 주물을 몸에 지니고 주술서를 만들었다. 이집트에서는 심지어 무덤에도 주문을 새겼는데, 영혼이 위험을 뚫고 무사히 사후 세계에 도달할 수 있도록 마법으로 지켜주고자 한 것이었다. 언어, 즉 말과 글은 모두 마법을 품고 있다는 믿음은 오랫동안 이어져 왔다. 고대 그리스인과 로마인은 저주의 석판에 어두운 욕망이나 주문을 규정된 형식으로 새기면 반드시 이루어진다고도 믿었다.

이윽고 마법사들은 독자적인 비법이나 철학을 발전시키게 되었다. 고대 이집트인은 '공명 마법sympathetic magic'을 행했는데, 질병을 치료할 때 증상이나 환부와 유사한 소재, 색깔, 형태를 지닌 약재를 사용해야 한다는 이론이다. 이 때문에 황달을 치료하는 데는 노란 물약이 효과적이라고 여겼다.

메소포타미아의 개 조각상(20쪽 참조)

고대 그리스에서 동물을 제물로 바치는 의식을 그린 패널화(32쪽 참조)

오디세우스를 그린 로마의 모자이크화(39쪽 참조)

그리스인들은 구속의 개념을 만들어냈다. 마법사가 적절한 의식을 통해 사람이나 사물을 물리적 또는 정신적으로 지배할 수 있다는 것으로, 심지어 하늘의 달과 같은 대상도 지배할 수 있다고 여겼다. 문자를 통해 정보가 유통되면서 마법사들의 이름도 기록되었다. 호메로스의 『오디세이아 Odysseia』에 등장하는 키르케 Circe는 오디세우스의 동료들을 홀려서 돼지로 만든 마녀다. 로마 시인 루카누스 Lucanus가 노래한 마녀 에릭토 Erichtho는 광견병에 걸린 개의 침을 끼얹어서 죽은 자를 소생시켰다고 한다.

많은 문화권이 구체적이고 질서 있는 마법의 규칙을 만들어냈고, 일본 같은 곳에는 마법을 관장하는 관청도 있었다. 그 정도는 아니라도 모든 문화권에서 영적 힘의 무한함을 인식하고 있었다. 마야 문명에서는 우주를 관찰하고 장대한 시간의 순환을 인식했고, 신경을 흥분시키는 연기를 흡입하여 영적 세계로 들어갈 수도 있다고 믿었다. 또한 강력한 마법사들이 데리고 있는 성스러운 동물들에 대한 신앙도 생겨났다. 이는 신석기 시대의 초기 마법 신앙을 답습한 것이다.

고대인에게 혼돈과 죽음은 결코 멀리 있지 않았고, 벗어날 수 없는 것이었다. 그래서 사람들은 짧은 시간 동안만이라도 이들로부터 도망치기를 원했다. 이는 곧 마법이 사람들 곁에 언제나 존재해 왔음을 의미한다.

> "마법은 사람들의 감정을 삼중의 결속으로 속박하여…
> 인류의 많은 부분을 지배해 오고 있다."

『박물지 Naturalis Historia』 중 「마법의 의학적, 종교적, 점성술적 힘에 대한 믿음」(대 플리니우스 Gaius Plinius Secundus, 1세기)

폼페이의 프레스코화(45쪽 참조)

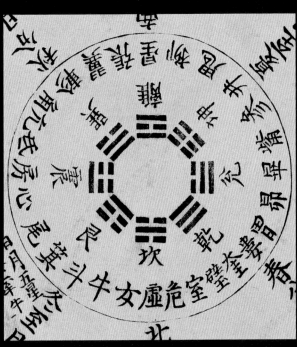

고대 중국의 팔괘도(53쪽 참조)

마야의 고문서(58쪽 참조)

의식의 탄생: 선사 시대의 마법

THE BIRTH OF RITUAL
prehistoric magic

▲ 카르나크 스톤
프랑스 북서부 브르타뉴에 있는 석군. 6천여 년 전에 축조된 것으로 종교적 의미가 있다고 한다. 3천 개가 넘는 돌이 1.6km 넘게 이어지는데, 대부분이 일직선으로 배치되어 있어 중세 사람들은 마법에 걸려 돌로 변한 로마 군대라고 믿었다.

9만 5천 년 전 네안데르탈인은 이라크의 작은 동굴에 어린아이의 시신을 정성스럽게 매장했다. 인간의 형상을 닮은 작은 돌들을 동굴 안에 채워 넣은 것으로 보아 사후 세계를 믿었음을 알 수 있다. 기원전 2500년 무렵에는 1년 중 특정일의 일출과 일몰에 맞추어 스톤헨지Stonehenge나 카르나크Carnac 등의 스톤 서클이 건설되었다. 이는 종교적 세계관이 지속적으로 정교해져 갔음을 의미한다. 그리고 종교와 함께 마법이 등장했다.

▶ 사냥 의식
프랑스 남서부의 라스코 동굴 벽화는 기원전 1만 5000년경의 것이다. 모두 900여 마리의 동물이 그려져 있는데, 사냥의 성공을 기원하는 마법 의식을 위한 것으로 여겨진다.

선사 시대의 마법과 초기 종교
고대인은 도구를 발명하고 불을 사용함으로써 환경을 지배하는 법을 배웠다. 이러한 기술로 인간은 약간의 힘을 갖게 되었지만, 동시에 감당할 수 없는 막강한 힘의 존재도 깨닫게 된다. 해가 뜨고 지는 것, 삶과 죽음 등의 수수께끼나, 살아남기 위해 날마다 계속해야 하는 사냥의 괴로움 같은 문제를 풀기 위해, 먼 옛날 인류의 선조들은 '정령의 힘'이라는 개념을 만들어내고 그것을 손에 넣어 활용하고자 했다. 초자연적 힘에 대한 믿음과 그것을 이용해 물리적 세계를 지배하려는 인류의 욕망은 어느 사회에나 존재했던 것이다.

권력과 생존
고대인의 생존에 필수적이었던 것이 사냥이다. 동물을 쫓고 죽이는 것으로 성립하는 사회는 현대에도 계속되고 있다. 북극권 캐나다의 이누이트가 그 예인데, 이런 사회에서는 영혼이 깃들어 있는 생명체의 목숨을 빼앗는 사냥이 신성한 행위로 간주된다. 석기 시대 사람들도 마찬가지로 생각했을 것이다.

1만 7천여 년 전, 프랑스 라스코처럼 접근하기 어려운 곳에 있는 동굴을 사람들은 숭상했다. 그곳에는 사슴, 말, 들소, 물소, 곰과 같은 야생 동물을 사냥하는 장면이 그려져 있다. 이러한 동굴 벽화는 사냥의 성공을 기원하거나 동물의 영을 기리기 위한 의식과 관련이 있다고 생각된다.

▶ 예리코의 두개골
기원전 7500년경의 두개골. 요르단 계곡의 예리코Jericho에서 발견됐다. 부분적으로 회반죽을 칠하고 눈구멍에 조개껍질을 끼워서 고인의 모습을 재현했는데, 조상 숭배의 한 부분으로 보인다.

"죽은 자에 대한 애도는 사회의 결속을
강화하기 위한 공동체 의식 중 하나였다."

대영박물관, 예리코의 두개골에 대한 설명 중

"성인聖人은 모든 지혜와 치유의 힘을
와칸탄카(물소)에게서 배웠다."

『인디언 이야기』The Indians' Book 중 「오글랄라 수 부족의 추장 플랫 아이언」(나탈리 커티스, 1907년)

물고기 비늘 모양의 머리는
물과 관계가 있음을 시사한다.

자연석의 곡선을 이용해
둥근 턱을 표현했다.

▲ 어부의 수호신
사암으로 조각한 두상. 세르비아 다뉴브 강변 어촌의 신석기 시대
유적인 레펜스키 비르Lepenski Vir에서 50개 이상 발견된 것 중 하나.
어부를 지켜주는 강의 신을 묘사한 것으로 여겨진다.

다산의 상징

고대인은 다산에 집착했다. 새로운 생명이 탄생하지 않으면 부족이 이어질 수 없기 때문이다. 동굴 벽화에서는 엉덩이와 가슴을 과장되게 표현한 여성의 우상이 발견되는데, 이러한 신체적 특징은 고대인이 어머니 여신에게 자녀 복을 기원했음을 암시한다. 그중에는 몸에 지니고 다닐 수 있도록 한 손에 들어오는 크기의 우상도 있었는데, 고대 유럽의 구석기 시대 조각상인 작은 비너스상을 예로 들 수 있다. 이러한 비너스상은 얼굴의 생김새가 구체적이지 않은 것이 공통적인 특징이다. 특정 대상을 묘사한 것이 아니라 보편적인 특징을 부여하고자 했기 때문일 것이다.

죽은 자의 마법

사냥과 다산, 대지의 신비 이상으로 사람들의 마음을 지배한 것은 아마도 죽음에 대한 두려움이었을 것이다. 기원전 6만 년경에는 장례 문화가 행해진 것으로 보이는데, 피를 연상시키는 적황색 흙을 덮은 인골이 발굴되었다. 죽은 자를 보내며 꽃과 목걸이를 바친 것으로 보이는 무덤도 발견되었다. 이스라엘 케바라 동굴에서는 네안데르탈인의 뼈와 두개골이 많이 발견되었는데, 아마도 사후 의식으로 매장된 것으로 보인다. 서머셋의 고프 동굴에서 발견된 약 1만 5천 년 전의 인골에는 절개 자국이 있는데, 이는 식인 의식이 행해졌음을 시사한다. 죽은 자의 힘을 이어받거나 그들의 영혼이 산 자들에게 해를 끼치지 못하게 하려는 목적이었을 것이다. 고대인도 죽은 자의 영혼을 두려워했던 것 같다.

애니미즘과 토템

선사 시대의 종교는 정령 신앙, 즉 애니미즘이
었다. 자연 경관이나 그곳에 서식하는 동물을
포함한 세계에 마력 또는 초자연적인 힘이 존
재한다고 믿는 사고방식이다. 특징적인 지형지
물에는 정령이 살고 있다고 여겨 제물을 바쳤
는데, 그 예로 우간다의 은예로Nyero에 있는 바
위들을 들 수 있다. 이 바위들은 대략 1만 2천
년 전에 신전으로 사용된 것으로, 기하학적 무
늬로 장식되어 있다. 동물 모양의 조각상은 반
인반수인 경우가 많은데, 독일 남부의 동굴에
서 발견된 4만 년 전의 '사자 인간'도 숭배의 대
상이었던 것 같다. 아마도 토템으로서 그 부족
에게 특별한 마술적 의미를 지닌 신성한 동물
이었을 것이다.

영적 세계

고대인에게는 주위에 존재하는 수많은 정령과 좋은 관
계를 유지하는 것이 사활이 걸린 문제였다. 여기서 등장
한 것이 정령과 교신하고 그들에게 영향을 주기 위한 의
식을 관장하는 전문직이다. 대부분 샤먼이라고 불리는
이들은 주문이나 리드미컬한 북소리를 통해, 또는 환각
이나 신경 자극 작용이 있는 약초 연기를 흡입하여 몽
환적인 상태가 됨으로써 영적 세계에 갈 수 있었다. 영
국 요크셔 지방의 스타 카Star Carr에 있는 1만 1천 년 전
유적에서 발견된 머리 장식은 사슴뿔로 만들어진 것으

로, 샤먼이 사용한 의식 도구로 보인다. 시베리아에서는
마치 엑스레이 사진처럼 대상의 내부 골격을 묘사한 암
각화가 발견됐다. 이는 삶과 죽음 사이에 걸쳐 있는 상
태를 나타내는 것으로, 샤먼이 이승과 저승을 오갈 수
있도록 그려진 것으로 여겨진다. 이 신앙은 근대 이후에
도 시베리아 토착민들 사이에서 지속되었다. 10만 년 전
사람들이 숭상하던 마법 신앙의 대부분은 어떤 형태로
든 바로 얼마 전까지 남아 있었던 것이다.

▲ **라스코의 샤먼**
새 옆에 누운 남자 위로 들소가
어렴풋이 나타나는 모습이 그
려진 동굴 벽화. 해석하자면 남
자는 샤먼이고 새는 그의 영혼
이다. 현실 세계에 남겨진 육체
는 죽은 듯 움직이지 않지만 그
의 영혼은 새가 되어 신비의 세
계를 여행하고 있다.

참고

응고된 태양

선사 시대의 소나무 송진이 화석화된 호박은 신석기 시대 사람
들에게도 소중히 여겨졌다. 고대 그리스인은 호박이 태양 광
선이 응고된 것이라고 믿었는데, 독특한 빛깔의 반투명 호박은
매우 귀하게 여겨졌다. 호박을 문지르면 정전기로 인해 불꽃이 튀
는데 이런 특징 때문에 위험을 막아주는 것이라 생각했고 질병을
치유해 준다고 믿으며 귀하게 여겼다. 호박은 발트해 연안에서 주
로 발굴되는데, 비교적 희귀한 소재임에도 목걸이와 펜던트 등 고
고학적 출토품에 다수 포함되어 있다.

호박 펜던트
기원전 5세기의 것으로 반은 물고기, 반은 말의
형상을 하고 있다. 이탈리아에서 발견되었다.

▲ 왕의 사냥
기원전 7세기 아시리아 왕 아슈르바니팔의 사자 사냥을 묘사한 프리즈frieze(고대 건축에 자주 쓰인 띠 모양의 장식). 왕의 사냥은 중요한 상징적 의미를 지닌 행위다. 왕이 목자가 되어 신민들을 보호한다는 표상이자 사막과 맹수의 왕을 정복하고 지배권을 확장한다는 의미다.

어디에나 있는 마법: 메소포타미아의 마법

MAGIC ALL AROUND
Mesopotamian magic

티그리스-유프라테스 강 유역의 고대 메소포타미아는 오늘날에는 주로 이라크의 영역이다. 이 지역 고대인의 생활은 마법으로 가득 차 있었다. 수메르인, 아시리아인, 바빌로니아인은 모두 퇴마사나 점술가의 도움을 얻어 사악한 초자연적 현상을 피하거나 미래를 예지하고자 했다. 기원전 4000년경 최초의 도시 국가를 건설한 수메르 시대부터 3천여 년 뒤에 번영한 바빌로니아 시대까지 메소포타미아는 일상생활의 구석구석까지 마법이 함께하는 땅이었다.

아시리아의 하늘의 신 엔릴Enlil과 지

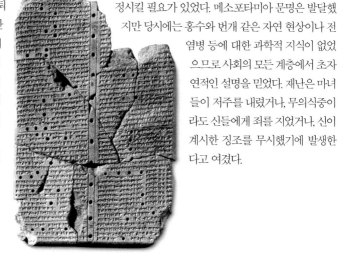

▶ 마클루 석판
기원전 700년경의 출토품으로 9개의 석판 중 일곱 번째이다. 저주를 건 마녀들을 몰아내기 위해 퇴마사가 외우는 주문이 기록되어 있다.

혜의 신 에아Ea와 같은 공식적인 신들 아래에는 악신들이 존재했다. 임신부를 위협하는 라마슈투Lamashtu나 역병의 신인 남타루Namtaru와 같은 신들은 악신이므로 진정시킬 필요가 있었다. 메소포타미아 문명은 발달했지만 당시에는 홍수와 번개 같은 자연 현상이나 전염병 등에 대한 과학적 지식이 없었으므로 사회의 모든 계층에서 초자연적인 설명을 믿었다. 재난은 마녀들이 저주를 내렸거나, 무의식중이라도 신들에게 죄를 지었거나, 신이 계시한 징조를 무시했기에 발생한다고 여겼다.

"나는 저물녘에도 한밤중에도 새벽에도 구원을 청했다. 마녀의 마법에 걸려버렸기 때문에."

「마클루 석판」(기원전 1600년경)

우도 많았으므로, 이 석판에는 질병을 일으키는 악령을 몰아내기 위해 건강의 여신 굴라Gula를 부르는 주문도 들어 있다.

바루라고 불린 점술사들은 양의 내장으로 점을 쳤고, 또 일식이나 햇무리(도시 파괴의 전조), 금성의 불길한 움직임, 구름 상태와 같은 천체의 징후를 관찰했다. 그 밖의 이상 징후로는 기형 동물이나 샴쌍둥이의 탄생 등이 있었고 심지어 붉은 개가 사람에게 방뇨한 경우도 포함되어 있는데, 이는 행운의 징조로 여겼다.

▼ 주문 그릇
아람어Aramaic로 된 주문이 적혀 있고 중앙에 악마가 그려진 그릇. 메소포타미아 마법 전통 말기 사례에 해당하며 5~7세기경에 만들어진 것이다. 고대인은 악귀를 막기 위해 이런 그릇을 방의 모서리에 묻어두었다.

왕은 재난을 피하려고 신전의 사제들에게 자문을 구했다. 마법 의식을 행하는 아시푸ashipu와 나쁜 징조를 해석하는 바루baru는 특별히 중용되었다. 궁전의 서고에는 주문, 예언 등을 쐐기 문자로 기록한 점토판이 보관되어 있었는데, 아시리아 왕 아슈르바니팔Ashurbanipal의 궁전 서고에서는 엄청난 수의 점토판이 발견되었다. 보통 사람들도 아시푸에게 보신을 위한 주문을 의뢰하거나 악령을 물리치기 위해 부적과 마법을 건 인형을 사용했다.

반마술과 징조
개인적인 불행이나 질병은 종종 마녀나 악마 탓으로 여겨졌다. 신관들은 악의 영향에 대항하기 위한 의식을 구성하여 9장의 마클루 석판Maqlu tablet에 모두 기록했다. 기원전 1600년경에 처음 편찬된 후 약 1천 년 동안 아시푸들 사이에 대대로 전해져 왔다. 8개의 석판에는 100종류의 주문이 기록되어 있는데, 모두 재난을 일으키는 마법을 식별하고 구사하기 위해 아시푸가 사용한 것이다. 아홉 번째의 석판은 저주를 푸는 의식과 방법을 설명한 것으로, 저주를 건 마녀의 형상을 태우라고 적혀 있다. 퇴마사들은 의사를 겸하는 경

메소포타미아인은 사물에도 생명이 깃들어 있어 거대한 마력의 수용체로 작용할 수 있다고 믿었다. 사악한 기운을 없애거나 억제하여 악을 물리치고 신의 가호를 얻는 데 도움이 된다고 여긴 것이다. 왕궁에서는 사람 머리에 날개 달린 황소나 사자의 몸을 가진 라마수Lamassu 조각상을 문이나 복도, 왕실의 입구에 배치하여 수호하도록 했다. 이러한 경계 지점은 '숨어서 기다리는 존재'인 라비수Rabisu와 같은 악귀가 지하 세계로부터 침투해 오기 쉬운 장소로 여겨졌기 때문이다. 가난한 사람들은 신의 형상을 본뜬 인형이나 뾰족한 모자에 피부가 비늘로 덮인 반인반수의 조각상을 현관이나 창문 아래에 두었다.

마법 의식은 흑마술에 대항하기 위해서도 중요시되었다. 의식의 제물은 대체물을 사용하는 것이 원칙이었는데, 예를 들면 새끼 염소에게 병자의 옷을 입히고 신발을 신겨서 죽음의 여신에게 제물로 바치는 것이다. 여신은 병자 대신 염소를 죽음의 세계로 데려갈 것이다. 마찬가지로 유령의 조각상은 죽은 자가 돌아다니거나 말을 거는 것을 막기 위해 만들어졌다. 일반적으로 점토 인형에 죽은 자의 이름을 새긴 뒤 다리를 부러뜨려 못 걷게 하거나 입에 개의 이빨을 박아 넣어 입을 열지 못하게 했다.

대부분의 흑마술은 마녀들이 신을 속이고 부추겨서 행하는 것으로 여겨졌다. 그러므로 신들, 특히 마법과 밀접한 관련이 있는 마르두크에게 기도하는 것은 그의 강력한 아버지 에아의 분노를 달래기 위해서이다. 에아야말로 아시푸가 퇴마 의식에서 사용하는 의식 마법 에너지의 궁극적인 원천이었다.

악을 물리치는 주물

주물呪物(원시 종교에서, 악귀를 물리치고 행운을 가져다주는 신비한 힘을 가졌다고 하여 신성시하는 물건)은 수호 마법의 한 영역이며, 이런 주물들은 막아내야 할 대상을 묘사했다. 예를 들어 바람의 마왕 파주주Pazuzu는 새의 가슴과 발톱을 지니고 벼락을 들고 있는 생물로, 임신부를 잡아먹는 라마슈투는 당나귀, 사자, 새의 잡종으로 묘사된다. 주물은 악마가 사는 사막과 같은 위험한 곳을 여행하는 사람들을 보호하거나 전염병이 도는 동안 질병을 막아내는 역할을 했다. 메소포타미아에는 예측할 수 없는 일이 많았고 마법은 사람들에게 유리한 방향으로 변화했다.

◀ **인간 얼굴의 날개 달린 사자**
왕궁의 문을 지키는 라마수. 뿔 달린 모자와 날개는 신성함을, 허리띠는 힘을 나타낸다. 다리가 다섯 개이며, 앞에서 보면 당당하게 서 있는 모습, 옆에서 보면 달리는 모습이다.

참고

개 조각상

치유의 여신 굴라는 발밑에 개를 거느린 모습으로 많이 묘사된다. 그래서 사람들은 점토나 청동으로 개 조각상을 만들어 굴라의 도움을 청했다. 마법이 침투해 오기 쉬운 문턱 아래 등에 묻어두고, 수호견으로서 질병이나 재앙을 막도록 한 것이다. 종종 '크게 짖는 개', '적을 잡아주는 개' 등을 의미하는 이름을 새겨서 큰 효과를 얻고자 했다. 굴라는 지하 세계의 여신이기도 했으므로, 개 조각상에는 죽은 자를 내세로 인도한다는 의미가 있었을지도 모르겠다.

개 형상의 테라코타 조각상
굴라의 개로 신전의 거대한 장식들 중 일부이다.

키포인트

1 사자 머리를 한 파주주Pazuzu가 발톱으로 석판을 움켜쥐고 있다.

2 사자 머리를 한 수호신들이 두 줄로 행렬을 이루고 있다.

3 파주주가 라마슈투를 물리치고 있다.

◀ **수호의 석판**
바람의 마왕 파주주를 새긴 석판. 파주주는 사막의 남서풍의 신인데, 이 남서풍은 기근과 메뚜기 떼를 몰고 온다. 이 석판은 파주주의 힘을 빌려 또 다른 악마인 라마슈투를 쫓아내기 위해 만들어졌다.

보편적인 힘: 이집트 마법
A UNIVERSAL FORCE
Egyptian magic

이집트 마법, 즉 헤카Heka는 기원전 4000년 경에 이미 신앙의 중심에 있었다. 물의 신 누Nu를 비롯한 창조의 신들은 헤카를 사용하여 태초의 혼돈으로부터 세계를 창조했다고 한다. 그 과정에서 신들은 혼돈의 힘을 제압했지만, 그 힘은 끊임없이 부활을 노렸고 오직 헤카에 의해서만 저지될 수 있었다.

고대 이집트인에게 마법은 신만의 것은 아니었다. 초자연적인 작은 존재, 파라오, 죽은 자도 헤카의 요소를 가지고 있고, 주문을 사용하여 악령의 기운을 움직일 수 있다고 믿었다.

우주적 조화의 유지
고대 이집트인은 아쿠akhu라고 불리는 또 다른 형태의 마법의 힘을 믿었는데, 그것은 악의 힘을 지니며 지하세계의 존재들과 밀접하게 연관되어 있었다. 이집트 신전에 있는 문서 보관소인 '생명의 집'에는 신관을 비롯한 아쿠 마술사가 끼치는 피해를 면하기 위해 수누sunu(의사)와 사우sau(주물을 만드는 사람)가 헤카의 주문, 의식,

▼ 마법의 지팡이
하마의 상아를 깎아서 만든 지팡이. 수호의 상징을 새긴 구부러진 지팡이는 어린이와 임신부를 지켜준다고 믿었다. 앞쪽에 '낮의 수호'와 '밤의 수호'라는 문구가 새겨져 있다.

◀ 하마 여신
타와레트Taweret를 형상화한 활석 항아리. 타와레트는 이집트 신화에서 출산을 돕는 여신으로, 서 있는 하마의 모습으로 묘사된다. 이 항아리에는 엄마와 아이를 보호하기 위해 마법 주문을 적은 작은 파피루스가 들어 있었을지도 모른다.

마법 도구들을 사용했다는 기록이 있다.

실제로 헤카에 대한 믿음은 고대 이집트인에게 매우 널리 퍼져 있어서 생활 곳곳에 등장한다. 국가 문제나 신탁은 물론이고 중매 결혼이나 출산, 사소한 질병 치료와 같은 평범한 사람들의 문제까지 모든 일상에 스며 있었다.

추상적인 힘을 넘어서 마법을 의인화한 헤카Heka라는 신도 있었다. 헤카는 우주의 조화를 유지하는 것을 도왔고 기도하는 자들이 신의 가호를 받을 수 있도록 통로 역할을 했다. 헤카와 짝을 이루는 여신인 웨레트 헤카우Weret Hekau는 코브라의 모습으로 묘사되었다. 고대 이집트 주술사들이 종종 사용한 뱀 머리 장식물은 헤카우를 형상화한 것으로 여겨진다.

초자연적 힘
고대 이집트에서 마법과 종교는 긴밀한 관계였다. 신관들은 신전에서 의식을 관장하고 파라오를 통해 신령의 힘을 전달하며, 매일 아침 떠오르는 태양과 함께 나일강의 홍수가 대지에 풍요를 가져오기를 기도했지만, 한편으로는 훨씬 더 사적인 목적을 위해 주문을 외우고 축복의 주물을 만드는 일도 있었다. 또한 그들은『아

> "악어의 알껍데기를 불꽃 속에 넣는다면
> 그 자리에서 저주받으리라."

런던 및 레이덴 소장 이집트 민간 문자 파피루스에 기록된 주문(3세기)

펩 퇴치의 서The Book of Overthrowing Apep』와 같은 주술서의 관리인이었다.

아펩Apep은 이집트 신화에서 혼돈의 힘의 화신으로 등장하는 뱀이다. 그들의 사악한 힘은 특별한 위협으로 여겨졌다. 모든 신이 헤카를 소유하고 있다고 믿었으며 그중 사자 여신 세크메트Sekhmet는 특히 강력해서 그녀의 '7개의 화살'은 전염병을 일으켰다. 악마의 전령인 '세크메트의 학살자들'은 태양년과 조화를 이루기 위해 역년 말에 추가된 5일 동안 대혼란을 일으킬 수도 있었다. 이에 대항하기 위해 마법사들은 『한 해 마지막 날의 서The Book of the Last Days of the Year』라고 불리는 주술서 속의 주문을 외웠다. 목에는 삼베를 감고 세크메트 형상의 주물을 교환하며 그 분노를 진정시키고자 한 것이다.

고대 이집트의 사제들과 마법사들은 사악한 신을 물리치기 위해 다양한 전략을 구사했다. 주문에 악신의 이름을 넣어 외움으로써 그들보다 강한 힘을 얻을 수 있다고 여겼다. 또한 악신이 힘없는 여성과 아기를 공격한 것이 아니라 이시스Isis 여신과 그녀의 아이 호루스Horus를 공격한 것이라고 믿게 하거나 사막과 혼돈을 관장하는 살육의 신 세트Seth처럼 훨씬 더 무서운 분노의 힘을 빌려서 악신을 위협하기도 했다.

사람들은 수호의 주문을 파피루스에 적어 지니거나 용기에 숨겨두고 부적으로 사용했다. 또한 주문을 써넣은 그릇으로 물을 마심으로써 악신을 피할 수 있다고 믿었다. 호루스가 뱀과 같은 위험한 동물들을 무찌르는 모습을 담은 조각판인 키피cippi를 실내에 장식하면 쏘임과 물림을 예방하고 치료에도 도움이 된다고 생각했다.

▲ 수호신
사자 난쟁이 신 베스Bes. 유명한 수호신으로, 악마를 쫓기 위해 흉측한 모습을 하고 있다고 여겨졌다. 특히 출산 때 많이 찾았는데, 이 주물 조각상도 아기 호루스를 안고 있다.

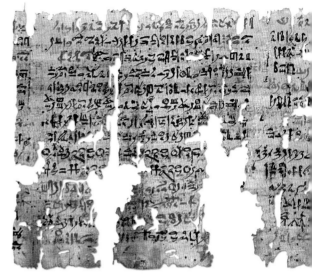

▲ 마법 문서
기원전 1300년경에 작성된 『런던 의학 파피루스London Medical Papyrus』. 이 부분에는 다양한 질병에 대한 약 60종의 의학적·마법적 치료법이 기록되어 있다. 특히 눈, 화상, 산부인과 질환에 대한 내용이 많다.

적을 향한 저주

저주는 마법의 특수한 형태이다. 『저주의 책Execration Texts』을 보면 마법으로 적을 제압하고자 했음을 알 수 있는데, 저주할 대상의 이름을 항아리에 쓴 다음 의식을 행하고 항아리를 산산조각 내서 구덩이에 묻었다. 저주할 대상을 대신할 남녀 조각상을 결박하여 제물로 쓰면 그 인물은 저세상으로 갈 수 없게 된다. 그렇지만 현세와 내세 사이에 갇혀서 떠도는 사람들은 성가신 망령인 무트mut가 되어 살아 있는 사람들에게 복수를 할 수도 있다.

주술사가 시신의 머리카락을 잘라서 산 사람의 머리카락에 묶는 저주도 있는데, 그 사람은 미쳐버린다고 한다. 또 파피루스 부적을 쇠고리에 붙여 무덤에 묻으면 죽은 자를 영원히 무덤 속에 가둘 수 있다고 한다. 무덤 안에 직접 써넣은 저주는 성스러운 무덤을 더럽히는 침입자들을 향한 것으로, 끝없는 고통을 맛보게 될 것이라 경고한다.

이러한 저주는 고왕국 시대(기원전 2575~2150년)의 매장 문화에 널리 사용되었는데, 피라미드도 마찬가지다. 장례가 점점 더 성대해지면서 호화로운 부장품을 노리는 도굴꾼들이 늘어났기 때문이다.

의학과 마법

고대 이집트에서는 의학과 마법의 경계가 모호했으므로 흉포한 여신 세크메트를 달래는 신관들은 의사로 활동하는 경우도 많았다. 대부분의 질병은 치료법이 없었으므로 사람들은 주문과 의식에 의지할 수밖에 없었다.

"서기관, 현자, 평민, 그 누구라도 이 무덤에서 악을 행한 사람은…
토트의 역린에 닿게 될 것이다."

제파이하피 무덤의 저주(기원전 1900년경)

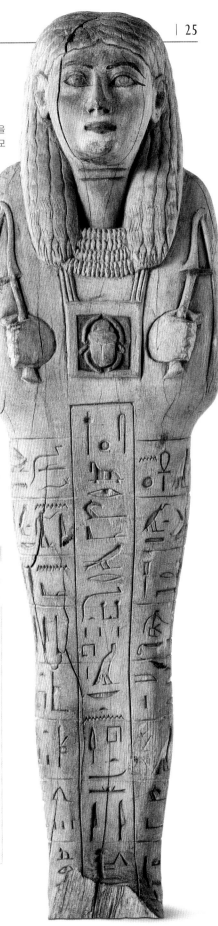

▶ **나무 미라 샤브티**shabti
처음에는 이와 같은 조각상이 죽은 자를 대신하는 역할을 했지만, 기원전 16세기에는 사후 세계에서 죽은 자를 모시는 시종이나 동반자로 여겨졌다.

죽음은 가장 큰 도전이었다. 따라서 적어도 엘리트 계급에서는 죽은 자를 정성 들여 예우했고 영혼의 두 요소인 카ka와 바ba를 죽음으로 통합하고자 했다. 주문을 건 미라로 만들어 사후 세계로 떠나는 망자의 생명의 근원인 카를 보호하고, 그의 인격을 담고 있던 바를 해방시키는 것이다.

기원전 27세기에 왕을 위해 쓰인 『피라미드 문서Pyramid Texts』에는 왕의 영혼이 악마와 싸우고, 저세상으로 가는 뱃삯을 치르기도 하며 다음 생에 도달한다고 되어 있다. 여러 계층의 사람들이 광범위하게 마법의 수호를 활용할 수 있는 책들이 등장하는 것은 이후 600년이 지나서이다.

그중에는 질병의 원인으로 추정되는 물질과 유사한 것을 이용하여 치료하는 '공명법'이라는 것이 있었는데 예를 들면 대변으로 장의 질환을 치료하는 것이다.

마법사들은 환자의 목구멍에 박힌 가시에 빠져나오라고 직접 명령하는 주문을 외기도 했지만, 병의 원인이 된 정령(대부분 이국의 악마로 여겨졌다)에게 병자를 떠나라고 말하는 등 간접적인 방법도 사용했다. 환부에 부적을 붙여서 질병을 다스리기도 했다.

토트Thoth

마법 비밀의 소유자

이집트 신화에서 지혜와 글쓰기의 신으로 등장하는 토트는 마법과 밀접하게 연관되어 있었다. 개코원숭이 혹은 이 그림처럼 따오기 머리를 한 것으로 묘사되며, 상형 문자를 발명하여 42권의 비밀스러운 지혜의 책을 써서 신전에 보관했다고 한다. 또 세트의 공격으로 상처 입은 호루스(달)의 왼쪽 눈을 회복시켰다고 전해지는데, 여기에 그려진 웨자트wedjat(건강한 눈)는 강대한 마력을 지니고 있다고 여겨졌다. 토트는 또 광활한 사막으로 들어가 신들의 왕이 보고 싶어 한 라Ra의 눈도 되찾아왔다. 나아가 지하 세계의 서기관이 되어 죽은 자의 죄의 경중을 저울질한 결과를 기록했다고도 한다. 그리스 로마 신화의 '세 배로 위대한' 마법사 헤르메스 트리스메기스투스Hermes Trismegistus는 토트에서 유래했다고 한다.

사후 세계를 위한 주문
Spells for the afterlife

고대 이집트인은 죽은 자의 인격을 담고 있는 영혼의 요소인 바가 사후 세계로 가는 여정에 주어진 시련을 극복하지 못하면 두 번째 죽음을 맞을 것이라 믿었다. 생전의 기억을 모두 잃고 유령이 되어 영원히 떠돌게 되는 것이다. 이 두 번째 죽음을 피하기 위해 이집트인들은 영혼을 지켜주는 주문이 담긴 「사자의 서」로 무덤의 벽을 덮었다. 오른쪽 그림에서는 하얀 옷을 입은 바가 자칼 머리를 한 아누비스^{Anubis}와 함께 있다. 영혼의 죄가 저울질되는 것을 지켜보고 있는데, 죄가 깃털보다 무거우면 악어 머리를 한 악마인 암미트^{Ammit}가 바를 집어삼킬 것이다.

「사자의 서」는 의뢰자의 요청에 따라 사후 세계에서 그들이 구원받을 수 있는 기도를 기록한 것이기 때문에 다양한 사본이 존재한다. 「사자의 서」가 작성되기 시작한 것은 기원전 1700년경이며, 주문이 계속 추가되어 기원전 1500년경에는 보통 200종 정도가 기록되었다. 일반인은 최대 약 20m 길이의 두루마리에 기록했고, 귀족들은 묘비에 주문을 새겨서 사후 세계로 가는 중요한 지점을 지날 때 외웠다고 한다.

네 번째 주문은 바를 뱀으로 변하게 하고, 여든아홉 번째 주문은 밤에 무덤으로 돌아오게 하며, 아흔여덟 번째 주문으로는 배를 타고 사후 세계에 건너갈 수 있다. 고대 이집트인은 이 「사자의 서」의 효력을 굳게 믿었고 이 관습은 기원전 30년 로마에 정복될 때까지 이어졌다.

> "나는 고귀한 영혼이니…
> 모든 신과 영혼들이여,
> 나를 위해 길을 열어주소서."

「사자의 서 The Book of the Dead」 중 아홉 번째 주문

기적과 금단의 마법: 고대 히브리인의 마법

MIRACLES AND FORBIDDEN MAGIC

ancient Hebrew magic

▲ 하늘이 내려준 통찰력
예언자 에스겔Ezekiel 옆에는 천사가, 오른쪽 위에는 신의 손이 그려져 있다. 모두 뛰어난 예언자에게 계시를 내리는 존재이다.

타나크Tanakh(유대교 경전, 구약 성경)는 초자연적인 것을 많이 언급하고 있다. 유대교 성직자들은 이러한 암시를 대부분 승인하지만, 초기 신앙과 의식은 현재 유대교에서 금단의 마법으로 간주되고 있다.

권력과 예언자

마법에 대한 타나크의 전통적 태도는 유대인들이 오로지 하나의 신을 믿는다는 사실을 바탕으로 한다. 유대교 초기에 다른 신앙 체계와 연관된 종교 행사는 악마 숭배로 분류될 위험이 있었다. 그렇지만 초창기 유대교에는 고대 가나안 종교의 마법적 요소들이 여전히 융합되어 있었다. 예를 들면 타나크에는 신의 말씀을 전하는 데 중요한 역할을 담당한 예언자들이 황홀경에 빠져서 계시를 받는 모습이 묘사되어 있다. 그들 중 한 명인 엘리야Elijah는 명백한 이교도인 바알Baal의 사제들과 산꼭대기에서 제물 태우기를 겨루었다. 또

엘리야가 기도를 하자 비가 내려 이스라엘 땅을 황폐하게 만든 오랜 가뭄이 끝났다는 기술도 있다. 성인들도 기적을 행하여 신의 권능의 체현자로서 행동했다. 이스라엘의 백성이 이집트에 잡혀 있었을 때, 모세Moses의 형 아론Aaron은 파라오의 주술사들과 결투를 벌였다. 주술사들이 모두 지팡이를 뱀으로 바꾸자, 아론은 자신의 지팡이를 더 큰 뱀으로 변신시켜 적을 모두 통째로 삼켰다고 한다.

예언

구약 성서 신명기 18장 10~11절에서 모세는 "그의 아들이나 딸을 불 가운데로 지나게 하는 자나 점쟁이나 길흉을 말하는 자나 요술하는 자나 무당이나 진언자나 신접자나 박수나 초혼자를 너희 가운데에 용납하지 말라"고 말한다. 타나크에는 마법을 금지하는 구절이 몇 개 더 있다. 이러한 금기에도 불구하고 예언은 미래를 드러내는 공인된 수단이었다.

타나크에는 미래의 예언에 대한 언급이 많다. 예언자가 꿈을 통해 길흉을 점치는 설화도 있다. 예를 들면 요셉의 꿈에 나온 야윈 소는 이집트의 기근을 암시한 것

참고

엔도르의 마녀

타나크에 따르면, 때때로 이스라엘 지도자들까지도 끔찍한 결과를 무릅쓰고 흑마술에 의존하는 경우가 있었다. 사울Saul 왕은 블레셋 사람Philistine의 침입을 받았을 때 성전에서 신탁을 얻고자 했지만 아무 소용이 없었다. 절망한 그는 엔도르Endor로 가서 마녀와 상의하여 예언자 사무엘Samuel의 영혼을 불러냈다. 사무엘의 망령은 안식을 방해한다고 꾸짖으며 마법을 금하는 하느님의 계명을 거역한 대가로 사울의 파멸을 예언했다. 겁에 질린 사울은 이튿날 전투에서 결국 패배하여 죽었는데, 그의 죽음은 신령과 교접하고 추종하는 자들에 대한 무서운 경고였다.

마녀가 사무엘의 영혼을 소환하는 장면을 묘사한 19세기의 상상화

▲ **기적의 승천**
불 전차를 탄 엘리야가 회오리바람에 실려 하늘로 올라가는 모습을 그린 이탈리아 프레스코화. 엘리야는 지상을 떠나면서 엘리사 Elisha에게 외투를 던졌는데, 이는 엘리사가 예언자의 후계자로 선정됐음을 의미한다.

으로 여겨진다. 또 신성한 화살통에 여러 개의 화살을 넣고 흔든 후 표식이 있는 화살을 맞히는 화살 점도 있었다. 공식적으로는 제비뽑기로 점쳤다고 알려져 있다. 이런 점술은 모두 신에게 어떤 행동을 취하도록 간청하거나 기적을 일으키기 위한 마술이 아니라 신의 뜻을 이끌어 내는 것으로 여겨졌다.

고대 중동 지역의 관습에 더 가까운 것은 소타 sotah 의식에 대한 설명이다. 불륜 혐의가 있는 여성에게 타나크의 특정 구절이 새겨진 양피지를 녹인 물을 마시게 하는 것인데, 만약 죄가 있다면 바로 피부색이 변하면서

결국은 죽는다고 한다. 하지만 궁극적으로 타나크는 신의 인정을 받은 인간의 행동만을 지지한다. 이스라엘 백성이 약속의 땅 '가나안'으로 가는 도중 요르단강에 도착했을 때 사제들이 메고 간 언약궤가 기적을 일으켜 물을 가르고 무사히 건널 수 있었던 것도 신의 축복이 있었기 때문이다.

▼ 신성한 군주
조로아스터교의 최고신 아후라 마즈다
가 동물들에게 둘러싸여 있는 모습이
조각된 황금 귀걸이

마기의 힘: 고대 페르시아의 마법

POWER OF THE MAGI

ancient Persian magic

페르시아에서는 기원전 6세기경부터 아케메네스Achae-menid 제국 아래 조로아스터교가 발전했다. 선지자 조로아스터는 추종자들에게 최고의 신 아후라 마즈다Ahura Mazda를 예배하도록 했다. 아후라 마즈다가 창조한 세계는 성령 스펜타 마이뉴Spenta Mainyu와 흑마술을 사용하는 악령 앙그라 마이뉴Angrya Mainyu가 투쟁하는 장으로, 인간이 어느 쪽 편을 들지는 자유였다.

마기magi는 세습되는 성직자로서, 조로아스터교의 교의에 따라 공적인 의식과 사적인 의식을 모두 관장하는 전문가였다. 마기의 직무 중에는 지배자의 안위를 지키기 위한 란Ian이라는 제물 의식도 있었다. 또 스펜타 마이뉴의 상징인 신성한 불꽃을 지키는 것도 임무였다. 이러한 의무를 게을리한다면 참혹한 결과가 기다리고 있었으므로 이 불꽃은 제국이 존속하는 동안 불꽃의 신전에서 계속 타올랐다. 그리스 역사가 헤로도토스Herodotos에 따르면 마기는 제물로 바쳐진 동물 앞에서 주문을 외우거나 꿈풀이도 했다고 한다.

▼ 신성한 불꽃의 수호
불의 제단 앞에 서서 의식을 위한 주문을 낭송하는 마기. 불길이 꺼지지 않도록 지키는 것이 그의 가장 신성한 임무였다. 만약 불이 꺼지는 일이 생긴다면 다에바야스나, 즉 악마 숭배자라는 비난을 받을 수도 있었다.

▶ 의식 준비
금판에 새겨진 마기. 한 손에 조로아스터교의 의식에 사용되는 술인 하오마haoma가 든 병을 들고, 다른 손에는 식물계의 풍요를 상징하는 의식용 잔가지 묶음인 바르솜barsom을 들고 있다.

다에바와 마법사

마기에 대한 더 많은 정보는 조로아스터교 성전인 아베스타Avesta에 기록되어 있다. 아베스타에 따르면 다에바daeva라고 불리는 초월적 존재가 있었는데, 그들은 악한 신이므로 숭배해서는 안 되었다. 하지만 마기 중에는 다에바 신봉자가 있었는데, 그들은 악마 숭배자라는 의미인 '다에바야스나daevayasna'로 불렸다. 다에바야스나에는 야투yatu(주술사)와 파이리카pairika(마녀)도 포함되었다. 파이리카는 처음에 인간을 해치는 초자연적인 정령으로 여겨졌다. 파이리카를 피하기 위해 마기는 아후라 마즈다의 이름을 부르거나 구부러진 못에 기도를 담아서 땅에 묻거나 했다. 아후라 마즈다가 직접 조로아스터에게 바렌자나Varenjana bird의 날개에 마기의 몸을 문지르면 악령을 물리칠 수 있다고 전했다고 한다.

그렇지만 대체로 마기는 의식의 순수성을 중시했다. 제단은 동물의 배설물이나 사체 등이 없도록 청결하게 유지했다. 거룩한 신전의 불꽃을 피우는 것으로 무수한 다에바를 죽일 수 있다고 믿었다.

페르시아인들은 자두기jadugih(주술사)를 매우 혐오했다. 자두기로 의심받은 피고의 유죄를 판단하기 위해 금속을 녹인 물을 혀 위에 붓기도 했다. 마법사는 사후에도 영원히 벌을 받으며 개에게 내장을 물어뜯기거나 시뻘겋게 달군 구리 위에 서 있게 되는 것이다.

> "마기의 입회 없이 제물을
> 바치는 것은 법에 위배된다."

『역사Historiae』(헤로도토스, 기원전 430년경)

신들의 리스트: 고대 그리스의 마법

ENLISTING THE GODS
ancient Greek magic

청동기 시대 호메로스Homeros의 『일리아스Ilias』부터 초기의 광범위한 헬레니즘 세계에 이르기까지 마법, 즉 마게이아mageia가 널리 행해졌던 것은 주술서, 부적, 문학 이야기, 비문 등에 기록되어 있다. 다른 많은 고대 신앙과 마찬가지로 공적인 종교와 마법이 융합되어 있었던 것이다. 신의 영향은 온 세상에 가득했고, 신들과 소통할 수 있는 성직자, 철학자, 의사, 시인들도 많았다. 고대 그리스 종교의 공적인 형식은 제물과 기도, 축제와 신전에서 행해지는 공공 의식이었다.

한편 마법은 신들에게 호소하는 보다 은밀하고 공격적인 방법이었다. 때로 그 목적은 개인적인 이익이나 타인을 해치기 위한 것이기도 했다. 신전의 사제들이 구

사할 수 있었던 것은 의식을 위한 마법이고, 개인적인 의뢰는 떠돌이 마술사나 점술사들이 담당하는 경우가 많았다. 그 외에도 사회의 변두리에서는 매춘부들이 사랑의 주문을 거는 일들도 있었다.

그리스 철학자들은 마법을 부정했다고 한다. 히포크라데스히파의 의학서 『신성한 병에 대해On Sacred Disease』의 저자들은 주문으로 월식을 일으키거나 열병을 치료할 수 있다는 생각을 경멸했다. 하지만 질병을 치료하기 위해 약방의 신 아스클레피오스Asklepios의 신전에서 잠을 자도

▼ 「그리스 마법의 파피루스」
기원전 1세기~기원후 4세기에 이집트에서 기록된 총서. 사랑, 점술, 치유를 위한 주문을 담고 있다.

환상을 보게 하는
계시적인 주문

> "개 얼굴을 한 개코원숭이의 똥,
> 따오기 알 두 개, 유향 네 방울,
> 양파 한 개. 이 모든 것을
> 생쥐와 함께 돌절구에 넣고 갈아라."

「그리스 마법의 파피루스」

록 처방한 것도 그 의사들이었다. 모든 계층의 그리스인은 사랑의 신인 에로스, 또는 더 은밀히 마법의 여신 헤카테의 도움을 얻기 위해 다양한 방법을 시도했다. 어떤 형태이든 마법은 무엇보다 중시되었다.

마법의 도구

특정 돌들에는 마력이 깃들어 있다고 여겨졌는데, 적철석haematite은 태아를 보호해 주는 것으로 믿었고, 연두색 벽옥jasper은 위장의 염증을 치료하는 데 사용되었다. 사람들은 나무나 뼈, 돌로 된 보관함에 이들을 넣어 주물로 지니고 다녔다. 선원들은 바다의 신 포세이돈이 삼지창을 들고 돌고래 위에 올라선 모습을 새긴 보호 펜던트를 착용했고, 바스카니아baskania(상대에게 주술을 거는 악의적 시선)를 피하기 위해 눈 모양의 펜던트를 이용하기도 했다. 주술서에는 주물을 만들 때 수행해야 할 의식으로 주문이나 손짓 등이 기록되어 있다. 주물에는 신들의 이름을 사용한 아나그램anagram이나 앞뒤로 읽어도 똑같이 발음되는 회문palindrome을 새기기도 했고, 신화 속 이야기를 담은 파피루스를 작은 갑에 넣어두기도 했다.

　마법 의식용 도구로는 신비한 마녀 키르케가 지녔을 법한 지팡이, 연마된 돌, 거울, 물동이, 심벌즈, 하프, 마법의 힘을 증폭시키는 데 사용되는 물레인 롬보rhombo 등 다양한 것이 있었다. 또한 마법의 약물인 파르마카pharmaka를 사용했는데, 오디세우스는 마법의 약초 몰리moly로 만든 약을 먹은 덕에 돼지로 변화시키는 키르케의 저주를 피할 수 있었다. 파르마카 중에는 사랑의 묘약 또는 독초로 불리는 필트라philtra도 있다. 필트라는 헤라클레스 신화에 등장하는데, 헤라클레스의 아내 데이아네이라Deianeira는 반인반마인 켄타우로스 네소스Nessos의 피로 만든 필트라를 헤라클레스의 망토에 바르는 바람에 그를 죽게 만들었다.

숫양이 다시 살아나고 있다.

▶ 마법사 메데이아
메데이아Medeia의 모습이 그려진 화병. 마법을 사용하여 늙은 숫양을 토막 내서 삶는 모습을 묘사하고 있다. 가마솥에 약초를 넣자 숫양이 어린 양으로 되살아난다.

마법은 원래 구전되었지만 기원전 6세기부터는 그리스 문헌에 기록되었다. 마법이라는 개념은 이 시기에 페르시아 제국에서 서쪽으로 퍼져 나갔다. 마법사들은 때때로 바빌로니아와 접경한 페르시아 지방의 지명을 따서 '칼데아인Chaldeans'으로 불리기도 했다. 기원전 4세기 무렵부터 작성된 주문들이 많이 남아 있으며, 이집트에서 발견된 「그리스 마법의 파피루스」를 보면 기원전 1세기에도 마법이 번성했음을 알 수 있다. 여기에는 질병 치유나 악마 퇴치를 위한 주문, 적을 공격하는 주문 등 많은 주제가 망라되어 있다.

구속 마법

그리스 마법 이론의 이면에는 '구속'이라는 개념이 깊이 연관되어 있다. 마법으로 상대의 육체나 지성을 통제하여 원하는 대로 조종하는 것이다. 하늘의 달조차도 구속할 수 있었다. 이른바 '달 끌어내리기' 의식은 트라키아Thracia 마녀들의 특별한 기술인데, '달의 거품'을 모아 마법의 물약에 넣어서 약효를 배가시킨다고 한다.

공공 및 민간의 저주

저주는 구속 마법의 한 형태다. 때로는 공적인 경우도 있었는데, 무덤의 저주는 지나가는 사람들이 무덤을 훼손하지 못하도록 경고하는 것이다. 시민들의 저주로는 테라Thera 사람들이 북아프리카에서 키레네Cyrene를 식민지로 삼겠다고 서약한 것이 있다. 테라인들은 밀랍 인형을 녹이는 의식을 가졌는데 만약 서약을 이행하지 못하면 자신들도 저주를 받아 녹아버리겠다고 했다.

개인적인 저주는 비밀리에 행해졌는데, 파피루스에 기록되어 지하에 보관되었다. 이들은 대부분 "나는 구속한다"라는 문장으로 시작되며 저주 상대의 신체 부위를 일일이 나열한다. 운동선수와 같은 대상을 저주할 때는 저주용 조각상의 팔다리를 묶는 것만으로 능력을 떨어뜨릴 수 있다고 믿었다.

신들의 의지를 구속하는 것은 훨씬 더 어려운 일이었다. 마법의 한 갈래이자 신을 움직이게 하는 테우르기아theurgia가 필요했기 때문이다. 테우르기아 마법사들은 꿈을 통해 신의 세계로 자신을 투사하거나, 그릇의 물에 기름을 떨어뜨려 그 파문을 통해 신과 소통하는 레커노먼시lecanomancy, 램프 불꽃의 패턴을 보고 점을 치는 리버노먼시libanomancy와 같은 방법으로 목적을 이루고자 했다.

마법의 조각상

마법 의식에는 때때로 점토나 금속 조각상이 사용되었는데, 구속하거나 저주할 상대를 대신하는 것이다. 상대를 상징하는 조각상의 사지를 묶거나 부러뜨리고, 못을 찔러 넣기도 했는데, 난파선에서 구해 온 못이 효과적이라고 여겨졌다. 그러고는 작은 구리 관에 넣어서 상대의 이름과 주문을 새긴 후 교차로 같은 마력이 있는 곳에 묻었다.

"13개의 구리 바늘을 준비하고,
'너의 뇌를 찌르노라'라고
말하면서 뇌에 하나를 꽂는다."

「파리 마법의 파피루스」(3세기)

▲ 저주판

시칠리아에서 발견된 기원전 5세기의 저주판. 이 석판에는 재판 상대가 법정에서 변호를 받을 수 없게 되기를 바라는 주문이 적혀 있다.

죽은 자와의 교신

저주는 그리스 마법의 어두운 면을 나타낸다. 대표적인 것이 에페이로스Epeiros의 네크로만테이온Necromanteion 신전 등에서 행해진 네크로먼시necromancy(강령술)인데, 죽은 자와 교신하거나 소생시키는 것이다. 또 라멜라이lamellae라는 얇은 납판에 저주를 새긴 뒤 말아서 시신과 함께 우물에 가라앉히거나 땅에 묻으면 죽은 자가 복수의 여신들인 에리니에스Erinyes나 프락시디카이Praxidikai에게 저주의 기도를 전달해 준다고 믿었다. 수많은 저주판이 그리스 문화권 전역에서 발견되는데, 이 관습은 로마 제국으로 퍼졌고 영국까지 전해졌다.

주로 도둑이나 불성실한 배우자, 사업 경쟁자가 저주의 대상이 되었다. 그리스인들은 주술 의식으로 질병이 치료되면 점토로 만든 머리나 발, 자궁 모형을 신들에게 바치며 감사했다. 그와 같은 힘으로 적에게 치명적인 피해를 입히는 일도 주저하지 않았다.

▲ 델포이의 신탁

꽃병 조각에 그려진 프레스코화.
아폴론 신이 델포이의 사제 피티
아에게 말하는 장면이다. 신탁을
고하는 웅장한 의식에서 피티아는
요리용 세발솥에 앉아 신으로부터
계시를 받았다는 메시지를 6음보
운율의 시 형태로 전했다.

"예언자나 신관 혹은 해몽가에게
물어보아야겠다. … 태양의 신 아폴론이
왜 그렇게 화가 났는지 그들이 알려줄 터이니."

호메로스의 『일리아스』

신의 뜻을 해석하다: 고대 그리스의 점술
INTERPRETING DIVINE WILL
divination in ancient Greece

고대 그리스인은 자연 현상이나 동물, 사물에 나타나는 신호를 해독하거나 직접 소통하려고 시도함으로써 끊임없이 신의 뜻을 이해하려고 했다. 신들은 너무나 쉽게 노했고, 나약한 인간들은 어떻게든 신들의 의도를 깨닫고 호의를 얻는 방법을 배우고자 갈망한 것이다.

점술가와 신탁

점술이 최초로 기록된 것은 트로이 전쟁에 관한 서사시 『일리아스』다. 아킬레우스Achilleus는 아폴론이 그리스인들에게 노한 이유를 물어보자고 해몽가에게 제안하는데 신의 뜻을 찾는 방법은 다양했다.

점술가들은 새 점을 통해 새가 높이 날고 날개를 크게 펼치면 길조라고 보았고, 제물로 바쳐진 동물의 간을 관찰하여 미미한 이상이라도 보이면 흉조라 여겼다. 또 제비를 뽑거나 동물의 발가락뼈를 뽑아서 점을 치기도 했다. 실에 매단 반지를 알파벳 판에 갖다 대면 신들이 응해주기도 했다. 신들과 가까이 교신하기 위해 치유의 신 아스클레피오스의 신전과 같은 신성한 장소에서 잠든 사람의 꿈에 나타난 징조를 해석하기도 했다. 「그리스 마법의 파피루스」에는 꿈에서 신의 계시를 듣기 위해 행하는 의식이 적어도 30종 이상 기록되어 있다.

가장 직접적으로 신들과 접하는 방법은 신탁이다. 신탁은 보통 여사제를 통해 전달되는 신성한 조언인데 그리스 문화권의 모든 신전에서 신관들은 질문자에게 신의 대답을 전달했다. 신관들은 종종 성스러운 광란에 빠졌는데, '만티케'라고 불리는 이 광기는 그리스 점술의 다른 이름이기도 했다. 가장 유명한 것은 델포이의 신전으로, 아폴론의 여사제 피티아가 지하 동굴에서 나오는 연기를 쐬고 접신 상태가 되어 신탁을 전했다.

많은 도시 국가들이 해답을 구하기 위해 델포이의 여사제를 찾았지만 신탁의 내용은 언제나 수수께끼 같았다. 기원전 546년, 리디아의 왕 크로이소스가 페르시아의 침공에 맞서 전쟁을 해야 할지 물었다. 전쟁을 한다면 제국이 무너질 것이라는 답변을 받았다. 이를 공격해야 한다는 뜻으로 이해한 크로이소스는 싸움을 벌였지만, 결국 처참하게 패배하여 자신의 '제국'이 무너지고 말았다.

▲ 내장 점
기원전 6세기경의 테라코타. 신관이 제물로 바쳐진 돼지의 내장을 꺼내 미래를 점치는 모습이다. 이것은 내장 점extispicy으로 알려진 관습이다.

참고

피타고라스와 숫자 점

기원전 6세기의 그리스 수학자 피타고라스와 그 추종자들은 우주가 숫자와 밀접하게 관련되어 있다고 믿었다. 숫자를 이해함으로써 과거의 사건들을 설명할 수 있고 미래도 점칠 수 있다는 것이다. 어떤 숫자들은 특별하게 여겨졌는데, 2와 3은 남성과 여성으로 간주되었다. 두 수를 더한 수인 5는 결혼과 관련이 있다. 1, 2, 3, 4의 합은 완전수인 10(천체의 수와 같은 수)이 되는데, 특별한 길조를 의미한다. 나중에 피타고라스가 고안한 새로운 기법으로 알파벳의 각 문자에 숫자가 할당되었는데, 개인의 이름을 숫자로 바꾸어 모두 더하면 그 이름을 마법적으로 통찰할 수 있다.

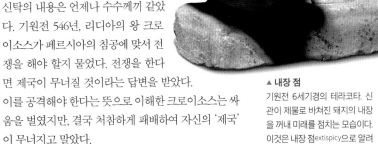

피타고라스(오른쪽)가 산술의 신상이 지켜보는 가운데 인도 아라비아 숫자를 사용하는 보에티우스Boethius와 계산 경쟁을 하는 장면

그리스 마법과 신화

Greek magic and myth

신화를 재현한 호메로스의 서사시 『일리아스』와 『오디세이아』, 당시의 비극들은 고대 그리스인이 얼마나 마법에 심취했는지를 알려준다. 이 이야기에는 예언과 저주에서부터 동물은 물론이고 인간도 포함한 제물에 이르기까지 모든 마법이 등장한다.

예를 들면 트로이 전쟁의 시작에 대한 이야기는 아가멤논 왕의 딸인 이피게네이아Iphigeneia가 아르테미스 여신에게 어떻게 제물로 바쳐졌는지를 말해 준다. 이야기 속에서는 흑마술도 중요한 역할을 담당한다. 오디세우스는 검은 양을 도살하여 죽은 자와 교신하는 의식을 행했는데, 죽음의 신을 불러내어 자신의 편으로 삼고자 한 것이다. 리라를 연주하여 동물에게 마법을 걸 수 있는 또 다른 영웅 오르페우스Orpheus는 지하 세계의 문을 지키는 머리 셋 달린 지옥의 사냥개 케르베로스Kerberos를 리라로 잠재웠다. 그렇게 죽은 아내 에우리디케Eurydice를 구출하려 했지만 실패로 끝났다.

더 고도의 마법을 구사한 것은 마녀들이다. 태양신 헬리오스Helios의 딸 키르케와 같은 마녀들은 마법을 건 치즈를 먹여 오디세우스의 동료들을 돼지로 만들었다. 오디세우스만 대항 마법을 통해서 위험을 모면했다. 마법에 가장 능한 무서운 존재는 메데이아였다. 그녀의 놀라운 마법은 미래의 남편 이아손Jason에게 마법의 약을 주어 불을 뿜는 황소(마법의 황금 양털의 수호자)로부터 보호한 것, 그의 아버지를 죽음에서 소생시킨 것, 이아손이 자신을 버리고 결혼하려 한 크레우사Creusa를 마법의 불꽃으로 태워 죽인 것 등이 있다. 흑마술이 도움이 되는 경우도 있다고 하지만 좀처럼 행복한 결말로 이어지지는 않았던 것이다.

> "나는 기만적인 내 남편을 강력한 악담과 저주로 결박했다."

비극 〈메데이아〉(에우리피데스Euripides, 기원전 431년)

▲ 오디세우스가 돛대에 묶여 있는 장면이 그려진 로마 시대의 모자이크화. 여자 얼굴에 새의 몸을 하고 달콤한 노랫소리로

국가 권력, 과학 그리고 미신: 로마의 마법

STATE POWER, SCIENCE, AND SUPERSTITION
Roman magic

로마인은 독자적인 마법 신앙을 가졌을 뿐 아니라, 마법은 신에게 다가가는 수단이라는 고대 그리스인의 사상도 물려받았다. 그러나 로마의 통치 아래 공식적인 종교와 마법은 엄격히 구별되었고, 마법사들을 노골적으로 박해했다.

◀ 아우구스투스 동전
아우구스투스Augustus 황제는 점성가들을 로마에서 추방했지만, 로마 제국 재건의 상징으로서 자신의 별자리인 염소자리를 동전에 새겼다. 동지 이후 부활하는 태양을 상징한 것이다.

▼ 황소 제물
마르코만니Marcomanni 전쟁(166~180) 승리에 대한 감사의 표시로 마르쿠스 아우렐리우스 황제가 황소를 제물로 바치는 의식을 묘사한 부조. 신관인 플라멘flamen이 황제의 오른쪽에 서고, 실제로 동물을 죽이는 역할을 하는 빅티마리우스victimarius가 도끼를 들고 맨 오른쪽에 서 있다.

국가와 주술

로마 마법의 대부분은 로마 제국 이전의 고대 이탈리아에 살았던 사람들로부터 물려받은 것이다. 동물의 내장을 보고 점을 치는 내장 점술가인 하루스펙스haruspex가 중요한 역할을 한 것만 보아도 초기 로마의 마법 전통에 에트루리아Etruria의 영향이 컸음을 알 수 있다.

기원전 8~7세기에 이미 도시의 안전을 보장하기 위해 날씨나 새의 비행 상태, 동물의 내장으로 점을 치고, 공식적으로 제물을 바쳤다. 제물과 점술은 기원전 509년부터 시작되는 로마 공화정에서 국가의 공식 관행이 되었다. 기원전 2세기에 로마가 그리스를 정복한 이후에는 그리스의 '구속 마법'(34쪽 참조)이 로마 문화에도 침투했다. 경기나 연애에서 경쟁자를 물리치기 위해 저주판과 부적, 주물을 많이 사용했다. 특히 불라bulla라는 이름의 음경 모양 주물은 로마 소년들이 사악한 눈으로부터 보호받기 위해 몸에 지녔다.

황제들까지도 마법의 혜택을 바란 듯하다. 180년, 마르쿠스 아우렐리우스 황제가 지금의 독일 다뉴브 강변에서 콰디족Quadi을 공격했을 때, 이집트 마법사 아르누피스Arnouphis가 불러온 큰 비 덕택에 그의 군대는 갈증과 탈수로 죽어갈 위기를 모면했다. 황제들은 또 『시빌레의 서Sibylline Books』를 참조했다. 이 책은 기원전 520년경에 나폴리 근교의 쿠마이Cumae 동굴에 살았던 무녀 시빌레의 예언을 모은 것이다. 카피톨리누스 언덕의 유피테르(주피터) 신전에 보관되어 있던 이 책들은 진정한 위기 상황에서만 공개되었다. 예를 들면 기원전 216년 칸나이Cannae에서 로마군이 카르타고Carthago 사람들에게 격파당했을 때 신관들은 책을 해석하여 갈리아인과 그리스인을 두 명씩 제물로 바치도록 진언했다. 제물이 된 남자들은 고대 도시의 시장인 보아리움 광장Forum Boarium 아래에 생매장되었다.

대중 마법과 점성술

부유한 로마인들 사이에서 심오한 교의를 지니는 신비주의 집단에 대한 관심이 커지면서 마법은 철학과 융합되었다(44~45쪽 참조). 이러한 믿음들은 피타고라스주의(37쪽 참조), 이집트 풍요의 여신 이시스 숭배, 헤르메스주의(134~135쪽 참조), 물리적 세계의 창조를 헤카테

Hecate라는 여성의 힘으로 돌린 철학 학파 신플라톤주의 등이다. 그러나 1세기 무렵의 초기 로마 제국에서는 다른 형태의 마법도 여전히 번성했다. 귀족 출신의 모든 오컬트 학자들 주변에는 수많은 점술가와 점성가들, 사랑의 묘약을 팔고 간단한 치유 의식을 행하기도 한 여성 마법사 프라이칸트릭스들이 있었다.

▲ **사악한 눈**
야생 동물의 공격을 받거나 흉기에 찔린 사악한 눈을 묘사한, 안티오크Antioch의 모자이크화. 눈이 공격으로부터 스스로를 방어하기 위해 안간힘을 쓰는 동안 집 안을 들여다볼 수 없게 되기를 바라는 기도가 담겨 있다.

> "마법은 이처럼 높은 지위에 올라
> 오늘날에도 인류의 많은 부분을 지배하고 있다."

『박물지』(대 플리니우스, 77~79년경)

염소 머리
모양의 뿔잔을
들고 있는
라르Lar

뱀의 모습을 한
수호신
아가토다이몬
Agathodaimon

▲ **가정의 신**
폼페이의 한 집에 설치되어 있던
제단. 가정을 주관하는 신이 라
르에게 제물을 바치는 모습이 그
려져 있다. 라르는 악귀로부터 가
정을 수호해 주는 조상령이다.

점성술은 대중 마법과 귀족 마법 사이에 걸쳐 있었다. 저
명한 학자이자 정치가인 키케로Cicero의 친구인 니기디
우스 피굴루스Nigidius Figulus는 많은 로마 마법의 토대가
된 이집트 점성술에 관한 책을 썼다. 심지어 촉망받던 천
문학자 클라우디우스 프톨레마이오스Claudius Ptolemaios
(그의 천동설과 지구를 중심에 둔 태양계 이론은 르네상스

때까지 지속되었다)까지도 달이 조수 간만에 영향을 미
치는 것처럼 천체의 운동이 직관적으로 인간의 행동에
영향을 줄 수 있다고 지적했다.

당시의 점성가들은 종종 예언을 하기도 했다. 그들
은 영혼이 탄생을 위해 지구로 내려올 때 천체의 어떤
특징들을 받아 온다는 설을 바탕으로 했다. 예를 들면

"그녀는 황폐한 무덤에 살며,
죽은 영혼이 쫓겨난 무덤을 자주 배회했다."

『파르살리아Pharsalia』(루카누스Marcus Lucanus, 61~65년)

토성에서는 교활함, 화성에서는 용맹함, 수성에서는 웅변술, 목성에서는 지배력을 받는다는 것이다. 하지만 예언은 점성가들의 몰락을 초래했다. 기원후 16년, 방탕한 귀족 드루수스 리보Drusus Libo는 황제가 될 것이라는 예언을 들었다는 이유로 체포되었다. 그는 재판 전에 자살했고, 일련의 소동 이후 모든 점성가는 로마에서 추방되었다. 이는 기원전 139년과 33년에 일어난 마법 박해의 일부이다. 기원후 69년과 89년에는 더 많았다.

마법과 법률

해로운 마법에 대한 로마인의 두려움은 깊었다. 기원전 451년에 편찬된 로마 최초의 법전인 십이표법은 이웃의 농작물을 빼앗는 것을 금지했으며 기원전 81년에 제정된 코르넬리우스법은 유해한 마법, 베네피키움veneficium에 대한 처벌을 강화했으며 주기적인 대량 체포가 이어졌다.

기원전 331년에는 170명의 여성이 마법의 독약을 배포했다는 이유로 처형되었고, 티베리우스가 기원후 16년에 리보를 체포한 이후 남성 45명과 여성 85명이 마법에 관한 법률을 위반했다는 죄목으로 처형되었다. 저명한 로마인들도 이 법의 올가미에 걸렸다. 158년, 루키우스 아풀레이우스Lucius Apuleius는 마법을 써서 부유한 과

▶ 페르세포네에게 바치는 그림

이탈리아 남부에서 발견된 테라코타화. 저승 세계의 왕비인 페르세포네Persephone가 밀 다발을 들고 있다. 밀은 페르세포네가 매년 봄 지하 세계에서 돌아올 때 선물로 가져오는, 재생하는 생명의 상징이다. 그녀는 마법의 기도나 저주에서 자주 언급되었다.

부를 유혹했다는 혐의로 재판을 받았는데, 설득력 있게 자신을 변호한 덕에 간신히 무죄 판결을 얻어냈다.

강령술

일부 로마인은 훨씬 더 무서운 형태의 마법을 사용했다. 기원후 19년, 티베리우스의 양자인 게르마니쿠스의 급사가 마법 때문이라는 소문이 돌았다. 검시관들은 그의 방이 저주판, 주문, 불에 탄 시체로 가득 차 있었다고 했다. 불에 탄 시체는 강령술의 증거였다. 강령술은 죽은 자가 신에게 메시지를 전달해 미래를 볼 수 있다는 믿음으로 행해졌다. 잔혹하기로 유명한 황제들도 강령술을 사용한다는 소문이 있었는데 네로는 자신이 살해한 어머니의 유령을 불러내어 용서를 구했다고 한다.

참고

이야기 속의 마녀

마녀가 무서운 힘을 지니고 있다는 것은 로마 문학의 공통된 주제였다. 루카누스Lucanus의 시집 『파르살리아Pharsalia』에서 마녀 에릭토는 신선한 피와 광견병에 걸린 개의 침을 끼얹어 시체를 소생시킨다. 한편 또 다른 시인 호라티우스Horatius는 카니디아Canidia와 그녀의 자매 사가나Sagana가 아이들을 유괴하고 살해한 이야기를 썼다. 끔찍한 외모와 광기 어린 의식을 행하는 것으로 유명한 이 가상의 마법사들이야말로 중세 마녀의 문학적 조상이다.

세 명의 마녀가 의뢰인을 기다리고 있는 모습을 그린 폼페이의 모자이크화

비밀의 장막 속: 신비한 이교

SHROUDED IN SECRECY
mystery cults

▲ **엘레우시스 밀교**
숭배자들이 엘레우시스 밀교에
귀의하는 의식이 그려진 장식판.
의식의 일부로서 데메테르 여신
이 하데스Hades에게 납치되어 지
하 세계로 끌려간 딸 페르세포네
를 찾아오는 이야기가 재현된다.

고대 로마의 평민들은 신전의 공식 의식에 참여할 수 없
었다. 그러자 자신들을 받아들여주는 비공식적인 종교
를 신봉하게 되었다. 신비한 이교는 이들에게 신과의 직
접적인 관계, 평안한 내세를 바라는 희망, 사회적 유대
를 제공했던 것이다. 신비한 이교가 번성한 이유의 하나
로 로마인이 이국의 종교에 특별히 개방적이었다는 점
도 들 수 있다. 이교의 주요 특징은 비밀주의였는데, 신
비로운 재탄생을 위한 입문과 의식이 모두 비밀스러웠
다. 그중에서도 오랜 역사를 자랑하는 것이 엘레우시스
밀교Eleusinian Mysteries로, 수확, 다산, 생사의 윤회를 관장
하는 여신인 데메테르Demeter를 숭배했다. 아테네 근교
의 엘레우시스 마을을 중심으로 퍼져 나갔으며, 주요
의식은 매년 8일 동안 열리는 축제였다.
이 기간에 예비 신자들은 어두운 숲을
통과하여 저승 세계로 가는 유사 체험
을 하는데, 그때 횃불을 든 사제들이
구출해 주는 것이다.

▶ **심벌즈를 든 키벨레**
봉헌 석판에 그려진 여신 키벨레. '마그나 마테
르(위대한 어머니)'라고도 불린다. 심벌즈를 들고
사자 두 마리를 데리고 있는데, 사자는 자연의
야생성을, 심벌즈는 시끄럽고 광란에 가득 찬
숭배 방법을 상징한다.

▶ **디오니소스 의식**
폼페이 유적 중 신비의 저택에 있는 프레스코화들은 디오니소스 숭배의
시작을 보여준다. 그중 하나가 디오니소스와 죽을 수밖에 없는 존재인 아
리아드네Ariadne의 결혼을 재연하는 의식으로, 여성 숭배자들인 벌거벗
은 마이나데스maenades들의 춤으로 완성된다.

포도주와 달의 황홀경

이탈리아의 이교인 디오니소스교의 숭배자들은 이 그
리스 포도주의 신을 받드는 텔레타이teletai에 참여했다.
담쟁이덩굴로 싸고 솔방울을 얹은 회향 지팡이인 티르
소이thyrsoi를 들고 황홀한 춤과 노래를 펼치는 의식이다.
로마 당국은 디오니소스교의 활동을 특별히 우려했고
기원전 186년에는 금지하려 하기도 했다.

마그나 마테르Magna Mater 숭배도 마찬가지였는데, 이
이교는 아시아의 달의 여신 키벨레Cybele와 그녀의 배우
자 아티스Attis를 경배한다. 코리반테스Korybantes라고 불
리는 숭배자들은 심벌즈로 찢어지는 듯한 소리를 울리
며 행복감과 광기 속으로 몰입했고, 가장 열광적인 남성
신자들은 심지어 스스로 거세할 정도였다.

타악기와 제물

65년에 이집트 여신 이시스를 숭배하는 이교가 로마에
신전을 세웠다. 그 신관들은 의식의 순결성을 중시하여
삭발하고 삼베옷을 입었다. 하지만 시스트룸sistrum과 같
은 타악기를 사용한 시끄러운 의식에 몰두하기도 했다.

가장 널리 퍼졌고 또 비밀스러웠던 이교는 1세기 무렵
에 등장한 미트라교Mithras이다. 페르시아 신앙에서
간접적으로 파생된 것으로, 타우록토니
tauroctony라고 불린 주요 의식은 황소
를 제물로 바치는 것이었다. 소의 피는
순결과 재생의 상징이었다. 신자는 모
두 남성으로, 코락스Corax(까마귀)에서
파테르Pater(아버지)까지 7개의 등급으
로 나뉘었다. 의식은 동굴을 모방한 사
각형의 지하 사원에서 집행되었다. 미트
라교는 로마 제국 곳곳에 침투했지만
제국이 기독교를 받아들인 4세기 이후
에는 박해를 받았다.

의식에서는 꽃을 태워서 향을 올렸다. —

위카Wicca 신앙에서는 핸드패스팅 때 꽃을 촛불 위에 올린다. —

▲ 사과꽃
사과는 꽃과 함께 아프로디테와 프레이야를 포함한 많은 여신들과 관련이 있으며 사랑과 불멸의 열매로 여겨진다.

▲ 세이지
라틴어로 치유나 구조를 뜻하는 샐비어Salvia의 일종인 식물이다. 가장 효과가 좋은 해열제로 널리 알려졌고, 불멸이나 지혜를 가져다준다고 믿는 자들도 있었다.

치유 식물
Healing plants

사람들은 선사 시대부터 식물이 인간에게 도움이 되고 특별한 치유의 힘이 있다고 믿어왔다. 약초는 분야에 따라 치료에 실제로 사용되고 있고, 그 효과는 오래전부터 알려져 왔다. 오늘날에는 과학적으로도 그 효과가 검증되고 있다. 약초의 특성을 기록한 책들은 현대의 의사들이 사용하는 약물 지침서와도 같은 것이었다. 또 많은 식물들은 치료 효과를 넘어서 마법의 힘을 가지고 있다고 여겨져 왔다. 예를 들면 사랑과 부를 가져다주거나 사악한 눈으로부터 보호해 주는 힘이다.

▲ 로즈메리
추억의 징표로서 고대 로마 시대부터 사랑하는 사람의 무덤에 바쳐졌다. 또 악령이나 마녀들을 쫓아준다고 믿었다.

▲ 대나무
건강과 장수를 가져다주는 마법의 힘이 있다고 여겨진다. 도교에서는 대나무 지팡이를 사용하여 물의 신을 불러낸다.

▲ 바질
마음을 진정시키고 행복을 가져다준다고 한다. 재물과도 관련이 있어서 부를 기원하는 주술에 사용된다. 바질 잎을 지갑에 넣고 다니면 금전운이 따라온다고 한다.

▲ 알로에 베라
아프리카와 중동에서는 행운을 가져오고 악을 쫓아주는 식물로 여겨져 문 앞에 걸어두곤 한다. 상처나 화상, 피부염 등을 치료하는 약초로도 사용된다.

▲ 라벤더
평화와 사랑과 연관된다. 향료나 정화제로 사용되므로 한여름의 위카 축제에서는 라벤더를 불태운다. 에센셜 오일로 사용하면 수면에 도움이 된다.

▲ 국화
불이나 태양의 에너지와 연결되어 있으며, 켈트족의 분기별 축제인 서우인Samhain과 위카의 제단에도 사용된다. 한방에서는 해독 작용을 하고 혈압을 낮추는 효과가 있다고 여겨진다.

꽃은 고귀함, 따뜻함, 애정을 나타낸다.

▶ 선인장
도둑과 원치 않는 손님으로부터 집을 보호한다. 하지만 풍수 전문가들은 선인장의 가시를 경계하는데, 두는 위치에 따라 잘못하면 불운을 가져온다고 한다.

선인장의 마법의 비밀은 가시에 있다고 한다.

풍수 원리에 따르면 집 안 구석구석에 선인장을 두면 집을 지켜준다고 한다.

▲ 압생트
아니스anise 향기가 나는 술이다. 약쑥과 그린 아니스, 회향과 같은 허브를 잘 섞고 절구에 찧어 반죽 형태로 만든다. 절구는 약초사들의 주요 도구 중 하나다.

▲ 패출리
흙냄새가 강하게 나는 허브로, 열정, 사랑, 부와 연관된다. 사랑의 묘약으로, 또 부를 기원하는 주술에 사용된다.

▲ 캐머마일
사악한 마법으로부터 가정을 보호하고 부를 가져다준다고 한다. 마법사와 치료사 모두가 중시했는데, 차로 마시면 진정 효과가 있고 기분을 좋게 해주기도 한다.

삶과 죽음의 영약: 고대 중국의 마법

ELIXIRS OF LIFE AND DEATH
ancient Chinese magic

조상 숭배를 기원으로 하는 중국의 마법은 우주의 조화를 기반으로 하는 정교한 철학 체계로 발전했다. 그리고 마법은 개인이 우주 속에서 필요한 이익을 얻기 위한 하나의 수단이 되었다. 기원전 5000~3000년의 앙소仰韶 문화 시기부터 이미 토기에 의인화된 생물들이 그려졌는데, 이는 마법사를 나타낸 것으로 여겨진다.

최초의 중국 마법사들은 무당(샤먼)으로 불렸는데, 조상의 영혼과 소통할 수 있었다. 상나라 시대인 기원전 1600~1500년 무렵에 무당은 신탁을 해석하며 한층 공적인 역할을 한 것으로 보인다. 무함巫咸이라는 무당은 상나라의 첫 번째 통치자인 탕왕湯王의 궁정에서 점괘를 맡았던 것으로 전해진다. 중국의 유교 경전인 『주례周禮』에는 무당의 일을 감독하는 영매관에 관한 기술이 있다. 무당은 대부분 여성으로, 의식을 집행하며 스스로 무아지경에 빠져 영혼의 세계로 건너갔다. 그들은 치료사나 해몽가로도 활동했고, 가뭄이 지속될 때면 특별한 춤 의식을 통해 비를 불러오는 등 초자연적인 힘을 가지고 있다고 여겨졌다.

강령술과 대중적인 마법

하지만 무녀들의 독무대는 오래가지 않았다. 그녀들은 전한 무제의 첫 번째 황후인 진陳황후와 함께 흑마술인 무고巫蠱를 사용했다는 추문에 연루되었다. 황후는 유죄 판결을 받았고 300명의 무녀가 처형되었으며, 이들이 마녀와 깊은 관계가 있다고 여겨졌다. 전국 시대(기원전 403~221년) 이후, 새로운 형태의 남성 무당인 박수覡가 등장했고, 무녀들은 중심에서 소외되었다. 그 후 오랫동안 시尸라고 불리는 관리들이 죽은 자를 기리는 의식을 담당했다.

◀ **목제 무당상**
기원전 4~3세기 무렵, 전국 시대 초나라의 목상. 무덤을 관리하는 한 쌍의 수묘 무당 중 한 명이다. 초나라의 샤머니즘은 중국의 다른 나라보다 오래 지속되었는데, 아마도 동북아시아나 시베리아의 샤머니즘의 영향을 받았을 것이다.

의식에서 죽은 자의 영혼은 강령술처럼 시관의 신체를 통해 소환되고, 축祝이라는 관리가 주문을 외는 신관의 역할을 하여 기도를 올렸다고 한다.

이후 주문, 주술, 약물(특히 최음제)을 사용하는 것이 민간의 마법으로 발전했고, 부적이나 주물을 사용하여 신이나 조상의 혼을 불러오게 되었다. 전통적 치료 약과 함께 사용되기도 했는데, 호박(보석)이나 복숭아나무 등은 마법적 효능이 있다고 믿었다.

무당에서 마법사로

무녀들이 몰락한 이유 중 하나는 악의적 주술을 거는 무고에 관여했다고 비난받았기 때문이다. 마법사들이 행하는 흑마술에 대한 우려, 특히 독살에 대한 두려움은 상나라 때 신탁이 적힌 비문에 처음 나타난다.

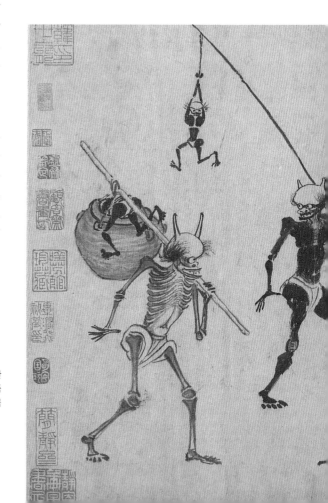

▶ 마법의 청동 거울
당나라 시대 청동 거울의 뒷면. 앞면은 반짝반짝 빛나는 반사면이다. 앞면 쪽에서 햇빛이나 불빛이 비치면 거울이 투명해지고 마치 마법처럼 뒷면의 문양이 벽에 투영되도록 만들어져 있다.

거울 뒷면에는 힘을 표상하는 마법의 상징인 용이 몸을 뒤틀고 있다.

부식된 청동 표면

한나라 시대(기원전 206~기원후 220년)에는 무고가 널리 행해졌지만 발각되면 사형에 처해졌다. 무고에 손을 댄 자는 저주 상대에게 병을 옮기거나(고蠱는 '배 속의 벌레'로 번역될 수 있다), 때로는 그 자리에서 독살할 수 있다고 믿었던 것이다. 가장 효과적인 독은 전갈, 지네, 뱀과 같은 여러 독성 생물들을 한 항아리에 넣고 마지막에 살아남은 것에서 추출한 독이라고 한다. 무고를 행하는 주술사들은 때때로 상대를 마음대로 조종하여 노예로 만들었다고도 전해진다. 또 충蟲이라는 마법의 해충을 뿌려서 수확된 모든 곡식을 괴멸시키는 등 큰 피해를 입힐 수 있다고도 여겨졌다.

"무고로 사람을 독살하려는 자는
공개적으로 처형될 것이다."

『주례周禮』(기원전 300년경)

배회하는 악령들
기괴한 악령들이 시골길을 행진하고 있는 두루마리 그림. 이들은 퇴마사로 알려진 전설의 마법사 종규鐘馗의 수행원이다. 8세기에 당의 현종 황제가 열병을 앓았을 때 종규가 황제의 꿈에 나타나는 악령을 물리쳐 치료했다고 한다.

◀ 불로불사의 복숭아
서왕모가 성스러운 곤륜산에서 키운 복숭아를 선녀들이 받쳐 들고 있는 꽃병 그림. 전해지는 바에 따르면 이 복숭아는 6천 년에 한 번밖에 열리지 않는 것으로, 한나라 무제는 그 복숭아를 맛본 몇 안 되는 인간 중의 하나였다.

불로장생에 대한 희구

기원전 300년경부터 방사方士들이 불사를 보증하는 만병통치약을 조제할 수 있는 자로서 명성을 확립해 나갔다. 황제는 그들에게 특별히 관심을 보이고 실험에 자금을 댔지만 결과가 항상 유익한 것은 아니었다. 진시황도 불로장생의 약을 찾는 데 열중하였고 각 지방의 진귀한 약초를 진상하라 명했다. 그에 집착한 나머지 치세 후반기에는 정무를 소홀히 했다. 결국 진시황은 방사가 처방한 약에 함유된 수은 때문에 쓰러져 죽었다. 방사 후원이 비참한 결과를 불러온 것이다.

불로장생과 연금술

많은 중국 연금술사들은 오행五行(흙, 나무, 금속, 불, 물)의 조화를 통해 한 물질을 다른 물질로 바꾸려고 했다. 완전을 추구하는 사상, 즉 우주와 조화를 이루는 것은 도교의 대가들에게 특히 중요시되었으며, 그들은 연금술의 여러 유파를 형성했다.

외단外丹(외부 연금술)도 그중 하나이다. 값싼 금속을 금으로 바꾸려 한 유럽 연금술과 유사하지만 도교의 연금술은 불로불사의 비유로 여겨졌다. 방사의 약과 마찬가지로, 그들의 만병통치약도 불로장생을 추구하는 황제들이 간절히 원한 것이었다. 또 내단內丹(내부 연금술)도 있었는데, 명상, 호흡법, 식이 요법을 통해 체내에 기를 축적하여 정신의 향상과 불로장생을 획득하고자 한 유파다.

도교와 유교의 신자들, 일부 불교 신자들도 질서를 추구하거나, 적어도 세상이 어떻게 구성되어 있는지 파악하고자 했다. 그들은 완벽한 조화를 이루는 데 필요한 음陰(사물의 어둡거나 수동적인 측면)과 양陽(밝고 활동적인 측면)이라는 상호 보완적인 반대 개념을 발전시켰다. 이 개념에 서로 연관되어 있는 오행 및 천체의 움직임(예를 들면 목성은 나무, 화성은 불과 이어진다)을 조합하면, 음과 양의 힘에 의해 복잡하지만 조화로운 세계가 생성된다. 점성술은 이 세계를 해석하는 것으로 미래를 점쳤는데, 한편으로 마법사는 그것을 지배하고 조종하고자 했다.

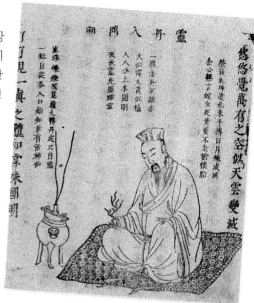

▲ 도교의 연금술사
1605년에 출판된 청나라의 연금술서에 실린 목판화. 세발솥에서 분리되는 불로장생의 영약을 도사가 지켜보고 있다.

참고

불멸의 돌

녹색의 광택이 나는 옥은 중국에서 신석기 시대부터 귀하게 여겨졌다. 옥으로 만든 조형물이 처음 등장한 것은 기원전 3000년경인 상나라와 주나라 때이다. 이후 벽璧(편평한 형태)과 종琮(관 형태) 등 여러 가지 형태로 만들어져 공적인 의식에서 사용되었고, 이윽고 황제의 권력을 상징하는 데 쓰였다. 깎아서 칼 형태로 만들거나 작은 조각을 철사나 비단으로 이어서 예복으로 입기도 했다. 옥이 시신의 부패를 늦춘다고 믿었으므로 왕족에게는 옥으로 만든 수의를 입혀 매장했다. 오로지 마법을 위해서도 쓰였는데, 마법사들은 옥으로 불운을 쫓는 주물을 만들었고, 도교의 연금술사들은 갈아서 불로장생의 약을 만드는 재료로 사용했다.

매듭이 있는
용 형태

기원전 3세기, 주나라 때 만들어진 옥 펜던트

조화로운 우주의 확보: 중국의 점술

ENSURING COSMIC HARMONY
Chinese divination

고대 중국의 통치자들은 자신의 미래가 신의 의지에 의해 미리 정해져 있다고 믿었다. 그러한 운명 속에서 최선의 결과를 얻으려면 어떻게 행동해야 할지 판단하기 위해, 그들은 다양한 종류의 점술을 사용했다.

불과 뼈

고대 중국 점술의 역사는 기원전 1600년 상나라 건국 이전으로 거슬러 올라가며, 불과 뼈를 사용했다. 가열한 막대로 동물의 뼈나 딱딱한 껍질을 부수어 불을 지핀 후, 만들어진 균열의 패턴을 보고 신탁을 해석하는 것이다. 처음에는 황소나 양, 말의 견갑골이 사용되었지만, 나중에 거북의 등껍질을 쓰는 것이 일반적이 되었다. 그 형태가 돔 모양의 하늘을 연상시켰기 때문일 것이다. 점술이 끝나면 질문과 점술사의 해석을 등껍질에 새겼다. 당시에 점괘를 새긴 뼈들이 오늘날까지 보전되어 상나라를 알 수 있게 하는 중요한 자료가 되었다. 당시에 적어도 140명의 점술사가 있었다는 것도 알 수 있는데, 이들이 바로 우리가 이름을 알 수 있는 최초의 마법사들이다.

복점

기원전 1000년경, 점술의 새로운 형태인 복점卜占이 등장한다. 가새풀 줄기를 던져서 실선 또는 점선 모양을 만드는 동작을 반복하여 6개의 선이 되도록 한다. 그 결과가 64괘가 되는 것이다. 각 괘에는 '대축大畜',

불에 그을려 갈라진 거북의 등껍질

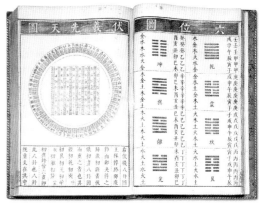

▲ 『역경』에 기록된 점술
명나라 시대인 1615년에 간행된 『역경』. 왼쪽 페이지에 완전한 64괘를 싣고 오른쪽 페이지에는 각 괘의 명칭과 해석이 기록되어 있다.

'소축小畜' 등의 호칭이 붙어 있는데, 이를 의뢰자의 질문에 맞추어 해석하는 것이다. 이러한 방법은 점성술과도 관련이 있는 것으로, 기원전 800년경의 문헌인 『주역周易』에 기록되어 있다. 이후 더 상세하게 편찬된 것이 기원전 2세기에 만들어진 『역경易經』으로, 점술서이기도 하지만 철학서로서도 영향을 미쳤다.

자연과의 조화

복점도, 신탁의 뼈를 사용한 점도 모두 인간의 개입에 의해 만들어진 패턴을 해석하는 것이다. 풍수지리에서는 점술사가 자연에 존재하는 패턴을 읽고, 특정 지형의 특징을 파악함으로써 그곳에 사는 사람들에게 다가올 길흉을 점친다. 장례 때도 기가 좋은 땅에 무덤을 쓰면 고인의 자손에게 행운을 가져다준다고 여겨졌다. 더 큰 규모로, 황제들은 새로운 도시를 건설할 장소를 찾기 위해 풍수지리의 대가들을 고용하기도 했다. 예를 들면 곶과 같이 고립된 지역은 악의 공격에 취약할 수 있고, 구릉 지역은 도시를 둘러싸서 보호하고 주민들에게 복을 가져다주는 것으로 판단되었다.

◀ 상나라 신탁의 갑골
점술에 사용된 갑골. 특유의 균열 위에 고대 한자로 의뢰자의 질문과 점술가가 해석한 신탁이 기록되어 있다. 10만 개 이상 발굴되었다.

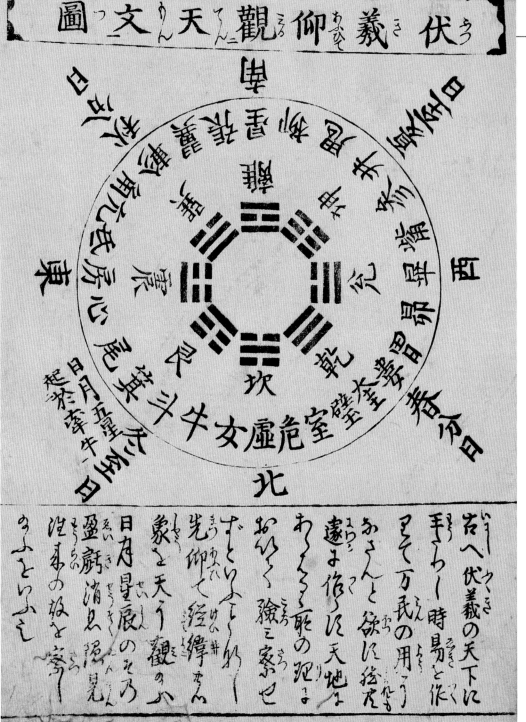

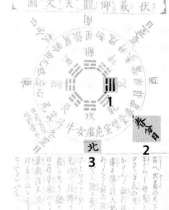

키포인트

1 중앙의 3중선은 복점용

2 북서 방향은 봄과 귀인들을 관장한다.

3 방위의 위아래가 서양과 반대로 아래쪽이 북방이다.

◀ **풍수와 점성술**
풍수 기운을 나타낸 도표인 팔괘도. 간지의 방위에 따라 구분되어 있고, 남쪽이 맨 위에 위치한다. 각 방위는 계절, 오행, 건강이나 부, 가족과 같은 인생의 요소를 관장한다.

"일관성이 없는 자는 거북 등껍질이나 가새풀 줄기를 가져도 술사가 될 수 없다."

유교 경전 『예기禮記』(기원전 5세기)

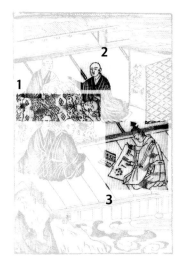

키포인트

1 죽음의 병상에 누운 승려 지코智興

2 제자인 쇼쿠証空는 스승을 구하기 위해 자신의 목숨을 바치겠다고 발원한다.

3 아베노 세이메이가 복점으로 미래를 점치고 있다.

▶ 임종을 앞둔 점
유명한 음양사인 아베노 세이메이가 점성술로 죽음에 임박한 승려 지코에 대해 점치고 있다.

마법 담당 관청: 고대 일본의 마법

MINISTRY OF MAGIC
ancient Japanese magic

일본의 전통적인 종교인 신토神道는 나무, 강, 산 혹은 건물까지 포함하는 모든 만물에 신이 깃들어 있다고 여겼다. 그러한 정령은 전문가가 조종하거나 달랠 수 있었다. 여우 요괴(여우에 홀린 자, 이즈나飯綱, 구다기쓰네管狐)는 특히 강한 형태로 정령이 출현한 것으로, 자유자재로 변신하거나 자취를 감추고, 때로는 다른 사람을 홀릴 수도 있었다. 5~6세기에는 불교, 도교, 중국의 오행, 음양 등의 신앙이 일본으로 들어와 신토와 융합되었다. 이 모든 영향 아래에서, 일본인은 신의 의지를 확인하기 위해 복잡한 예지 체계를 만들었다.

마법을 행하는 자는 음양사陰陽師라 불렸으며, 점술 의식을 관장하거나 별, 일식이나 월식 등의 이상 현상으로부터 길흉을 읽어내기도 했다. 심지어는 퇴마까지 담당했다. 먼저 악령에 홀린 자의 몸에 정령을 들여보내 달라붙은 악령을 심문하게 해서 악령의 정체를 파헤친다. 그렇게 함으로써 악령을 제거하는 최적의 의식을 찾아내는 것이다.

▶ 불교의 산신
산악 신앙과 결부된 금동 장왕권현藏王權現 입상. 깊은 산속에서 육체적 힘을 단련하는 주금도 수행자들이 모시는 신이다.

음양사는 궁중 관리로서 음양료陰陽寮라는 관청에서 임명하였고, 그들이 실천하는 음양도는 널리 받아들여졌다. 음양사의 점괘 결과에 따라 방문자의 수용 여부를 결정하는 모노이미物忌, 귀족이 외출할 때 사악한 기운을 막고 무사를 기원하는 의식인 헨바이反閇 등은 1868년 메이지 천황이 즉위한 후 금지할 때까지 계속되었다.

마녀·마귀 퇴치 부적, 대중 마법

음양사는 마법사에 가까운 일도 했다. 그중 상당수에는 혼령의 측근이라고 할 만한 시키가미式神가 붙어 있었다. 시키가미는 종종 동물의 모습으로 나타나는데, 의식이 제대로 집행되지 않으면 원한을 품는다고 여겨졌다. 음양사는 오사쓰御札라고 불리는 부적을 매달아 악귀를 쫓았다. 주금도呪禁道를 행하거나 요괴를 퇴치해 병을 고치는 자도 있었다. 이러한 대중 마법을 통해 음양사의 웅장한 신탁은 민간에 전승되기도 했다. 사람들은 검은 개의 가죽을 태우면 폭풍을 잠재울 수 있다든가, 벼락 맞은 나무껍질을 씹으면 소심증이 없어진다든가 하는 것을 믿었던 것이다.

▲ 별과 천체의 의식
일본 점성술서에 그려진 '도요土曜'라는 이름의 신. 토성 및 일주일의 마지막 날과 관련이 있다. 토요일은 질병이나 싸움과 관계가 깊어서 결혼해서는 안 되는 날로 믿어졌다.

아베노 세이메이安倍晴明(921~1005년)

주류의 마법

가장 고명한 음양사로 불가사의한 사건을 분석하여 악마를 퇴치하는 데 뛰어났다. 여러 권의 점술서를 저술한 그는 귀족의 자식이 태어나기 전에 성별을 맞혀 궁정의 눈에 들었고, 음양료의 장이 되었다. 이후 그의 일족이 19세기까지 음양료를 관장했다. 마법으로도 이름을 알렸는데, 경쟁자였던 아시야 도만芦屋道満과 대결하기도 했다. 이에 관한 장대한 회상록에서 그는 어머니가 여우 요괴였다는 것을 고백했다. 에피소드 중 하나로, 도만이 상자에 15개의 귤을 숨기고 세이메이에게 무엇이 들어 있는지 알아맞힐 것을 요구하자 귤을 쥐로 변신시켜 숫자를 맞혔다고 한다.

▶ **기적의 비**
하늘의 신이자 베다Veda 시대에 가장 사랑받은 신인 인드라Indra가 그려진 무굴Mughal의 채색화. 가뭄을 일으키는 악마 브리트라Vritra와 싸우는 모습이다. 인드라는 마법의 벼락인 바즈라vajra로 브리트라의 배를 갈라 물을 다시 땅으로 내려보냈다.

신들의 전설: 고대 힌두교의 마법

LORE OF THE PANTHEON
ancient Hindu magic

힌두교의 긴 역사에 걸쳐 데바deva라는 복잡한 신들과 철학적 신앙이 생겨났다. 추종자들은 수많은 주술과 의식을 만들어냈고 그것들로 신들을 움직이거나 달래고, 신성한 세계에 접근할 수 있다고 믿었다.

신과 악마

힌두교는 기원전 1500년경 인더스 문명이 사라진 후 인도 북부에 정착한 아리아인 사이에서 시작되었다. 그들은 전사이자 음악과 술을 좋아하는 민족이었다. 바루나Varuna라고 불리는 하늘의 신을 숭배하며 의식용 음료인 소마soma를 마셨는데, 같은 이름을 가진 식물의 즙을 짜서 만든 것이다. 이 음료가 불멸을 주고 용기를 북돋우며 병을 고친다고 믿었다.

기원전 1500~500년에 힌두교도들은 베다Veda라고 불리는 경전을 편찬했다. 우주의 탄생, 영웅과 악마의 싸움, 데바의 기원 등이 기록되었다. 이윽고 카스트 제도가 생기고, 최고 계급인 브라만 신관직은 대대로 세습되었다. 그들의 역할은 사람들이 의식을 따르게 하는 것으로, 규칙을 지켜 제사를 관장했다.

힌두교 경전

베다에서 신은 긍정적인 힘을 지닌다. 그들의 적은 파괴적인 힘을 가지는 악마인 아수라asura이다. 아수라의 힘은 종종 강력했다. 예를 들면 악마 마리차Maricha는 선한 신 비슈누Vishnu의 화신인 라마를 속이기 위해 가젤로 변신했다.

오락으로서의 마법-마술 쇼

20세기에 인도는 마술 공연의 요람으로 알려졌다. 마술의 아버지로 불리는 바자쿤남Vazhakunnam과 마술사 P. C. 소르카 시니어Sorcar Sr.가 특히 인기가 많았다. 그들의 대표적 공연은 컵과 공을 이용해 공들이 무작위로 나타났다 사라지게 하는 체품 판툼, 긴 밧줄을 타고 오르며 공중 부양하는 것처럼 보이는 밧줄 마술이 있다. 인도의 밧줄 마술은 아랍 여행가 이븐 바투타Ibn Battuta가 14세기에 기록한 것이 최초이다.

1940년대 거리의 마술사들. 영국 군인들 앞에서 밧줄 마술을 보여주고 있다.

이 책에 의하면 열 가지 거룩한 나무 조각으로 만든 주물이 악마에 홀리는 것을 막아준다고 한다.

사실 여부를 확인할 수는 없지만 더 놀라운 마법 사례도 기록에 남아 있다. 영적으로 진화한 탄트라(힌두교 신비주의 종파) 신자에 관한 이야기로서, 최면술로 망상을 만들어냈다고 한다. 『아타르바베다』에는 오자ojha(퇴마사) 관련 이야기나 불의 신 아그니Agni 숭배 등 샤먼 전통과 유사한 더 오래된 내용도 실려 있다. 아그니는 죽은 자의 영혼을 정화하고 화장하는 불길에서 구출하여 부활시킨다고 믿어졌다.

힌두교 세계의 마법은 마야maya와 연결되어 있었다. 마야는 원래 힘이나 지혜를 의미했지만 나중에는 끊임없이 변화하고 불안정한 물질세계와 인간의 인식 사이의 간극인 환상까지도 포함되었다.

마법의 책

다른 신앙 체계와 마찬가지로, 많은 힌두교도들은 신의 개입을 얻기 위한 직접적인 수단을 찾았다. 기원전 1200~1000년 사이에 작성된 『아타르바베다Atharvaveda』에는 730편의 시와 6천 편의 주문이 수록되어 있다. 이들은 아타르반Atharvan(주요 송가의 작자)이나 앙기라스Angiras, 브리구Bhrigu 등의 성인을 찬양하는 내용이다. 또 장수, 상처 치료, 악마 퇴치, 결혼 상대 찾기 등을 기원하는 찬미가도 들어 있다. 주물에 관한 내용도 있는 것으로 보아 당시 널리 사용되었음을 알 수 있다.

◀ 신의 보호
힌두 서사시 『마하바라타Mahabharata』의 한 장면. 왕비 드라우파디Draupadi는 남편이 주사위 게임에서 져서 옷을 벗어야 했지만, 크리슈나Krishna 신이 왕비의 몸에 사리가 계속 감기도록 하여 왕비의 명예를 보호한다.

▲ 신에 준하는 지배자
왕이 새겨진 옥패. 이 왕은 군주의 복장을 하고 마법사로서의 지위를 과시하고 있다. 지하 세계의 신 재규어가 그려진 방패를 들었고, 아래에는 마야인이 옥수수의 화신으로 생각한 난쟁이들이 그려져 있다.

우주의 순환 주기: 마야의 마법

THE COSMIC CYCLE
Mayan magic

멕시코와 중앙아메리카의 토착민인 마야인은 심오한 영적 세계를 가지고 있었다. 세상의 모든 사물, 심지어 요일에도 신성함이 깃들어 있다고 여겼다. 의식과 마법은 신들과 소통하는 통로였다.

정령들과 함께하는 삶

마야 문명은 고전 시대인 250~900년 사이에 가장 번성했다. 마야인은 수십 개의 도시 국가에 거대한 피라미드, 사원, 광장을 건설했는데, 그들의 종교적인 삶은 질서정연하고 모든 것을 신앙의 대상으로 했다. 주요한 신들로는 비의 신 차크Chaak와 옥수수 신 등이 있었다. 옥수수 신의 구체적인 이름에 대해서는 아직 논란이 이어지고 있지만, 그의 죽음(수확)과 부활(씨앗)의 순환은 마야인의 인간성을 상징한다고 여겨진다. 신들은 웅장한 신전과 비문들로 존경을 받았고, 요일이나 방위, 심지어 바위들에도 모두 정령이 깃들어 있다고 믿었다.

이러한 다양한 세계와 소통하기 위해 마야인은 그들의 샤먼 또는 신관인 아킨ah kin에게 의지했다. 그들은

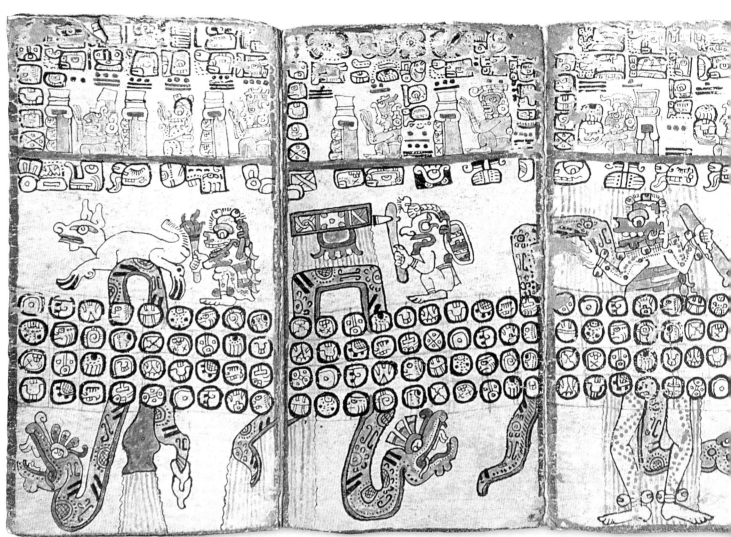

주문이나 환각제를 사용하여 영적 세계로 들어갈 수 있었다. 가장 효과적인 중재자는 왕족이었는데, 그들은 이미 반신半神 성인으로 존경받았고, 신들과 소통하며 도시를 지키는 힘을 가졌다고 여겨졌다.

피로써 신을 달래다

마야인은 그들의 창조신에게 빚을 졌다 여겼고, 제물을 바침으로써 그 빚을 갚을 수 있다고 믿었다. 이때 가장 강력한 제물은 피였다. 사원의 계단에서 전쟁 포로들의 목을 자른 것은 그 때문이다. 더 효과적인 것은 왕이 직접 가시로 자신의 몸을 찔러 제사용 종이로 피를 닦은 다음 태우는 것이었다. 그 연기를 마시면 영적 세계가 보인다고 믿었기 때문이다. 사람들은 또 이러한 희생이

질병을 치료해 준다고 기대했다.

또 마야인은 인간의 몸에 여러 개의 영혼이 깃들어 있고 그중 하나가 손상되었을 때 질병이 발생한다고 생각했다. 영혼들 중 올리스o'ohlis는 창조신이 모든 것에 심어 넣은 불꽃이고, 또 모든 사람의 영혼에는 와요브wayob라는 동물 동반자가 붙어 있다고 한다. 왕의 영혼을 섬기는 와요브는 재규어이지만, 그 외의 동물들도 있었다. 왕족이나 신관 등의 마법사들에게는 최대 13개의 와요브가 있었다고 한다.

미래의 예언

시간, 장소, 신성은 복잡하게 얽혀서 숫자, 색깔, 나침반의 바늘 등과 연결되었다. 마야인은 하늘이 땅 위에 13개의 층으로 존재한다고 생각했다. 대부분의 영혼이 사후에 도달하는 세계는 9층이다. 신은 각각 4개의 화신을 가지는데, 색과 방위에 따라 나타난다고 한다. 마야의 1년은 제사력이 260일, 태양력이 365일이었고, 이 두 가지를 조합한 역법은 52년을 한 주기로 했다.

마야의 신관들은 이러한 체계를 관장하는 데 필요한 지식의 수호자였다. 그들은 금성과 달 등의 천체를 주의 깊게 관측하여 천궁도와 달력을 작성했다. 그 과정에서 특정 행동을 취해야 할 길일을 결정했다. 제물로 바쳐진 동물의 내장이나 땅 위에 뿌려진 곡식의 패턴을 해석하여 징조를 읽기도 하고, 마법의 거울에 비친 영상을 통해 길흉을 점쳤다. 마법과 신들이 함께하는 세계에서 신탁을 해석하는 것은 마야인에게 무엇보다 중요했던 것이다.

▲ 헌혈 의식
681년부터 742년까지 마야의 도시 야슈칠란Yaxchilan의 왕이었던 이참 나즈 발람Itzamnaaj B'alam 2세와 왕비 카발 슈크K'abal Xook가 그려진 부조. 왕이 아내의 머리 위에 햇불을 올리고 있다. 왕비는 헌혈 의식에서 가시가 박힌 밧줄로 스스로 혀를 찔러 피를 바친다.

◀ 『마드리드 사본』
마야인이 저술한 대부분의 문헌은 스페인의 정복으로 파괴되었다. 겨우 남겨진 것들 중 하나인 『마드리드 사본Códice Madrid』에는 마야 제사들의 의식에 사용한 달력과 그에 관계된 여러 정보가 수록되어 있다.

주술 혹은 의술: 400년에서 1500년까지

CURSE
OR CURE

400~1500

들어가며
Introduction

중세는 유럽과 서아시아 전체에서 종교가 변화되는 시기였다. 게르만족의 지도자 오도아케르^{Odoacer}가 476년에 로마를 정복했을 때, 1천 년 넘게 이 지역을 지배했던 로마 제국은 마침내 붕괴되었다. 그 결과 기독교와 이슬람이라는 강력한 두 종교가 대두했고, 시간이 지남에 따라 다른 모든 종교를 제압하여 서양은 기독교, 동양은 이슬람교가 지배하게 되었다.

두 종교는 모두 고대의 마법 전통이 자신들의 권위와 믿음에 도전한다고 여긴 듯하다. 이전에는 대제사장, 여사제, 수도승, 마을의 치료사 등 모든 계층의 마법사들이 사회에서 가장 존경받는 존재였지만, 두 종교의 지배 후 그들은 내몰리고 소외되었다. 기독교가 북쪽과 서쪽으로 퍼지면서 고도의 의식용 마법은 점점 더 지하로 숨어들 수밖에 없었다. 또는 땅 끝의 변방 지역, 수 세기 동안 이교 신앙이 확고한 뿌리를 내린 켈트족과 바이킹 세계로 쫓겨 가게 되었다.

교회는 농업 공동체에서 매우 중요한 요소인 날씨를 통제하는 것과 같은 초자연적인 힘을 전용해 성인^{聖人}들의 것으로 만들었다. 그사이에 강력한 마법사들은 말 그대로 악마화되었다. 그들의 능력은 악마에게 빚진 것으로 묘사되었고, 소르틸레기움^{sortilegium}(주술) 혹은 말레피키움^{maleficium}(흑마술)으로 간주되어 엄격한 처벌을 받는 죄로 다스려졌다. 789년에 샤를마뉴가 마법사와 점술사들을 사형에 처한다는 일반 훈령을 발표한 것은 그 한 예이다.

하지만 수 세기 동안 대중 마법은 사람들의 생활 속에 남아 있었고, 마을의 치료사들도 이전처럼 생업을 이어갔다. 그럼에도 불구하고 교회는 사람들에게 더욱 기도하라고 설교하고, 강령술이나 퇴마용 부적의 사용, 약의 조제 연구를 금지했던 것이다. 하지만 약초와 돌의 마력을 이용하는 것은 단지 우주의 자연적 힘에 의지하는 것에 지나지 않는다는 반론도 있었고, 대부분의 사람들도 그러한 생각으로 농작물이나 건강을 지키기 위해 마법 의식을 행했다. 중세 말기에 접어들면 성직자들은 이러한 관습에 대해 더 강경한 입장을 취하기 시작한다. 모두 마법이라는 꼬리표를 붙인 것이다.

군데스트룹^{gundestrup}의 가마솥(72쪽 참조)

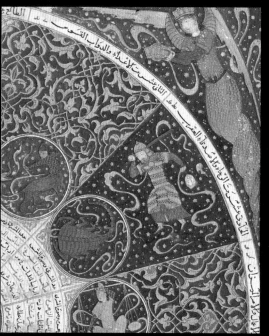
아라비아의 성탄 천궁도(83쪽 참조)

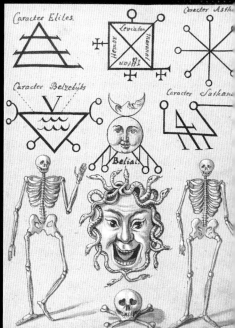
『악마학·마법학 개요』(90쪽 참조)

이슬람 세계에서는, 심지어 기독교를 믿었던 비잔티움에서도 마법은 훨씬 애매한 위치에 있었다. 서양의 기독교 세계와 마찬가지로 민간에서는 대중 마법이 번성했다. 무슬림들은 악마가 된 타락 천사나 악한 정령인 진jinn의 존재를 믿었다. 코란에 마법을 금지하라고 쓰여 있음에도 불구하고 악으로부터 보호받을 수 있는 부적을 사용하는 것은 일상생활의 일부였다. 마법 연구도 활발했는데, 지식을 탐구하라는 코란의 지시에 따라서 학자들은 의식용 마법서들을 번역했다. 수학과 자연 과학은 연금술이나 점성술과 같은 신비한 기술과 함께 발전한 것이다.

마법과 관계된 많은 중요한 문헌들이 이슬람 세계에서 유래했다. 아랍어 마법서를 라틴어로 번역한 『피카트릭스Picatrix』를 비롯한 서적들이 유럽에서 유통되면서, 학자들 사이에 마법 신앙이나 수행에 대한 새로운 관심을 불러일으켰다. 현재 우리가 문학 작품 등에서 만나는 마법사의 이미지에 토착 켈트족이나 북유럽의 전통보다 이슬람교의 영향이 더 많은 것은 이 때문이다.

> "처음으로 얼굴을 내민 게자리 속에 금성이 들어온 것과,
> 최초로 떠오른 황소자리 속에 달이 들어 있는 것,
> 이 두 가지 이미지를 만들라…"

『피카트릭스』 중 「사랑의 주문Love Spell」의 첫머리(10세기 또는 11세기)

맨드레이크mandrake 수확(100쪽 참조)

천사 소환에 관한 마법 안내서(109쪽 참조)

불의 심판(117쪽 참조)

바이킹 옷을
입은 신들

큰 학 또는 거위가
프레이르 신 위를
감싸 덮고 있다.

룬 문자가
새겨진 아치

▲ 스웨덴의 북유럽 신들
오딘, 토르, 프레이르 신이 새겨
진 부조(아래쪽). 각각 자신들의
상징인 창, 망치, 낫을 들고 있다.
위쪽에도 같은 신들이 묘사되어
있다.

지팡이를 지닌 자들: 북유럽의 마법
THE WAND-CARRIERS
Norse magic

북유럽인들이 기독교로 개종하기 시작한 8세기보다 수
세기 전에 그들은 풍요로운 신화와 토착 신앙을 발전시
켰다. 그 세계는 운명을 관장하는 여신 노른Norns의 지배
를 받는다. 그 외에도 오딘Odin과 토르Thor가 지배하는 아
사Aesir 신족과 프레이르Freyr와 프레이야Freyja로 대표되
는 바니르Vanir 신족이 있었다. 고대 북유럽인들은 세상이
거인이나 요정, 난쟁이 같은 신비한 정령들로 가득하다고

믿었다. 나무나 바위, 강, 심지어 집에도 베티르vaettir라고
부르는 정령이나 악마가 깃들어 있다고 생각했다. 이런 믿
음이 마법의 요소를 더해 정교한 신앙이 된 것이다.
　고대 북유럽 마법은 당시 기록은 거의 없고, 룬 문자
rune 등이 남아 있을 뿐이다. 서사시로 후세에 전달되기도
했지만 아마도 기독교적 관점이 덧씌워졌을 것이다.

▶ 오딘 또는 마법사
덴마크에서 발견된 작은 은 조각상. 까마귀 두 마리와 늑대 두 마리를 거느린 오딘으로 알려졌다. 다만 여성으로 보인다는 점에서 오딘에게 마법을 가르친 여신 프레이야 또는 마법사 볼바로 보는 견해도 있다.

예언자와 마법

고대 북유럽 마법의 중심은 세이드seidhr이다. 주로 여성이 행하는 주술로 유럽에 마녀라는 개념을 만든 기원 중 하나이다. 남성이 행하는 주술도 있었지만 이것은 남자답지 못한 비겁한 행위로 여겨져 아르기argr라 폄하되었다. 세이드는 샤머니즘으로, 환상 속을 여행하거나 영적 세계와 접촉하는 것을 포함한다. 비록 노른이 운명을 관장한다고 하지만 세이드는 그것을 예측하고 재구성할 수 있다고 믿었다.

세이드를 구사하는 자는 모임에 초대되어 사람들의 미래를 점쳐주거나 노래를 부르고 주문을 외우며 신들과 교신하기도 했다. 가장 존경받았던 세이드 마법사는 볼바volva라고 불렸는데, '지팡이를 지닌 자'라는 의미다. 볼바들은 흰 고양이의 털과 검은 양의 털로 가장자리를 장식한 두건이 달린 푸른색의 긴 망토를 걸쳤다. 그녀들은 사람의 기억을 조종하거나 사람을 변신시키고, 사물을 보이지 않게 만들기도 하고 적에게 저주를 내릴 수도 있었다. 게다가 사랑, 성, 아름다움의 여신인 프레이야와 연결되어 있었다. 프레이야는 북유럽 신화의 최고신 오딘에게 '남자답지 않은' 세이드 기술을 가르쳤다고 한다.

운명의 지배자

북유럽 사람들은 많은 노른을 섬겼는데, 모두 여신이다. 그중에는 요정이나 난쟁이도 포함되었지만, 세 명의 주요 노른은 신들의 고향인 아스가르드Asgard에 있는 우르드Urd(운명) 우물에서 살았다.

이 세 여신은 우물에서 물을 길어서 신과 인간, 거인, 망자의 세계를 연결하는 우주의 나무 위그드라실Yggdrasil을 가꾼다. 또 그 나무 아래서 생명의 실을 자아 살아 있는 모든 존재의 운명을 엮는다. 운명을 지배하는 세 여신은 다른 신들보다 힘이 훨씬 강했지만 그 힘은 선과 악 양쪽으로 작용했다.

노른은 아기가 태어날 때 곁을 지켜 그 운명을 정한다고 한다. 그래서 아기의 행복을 위해 '노른 죽'을 만들어 산모에게 한 입 맛보게 한 뒤 노른에게 바치는 관습이 있다. 세 노른은 셰익스피어의 희곡 〈맥베스〉에 나오는 세 마녀의 모델로도 알려져 있다.

> "옛날, 사악한 노른이
> 나를 물속에 갇혀 사는
> 운명으로 만들었다."

「레긴의 노래Reginsmál」(1270년경)

▼ 운명을 엮는 신
세 노른이 브륀힐드Brünnhilde(고대 북유럽의 영웅)의 바위 옆에서 운명의 밧줄을 짜고 있는 그림. 고대 북유럽의 서사시를 바탕으로 바그너가 작곡한 오페라 〈니벨룽겐의 반지〉 제4부의 서막을 위해 제작된 그림이다.

"납으로 만든 경외의 투구를
눈썹 사이에 붙이고 구호를 외쳐라. …
그리하면 적을 만나도 반드시 승리할지니."

『헤임스크링글라Heimskringla』(1225년)

▲ 인간 제물
스웨덴 고틀란드Gotland에 있는 석비인 스토라 함마르스Stora Hammars 중의 하나. 중앙 제단 위에 작은 사람이 엎드려 있고 오딘으로 추정되는 인물이 창을 휘두르고 있다. 엎드린 인물 위에 세 개의 맞물린 삼각형 형태의 상징인 마법의 발크누트valknut가 떠 있는데, 이는 삶이 죽음으로 옮겨 가는 것을 나타낸다.

옛 북유럽인들은 미래를 점치기 위해 주술사를 찾는 것처럼 자연물에서 징조를 찾기도 했다. 대표적인 것이 나뭇가지 점인데 과일나무 가지를 짧게 잘라서 흰 천 위에 아무렇게나 던진 뒤 떨어진 패턴을 보고 미래를 점쳤다.

자연의 마법

북유럽인들은 자연 현상에서 징조를 찾는 복점도 사용했다. 폭풍이나 일식과 같은 극단적인 자연 현상은 신들이 보내는 메시지이고, 동물들도 그 전령이 될 수 있다고 생각했다. 백마는 숭배의 대상으로 신성한 숲에서 길렀다. 신들이 고삐를 잡을 수 있도록 빈 마차에 백마를 묶어 달리게 한 다음, 그 바퀴 자국을 통해 신들의 의지를 해석하고자 했다.

까마귀나 독수리가 나는 모습도 길흉을 점치는 징조로 여겼는데 전투 전에 까마귀가 보이면 길조라 생각했다. 867년 북유럽인으로서는 최초로 아이슬란드로 항해한 플로키 빌게르다르손Floki Vilgerdarson은 까마귀 세 마리를 길잡이로 삼았다. 한 마리씩 풀어주고 날아가는 방향을 따라 항해했다고 한다.

제물

북유럽인은 오딘을 비롯한 신들의 도움을 얻는 것을 매우 중시했기 때문에 블로트blot, 즉 희생 제의를 해서 신들을 달래고자 했다. 1072년 브레멘의 독일 수도사 아담이 기록한 바에 따르면, 스웨덴 움살라에 있는 토르, 오딘, 프레이르의 신전에 제물을 바치는 전통이 있었다. 9년마다 인간을 포함한 모든 생물의 수컷을 아홉 마리씩 준비하여 신전 근처의 거룩한 숲에서 도살한 후 사체를 나무에 매달았다는 것이다.

이처럼 인간을 제물로 바친 이야기는 기독교의 프로파간다일지도 모른다고 여겨졌지만, 스웨덴의 트렐레보리Trelleborg의 유적 발굴 현장에서 잔인한 진실이 밝혀졌다. 5개의 우물에서 인간과 동물의 유골이 출토된 것이다. 5구의 인간 제물 중 4구는 4세에서 7세 사이의 어린아이였다. 하지만 이 끔찍한 제물 의식이 성행한 것은 아니다. 인간이나 동물보다는 값진 보석이나 도구, 무기 등을 호수에 던져 넣는 것이 일반적이었다. 덴마크 셸란섬Sjaelland에 있는 티쇠Tissø 호수는 티르Tyr 신의 성지로서, 이러한 공물이 산더미처럼 발견되었다.

기호의 힘

시길Sigil, 즉 특수한 기호나 상징에는 주술과 같은 효력을 발휘하는 마법이 담겨 있다. 따라서 주물로서 마력을 지닌다고 여겨지는 특정 나무나 금속에 새겨졌다. 그중에는 토르의 쇠망치와 오딘의 창처럼, 신에게 바친 마법의 도구를 재현한 것도 있었다.

◀ 토르의 강력한 몰니르
토르의 쇠망치 몰니르Mjöllnir를 재현한 주물. 노려보고 있는 신의 눈이 새겨져 있다. 몰니르는 신이 질서를 수호하기 위해 사용했던 벼락과 연결되어 있다. 전설에 따르면 산도 평평하게 만들 수 있다고 한다.

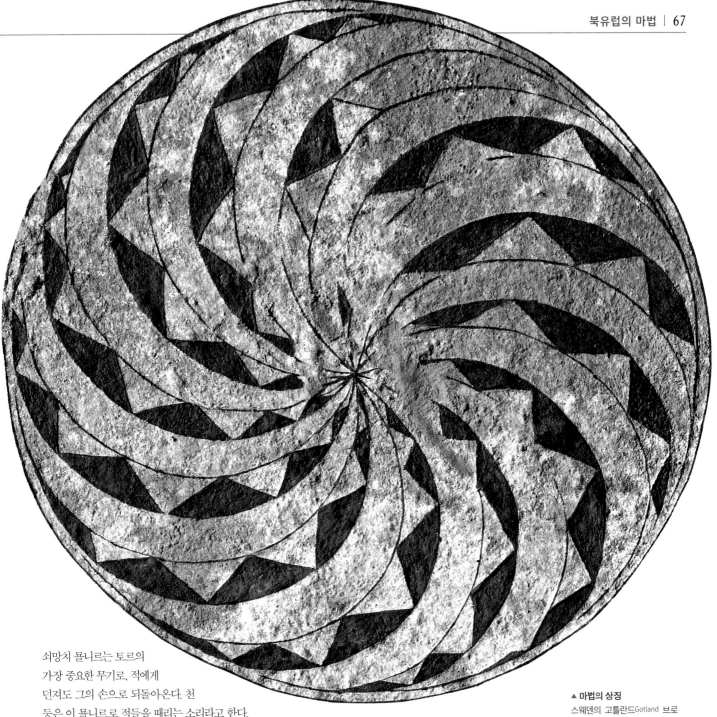

쇠망치 묠니르는 토르의
가장 중요한 무기로, 적에게
던져도 그의 손으로 되돌아온다. 천
둥은 이 묠니르로 적들을 때리는 소리라고 한다.
이 망치의 표식을 몸에 지니고 있으면 가호의 힘을 얻을
수 있다고 한다. 만자卍字 문양으로 불리는 고대의 갈고리
십자 기호와 비슷하며, 종종 태양 고리와 함께 그려 행운
과 번영을 가져오는 상징으로도 쓰였다.

　　가장 신비롭고 강력한 표식은 빛이 나는 날카로운
삼지창 8개가 그려진 '외기슈얄므르Œgishjalmr'로 '경외
의 투구'라는 의미다. 이 표식을 지닌 자는 반드시 승리

하고 적에게 공포를 준다. 북유럽의 고대 서사시 「파프
니르의 노래Fáfnismál」에는 다음과 같은 대목이 있다.

　　"나는 사람들 앞에서 외기슈얄므르를 몸에 붙였다.
나의 보물을 지키기 위해. 이 모든 사람 가운데 용사는
오로지 나뿐이라고 생각한다. 나 같은 용사를 아직 만
난 적이 없기 때문이다."

▲ 마법의 상징
스웨덴의 고틀란드Gotland 브로
Bro에 있는 한 교회의 벽에 세워
진 거의 2m 높이의 그림 석비의
일부. 전설에 의하면 이 부근의
우물에 제물이 바쳐졌다고 한다.
석비는 기원전 5세기에 만들어
진 것이고, 자세히 보면 정교한
태양의 고리 같은 것이 그려져 있
다. 토르와 관계된 행운의 상징이
자 대지와 태양과 우주의 연결을
표상하고 있다.

▲ 스웨덴 외스테르예틀란드Östergötland 뢰크Rök에 있는 룬석runic stone를 확대한 사진. 비문은 부분적으로 암호화되어 있는데, 아마도 마법 의식에 사용되었을 것이다.

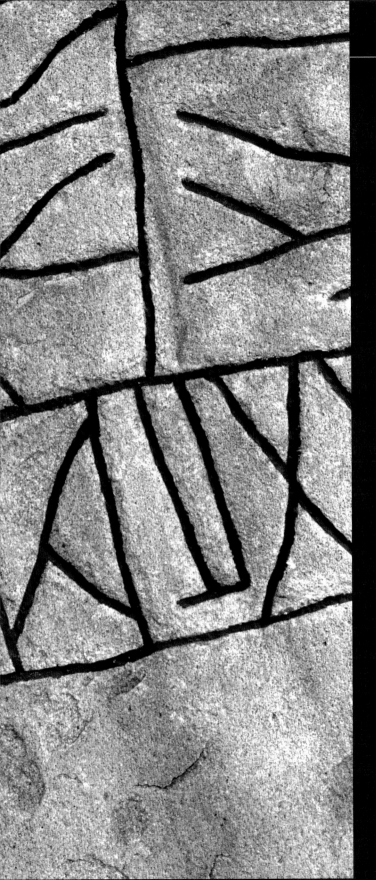

룬 문자
The runes

노르드인 등 게르만계 민족이 사용한 최초의 문자는 각진 형태로 새겨진 룬 문자rune였다. 3세기경 등장한 이 문자는 16, 17세기까지 사용되었다. 알파벳과 같은 기능을 했고, 가장 오래된 형태인 전기 푸사르크Elder Futharc에는 24개의 문자가, 좀 더 이후에 나온 후기 푸사르크Younger Futharc에는 16개의 문자가 있다.

모든 룬 문자는 단순한 문자 이상의 역할을 지니고 있었다. 상징이나 상형 문자로서, '룬rune' 자체가 '문자'와 '신비'를 의미한다. 룬은 권력과 마법의 비밀 언어였던 것이다. 예를 들어 영어의 T에 해당하는 문자는 티와즈Tiwaz, 즉 하늘의 신을 표현하는데, 하늘을 가리키는 화살처럼 보인다. 이때 화살은 단순히 방향만 가리키는 것이 아니다. 티와즈는 전쟁의 신이므로 전투에서 확실한 승리를 얻기 위해 각종 무기에 이 문자를 새겼다. 또 U에 해당하는 문자는 우루즈Uruz인데, 지금은 멸종되었지만 고대 유럽의 숲속에 서식한 거대한 소인 오록스auroch를 가리킨다. '강한 의지'를 상징하는 문자이다.

룬 문자 중에는 마법의 주문으로 여겨진 것도 있다. 따라서 갈드랄라그galdralag라는 특수한 운율로 낭송되어 그 힘을 이끌어냈다. 이러한 룬의 음가는 문자가 생기기 훨씬 이전부터 존재했다고 여겨진다. 전설에 따르면 룬 문자는 먼 옛날부터 항상 존재했지만 전쟁의 신 오딘이 우주의 나무 위그드라실에 매달려 고통받고 있었을 때 처음 발견했다고 한다. 그 문자는 운명의 여신인 세 명의 노른이 나뭇가지에 새긴 것으로, 룬 문자는 모든 것의 운명을 주관하는 노른의 힘을 나타내는 것이었다.

▶ **스웨덴의 뢰크석**Rök stone
9세기의 것으로, 세계에서 가장 긴 룬 문자 명문銘文이 새겨져 있다.

북과 황홀경: 핀란드의 샤머니즘

DRUMMING AND TRANCE
Finnish shamanism

▲ 연결된 세계
샤머니즘의 여신 로비아타르Lovi-atar가 다스리는 저승 세계로 떠날 때 저세상으로 이어지는 문인 로비lovi(여성의 음부를 의미하기도 한다)를 열기 위해 샤먼은 북을 쳤다.

오늘날 핀란드 지역은 1만 1천 년 전에는 핀족Finn과 사미족Saami이 사는 곳이었다. 마지막 빙하기의 빙토가 축소되면서 사슴을 쫓아 북상해 온 것이다. 두 민족은 모두 수렵과 채집을 바탕으로 살아갔으며 동물 정령인 하티야hatija를 신앙의 대상으로 삼았다. 적어도 1만 년 전부터 샤머니즘 관습이 있었던 것으로 알려져 있다.

핀족의 티에타야트tietäjät와 사미족의 노아이디noaidi는 샤먼을 가리키는 명칭이다. 그들은 놀라운 마법의 힘과 지식을 지녔고, 자신의 영역을 떠나서도 같은 힘을 발휘할 수 있었다. 고대 북유럽의 서사시에는 핀족이 항상 초자연적 전조로서 등장하며, 핀란드는 마법사, 마녀, 거인, 트롤의 땅으로 묘사된다. 약 5천 년 전 핀족이 사슴 사냥 대신 농경을 시작한 후부터 핀족과 사미족의 문화는 달라졌다. 하지만 양쪽 다 샤머니즘은 유지되었고 북유럽에 기독교가 퍼진 후에도 계속되었다. 사미족의 노아이디는 1800년대까지 생존했으나 최후의 신성한 북을 교회에 압수당하면서 몰락했다.

떠도는 영혼들

핀란드인은 죽은 자들의 영혼이 가는 저승 세계가 존재한다고 믿었다. 투오넬라Tuonela라고 불린 그곳은 지하나 북쪽 어딘가에 있고, 샤먼은 무아지경 속에서 그곳을 방문하여 영혼들을 만나거나 지혜를 얻을 수 있다고 여겼다. 주문의 노래인 요이킹joiking과 울려 퍼지는 북소리

와 함께 샤먼은 영혼의 여행을 떠난다. 그 여정에서 그들은 뱃사공을 속이고 투오넬라강을 건너는데, 이때 거대한 창 속에 갇히지 않도록 조심해야 했다.

핀족은 사람이 세 개의 영혼을 가지고 있다고 믿었다. 헤인키heinki(생명력), 루온토luonto(수호령), 이체itse(자아)가 그것으로, 루온토와 이체는 몸에서 분리될 수 있다. 따라서 길을 잃거나 저승 세계에 발이 묶일 수 있고, 불운이나 질병의 원인이 된다고 여겨졌다. 샤먼은 주문을 외고 의식을 행하여 약한 영혼을 강화하거나 악운을 반전시켜 사람들을 구제해 주는 존재였다.

티에타야트와 노아이디는 이야기꾼으로 핀족과 사미족의 구전 문화를 전승하는 역할을 했다. 1835년 엘리아스 뢴로트Elias Lönnrot는 티에타야트의 노래와 시를 모아 핀란드의 민족 서사시 『칼레발라Kalevala』를 완성하여, 마법 전통의 기록을 후세에 남겼다.

참고

곰 숭배

핀족은 고라니와 곰 등 사냥의 대상인 동물을 숭배했다. 실제로 곰은 그 이름을 입에 올릴 수도 없을 정도로 신성시된 존재였다. 현대 핀란드어에서 곰을 뜻하는 카르후karhu는 '뻣뻣한 모피'라는 의미인데, 당시 핀족이 사용한 비유적 표현 중 하나이다. 그들은 곰이 하늘에서 왔고 환생한다고 믿었다. 곰을 사냥하여 먹을 때는 반드시 카르훈페이야세트Karhunpeijaiset라는 제사를 지내고, 곰의 영혼이 돌아오기를 기도했다. 고기를 다 먹으면 뼈를 매장했는데, 두개골은 성스러운 소나무 아래에 두었다.

곰의 발톱으로 만든 주물. 곰을 신성히한 핀족은 이 주물이 행운을 가져오고 길 잃은 영혼이 집으로 돌아가는 길을 찾도록 도와준다고 믿었다.

> "… 그리고 그들은 신비로운 방법으로 먼 곳으로부터 바라는 것들을 끌어왔다."

『노르웨이 역사』 중 「사미 샤머니즘에 관하여」(1500년경)

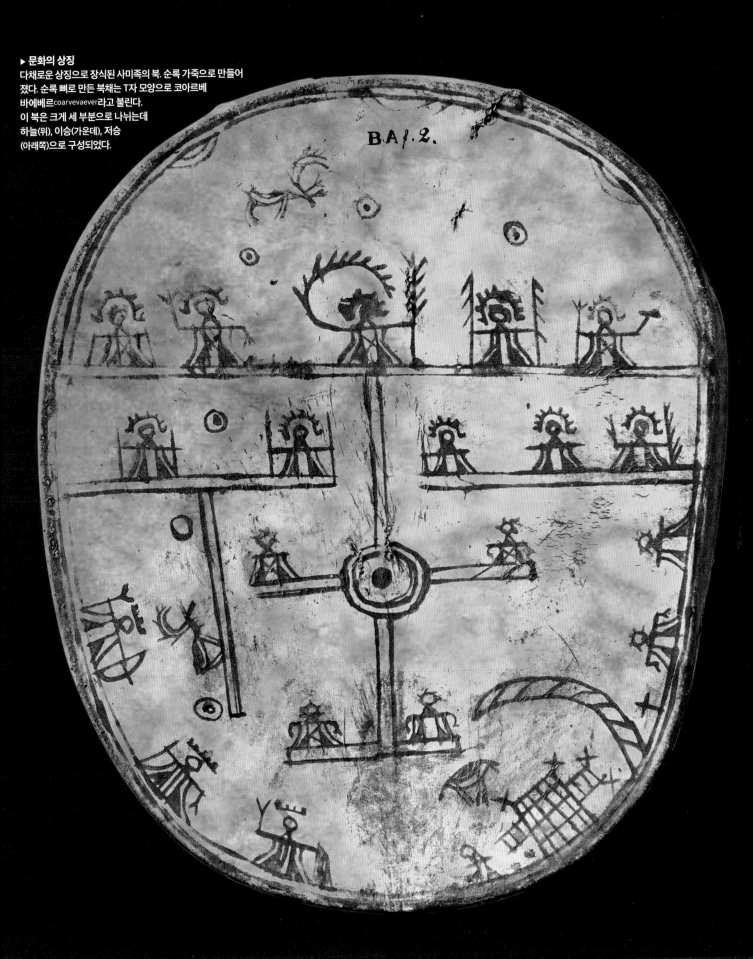

▶ 문화의 상징
다채로운 상징으로 장식된 사미족의 북. 순록 가죽으로 만들어
졌다. 순록 뼈로 만든 북채는 T자 모양으로 코아르베
바에베르coarvevaever라고 불린다.
이 북은 크게 세 부분으로 나뉘는데
하늘(위), 이승(가운데), 저승
(아래쪽)으로 구성되었다.

▲ **군데스트룹**Gundestrup **가마솥**
기원전 150~1년 사이에 만들어진 거대한 은그릇. 덴마크에서 발견되었지만 그 장식에는 켈트족의 상징이 풍부하게 담겨 있다. 그림 속에는 갈리아Gaul의 켈트족들이 숭배하는 케르눈노스Cernunnos 신이 사슴 뿔로 만든 관을 쓰고 다리를 꼬고 있다. 다른 장면에는 제물로 바쳐진 황소가 묘사되어 있다. 이 가마솥은 드루이드 의식에 사용된 것으로 추정된다.

드루이드 사제들의 이야기: 켈트 신화와 마법

TALES OF THE DRUIDS
Celtic myth and magic

원래 유럽 전역에서 살던 켈트족은 중세 시대에는 아일랜드, 스코틀랜드, 웨일스, 콘월, 브르타뉴에만 살게 되었다. 고대 켈트족들은 풍부한 신화와 마법을 만들어냈지만 주로 구전 문화였으므로 현재 남아 있는 전통이나 문화는 고대 그리스와 로마의 문헌이나 기록, 중세 기독교인들이 기록한 이야기를 통해 알 수 있는 간접적인 것들이다. 켈트인이 직접 쓴 것은 전혀 없으므로 실제 어떤 신앙이나 관습이 있었는지, 어떤 부분이 오해인지 확인할 길이 없다. 기록자에 의해 추가된 내용과 원래의 켈트 신화를 구분해 내기 어렵다.

드루이드 사제

드루이드Druid 사제들은 역사적으로 대부분 현자나 교사, 성직자였을 가능성이 높지만, 때때로 그들은 마력을 지닌 것으로도 기록되어 있다. 그러한 마법이나 신앙은 자연에 뿌리를 둔 것으로 여겨지는데, 드루이드 의식이 대부분 신성한 숲에서 행해졌기 때문이다.

로마의 작가인 대 플리니우스에 따르면, 드루이드 사제들은 흰 즙이 나오는 겨우살이에 다산을 가져다주는 마법의 힘이 있다고 생각했다. 또 겨우살이를 모으기 위한 의식에서 흰 황소 두 마리를 죽였다고 한다. 드루이드 사

"켈트인이 마법사라고 부르는 드루이드 사제들이 무엇보다 신성하게 여긴 것은 겨우살이다."

『박물지』(대 플리니우스, 77~79년경)

제에 관한 역사적 자료의 대부분은 플리니우스와 율리우스 카이사르Julius Caesar 등이 로마 시대에 기록한 것들이다.

8세기 이후에는 기독교 학자들이 이에 대해 기록했다. 예를 들면 12세기 『렌스터의 서Book of Leinster』와 『던 카우의 서Book of the Dun Cow』와 같은 필사본들이다. 이들 신화 속에서 드루이드 사제들은 폭풍 같은 자연 현상을 지배하는 힘을 가진 마법사로 묘사되기도 한다. 한 기독교 이야기에는 성 패트릭St. Patrick이 아일랜드에 갔을 때, 드루이드 사제가 눈보라를 일으켜서 그를 욕보이려 했지만 십자가로 막아냈다는 에피소드가 나온다.

아일랜드 신화

켈트족의 전설이 풍부하게 남아 있는 것은 아일랜드 신화로, 음유 시인이나 아름다운 처녀, 초자연적인 힘을 가진 쿠훌린Cuchulainn 같은 전사들의 환상적인 이야기로 가득하다. 고대 아일랜드의 신 또는 아일랜드의 최초 거주민으로 전해지는 투어허 데 다넌Tuatha Dé Danann과 같은 마법의 존재들이 경쟁한 이야기도 전해준다. 이 이야기들에는 신비한 행동이나 무기가 수없이 등장한다. 예를 들면 신 루Lugh의 마법 창은 스스로 날아가서 목표물을 반드시 쓰러뜨렸다.

대부분의 아일랜드 신화에서 변신술을 볼 수 있으며 이는 만물이 서로 연결되어 있다는 켈트 신앙을 반영한다. 착한 노파는 아름다운 소녀로 변하고, 마법사는 사슴이나 독수리로 변신하며, 적을 가축으로 바꾸어버리는 것이다.

켈트 신화의 가장 무서운 생물 중 하나인 반시banshee는 아일랜드와 스코틀랜드, 노르웨이 신화에도 등장한다. 아일랜드의 반시는 무덤에 숨어 있다. 울어서 눈이 빨갛게 충혈되고 긴 머리를 늘어뜨린 여자의 형상을 한 채 끔찍한 곡소리를 내며 죽음을 선고한다고 한다.

요정의 나라

아일랜드의 켈트 신화는 또 다른 세계에 대한 강한 신념과 연결되어 있었다. 티르너노그Tir na n'Og라고 하는 젊음의 땅도 그중 하나이다. 마법의 언덕 시sí를 통해 들어갈 수 있는 그 세계는 아스시aos sí가 사는 곳이다. 아스시는 켈트인에 쫓겨 지하 세계로 숨어든 종족으로, 투어허 데 다넌으로 여겨졌다. 아스시는 자신들의 특별한 땅을 지키기 위해 때로 흉포해진다. 그곳을 방문한 사람들은 그들을 화나게 하지 않기 위해 '요정들'이라 부르며 신경을 썼다고 한다.

▲ 성스러운 열매
드루이드 사제들이 겨우살이를 채집하는 의식을 묘사한 19세기의 상상화. 플리니우스는 이 과정을 다음과 같이 묘사했다. "사제가 흰 옷을 입고 나무에 올라 황금 낫으로 겨우살이를 자르면, 흰 망토를 입은 다른 사람들이 받는다."

▶ 정령을 불러내는 오시안
스코틀랜드 시인 제임스 맥퍼슨James Macpherson이 '번역'했다고 하는 고대 시에서 영감을 얻은 그림. 티르너노그를 방문했다고 전해지는 아일랜드 신화 속의 음유 시인 오시안Ossian(오이신Oisín)이 그려져 있다.

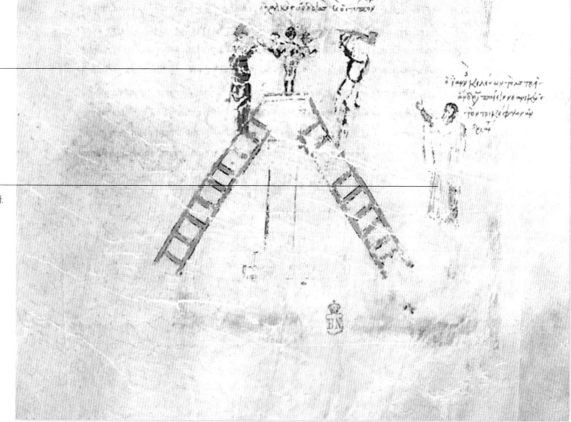

사람들이 사다리에 올라가 성상을 파괴하고 있다.

요안니스 그람마티코스가 성상에서 힘을 추출하고 있다.

기독교와 오컬트: 중세 비잔티움 마법

CHRISTIANITY AND THE OCCULT
medieval Byzantine magic

4세기 초 로마 제국의 콘스탄티누스 대제가 개종한 후, 유럽에서 가장 크고 번성한 도시인 비잔티움(오늘날의 이스탄불)에서는 기독교가 공식 종교가 되었다. 대부분의 사람들은 신앙심이 돈독하여 기독교의 성상이나 신성한 유물이 지니는 힘을 열렬히 신봉했고, 성인은 기적을 행한다고 굳게 믿었다. 병을 치료하기 위해 자신의 몸을 교회에 사슬로 묶은 사람도 있었다.

서민을 위한 마법
얼마 동안은 이교도 마법사들도 기독교 성직자들과 공존했다. 도시 곳곳에는 악령이 깃들어 있다고 여겨진 이교도 조각상들이 서 있었다. 이들 조각상은 스토이케이오시스stoicheiosis(조각상 마법)이라고 불린 마법에 이용되기도 했다. 그 목적은 남편의 부정을 폭로하거나 죄인에게 형을 선고하거나, 밤에 거리를 청소하는 것 등 다양했다. 비잔티움 사람들은 또 액막이 마법으로 악운을 막을 수 있다고 굳게 믿었다. 부적이나 주물을 몸에 지니거나 의식을 행하여 사악한 눈의 저주를 피하고자 했다. 어떤 사람들은 수호신의 형상을 돌에 새기거나, 천에 글씨를 적은 옷을 지어 입기도 했다. 의학적으로 효과가 크다고 여겨진 돌도 있었다. 예를 들어 사르도닉스sardonyx(오닉스의 일종)는 유산을 예방하는 데 도움이 된다고 알려졌다.

이윽고 일부 교회에서 엄격한 대응을 하기 시작했다. 770년대에 황제 레오Leo 6세는 무해한 주술이나 주물도 금지한다는 포고문을 내걸었다. 한 세기 후, 총대주교 요안니스 그람마티코스는 성상 파괴 운동을 주도하게 된다. 하지만 그 자신도 스토이케이오시스를 사용했다고 고발당한 적이 있다. 주물로 사용되는 성물이나 그림을 판매하던 기테브타이ghitevtai와 교활하게 사람을 기만하던 악한 마법사 헤칸톤타르코스hekantontarchos들은 점점 음지로 내몰리게 되었다.

궁정 마법
기독교가 공식 종교가 되었음에도 황실이나 엘리트 계급은 여전히 마법을 받아들였고 실제로 사용하기도 했다. 마법에 탐닉한 황제와 황후들도 많았다고 전해진다.

▲ **치유의 돌**
기독교와 마법이 혼합되어 있는 9세기의 주물. 그리스도에 의해 기적적으로 감화된 여성이 새겨져 있다. 원료인 적철석은 혈액을 흡수하여 월경 출혈을 막아준다고 여겨졌다.

미카엘 프셀로스Michael Psellos(1017~1078년경)

신앙의 중재자

중세 비잔티움에서는 모든 계층의 사람들이 마법에 열광했고 실제로 도움을 받았다. 많은 학자들은 이교도의 오컬트 관습의 역사를 연구했다. 가장 유명한 사람이 그리스인 수도사인 미카엘 프셀로스였다. 프셀로스('말더듬이'라는 뜻)는 고위 정치 고문이자 저명한 역사학자였다. 기독교 신자였음에도 그는 '비교秘敎'라고 불리는 '금단의' 흑마술에 학문적 관심이 많았다. 특히 점성술과 돌의 힘을 연구했는데, 오늘날 그의 저작은 비잔티움 마법을 이해하는 데 중요한 자료가 되고 있다.

미카엘 프셀로스(왼쪽)와 황제 미카엘 7세
프셀로스는 흑마술에 관해서는 비잔티움에서 가장 뛰어난 학자였다.

▲ 천문도
태양의 전차를 중심으로 황도대의 십이궁을 표시한 원반. 2세기의 그리스 학자 프톨레마이오스Ptolemaios가 1천 300년 동안의 천문학 지식을 집대성한 연구서인 『알마게스트Almagest』를 바탕으로 만들어졌다. 프톨레마이오스의 점성술에 관한 책인 『테트라비블로스Tetrabiblos』도 비잔티움에 영향을 미쳤다.

하지만 그러한 이야기들 중에는 후세의 작가들이 그들을 폄하하기 위해 만들어낸 것도 있을 것이다.

11세기의 조에Zoë 황후는 젊은 애인인 미카엘과 결혼하기 위해 남편 로마노스Romanos 3세를 암살했다고 전해진다. 임신하기 위해 주물과 마법의 약물을 사용하여 필사적으로 노력했다고도 한다. 이 이야기도 수도사이자 학자였던 미카엘 프셀로스가 기록한 것이다. 총대주

교였던 요안니스 그람마티코스는 오컬트에 손을 댔고, 귀족 알렉시오스 악소크Alexios Axouch는 고에스goes(마법사)와 상담했다는 혐의를 받았다. 악소크는 약물을 사용하여 황후 안티오크의 마리아Maria of Antioch의 출산을 방해했다는 이유로 평생 수도원에 감금되었지만, 그 혐의는 그의 적들에 의해 조작되었을 수도 있다.

점성술과 점술

6세기의 헤파이스티온Hephaestion를 비롯하여, 비잔티움 제국은 뛰어난 점성술사들을 배출했다. 하지만 점성술은 비잔티움 세계에서 애매한 위치에 놓여 있었다. 교회

"… 미래를 예지하고, 점괘나 예언,
꿈 등으로 전달하여… 사람들을
병들게 하고 또 치료하기도 하는 조각상."

『아스클레피오스Asclepius』 중 무명의 작가가 쓴 스토이케이오시스에 대한 설명(3세기)

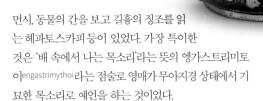

▲ 레커노먼시
물의 무늬로 점을 치는 레커노먼시를 위해 만들어진 10세기 비잔티움의 유리 그릇. 지름 17cm의 작은 그릇으로, 점술사가 마음을 집중시키기에 안성맞춤이다.

의 성직자들 중에는 교회력을 작성하기 위해 점성술을 연구하는 자도 있었지만, 별로 미래를 예측하는 예지 연구는 오컬트 관행으로 여겨졌다.

그럼에도 궁정에서는 점성가들의 조언에 의지했다. 유명한 것 중 하나는 11세기의 학자 시메온 세트Symeon Seth가 별점으로 비잔티움령 이탈리아의 정복자인 시칠리아의 로베르트Robert의 죽음을 정확하게 예언한 것이다. 세트는 죽기 전에 "많은 것을 혼란에 빠뜨린 서쪽의 강대한 적이 갑자기 죽을 것이다"라고 예언했다.

비잔티움의 왕녀이자 학자, 의사, 저술가인 안나 콤니니Anna Komnene의 역사서 『알렉시아스Alexias』에도 점성술이 언급되어 있다. 따라서 12세기에도 여전히 행해진 것으로 보이지만 점점 줄어든 것은 분명하다. 동 세기 학자 니키타스 코니아티스Niketas Choniates는 황제 마누엘Manuel 1세가 마치 신의 말씀인 양 별점을 믿는다고 비판했고, "전염병 같은 점성술사들"이라며 매도했다.

또 접시에 담긴 물의 무늬로 점을 치거나 물방울을 떨어뜨려 파문을 관찰하는 레커노먼시가 인기를 끌었는데 이 점술은 고대 바빌로니아에서 기원했지만 비잔티움에서 확산되어 궁정에서 빈번히 행해졌다.

이 밖에 말 울음소리를 해석하는 점술인 크레메티스모먼시, 신체의 사소한 경련을 징조로 해석하는 팔로

먼시, 동물의 간을 보고 길흉의 징조를 읽는 헤파토스카피 등이 있었다. 가장 특이한 것은 '배 속에서 나는 목소리'라는 뜻의 엥가스트리미토이engastrimythoi라는 점술로 영매가 무아지경 상태에서 기묘한 목소리로 예언을 하는 것이었다.

꿈의 해석

비잔티움 제국의 꿈 해설서『오네이로크리티카Oneirocritica』는 그리스 학자 아르테미도로스Artemidoros가 2세기에 쓴 책의 이름을 딴 것이다. 해몽은 매우 인기가 있었고 합법적이라 생각했는데 꿈은 신이 보내주는 것이라고 여겼기 때문이다. 실제로 니키포로스Nikephoros와 게르마노스Germanos와 같은 교회의 장로들이 저술한 꿈 해설서도 다수 있다. 10세기에 작성된 황제의 행차 준비에 관한 문서 중에는 필수 준비물 목록에 꿈 해설서가 포함되기도 했다.

▶ 황제의 꿈
바실리오스Basilios 1세에 관한 이야기를 기록한 11세기의 작가이자 학자 요안니스 스킬리치스의 필사본. 비잔티움의 가장 위대한 황제 중 한 명인 바실리오스 1세는 마케도니아 소작농의 아들로 태어났다. 그의 어머니가 아들이 왕관을 쓰는 꿈을 꾸었는데 예언이 적중한 것이다.

신과 불가사의: 마법과 초기 이슬람

THE DIVINE AND THE WONDROUS
magic and early Islam

632년 예언자 무함마드Muhammad가 죽은 후, 이슬람교는 발생 지역을 떠나 아랍인들 사이에 널리 침투되어 갔다. 가는 곳마다 대부분의 사람들은 이슬람 신앙을 받아들였고 코란을 따랐다. 그러나 오래된 관습이 곧바로 없어진 것은 아니었다. 정치나 학문이 기본적으로 이슬람교를 따르게 되었어도 이전까지의 고대 마법의 관행은 제국 전역에서 계속되었다.

더구나 "가령 중국에 가더라도 항상 지식을 탐구하라"는 무함마드의 가르침에 따라 이슬람 사회에서는 학문이 크게 번성했으므로 바그다드는 고대 문헌 번역의 중심지가 되었다. 대부분의 문헌들은 그리스어로 되어 있었지만, 페르시아, 인도, 중국에서 온 것도 있었다. 과학과 철학 외에도 헤르메스 트리스메기스투스(134~135쪽 참조)와 조로아스터(30~31쪽 참조)의 문헌을 포함한 고대 마법 관련 도서들이 바그다드와 이슬람 세계에도 전해진 것이다.

악마로부터 보호

이슬람교도들은 신을 전능한 존재로 믿었지만, 고대의 악령인 샤야틴으로부터 보호받기 위해서는 신의 개입이 필요하다고 생각했다.

◀ **솔로몬의 귀걸이**
'솔로몬의 반지'와 관계가 있다고 여겨지는 별 모양 장식. 솔로몬이 진을 통제할 수 있도록 신이 내린 인장이라고 한다.

샤야틴은 타락 천사나 악령인 진을 포함한 사악한 악마의 집단이었다. 코란에도 이들은 사람의 마음을 미혹시키는 존재로 기술되어 있다. 대부분의 사람들에게 샤야틴은 현실적인 위험이었다. 이전부터 이어져 온 사악한 눈에 대한 믿음도 마찬가지이다. 나쁜 일이 생기는 것은 사악한 눈의 저주 때문이라고 여긴 것이다.

부적과 마법 그릇

코란은 이슬람교를 믿지 않는 아랍인들이 지니는 부적에 눈살을 찌푸렸지만, 그들이 샤야틴과 사악한 눈을 물리치기 위해 부적에 의지하는 것을 막지 못했다. 초기 이슬람교도들은 부적에 코란의 문구가 새겨져 있다는 점에서 타협한 것이다. 실제로 어떤 부적은 코란의 축소판이기도 했다. 솔로몬은 코란에서 예언자로 등장하며, 고대의 마법사로도 알려졌다. 그의 육각성 인장은 부적에 자주 새겨지는 것이었다. 호신 마법으로 특히 인기 있었던 것은 마법의 그릇을 보관하는 것인데, 12세기에 널리 퍼졌다. 단순한 토기였지만 세상의 모든 고통을 치유해 준다고 여긴 것이다.

▼ **마법의 정령**
진Jinn은 이슬람교 이전부터 존재한 변신하는 정령이다. 코란은 이를 신의 창조물 중 일부로 받아들였다. 진의 대부분은 선하지도 악하지도 않았지만, 일부는 샤야틴shayatin이라는 위험한 악마였다. 13세기의 학자 자카리야 알 카즈위니Zakariya al-Qazwini의 필사본에 수록된 아래 그림의 푸른 코끼리가 그 예이다.

> "… 인류에게 주술을 가르친 것은 불신을 조장하는 악마들이다. … 신이 있는 한 악마의 주술로는 아무도 해칠 수 없다."

코란의 샤야틴에 관한 기술 중

▲ 악마와 사악한 눈으로부터의 보호
코란의 신성한 글씨가 새겨진 12세기의 부적. 작은 함에 담아 펜던트로
착용했다. 코란이 '부적을 지니는 자의 마음'을 지켜주는 것이다.

마법 그릇에는 코란의 문구뿐만 아니라 페르시아나 중국의 마법 표식, 별자리나 천체의 상징이 새겨지는 것도 일반적이었다. 전갈이나 뱀과 같은 동물이 새겨진 주물을 지닌 자도 많았다.

오컬트 학자

초기 이슬람 세계에서 마법은 흔한 것이었다. 이뿐만 아니라 번역 작업을 통해 학자들도 큰 관심을 갖게 되었다. 학자들은 시르sihr(마법)와 키하나kihana(점술)를 구분했지만, 두 가지는 겹치는 범주였다. 시르는 칼을 삼키는 등의 요술만 가리키는 것으로 생각하는 자도 있었다. 10세기의 법률가 아부 바크르 알자사스Abu Bakr al-Jassas는 마법 신앙은 그저 무지에서 비롯된 것이라고 주장했다. 하지만 많은 사람들

은 시르가 진을 소환하거나 심지어 죽은 자들을 되살릴 수 있는 진정한 신비의 힘이라고 믿었다.

가장 유명했던 마법 학자는 12세기의 작가 아흐마드 이븐 알리 알부니Ahmad ibn Ali al-Buni이다. 그의 저서 『찬란한 빛In Luma'at al-nuraniyya』에는 신 99명의 이름이 나열되어 있고, 각각의 이름에 담긴 오컬트적 요소가 설명되어 있다. 나아가 신들의 초자연적인 힘을 이용할 수 있는 부적에 대해서도 조언했다.

마법의 문자

초기 이슬람교도의 대부분은 문자와 숫자에 마법의 힘이 깃들어 있다고 믿었다. 일부 마법사들은 문자학인 일름 알후루프ilm al-huruf에 매우 능숙했다. 이 기술에는 아랍 문자의 신비적 요소와 그와 연관된 이름들을 연구하는 것도 포함되었다.

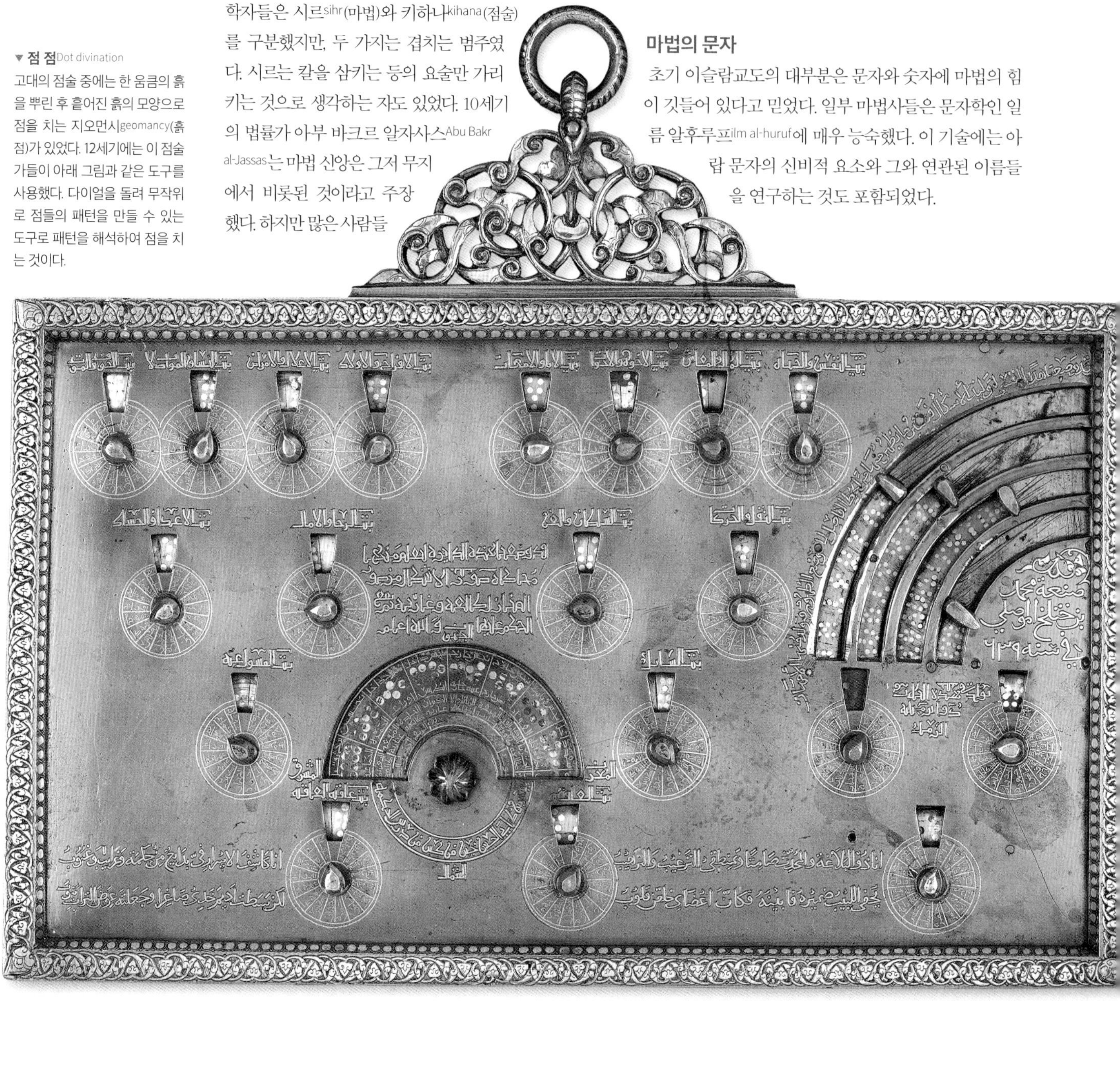

▼ 점 점Dot divination
고대의 점술 중에는 한 움큼의 흙을 뿌린 후 흩어진 흙의 모양으로 점을 치는 지오먼시geomancy(흙점)가 있었다. 12세기에는 이 점술가들이 아래 그림과 같은 도구를 사용했다. 다이얼을 돌려 무작위로 점들의 패턴을 만들 수 있는 도구로 패턴을 해석하여 점을 치는 것이다.

> **"문자의 비밀을 논리적 추론을 통해 밝혀낼 수 있다고 생각해서는 안 된다. 그 비밀에 도달하는 길은 오직 환상과 신성한 해석의 도움을 받는 것이다."**

아흐마드 이븐 알리 알부니의 말로 추정(12~13세기)

▲ **매혹적인 숫자**
마방진이 새겨진 타원형의 금속 인장. 중심에 9개의 숫자가 어떤 방향으로 더해도 15가 되도록 배열되어 있다. 바깥 둘레에 새겨진 문자는 대천사 4명의 이름이다.

'오노먼시onomancy(이름 점)'라고 불리는 점술의 한 방법은, 특정 이름 또는 문구의 각 문자에 숫자를 할당하고 그 수를 합산하여 그 값을 읽어내는 것이다. 이를 통해 숨겨진 의미를 찾아내고 미래를 예지할 수 있다고 여겼다.

경기나 싸움의 승자와 패자를 예측할 때는 숫자 9를 활용했다. 각 이름의 값을 산출하여 9로 나눈 다음 결과 숫자를 도표에서 찾는 것이었다. 비슷한 방식들이 질병이나 여행의 결과를 예측하기 위해, 또는 어떤 사건이 일어날 확률을 알아내기 위해 사용되었다. 자프르Jafr라는 방식도 있었는데, 99명의 신 중 하나의 이름을 선택한 후 그 문자와 알고 싶은 대상의 문자를 조합하여 원하는 바가 이루어지도록 기도하는 것이다.

문자를 쓰는 것 자체도 강력한 마법을 부릴 수 있다고 여겨졌고 점술의 수단이 되기도 했다. 올바른 문자를 사용함으로써 진을 통제하는 힘이 생긴다고 생각한 것이다. 마법의 알파벳이나 비밀의 문서, 고대 문명의 문자에 관한 논문도 많이 있다.

특히 10세기 학자 이븐 와시야Ibn Wahshiya의 『고대 문자의 수수께끼를 연구하는 열광적 신봉자의 책Kitab shawq al-mustaham fi ma'rifat rumuz al-aqlan』이 유명하다. 이븐 와시야는 고대 이집트의 상형 문자를 해독하기 시작한 최초의 역사학자이다.

마방진

이슬람 마법이 지속적으로 사람들의 관심을 끌 수 있었던 한 가지 이유로 와프크wafq라고 불린 마법의 사각형, 즉 마방진을 들 수 있다. 이 사각형의 개념은 중국에서 온 것으로 보이는데, 아랍 세계에서도 상용되었다. 특히 12세기 이후에 널리 보급되어 이슬람의 많은 마법 지침서에 등장한다.

가장 먼저 등장한 간단한 마방진은 3×3이었다. 숫자 1부터 9까지를 가로, 세로, 대각선으로 나열하여 모든 숫자열의 합계가 15가 되도록 배치하는 것이다. 이 아이디어는 오늘날에도 여전히 수학자들을 매료시키는데, 더 큰 마방진을 만들려는 시도도 이어졌다. 그러나 초기 이슬람 세계에서는 이 마방진이 가지는 마법적 특성과 재난을 막아주는 힘에 관심을 가졌다. 실제로 3×3 마방진은 매우 강력해서, 단순히 '부두흐buduh'라는 이름을 쓰거나 말하는 것만으로도 복통이 낫거나 모습을 감출 수 있다고 여겨졌다.

참고

아랍의 연금술

연금술, 즉 아랍어로 알키미야al-kimiya는 하나의 물질을 다른 물질로 바꾸는 것을 뜻한다. 9세기의 학자 알라지al-Razi는 연금술을 연구하지 않는 자는 진정한 철학자가 아니라고 했다. 연금술은 신의 창조력에 필적하는 것이기 때문이었다. 궁극적인 목표는 값싼 금속을 금으로 바꾸어 영원한 생명을 주는 것이었다. 연금술사들은 또한 비밀주의자들이었는데, 그들의 기술이 지혜가 아닌 부를 추구하는 사람들의 손에 들어가는 것을 우려했기 때문이었다. 이후 사기꾼으로 종종 치부되기도 했지만, 연금술사들에 의해 화학의 기초가 만들어졌다고 한다. 가장 위대한 연금술사 자비르 이븐 하이얀Jabir ibn Hayyan은 실험실, 증류, 강한 산을 발명했다.

연금술의 현자. 10세기의 연금술사 알타미미al-Tamimi의 꿈에 관한 책에 묘사된 것이다.

행성의 힘: 아랍 점성술과 천체 마법

POWER OF THE PLANETS
Arabic astrology and astral magic

항성이나 행성과 관련된 천체 마법은 고대부터 있었지만 가장 열심히 실천한 것은 초기 이슬람 세계인 아랍과 페르시아 학자들이었다. 그들 모두 하늘 또는 별의 세계가 신계와 인간계 사이에 존재한다는 믿음을 바탕으로 했다. 그것은 항성과 행성 그리고 1년간의 별의 움직임을 나타낸 십이궁도의 세계이다. 천체 마법사들은 지상의 모든 존재는 특정 천체의 힘에 영향을 받는다고 믿었으므로, 별의 패턴을 읽고 그 영향력을 이용할 방법을 찾고자 했다. 점성술은 서민에서 궁정 귀족들까지 아랍 사회의 모든 계층에서 행해졌다. 처음에는 이슬람과 대립하는 신비한 관습으로 여겨졌다.

한편 초기 이슬람 문화에서는 메카Mecca의 방향이나 적절한 기도 시간을 알기 위해 천문학이 발전했다. 이윽고 별자리 연구도 합리적인 자연 과학의 한 부분으로 받아들여졌다. 9세기에 알킨디al-Kindi가 점성술과 과학을 융합하여 저술한 『광선에 관한 책Kitab al-Shu'a'at』에는 별이 광선을 통해 지상에 영향을 미친다고 기록되어 있다.

『피카트릭스』

12세기 이후 아랍어에서 라틴어로 번역된 문헌들이 유럽의 마법과 과학 사상에 다대한 영향을 미쳤다. 천체 마법에 관한 가장 유명한 책은 10~11세기에 쓰인 것으로 추정되는 『현자의 목표Ghāyat al-Hakīm』이다. 이 책은 13세기에 라틴어로 번역되어 『피카트릭스Picatrix』라는 이름으로 알려졌다. 『피카트릭스』는 행성과 색상 및 향기 같은, 명확하게 설명할 수 없는 것들 사이에 자연적인 연결 고리가 있다고 설명한다.

◀ **천체 관측용 아스트롤라베**
이슬람의 점성가 겸 천문학자가 개발한 아스트롤라베Astrolabe. 시간, 물체까지의 거리와 높이 및 위도를 측정하고 천궁도를 읽는 데 사용되었다. 이것은 술탄Sultan인 아불 파트 무사Abu'l-Fath Musa를 위해 1240년경에 만들어진 것이다.

『피카트릭스』에는 마법 비결도 기록되어 있는데, 이를테면 이런 것이다. "검은 개의 피 4온스, 돼지 피와 뇌 2온스씩, 당나귀 뇌 1온스를 준비하여 모두 잘 섞는다. 이 약을 음식이나 음료에 넣어서 먹이면 그자는 당신을 미워하게 될 것이다."

점성술의 예지

점성가들의 주요 역할은 별자리의 위치 변화에 따른 영향을 판단하는 것이다. 천체의 움직임을 계산하는 것은 수학적으로 복잡한 경우가 많았으므로 대부분의 점성가들은 존경받는 학자들이었다.

초기 이슬람 천문학에서 점성술은 네 개의 범주와 관계가 있었다. 탄생(출생시의 천체 상황과 그 영향의 상관관계), 국가나 왕조의 명운, 선택(특정 조치를 취하기에 적절한 때의 판단), 질문(질병 진단에서 잃어버린 물건 찾기까지, 다양한 문제의 답을 찾는 것)이다.

천체의 영향을 증대시키는 한 가지 방법은 특정 천체 요소와 연결 고리가 있는 각종 물질들을 조합한 부적을 만드는 것이라고 여겨졌다. 일반적으로 금속 중에서 적당한 재료를 고르고, 가장 강력하고 적절한 영향력을 얻을 수 있다고 판단되는 때를 계산하여 부적을 만들었다.

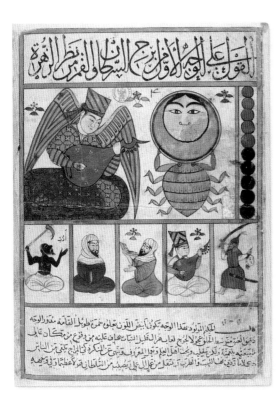

◀ 별들의 이야기
아부 마샤르Abu Ma'schar가 작성한 것으로 알려진 1300년경의 필사본. 악마, 차고 기우는 달을 의인화한 형상, 십이궁도 등 다양한 사항에 관계된 이야기가 그려져 있다. 이 그림은 알사라탄alSaratan(게자리)을 묘사한 것이다.

현대의 천체 마법

중세 이후 서양에서는 『피카트릭스』가 널리 연구되었다. 코르넬리우스 아그리파Cornelius Agrippa와 마르실리오 피치노 Marsilio Ficino를 비롯한 르네상스 시대 학자들도 연구에 참여했다. 또 19세기의 수많은 마법과 신비주의 관련 운동에서도 주요한 연구 대상으로 다루어졌다. 최근 수십 년 사이에는 유체 이탈에 관해 탐구하는 뉴에이저들에 의해 다시 읽히게 되었다(287쪽 참조). 이들은 영혼을 훈련하면 별과 행성까지 갈 수 있으며, 그 힘과 연결될 수 있다고 생각한다.

『피카트릭스』에 기록된 방식을 따라 만들어진 현대의 주물

호신용 주물

Protective objects

호신용 주물은 인류의 시작과 그 출발을 같이한다. 고대인은 주물을 몸에 부착하거나 휴대했으며 집 안의 성스러운 장소에 놓아두기도 했다. 그렇게 함으로써 사악한 눈이나 부정적인 기운, 악령과 질병까지도 물리칠 수 있다고 믿었다. 주물들 중에는 자체가 마력을 지닌 것으로 여겨진 것도 있었고, 종교와 관련이 깊은 것은 신성한 축복이나 소지자의 믿음을 통해 신비한 힘을 발휘할 수 있다고 생각되었다.

▶ **무켕가 가면**Mukenga masks
서아프리카 쿠바족의 고위층 장례식에 사용된 것으로, 별보배고둥cowrie shells 껍데기로 장식되어 있다. 별보배고둥은 고대부터 전 세계에서 주물로 사용되었다.

별보배고동은 미래에 대한 예지, 다산과도 연관된다.

왕관이 두 사람에게 권위를 부여한다.

어린 그리스도가 한층 더 거룩한 힘을 가져다준다.

▲ **성모 마리아상**
사람들을 지켜주는 기적의 힘이 깃들어 있는 것으로 여겨진다. 기독교 신자들은 여행을 떠날 때 이러한 조각상을 몸에 지녔다. 이 조각상은 체코에서 발견된 것이다.

▲ **비너스 석상**
가장 이른 시기의 휴대용 조각상 중 하나이다. 유럽의 수렵 민족이 만든 것으로, 다산을 기원하며 가슴과 엉덩이가 풍만한 여성을 형상화했다.

▲ **십자가 펜던트**
많은 기독교인들에게 십자가는 단순한 신앙의 증표가 아니라 악마를 쫓아주는 힘을 지닌 것이다. 특히 뱀파이어가 가장 두려워하는 종교적 상징으로도 알려져 있다.

▲ **토끼 발**
마법을 거는 데 사용하기 좋은 재료이자 행운을 가져다준다고 여겨졌다. 이러한 믿음은 유럽의 켈트족에서 미국의 아프리카계 미국인 부두교 신자에 이르기까지 시공을 초월해서 전해지고 있다.

▲ 개구리
개구리는 알을 많이 낳으므로 다산의 상징이었다. 고대 이집트의 여성들이 지녔던 이 장신구에는 순산과 내세에서의 부활을 바라는 마음이 담겨 있다.

▲ 전갈 그림
중세 유대인의 마법 부적. 간략한 전갈 그림에 문구가 적힌 이 종이를 말아서 목에 걸고 호신용 부적으로 사용했을 것이다.

▲ 주니 조각상
고대 뉴멕시코 주니족Zuni의 동물 모양 조각상은 사냥을 나설 때 몸에 지니면 위험으로부터 보호해 주고 행운을 가져다주는 것이었다.

▲ 풍뎅이
고대 이집트에서 미라로 만든 죽은 자의 심장(보존되는 유일한 장기) 위에 놓았던 주물이다. 이집트인은 풍뎅이가 사후 세계로 건너가는 여행을 편하게 해준다고 믿었다.

▲ 가네샤 Ganesha
코끼리 머리를 한 힌두교의 행운의 신이다. 오늘날에도 주물로 인기가 있다. 물질적·정신적 장애물을 제거해 주고 성공하게 해주는 것으로 여겨진다.

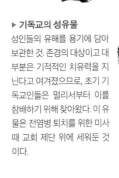

▲ 하고데이hagoday
이 문고리가 교회 문에 붙어 있다면 문을 두드리는 자는 누구든 피난처를 제공해 준다는 표식이다. 보통 무서운 형상의 머리 모양과 무거운 고리가 붙어 있다.

▲ 호루스의 눈
고대 이집트의 파라오를 사후 세계에서 보호하기 위해 함께 묻은 것으로, 웨자트wedjat 펜던트로도 알려져 있다. 오늘날에는 나자르nazar라고도 부르는데, 아랍어로 건강한 눈 또는 감시를 뜻한다.

▲ 함사hamsa
파티마의 손이라고도 하며, 사악한 눈을 물리쳐준다. 고대 이집트나 카르타고에서 유래한 것으로, 카르타고에서는 여신 타니트Tanit와 관련이 있다.

▶ 기독교의 성유물
성인들의 유해를 용기에 담아 보관한 것. 존경의 대상이고 대부분은 기적적인 치유력을 지닌다고 여겨졌으므로, 초기 기독교인들은 멀리서부터 이를 참배하기 위해 찾아왔다. 이 유물은 전염병 퇴치를 위한 미사 때 교회 제단 위에 세워둔 것이다.

꼭대기의 첨탑은 대성당을 본뜬 것이다.

금으로 창문을 만들어 넣었다.

이 속에는 성 세바스티아누스St. Sabastianus의 발 뼈가 보관되어 있다고 한다.

◀ 중심의 말
서식스 공작Duke of Sussex 소유의
독일어 모세오경(1300년경) 중 한
페이지. 중앙에 민수기Bemidbar의
첫머리 부분이 장식되어 있다. "주
님이 고하셨다"라는 의미로, 기사
나 괴물들에 둘러싸인 중앙에 호
화로운 장식과 함께 배치된 것은
이 말의 중요성을 반영한다.

내가 말하는 대로 창조될 것이다: 유대인의 마법과 신비주의

I CREATE AS I SPEAK

Jewish magic and mysticism

타나크(구약 성경)는 대부분의 마법을 부정했지만 중세에는 랍비를 포함한 유대인 사회의 모든 계층에서 마법이 행해졌다. 타나크에도 지도자들이 마법을 행한 사례가 나온다. 예를 들면 모세 이야기에서 아론이 파라오 앞에 지팡이를 던지자 마법처럼 뱀으로 변했다(28쪽 참조). 성스러운 유대교 문헌인 바빌로니아어 탈무드Talmud에도 저주, 주문, 부적 등 여러 형태의 마법이 언급된다.

마법의 언어

중세 유대 마법에서는 언어가 핵심 역할을 담당했다. 유대인의 전통에 따르면, 히브리 문자는 신을 기원으로 하며 창조적인 힘을 가지고 있다. 예를 들어 타나크에서 신은 언어를 발화함으로써 이 세계를 창조했다. 유대인들 중에는 언어와 문자를 적절히 조합함으로써 악마를 퇴치

살아 있는 점토

골렘Golem은 슬픈 생명체이다. 신의 이름을 외치면 마법처럼 점토에 생명이 깃든다고 하지만, 그들은 신이 창조한 것이 아니기 때문에 말을 할 수가 없다. 심지어 오늘날에도 '골렘'은 때때로 '바보'의 대명사로 사용된다. 마법사가 집 안일을 시키기 위해 골렘을 만들었다는 말도 있지만, 프라하의 유명한 16세기 전설에 따르면, 신비주의 사상가이자 랍비였던 마하랄Maharal이 반유대주의자의 공격을 막기 위해 만들었다고 한다. 골렘의 이마에는 진리를 뜻하는 'emet'라는 문자가 새겨져 있는데, 첫 글자 'e'를 제거하면 흙으로 돌아가 버린다. 'met'는 죽음을 의미하기 때문이다.

16세기 프라하 신화 속의 골렘을 재현한 현대의 조각상

하거나 예언을 하는 등 어떤 일도 가능하다고 믿는 자도 있었다. 신이나 천사의 이름에 사용된 문자는 특히 강력한 힘을 지닌다고 여겨졌다.

종교적 용어를 기반으로 한 주문들도 적극적으로 만들어졌다. 어떤 기록에 의하면, 죽은 자를 되살리는 등의 특정한 목적을 위해 매일의 기도에 마법의 언어를 추가하여 일련의 주문을 만든 것도 있었다고 한다. 마법과 종교 용어의 강한 연관성은 수 세기 동안 지속되었으며, 특히 유대인의 신비주의 전통인 카발라Kabbalah에 그러한 경향이 강했다(88~89, 136~139쪽 참조).

마법을 연구한 유대 학자들은 고대 아람어 및 탈무드 연구에서 많은 영향을 받았다. 아람어는 제2성전 시대(기원전 539년~기원후 70년) 이스라엘의 언어이다. 가장 유명한 마법의 단어인 '아브라카다브라Abracadabra!'는 사실 아람어 'avra k'davra'가 그 기원이라고 주장하는 사람도 있다. 그 의미는 "내가 말하는 대로 창조될 것이다"이다.

마법서

많은 유대 여성들은 질병이나 불임과 같은 일상적인 문제에 대처하기 위해 마법에 정통했다. 한편 랍비와 같은 학자들, 특히 남성들은 학문으로서 마법을 연구했다. 그 결과는 중세에 마법서로 기록되었다. 『올바른 기록의 책Sepher ha-Yashar』, 『위대한 비밀Raza Rabba』, 『비밀의 책Sepher ha-Razim』 등은 치유를 가져다주고 사랑을 불러일으키며, 행운을 불러오거나 때로는 고통을 유발하고, 악마를 추방하기 위한 처방전으로 읽혔다.

호부와 주물

중세 시대의 많은 유대인들은 고통을 가져오는 악마 셰딤shedim의 존재를 믿었다. 특히 밤의 악마 릴리트Lilith는 아이들과 출산 중인 여성들을 잡아먹는다고 알려진 두려운 존재였다.

▲ 마법의 별
『상트페테르부르크 사본』(타나크의 가장 오래된 완본, 1010년)에 나타난 별 모양의 솔로몬의 인장 및 다윗의 별인 육각성은 강력한 마법의 상징으로 여겨졌다.

주물의 일종인 카메아kame'a는 일반적으로 악령들로부터 보호받기 위해 보급되었다. 여우 꼬리나 진홍색 실이 인기 있는 재료였고, 유산을 방지하기 위해서는 테쿠마tekumah(보호석)를 휴대하기도 했다.

문자를 새긴 주물도 많았다. 유대 마법에서 가장 강력한 요소로 간주되는 언어가 추가된 것이다. 대표적으로 시편 126편 같은 교의를 새긴 주물을 집 주변에 두면 아이들을 지킬 수 있다고 여겼다. 이 외에도 천사의 이름이나 전통적인 마법의 문구를 금속판에 새겨서 목에 걸기도 하고, 가구나 가정용품에 주문을 새기기도 했다.

특히 강력한 주물 중 하나는 솔로몬의 인장이다. 중세 작가들의 주장에 의하면, 솔로몬의 반지에 새겨진 별 모양 상징은 신이 직접 새긴 것이라고 한다. 이 인장 덕분에 솔로몬은 악령 셰딤도 제어할 수 있는 힘을 갖게 되었다. 별은 오각형 또는 육각형 등 삼각형이 겹쳐진 형태이므로 악마의 눈을 어지럽게 한다고 여겼기 때문이다.

▲ 수호의 단어
금속판에 마법의 단어를 새긴 중세 주물. 악령을 쫓거나 행운을 불러오기 위해 목에 걸었던 것이다.

카발라

'카발라적kabbalistic'이라는 단어는 오늘날 비밀 또는 신비한 것을 의미하는 데 자주 사용되지만 그 어원인 카발라는 유대인의 신비주의 사상을 나타내는 말이다. 신을 이해하고 교감하며, 움직이게 하는 것을 목표로 하며, 1230년 카발라 경전 『조하르Zohar』가 편찬되었다. 이 문헌을 발견한 스페인의 랍비는 카발라가 1천 년 이전인 2세기의 현자의 가르침이라고 주장했다.

『조하르』는 토라Torah(타나크의 최초의 다섯 가지 경전, 모세오경)의 숨겨진 의미, 즉 신성을 드러내는 책으로 여겨졌다. 이 의미들을 주의 깊게 연구함으로써 신과 신비로운 결합이 가능하다고 믿은 것이었다. 카발라의 학문적, 신학적 측면은 이후 수 세기 동안 유대교 사상에서 매우 중요한 부분을 차지했다.

한편 '실천적 카발라'로 알려진 또 다른 측면도 있었다. 단순히 신에게 다가가는 것에 그치지 않고 세상에 영향을 미치는 것을 목표로 하는 것이다. 14세기부터 실천적 카발라 추종자들은 신이나 천사의 이름을 사용한 주물과 주문을 만들어서 자신들의 생각을 실행에 옮겼다. 그들은 유대인의 다른 오컬트 전통도 통합했는데, 그중에는 꿈풀이나 악마 사상 등도 포함되었다. 예를 들어 15세기의 카발라 문헌인 『신과 바람의 서Sepher ha-Mashiv』에는 주문을 사용하여 악마나 천사, 심지어 신을 불러내는 방법까지 설명되어 있다.

참고

중세 유대인의 사랑 주문

많은 문화권에서 흔히 볼 수 있는 것처럼 중세의 유대인들도 사랑을 이루기 위해 마법을 사용했다. 주물, 의식, 마법의 주문 등을 사용했는데, 특히 주문은 중요한 요소였다. 예를 들면 주물에 새긴 문구가 아브라함과 사라 또는 이삭과 리브가와 같은 타나크에 나오는 연인들을 불러일으켜서 사랑의 마음을 자극하는 것이다. 반대로 사랑을 끝내려면 이브나 이복 누이 다말Tamar을 강간한 암논Amnon을 떠올리게 한다. 때로는 비유로서 '불타다'와 같은 단어를 사용하여 욕망을 자극하고자 하는 자도 있었다. 또 자신과 사랑하는 사람의 피를 채운 달걀 껍데기에 두 사람의 이름을 피로 쓴 다음 땅에 묻도록 권하는 주문도 있었다. 사랑을 이루고자 하는 바람이 곧바로 이루어진다는 것이다.

14세기 『잉글랜드 사본』 속의 삽화. 아브라함이 사라에게, 신이 두 사람에게 자식 복을 약속하는 장면이다. 이 두 사람은 사랑의 주문에 자주 등장했다.

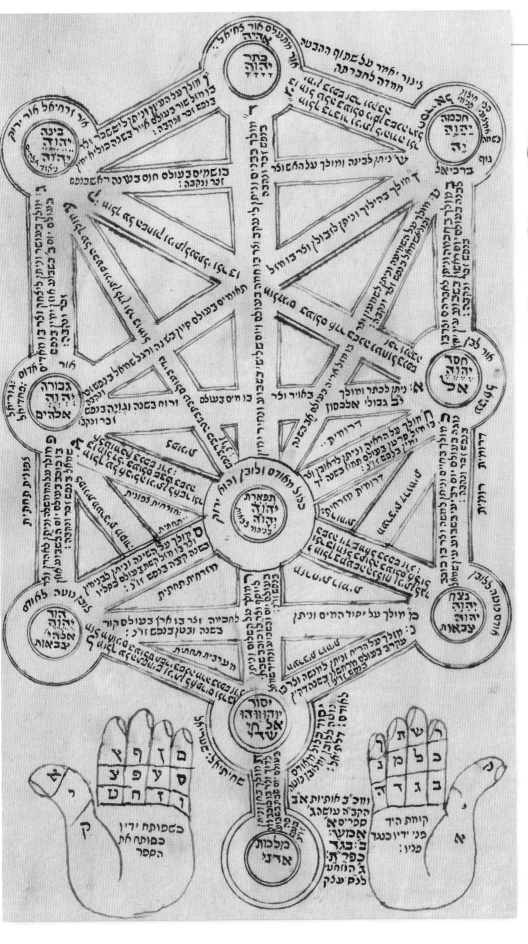

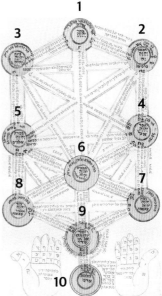

키포인트

1 케테르kether(왕관)

2 호크마hokhmah(지혜)

3 비나binah(이해)

4 헤세드hesed(자비)

5 게부라gevurah(권력)

6 티페레트tifereth(영광)

7 네차흐netsakh(승리)

8 호드hod(영화)

9 예소드yesod(기반)

10 말쿠트malkuth(주권) 또는 셰키나shekhinah(신성한 존재)

◀ **생명의 나무**

15세기에 기록된 일란ilan, 생명의 나무(세피로트sephiroth의 나무)라고도 한다. 신의 다양한 측면을 나타내는 10개의 세피라sephirah가 신비롭게 연결되어 있는 도표이다. 카발라 학자들은 신과 영적으로 일체화되기 위해 이러한 도표를 그렸다. 또한 이를 숙고함으로써 현실의 물질세계에도 영향을 미칠 수 있다고 믿었다.

천사의 알파벳: 기호의 보급

ANGELIC ALPHABETS
the spread of charaktêres

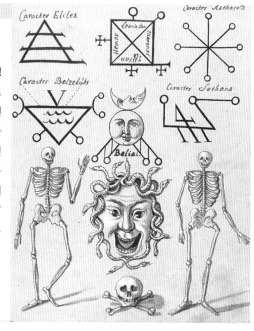

▲ 마법학
13세기 문헌인 『천사 라지엘의 서 Sefer Raziel haMal'akh』. 다른 중세 유대교의 카발라 문헌과 마찬가지로 이 책에는 신비로운 기호와 수수께끼 같은 지식이 수록되어 있다. 여기에 표시된 카라크티라야(문자) 및 별 모양의 솔로몬 인장도 그중 하나이다.

주문, 부적, 주물에 기록되는 보호 문구 등 모든 형태의 중세 유대 마법에서 글쓰기는 핵심을 차지하는 것이었다. 기호와 상징은 글을 써서 행하는 마법이나 비밀을 숨기기 위해서 가장 중요하게 여겨졌고, 또한 고대 마법의 정수를 알기 위해서도 중요시되었다.

일부 기호와 상징은 유대인 마법사가 개발했지만 대부분은 다른 문화에서 도입된 것이다. 가장 유명한 것은 카라크티라야 Karaqtiraya인데, 이는 고대 그리스어 '카라크테레스 charakteres'를 히브리어 발음으로 옮긴 것으로, 선 끝에 작은 동그라미를 붙인 글자 모양의 기호를 말한다. 이들 기호는 본질적으로 신비한 힘을 가지고 있다고 여겨졌다.

카라크티라야는 중세의 카발라 문헌에 자주 등장하지만, 그 기원은 카발라 문헌이 등장한 13세기보다 최소 700년 앞선 것이다. 지금부터 약 1천 500년 전에 유대인의 마법 전통에 들어온 것으로 생각되지만, 어떤 경위로 생긴 것인지는 아무도 모른다. 이집트의 상형 문자에서 파생되었다는 설도 있고, 메소포타미아의 쐐기 문자에서 온 것이라는 견해도 있다. 가장 가능성이 높은 것은 「그리스 마법의 파피루스」(32쪽 참조)나 옥석에 새겨진 문자와 비슷한 점이 있고, 그리스어 및 히브리어 문자에 작은 동그라미를 붙인 것처럼 보이는 것도 있다.

마법서는 정확하게 필사하는 것이 매우 중시되었으므로, 이들 기호는 수 세기에 걸쳐 같은 모양으로 보존되었다. 그러나 중세 무렵, 이들 기원에 관련된 이야기는 잊히고 말았다. 카라크티라야를 연구한 유대인 학자들은 문자와 매우 유사한 이 기호들을 알파벳의 일부로 해독하여 히브리어에서 상응하는 기호를 찾아서 대응시켰다. 중세 시대에 걸쳐 이러한 학자들은 카라크티라야를 다양한 알파벳으로 발전시켰으며, 각 문자를 메타트론, 가브리엘 또는 라파엘과 같은 특정 천사와 관련지었다.

비밀의 기호

오직 유대인만 마법과 관련된 기호와 알파벳을 받아들인 것은 아니다. 카라크테레스는 기독교와 이슬람 세계에도 들어갔다.

참고

상징과 인장

중세에는 이슬람교와 유대교, 기독교 전통이 서로를 수용하며 번성했다. 카라크테레스는 이 세 문화 모두에 나타난다. 그 영향은 오컬트 상징에서도 볼 수 있는데, 그 대부분은 여러 전통의 요소들이 결합된 것이다. 18세기 악마학의 체계를 나타낸 이 그림에는 기원을 달리하는 것들이 망라되어 있고 마법의 인장도 몇 가지 포함되어 있다. 각 인장에는 특정 악마와 관련된 이름표가 붙어 있는데, 이는 그림이나 문자를 새긴 것으로, 악마를 봉인해 통제하거나 정복할 수 있다는 중세 아랍의 전통에 따른 것이다. 여기에 그려진 인장에는 '카라터 Caracters'라는 단어와 함께 천사가 아닌 악마에서 따온 이름이 붙어 있다. 일부 모양에서는 카라크테레스의 영향을 명백히 볼 수 있다.

'마법 기술의 모든 것'을 정리했다는 『악마학·마법학 개요』(1775년경) 삽화. 바알세불 Beelzebub 등 악마의 인장도 포함되어 있다.

▲ 교차되는 문화
10~11세기 비잔티움의 주물로 카라크테레스, 솔로몬의 인장, 고대 그리스 문자가 함께 새겨져 있다. 이처럼 마법의 기호와 상징은 여러 문화권에서 서로 반복해서 차용되었다.

5~6세기의 뛰어난 신학자인 아우구스티누스 Augustinus 와 아를의 카이사리우스 Caesarius of Arles 는 카라크테레스를 악마적이라고 비판했다. 하지만 그러한 견해에도 사람들은 주물이나 부적에 그것을 새기거나 마법서에 기록하여 다음 세대로 계승해 갔다. 중세 비잔티움에서는 카라크테레스가 기독교의 언어나 상징과 함께 주물이나 부적에 사용되는 일도 있었다. 초기 중세 아랍어 문헌 속에는 이 문자가 별자리와 연결되어 나타난다.

천사의 알파벳은 중세 이후에도 오랫동안 살아남았다. 16세기의 저명한 독일인 오컬트주의자 코르넬리우스 아그리파는 유대인의 카라크티라야를 연구했다. 그는 나중에 자신의 마법 작업을 젊은 날의 객기였다고 부인했지만, 수많은 천사의 알파벳이 그의 창작으로 알려져 있다. 이를테면 마법의 문자인 'Malachim('천사'나 '사자'를 뜻하는 히브리어 'mal'akh'에서 유래)', 'Transitus Fluvii('강을 건너다'라는 뜻의 라틴어에서 유래)' 등은 모두 카라크티라야의 영향을 받은 것으로 보인다. 또 16세기에는 영국의 연금술사 존 디 John Dee 와 그의 동료 에드워드 켈리 Edward Kelley 가 천상의 알파벳을 만들었다.

유럽의 민간 마법: 대중 마법의 전통
EUROPEAN FOLK MAGIC
the common magical tradition

5세기 이후 기독교는 유럽 전역에 퍼졌고 이교도는 자취를 감추었다. 초기 교회는 마법을 이교 및 악마와 연관시켰지만 민간 마법의 전통은 살아남았고, 중세 유럽에서는 오히려 번성했다. 이 전통에는 여러 문화가 섞여 있었는데, 많은 부분이 기독교와 복잡하게 연결되어 있었다. 따라서 의사와 성직자까지 포함한 다양한 사람들이 전통 마법을 신봉했다. 학자들이 연구하는 엘리트 마법과 달리 대중의 마법은 서민들이 손쉽게 접근하여 대인 관계, 질병, 흉작과 같은 일상적 문제에 대한 해결책을 얻을 수 있는 것이었다.

언어의 마법

중세 시대 동안 마법의 단어나 주문, 주술 등은 여행의 안전을 기원할 때, 또는 누군가를 병들게 하거나 죽이고 싶을 때도 사용되었다. 대부분 글로 적는 것보다 큰 소리로 말할 때 더 큰 힘을 발휘한다고 여겼다. 사람들은 마법의 단어가 새겨진 부적이나 주물을 지니기도 했는데, 그 용도는 주로 필요할 때 그 단어를 상기하기 위해서였다. 주문은 일반적으로 운율을 갖춘 시의 형태였는데, 외거나 읊기 쉽기 때문이었다.

앵글로색슨족의 주술은 질병을 다루는 합법적인 방법으로 간주되어 의학서에도 많이 기록되었다. 그리고 사람들은 코피를 멈추게 하는 것과 마찬가지 방법으로 도둑을 막거나 풍작을 기원할 때도 주문을 외거나 주물을 사용하게 되었을 것이다.

앵글로색슨족의 유명한 주문 중 하나인 위드 페르스티체Wið færstice는 심한 통증을 멈추기 위해 사용된 것이다. 이 단어는 고통의 원인이 여자의 창 혹은 엘프의

▲ **룬 문자가 새겨진 반지**
요크셔Yorkshire에서 발견된 9세기의 브램험 무어 반지Bramham Moor Ring. 아무도 여기에 새겨진 룬 문자를 해독하지 못하고 있지만, 마법과 관련이 있는 것으로 여겨지고 있다.

신비한 룬 문자

▶ **제비 몸속의 돌**
로버트 버튼Robert Burton의 『우울감의 해부학Anatomie of Melancholy』에 수록된 삽화. 켈리도니우스chelidonius(마법의 속성을 가지고 있다고 여겨진 제비 몸속에 있는 돌)를 꺼내는 장면으로, 이 돌을 아마포로 싸서 목에 감고 있으면 열을 내리고 악귀를 쫓아준다고 한다.

보이지 않는 화살에 있다는 의미를 함축한다.

사물의 힘

대중 마법에서는 돌, 식물, 동물처럼 평범한 사물에 힘이 있다고 믿고 중요한 도구로 활용했다. 돌의 마법과 의약적 가치를 나열한 보석 도감류나 동물에 대한 도덕적 우화집 등에 수록되었던 학술 및 종교적 전통도 구전 문화에 들어가게 되었다.

식물도 자연적인 힘을 가지고 있는 것으로 여겨졌으므로 마법의 약이나 주물을 만드는 데 사용되었다. 또 해당 식물을 특정 시간에 특정 단어를 말하면서 채취하거나, 특정 위치에 놓아두면 한층 큰 효과를 볼 수 있다고 믿었다. 예를 들어 해 뜨기 전에 뜯은 쑥을 신발 속에 넣어두면 피로를 예방할 수 있다고 한다. 나아가 낯선 도구도 있다. 치통을 치료할 때는 사체에서 구한 죽은 자의 치아를 목에 걸면 좋다고 했고, 천상의 힘이 깃든 반지는 악마나 질병으로부터 착용자를 지켜준다고 한다.

예지

사람들은 자신의 미래를 알기 위해 점술에 능숙한 자를 찾았다. 이때의 점술은 자연 속에서 어떤 징후나 패턴을 찾아내는 것을 의미한다. 동물의 움직임이나 새가 날아가는 모양을 관찰하기도 하고, 돌이나 뼈를 던져서 흩어진 형태를 보는 방식 같은 것이다. 대부분 초기의 커닝 포크cunnig folk였던 전문가들에게 이것은 수년간의 훈련이 필요한 고도의 기술이었다. 보통 사람들은 보다 기본적인 방법에 의지하기도 했는데, "아침노을은 양치기에 대한 경고"와 같은 옛 속담을 사용하여 날씨를 예측하거나 했다.

▲ **미들햄의 보석**
성경의 장면과 미사 의식에 사용되는 단어를 조합해서 만들어진 15세기의 금 주물. 부유하고 교양 있는 사람들도 이처럼 돌이나 부적을 활용했다. 'Ananizapta'라는 단어는 간질을 예방하는 주문이었고, 상단의 블루 사파이어가 궤양과 두통을 포함한 질병을 치료해 준다고 믿었다.

> "강력하고 대대로 이름 높은 이 주물을 팔찌처럼 너의 왼팔에 차고 다녀라."

『보석에 대해De Lapidibuss』(렌의 마르보드Marbode de Rennes, 11세기)

▲ 숲의 제왕
마법과 음악의 신 벨레스Veles를 형상화한 8세기의 슬라브 브로치. 사람의 얼굴에 뿔이 나 있다. 벨레스는 슬라브의 이교 사제단 볼흐비의 어원 중 하나로 알려져 있다.

미래를 점치는 방법은 손금 점, 꿈풀이, 수비술 등 다종다양했다. 점성술도 번성했는데, 대부분 부유하고 교육받은 사람들이 관여했다. 별과 천체에 대한 전문 지식과 상세한 관찰이 필요하기 때문이다. 대중에게 널리 받아들여진 점성술은 쉽게 접근할 수 있는 것들로, 간단히 천체의 징후를 해석하는 것이었다. 달이 차고 기우는 모양을 통해 특정 활동을 수행하기에 적절한 날을 점치는 것 등이다.

슬라브 마법

슬라브 문화권에서 마법에 대한 믿음은 이교에 뿌리를 둔 것으로, 중세 후기까지 지속되었다. 많은 슬라브인은 기독교에 저항했지만 12세기에 발트해 부근 민족을 점령한 북방 십자군에 의해 무력으로 개종되었다.

슬라브인은 최고의 신을 유일신으로 숭배했지만 그 아래에 있는 수많은 신도 믿었다. 그들의 세계에는 또한 마법을 부리는 정령들도 존재했다. 예를 들면 마브카mavka, 루살카rusalka와 같은 물의 정령, 숲의 정령인 리소비크lisovyk와 레시leshy, 들판의 정령 폴료비크polyovyk 등이 있다. 가정의 신 도모비크domovyk과 조상의 영은 미래를 알려주고 보호해 주는 존재로서 특별히 존중되었다.

슬라브 마녀

슬라브 마법에서는 마녀나 샤먼, 현명한 여성들이 특히 중요한 역할을 담당했다. 악령으로부터 보호하거나 질병을 치유하는 주술과 점술을 행했다. 남녀 모두 사제가 될 수 있었는데, 이들은 볼흐비volkhvy라고 불렸다. 이 이름의 어원인 'volk'는 우크라이나어로 늑대를 뜻하며, 러시아어로는 마법과 음악, 물속을 관장하는 신의 이름이다. 러시아에서 볼흐비는 늑대와 곰으로 변신할 수 있는 마법사 또는 마녀의 후손으로 여겨졌다. 반면 발칸반도의 나라들, 특히 세르비아, 마케도니아, 불가리아에서는 마녀들을 용의 후손이라고 믿었다. 볼흐비의 후예, 즉 마녀 혈통을 지닌 자들이 지금도 우크라이나에 살고 있다는 소문이 있다.

마녀는 신비로운 슬라브 마법에 반드시 등장하는데, 특히 유명한 것이 바바 야가Baba Yaga이다. 잔인하지만 때로 친절하기도 하고, 강력한 마법의 힘을 지닌 무서운 노파로 묘사되는 이 마녀는 러시아의 전래 동화에도 등장한다. 이야기 속에서 바바 야가는 절구를 타고 날아다니며 절굿공이를 휘두르기도 한다. 깊은 숲속에서 닭의 다리로 만든 오두막에서 산다고 하는데, 때로는 그 다리가 닭의 다리로 묘사되기도 한다.

▶ 선하기도 하고 악하기도 한 마녀
러시아의 민간전승 속에 등장하는 바바 야가는 빗자루 대신 절구를 타고 다니며 절굿공이를 노처럼 사용한다. 이 그림에서도 절구를 타고 소녀를 쫓아가고 있다. 바바 야가는 요정 같은 할머니이기도 하고 또 사악한 마녀로도 묘사되므로 정체가 모호하다.

"올렉Oleg은 영험한 마법사를 찾아가서
자신이 결국 어떤 원인으로 죽게 될지 물었다."

볼흐비에 관한 러시아 최초의 연대기|Russian Primary Chronicle on Volkhvy(1113년경)

공명, 성인, 약초, 체액설: 마법과 의학

SYMPATHY, SAINTS, HERBS, AND HUMOURS
magic and medicine

▼ **의학 주술**
왕궁에 자주 찾아오는 전설의 흰 물새인 칼라드리우스calladrius는 점을 치는 데 이용되었다. 새가 환자를 외면하면 죽음을 의미하고, 다가가면 회복되는 것이다. 기적처럼 새가 병을 가지고 날아간다고 여겼다.

중세 의학은 다양한 분야를 망라했는데, 마법은 과학과 경쟁하는 분야였다. 의사들은 보다 정교한 외과 요법을 개발하는 한편 다종다양한 약초 요법도 이용했기 때문이다. 의학적 지식이 발전하고 기술이 전문화하자 의사는 기존의 사이비 치료사나 민간요법사보다 훨씬 신뢰받는 존재가 되었다. 4~5세기의 성 아우구스티누스와 같은 기독교 저술가들은 오랫동안 질병을 죄에 대한 신의 형벌로 간주했다. 따라서 질병을 치료하기 위해서는 반드시 신의 은총을 받아야 했다. 아우구스티누스는 의술과 관련된 점술이나 치료를 위해 환자에게 부적을 지니게 하는 관습을 악마에 홀린 행위라고 규탄했다.

전문 의사

9세기부터 고대 그리스와 로마의 의술 관련 문헌을 편집한 아랍어 의학서가 번역되어 서유럽에서도 활용할 수 있게 되었다. 그중에는 그리스 의학의 아버지로 불리는 히포크라테스의 저서도 있었다. 기원전 400년경에 '4체액설'이라는 개념을 발전시킨 그의 이론에 따르면 질병은 체내의 혈액, 점액, 흑담즙, 황담즙의 불균형에 기인하는 것으로, 그 균형을 회복하면 건강을 되찾을 수 있다고 한다. 히포크라테스의 이론은 중세 의학 연구의 공식적인 기초가 되었다. 1075년경에는 이탈리아 남부의 살레르노Salerno에 의학교가 설립되어 훈련된 인력을 양성하는 과정이 시작되었다. 이 새로운 의사들은 자신들의 권위와 지위를 지키기 위해 전통적 치료사들을 축출하고자 했다. 1140년, 시칠리아의 왕 로제르Roger는 치료사와 의사에게 공식 면허를 딸 것을 명했다. 그러나 면허가 있는 의사의 진찰을 받는 것은 부유한 사람들에게나 가능한 일이었다. 교육이 발전했지만 서민들 사이에 깊이 뿌리내린 민간요법과 그 마법적 요소에 대한 믿음은 쉽사리 근절될 수 없었다.

성스러운 치료

사람들은 질병을 예방하거나 치료하기 위해 과학이나 마법뿐 아니라 때때로 종교적인 방법을 찾았다. 8~9세기에 프랑크 왕국의 샤를마뉴는 질병과 위험으로부터 보호받기 위해 두 개의 수정 반구로 이루어진 용기에 성십자가와 성모 마리아의 머리카락을 담은 성물을 지녔다고 한다. 기독교 신앙은 특정한 방법이 어떻게 효과를 내는지 설명하는 데도 도움이 되었다. 예를 들어 12세기

◀ 길을 보여주다
약초와 건강하게 사는 삶에 대한 11세기의 안내서 『건강 유지Tacuinum Sanitatis』의 삽화다. 이 그림에서 약사는 약초를 모으고 있다. 약초는 인기 있는 약으로서 핵심적인 역할을 했다. 또한 약효가 확실해 대부분의 사제들은 약초를 쓰는 것을 허락했다.

중반 빙겐Bingen의 수녀원장 힐데가르트Hildegard는 보석이 치유 효과가 있는 원리에 대해 신의 도시를 연상시키기 때문에 악마가 싫어하는 것이라고 설명했다.

또 당시에는 모든 계층의 신자들이 성인들을 찾아 정기적으로 치유를 기원하는 것이 보편적이었다. 전해지는 이야기에 의하면, 기독교를 핍박하는 로마의 폭도들에 의해 턱을 다친 아폴로니아Apollonia는 치통으로 고통받는 사람들의 수호성인이 되었다고 한다. 이처럼 기독교가 허용하는 행위와 마법에 의한 치료는 종이 한 장 차이였을 뿐이다.

민간요법

가난한 사람들은 전문 의사를 찾아갈 수 없었으므로 민간 치료사에게 의지했다. 민간 치료사들은 약초를 이용하여 출산 통증에서 종기와 치통까지 다양한 질병을 치료했다. 민간요법으로는 형태가 유사한 물질은 서로 영향을 미친다는 개념에 기초한 '공명 마법'도 행해졌다. 자연에서 질병의 증상과 유사한 것을 찾아서 치료에 활용하고자 하는 것이다.

▼ 눈병 치료
싸리풀과 캐머마일 등이 수록된 11세기 영국의 약초 문헌. 눈의 통증을 치료하는 데 이들 약초를 으깨어 눈꺼풀에 바르면 좋다고 쓰여 있다.

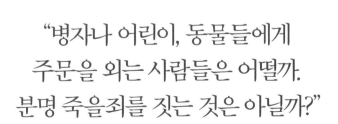

> "병자나 어린이, 동물들에게
> 주문을 외는 사람들은 어떨까.
> 분명 죽을죄를 짓는 것은 아닐까?"

『라이문디의 고해 사례를 위한 주석Apparatus Ad Summam Raymundi』(렌의 기욤Guillaume de Rennes, 1241년경)

▲ 체액설
왼쪽 위에서 시계 방향으로 점액, 혈액, 황담즙, 흑담즙을 나타낸 그림. 많은 전문 의학에서 이 네 가지 체액의 균형을 회복시키기 위한 노력이 이루어졌다. 이러한 의료 행위는 서민들의 민간요법이나 주술과는 동떨어진 것이었다.

> **"5월의 첫날 그리고 9월 또는 4월의 마지막 날에는 결코 피를 흘리거나 거위를 먹어서는 안 된다."**
>
> 『살레르노의 건강법』Regimen Sanitatis Salernitanum』(12~13세기)

예를 들어 황달 환자에게는 으깬 지렁이와 부패한 소변을 섞은 약이 처방되었다. 환자의 피부색과 비슷한 누런 빛깔의 약이 치료 효과를 낼 것이라고 믿은 것이다.

전문 의사와는 완전히 다른 방법을 사용한 민간 치료사들은, 다섯 장의 쐐기풀 잎은 용기를 주고 겨우살이는 법정에서 유죄 판결을 받는 것을 방지해 준다고 했다. 11세기 영국의 의학서인 『발드의 의학 처방전Leechbook of Bald』에는 이질 치료 약으로 주기도문을 9회 외우면서 캐낸 들장미 뿌리에 쑥과 우유를 더하여 붉은색을 띨 때까지 끓인 것을 사용한다고 되어 있다. 또 『치료법Lacnunga』이라는 문헌도 있는데, 여기에는 질병이 대부분 엘프의 장난으로 생겨난다고 적혀 있다.

부적류는 계속해서 널리 사용되었다. 13세기의 신학자 성 토마스 아퀴나스는 『신학대전Summa Theologica』을 저술하며 부적에 포함된 두루마리 글귀나 호부에 새겨진 문자는 악마의 이름일 것이라고 비난했지만, 다른 사람들은 수용적인 편이었다. 일부 대학의 의사들도 그러한 방법이 효과적일 수 있다고 생각했다. 1300년경 아르놀도 다 빌라노바Arnaldo da Villanova는 교황 보니파시오Bonifacius 8세의 신장 결석을 점성술 부적으로 치료했다고 주장했다.

의학 점성술

중세 의학은 일반적으로 점성술을 받아들였다. 의사들, 심지어 성직자들도 천체가 지상에 영향력을 행사한다는 것을 인정했다. 실제로 13세기 말까지 의과 대학의 교육 과정에는 의학 점성술이 필수로 포함되어 있었다.

1348년 프랑스 왕 필리프 6세가 파리의 의사들을 소집해 흑사병에 관한 회의를 열었을 때, 그들은 전염병의 주요 원인을 3년 전 물병자리에 세 행성이 겹쳐진 것으로 결론지었다. 또 의사들은 정기적으로 별점을 이용하여 수술이나 치료 과정에서 피해야 할 날짜 등을 확인했다. 1437년 파리 대학에서는 1월에 설사약을 복용할 때는 어느 날이 가장 좋은지를 두고 격렬한 논쟁을 벌이기도 했다.

▼ 질병 퇴치
아시시Assisi의 성 프란체스코가 질병을 일으킨 악마를 주술로 쫓아내고 여성을 치료하는 그림. 전문 의사에 의한 치료와 함께 퇴마와 기도, 성인을 부르는 것도 질병을 치료하는 힘이 있다고 믿었다.

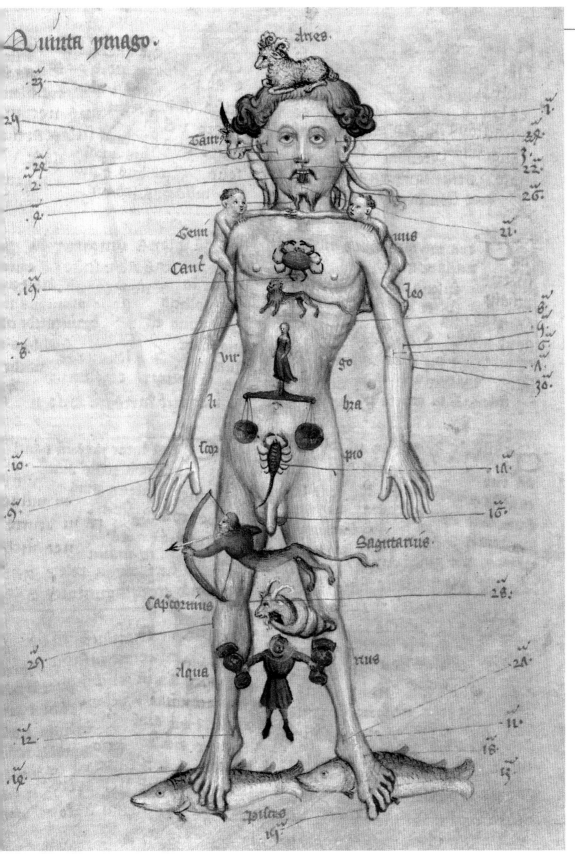

Quinta ymago.

Aries

Taurus

Gemini

Cancer

Leo

Virgo

libra

scorpio

Sagittarius

Capricornus

Aquarius

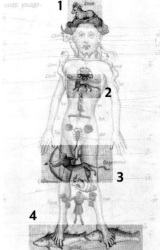

키포인트

1 양자리는 머리와 눈을 관장한다.

2 사자자리는 심장, 척추, 등의 윗 부분을 관장한다.

3 궁수자리는 엉덩이, 허리, 골반, 허벅지, 간과 좌골 신경을 관장한다.

4 물고기자리는 발을 관장한다.

◀ 십이궁도의 상징

십이궁도는 중세의 모든 의학서에 실려 있었다. 이 그림은 1408년 존 폭스턴John Foxton의 『우주학 책 Liber Cosmographiae』에 수록된 것 으로, 신체의 각 부위에 영향을 주는 별자리가 배치되어 있다. 머 리는 양자리의 지배를 받으므로 그 상징인 숫양이 그려져 있다.

▲ 14세기 이탈리아 『맨드레이크』의 사본에 실린 삽화. 개가 맨드레이크의 뿌리에 묶여 있고 남자는 소리가 들리지 않는 곳으로 피하고 있다.

맨드레이크 전설

The mandrake legend

맨드레이크mandrake는 다른 어떤 식물보다도 강한 마력을 지녔다고 알려져 있다. 심지어 악마적인 힘을 발휘한다는 평판도 있다. 긴 뿌리는 트로판 알칼로이드tropane alkaloid 물질을 함유하고 있어 섭취했을 경우 심박수를 증가시키거나 현기증 또는 환각을 일으킨다. 마녀들은 이 뿌리로 만든 약을 먹고 무아지경에 빠지거나 하늘을 날 수 있었다고 한다. 좀 더 현실적인 이야기로는, 고대 로마의 학자 대 플리니우스가 수술 전 환자들에게 맨드레이크를 씹도록 해서 통증을 완화시켰다는 것을 들 수 있다. 중세에는 약재로 높이 평가 받았다.

그러나 맨드레이크가 마법과 연결된 가장 큰 이유는 그 형태가 기이하게도 인간을 닮았기 때문이다. 인간의 신체 부위와 유사한 형태를 한 식물이 그 부위에 영향을 미칠 수 있다는 논리는 고대 그리스에서 비롯되었지만 중세 시대에도 지속되었다. 맨드레이크의 형태는 남성과 여성의 몸을 연상시키므로 최음제와 난임 치료제로 인기가 있었다. 애정 운을 점칠 때 사용되었을 뿐 아니라 그 뿌리로 만든 주물을 지니면 행운이 찾아온다고 믿었다.

맨드레이크와 관련된 가장 유명한 전설은 맨드레이크를 뽑으면 뿌리가 비명을 지른다는 것이다. 그 소리가 너무 끔찍해서 사람을 죽일 수도 있다고 한다. 그래서 맨드레이크가 꼭 필요한 사람들은 그 뿌리에 개를 묶은 뒤 먹이로 유인해 맨드레이크를 뽑아내는 방법을 고안해 냈다. 그러면 치명적인 저주를 받아 죽는 것은 개가 되는 것이다. 왼쪽 그림에서는 맨드레이크 뿌리에 묶인 개를 먹이로 유인하고 있다.

후대의 전설로는 맨드레이크가 범죄자가 교수형을 당하거나 묻힌 곳에서 싹트고 죽은 자의 정액과 소변을 영양분 삼아 자란다는 이야기도 있다. 때문에 '교수대의 소인'이라는 별명이 붙었다.

"맨드레이크의 비명 소리가 그러하듯, 저주는 사람을 죽일 것이다. …"

〈헨리Henny 6세〉(윌리엄 셰익스피어, 1589~1592년)

신의 힘과 악령: 마법과 중세 기독교
DIVINE POWER AND EVIL SPIRITS
magic and medieval Christianity

▲ 악마 숭배자
조로아스터가 두 마리의 악마와 함께 그려진 1425년의 채색화. 조로아스터는 고대 페르시아의 종교 지도자인데, 로마 시대의 저술가 대 플리니우스는 그를 마법의 발명자로 기록했다. 하지만 기독교 교회는 그러한 칭찬에는 애매한 태도를 취했다.

중세 기독교의 영향력을 확립하기 위해 노력한 성직자들은 신의 능력이 악령보다 우월하다는 것을 보여주려 했다. 서민들이 초자연적인 힘에 의한 구원을 갈망한다는 것을 인식한 그들은 샤먼이나 마법, 주문 대신 성인과 기적, 기도를 제시한 것이다. 특히 성인은 마법사를 대신하여 사람들을 지키는 수호자로서 자리매김했다.

악마의 일
마법은 대부분 기독교에 대한 위협으로 여겨졌다. 성직자들이 보기에 그것은 악이자 근절의 대상이었다. 즉 마법사는 악마이고, 소르틸레기움(사술, 주술)이나 말레피키움(흑마술)의 비호자인 것이다. 그와 같은 비난을 받고 고발된 사람들은 대부분 가난하고 연약한 사람들이었는데, 악마의 일을 하기 위해 기독교 의식을 왜곡했다고 규탄당했다.

789년에 발포된 샤를마뉴의 일반 훈령에는, 마법사와 주술사는 회개하지 않으면 사형에 처한다고 되어 있다. 829년 파리 공의회에서도 사람의 마음을 조종하는 주술사나 폭풍을 부르고 우박을 내리게 하고 미래를 점치는 말레피키malefici(악을 행하는 자)의 존재에 대해 기록했다. 역설적이게도, 초기 중세 마법에 대한 지식의 대부분은 그 위협을 정의하려 한 교회 학자들의 저술을 바탕으로 한다. 세비야의 이시도로Isidoro of Seville가 6세기에 저술한 『어원학Etimologiae』도 그 한 예이다.

성유물의 힘
시간이 지남에 따라 사람들은 기독교 상징에 악의 영향이나 불운을 막아주는 액막이 능력이 있다고 믿기 시작했다. 사람들은 이교의 상징이 기입된 주물에 의존하던 이전의 관습 대신 십자가와 같은 기독교 이미지를 몸에 지니고 불운, 특히 질병과 빈곤을 물리치고자 했다. 성유물 숭배는 더 큰 가호를 약속하는 것이었다. 11~12세기가 되면 순례자들은 성인의 손가락, 성십자가 조각 혹은 성모 마리아의 의복 같은 성유물을 참배하기 위해 멀리

히포의 성 아우구스티누스 Saint Augustine of Hippo(353~430년)

마법에 대한 규탄

현재의 알제리에 해당하는 히포 레기우스Hippo Regius에 살았던 아우구스티누스는 초기 기독교에 가장 큰 영향을 미친 사상가 중 한 사람이다. 그의 저서 『신국론De civitate Dei』에 담긴 사상은 모든 사람이 동의한 것은 아니지만, 이후 1천 년이 넘도록 기독교 사상의 지주가 되었다. 아우구스티누스는 기독교를 이교와 완전히 분리했다. 때문에 마법에 대해서도 강경한 입장으로 배제하고자 했다. 마법은 악마의 교시이자 마물의 행위이므로 마법을 행하는 것은 악마와 계약을 맺는 것이라고 단언했다. 이 주장은 뒷날 벌어진 마녀사냥의 근거가 되었다.

▲ 성스러운 일화
성 코스마스St. Cosmas와 성 다미아누스St. Damianus의 순교를 묘사한 그림. 성인에 관한 기록은 이교의 민담들을 대체해 갔는데, 병자를 치료했다고 전해지는 이 두 성인의 일화도 그러한 사례 중 하나이다.

까지 길을 떠났다. 이러한 성유물에는 신비한 힘이 있다고 여겨졌고, 모조품을 파는 암시장까지 생겼을 정도다. 일부 교회 옹호자들은 성유물 숭배를 비난했지만 토마스 아퀴나스와 같이 성유물을 숭배하는 것은 곧 신을 공경하는 것이라는 반대 입장도 있었다.

천사의 마법

수호천사의 힘을 믿는 것이 선인지 악인지에 대해서도 논쟁이 벌어졌다. 천사의 마법은 기도, 금식, 우상을 이용한 명상과 같은 의식을 행하는 것이었다. 천사와 소통할 수 있는 통로를 만들기 위해 영혼을 정화하는 행위이다. 하지만 일부 신학자들은 천사에게 기도하는 것이 이교의 정령들을 부르는 것과 다르지 않다고 주장했다.

▶ 마력이 담긴 성유물함
호화롭게 장식된 프랑스의 성유물함. 상자의 중앙에는 그리스도가, 왼쪽에는 막달라 마리아가 그려져 있다. 성유물은 성인의 유해 일부나 관련된 물품을 말한다.

다른 쪽에서는 천사의 마법에 테우르기아theurgia라는 존경을 담은 칭호를 붙였다. 12세기에 널리 읽힌 『아르스 노토리아Ars notoria』는 솔로몬 왕이 쓴 고대 문헌을 바탕으로 쓰인 천사의 마법에 대한 지침서로 예술이나 철학, 신학에 관련된 초인적인 지식을 담고 있으며, 천사의 도움을 얻는 방법을 알려준다고 한다.

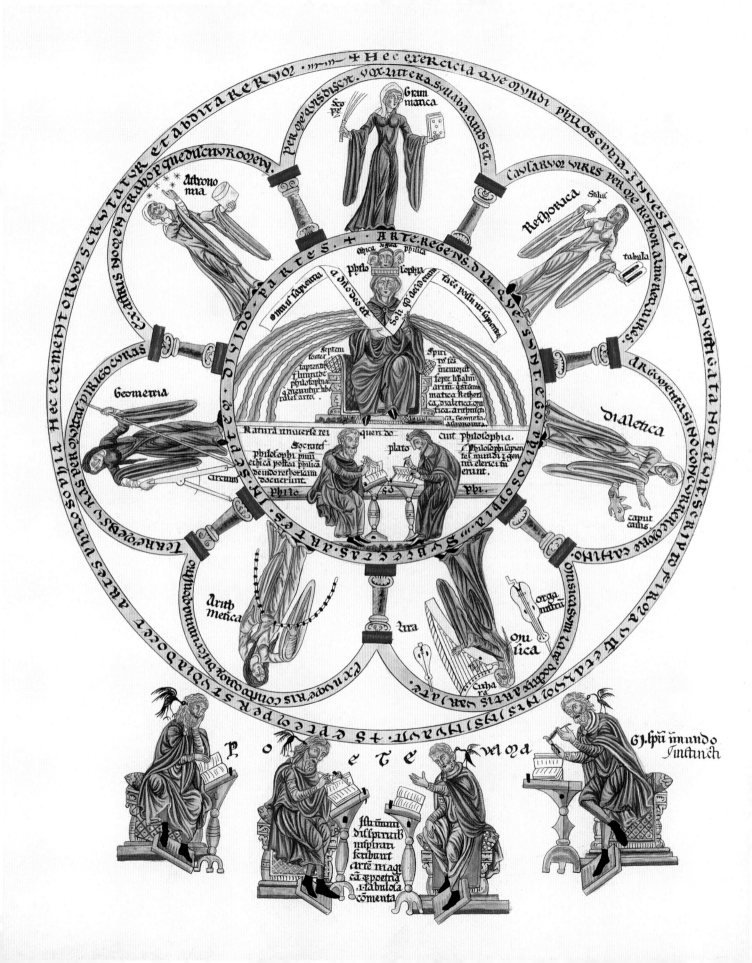

쾰른의 성 대 알베르투스 Albertus Magnus (1193~1280년)

점성술의 정당화

대 알베르투스는 모든 인간에게 자유 의지가 있다는 사상을 주장한 선도적인 신학자였다. 점성술과 음악에도 뛰어났으며, 광물학에 관한 최초의 위대한 문헌 중 하나인 『광물론 De Mineral bus』으로 유명한 연금술사이자 마법사이기도 했다. 그는 값싼 금속을 금으로 바꿀 수 있는 기적의 돌인 '현자의 돌'을 발견했다고 한다(148~151쪽 참조). 알베르투스는 점성술을 사용하거나 식물과 돌이 지닌 마법의 힘을 연구하는 것은 자연 과학의 한 형태라고 믿었다. 강령술의 특징인 악마 소환과는 완전히 다르기 때문이다. 그는 20세기 자연 과학의 수호성인이 되었다.

아랍어 문헌

12세기에 라틴어로 번역된 아랍의 마법 문헌은 기독교 사회에 큰 파장을 일으켰다. 학자들은 수학 등의 전통적 학문 분야와 더불어 점성술, 연금술, 점술, 마법과 같은 신비로운 과학 문헌까지 번역했다. 그리하여 마법은 어느새 학자들 사이에서 천문학이나 기하학과 마찬가지인 학문의 한 분야로 확립되어 있었다.

학자들은 우주의 작용에 대한 풍부한 통찰을 보여주는 아랍어 마법서에 열광했으며, 일부는 이를 바탕으로 독자적인 이론을 발전시키기도 했다. 스페인의 철학자이자 언어학자인 도미니쿠스 군디살리누스 Dominicus Gundissalinus는 마법이 자연 과학이라고 주장했다. 마법은 정당한 과학적 탐구의 한 영역으로 자석처럼 마법의 힘을 지니는 신비한 사물에 관해 통찰력을 제공한다고 보았으며 이런 사고방식은 일부 지식인들 사이에 확고하게 자리 잡았다. 그들은 마법에 통달한 자가 극히 소수라고 해도 그 효과를 실제 눈으로 관찰할 수만 있다면 마법은 실재하는 자연적 현상이라고 생각한 것이다.

◀ 신의 경이에 대한 표상
알자스의 수녀원장 란츠베르크의 헤라트 Herrad von Landsberg가 12세기에 편찬한 그림 백과사전. 철학과 여러 학예가 원에 둘러싸여 있고, 마법사는 시인과 함께 원 밖에 놓여 사악한 영감을 받는(어깨의 검은 새) 사상가로 분류되어 있다. 12세기 후반이 되면 학자들은 마법의 위상을 높이기 위해 노력하게 된다.

일부 학자들은 자연의 마법적 힘에 관한 특정 분야를 전문으로 연구했다. 대 알베르투스를 비롯한 보석 도감류(돌의 힘에 관한 안내서)의 저자들은 돌의 마력은 신이 부여한 자연의 힘이라고 주장했다. 15세기 『피터버러 보석 도감 The Peterborough Lapidary』은 가장 길고 포괄적인 저작으로, 돌 145종의 신비로운 성질을 나열하고 있다. 이러한 책들은 평범한 사람들에게도 영향을 주었다. 사람들은 돌을 이용하여 주물이나 반지, 칼을 만들어 소지하고, 조각상과 주문을 사용한 의식을 집행하여 그 마력을 통해 부를 얻거나 질병으로부터 보호받고자 했다.

악마의 소행

중세 말기에 접어들면 철학적, 신학적 논쟁이 심화된다. 성직자들은 점성가와 연금술사를 악마화하고 마법은 악마와의 계약이라고 단정했다. 교회는 이교 운동으로부터 점점 거리를 두었고, 1230년에는 반대파의 불만의 목소리로부터 자신들을 보호하기 위해 종교 재판을 개시했다. 마법사들, 특히 학자들은 주술을 행한 것으로 고발당할 위험에 처하자 비밀리에 행동함으로써 자중했다. 하지만 그 비밀주의가 오히려 의심을 불러일으키게 된 것이다.

▼ 자연의 마법
베네딕트회 수도사 매슈 패리스 Matthew Paris가 쓴 『증보서 Liber Additamentorum』의 13세기 영어 필사본. 사람들이 호신용으로 착용한 보석, 반지 및 희귀한 돌을 박아 넣은 카메오 등이 그림으로 설명되어 있다.

수정과 보석
Crystals and gems

인류는 고대로부터 마법과 치유의 힘을 지니는 보석이나 수정의 아름다움에 매료되었다. 마법에 수정을 사용한 최초의 기록은 기원전 3000년경의 고대 수메르 시대로 거슬러 올라간다. 고대 이집트인은 청금석lapis lazuli, 터키석turquoise, 홍옥수carnelian, 에메랄드, 투명한 석영을 의식에 사용하여 보호와 건강을 기원했다. 오늘날 뉴에이지 운동에서 사용되는 수정을 비롯한 파워스톤과 마찬가지이다.

▲ **루비**ruby
에너지, 행동, 희망, 강한 동기와 열정을 나타낸다. 또 육체적, 정신적으로 심장을 튼튼하게 해준다고 한다.

▲ **사파이어**sapphire
서구 이외 전통과 뉴에이지에서는 계시를 상징하는 제3의 눈과 연관되어 있다. 초기의 교황들은 성스러운 비밀의 수호자라는 의미로 자신의 인장을 새긴 사파이어 반지를 착용했다.

석류석garnet은 재생을 상징한다.

깊이 있고 짙은 색상을 지닌 것은 '임페리얼 제이드'로 불린다.

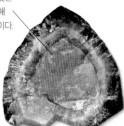

코끼리는 중국에서 재력의 상징이다.

▲ **옥**jade
진정 작용과 보호의 힘이 있다고 여겨지며, 기원전 1만 년경부터 치유제로 사용되었다. 옥은 연옥 nephrite과 경옥jadeite 두 가지 광물로 나눌 수 있다. 이 중국제 꽃병은 연옥으로 만들어진 것이다.

중앙의 분홍빛은 불순물로 인해 만들어진 것이다.

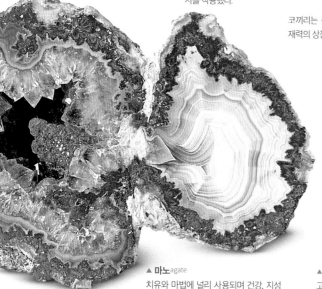

▲ **마노**agate
치유와 마법에 널리 사용되며 건강, 지성 및 장수의 의미를 지닌다. 규소와 석영의 미세한 결정체로 이루어져 있으며 원하는 모양으로 성형하기도 쉽다.

▲ **에메랄드**emerald
고대 그리스에서 사랑의 여신 아프로디테(고대 로마에서는 베누스)와 연결되어 있다. 지금도 사람들의 삶에 사랑을 가져다주는 돌로 여겨지고 있다.

▲ **시트린**citrine
석영의 한 형태로 황수정이라고도 한다. 노란 빛깔이 태양의 힘을 연상시킨다. 긍정적인 에너지, 새로운 출발, 강한 의지를 가져다준다고 여겨진다.

▲ **토르말린**tourmaline
공감과 평화를 만들어낸다고 알려져 있다. 가열하거나 문지르면 전기를 띠므로 연금술사들이 특히 소중히 여긴 돌이다.

▲ **흑요석**obsidian
진실을 밝히고 부정적인 영향을 차단해 준다고 알려진 광택 있는 용암석이다. 고대 멕시코의 올멕족Olmec은 흑요석으로 가면을 만들었다.

▲ **홍옥수**carnelian
대담함, 리더십, 권력과 연결된다. 고대 이집트에서는 대목장의 휘장이었다. 고대 로마인은 사악한 눈을 피하기 위해 이처럼 인간과 동물의 머리를 조각한 둥근 돌을 몸에 착용했다.

얼굴을 만드는 데 사용된 홍옥수는 용기를 가져다준다고 한다.

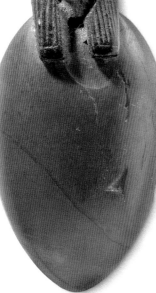

▲ **재스퍼**jasper
벽옥이라고도 하며 보안, 힘, 안정을 상징한다. 고대 이집트의 영적 지도자, 고위 신관, 왕들이 호신을 위해 몸에 착용했다. 이 주물은 재스퍼로 만든 심장으로, 원래 미라에 부장되었던 것으로 보인다.

호박 염주는 젖니가 나느라 칭얼대는 아기들을 진정시킨다고 여겨졌다. 이 팔찌는 연마되지 않은 원석으로 만든 것이다.

▲ **호박**amber
선사 시대 나무의 수지가 화석화된 것. 문지르면 전기를 발생시키므로 고대 그리스인들은 태양과 관련지어 생각했다. 영적으로 부정적인 에너지를 흡수한다고 여겨졌다.

아메리카 원주민들은 수많은 혜택을 가져다주는 터키석을 귀하게 여겼다.

▶ **터키석**turquoise
아메리카 원주민들은 천상의 푸른 돌이라 부르며 소중히 여겼다. 몸에 지니면 우주와 하나가 되도록 도와준다고 한다. 이 브로치는 나바호족Navajo이 만든 것이다.

▲ **자수정**amethyst
고대 그리스어로 '냉철함'을 의미하며, 예로부터 숙취를 예방하고 진지한 정신을 유지할 수 있게 해주는 것으로 여겨졌다. 또한 스트레스와 슬픔을 완화시키는 천연 진정제로도 알려져 있다.

힘을 지니는 언어: 마법 지침서

WORDS OF POWER
magical handbooks

▲ 『솔로몬의 마법서』
『솔로몬의 마법서Magical Treatise of Solomon』의 한 페이지. 솔로몬 왕이 아들 르호보암Rehoboam에게 남긴 마법에 대한 지침서라고 한다. 이 제목의 책이 처음 나온 것은 14세기로 거슬러 올라가며, 부제는 '히그로먼시 기술The Art of Hygromancy'이었다. 즉 물과 관련된 점술이다.

중세에는 마법에 관한 지침서가 많이 만들어졌다. 이들은 나중에 문법을 뜻하는 프랑스어 'grammaire'를 차용하여 그리무아르grimoires, 즉 마법서라고 불렸다. 오늘날에는 '그림자 책'으로 불리기도 하는데, 이는 위카Wicca의 마법서를 가리키는 용어다. 중세 기독교 교회는 이 지침서들을 자연 또는 악마의 마법에 대해 기술한 것으로 보았다. 교회 지도자들은 치유를 위해 약초의 신비로운 힘을 이용하는 등의 자연 마법은 신이 창조한 자연의 경이로움을 합법적으로 사용하는 것이라고 정의했지만, 강령술과 같은 마법은 악마의 소행으로 단정지었다. 그렇지만 유럽에 남아 있는 문헌들을 보면 마법서의 저자는 주로 성직자였다.

고대의 원전

중세 유럽의 마법 지침서 대부분은 당시 학자들의 국제 언어였던 라틴어로 작성되었다. 일부는 본래 이슬람 학자가 아랍어로 저술한 것이거나 유대인 학자가 히브리어로 쓴 것이었다. 저자들은 자신의 책에 권위를 더하기 위해, 훨씬 오래된 원전을 참고했다고 강조하거나 기독교와 이슬람교의 전파로 인해 잊힌 마법의 비밀을 알고 있는 고대의 전설적인 인물이 작성한 것이라고 주장했다. 그 인물이 성경 속 인물이라면 더할 나위 없었다. 종교적

정당성을 뒷받침할 수 있었기 때문이다. 몇몇 마법서는 솔로몬 왕의 글에 근거한 것이라고 주장하기도 했다.

15세기 독일 수도원장 트리테미우스Trithemius는 시몬 마구스Simon Magus가 썼다고 추정되는 책을 소유하고 있었다. 시몬은 신약 성경에 기적을 행한 것으로 등장하지만, 교회 지도자들은 시몬의 마법이 악마로부터 비롯된 것으로 보고 그를 이단자라고 비난했다.

▶ 주술에 의한 지혜
『아르스 노토리아』에 수록된 붉은 도표. 기도와 이국적인 이름으로 구성된 주문이 작은 검은색 글씨로 기록되어 있고 그 순번의 일부도 알 수 있다. 이 주문들을 정확하게 말하면 지식의 힘을 해방시킨다고 여겨졌다.

> "이 책을 통해 누구든지 구원을 받고
> 영생으로 인도될 수 있을 것이니…"

『호노리우스의 서약서Liber juratus Honorii』(13세기)

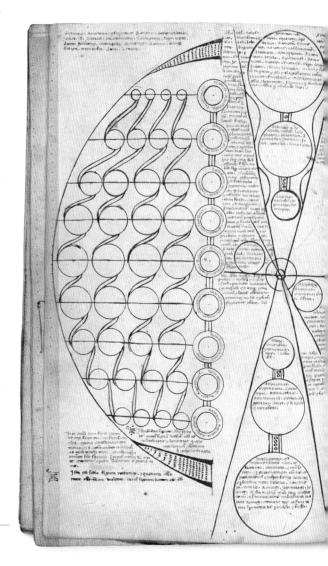

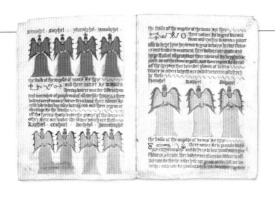

▶ 천사의 도움
13세기 『호노리우스의 서약서』의 한 페이지. 이 책에 설명된 의식으로 소환할 수 있는 천사들에 대해 상세히 기록되어 있다.

『아르스 노토리아』

가장 유명한 마법 지침서는 『피카트릭스』로서, 원래 아랍어로 기록된 천체 마법에 관한 책이었다. 그 외에도 학문적 탁월함과 지혜에 이르는 지름길, 즉 기독교의 천사 마법을 알려주는 문헌의 총칭인 『아르스 노토리아』가 큰 영향을 주었다. 이 문헌에는 기억력 향상법, 언어 습득을 비롯한 지적 능력을 얻기 위해 천사를 불러내는 기도 등이 포함되어 있다.

『호노리우스의 서약서』

『아르스 노토리아』에 영향을 받았다고 여겨지며 일련의 '솔로몬 계통' 문헌들 중 하나인 『호노리우스의 서약서』는 저자가 솔로몬 왕과 관계가 있다고 주장하며, 천사 소환을 위한 기도문을 수록한 것이다. 시작 페이지에는 저자가 천사의 지식을 기록할 적임자로 선정되었다고 적혀 있다. 93개의 장으로 구성된 이 책은 도둑을 잡는 방법이나 보물을 찾는 방법, '지상의 악령'을 소환하는 방법까지 다양한 주제를 다룬다. 무엇이 원전인지, 저자 호노리우스는 어떤 사람인지 확실히 알 수는 없지만 그 이름은 르네상스 시대의 오컬트주의자와 뒷날의 위카 신봉자들이 사용한 테베의 알파벳과 관계가 있다고 여겨져 왔다.

참고

마법서의 미래

독일의 신비주의 철학자 코르넬리우스 아그리파의 유명한 저서 『오컬트 철학에 관한 세 권의 책De Occulta Philosophia Libri Tres』을 포함한 마법서들은, 15세기 활판 인쇄술로 인쇄된 책들 중 하나였다. 오늘날 마법서로 불리는 이 책들은 그 이후로도 언제나 인기를 얻어 왔다. 18세기에 과학과 합리주의의 발달로 인해 주류에서 밀려나기는 했지만, 20세기에도 새로운 마법서가 계속 등장했다. 그 대부분은 오래된 문헌을 참고한 것들이다. 예를 들어 『튀리엘의 비밀 마법서Le Grimoire secret d Turiel』(1927년)는 16세기의 사본을 바탕으로 쓰였는데, 그 원전은 훨씬 더 오래된 것이라고 한다.

『악마학·마법학 개요』에 실린 삽화. 1775년작이지만 원전은 1057년에 나온 것이라고 한다.

마법사, 왕 그리고 용

Wizards, kings, and dragons

12세기 후반부터 엘리트 계층을 대상으로 한 소설 장르인 '기사도 이야기'가 프랑스에서 등장하기 시작했다. 대부분 마법으로 가득 찬 영웅 이야기로, 충성, 명예, 귀족들의 사랑 등 규범적 삶 속에서 도전하고 탐구하는 기사들에 초점을 둔 것이다. 가장 유명한 예는 웨일스의 전설에 바탕을 둔 아서 왕에 관한 것으로, 6세기 영국 왕이 색슨족의 침략에 맞서 승리하는 이야기이다. 현재 전해지는 아서 왕 이야기는 영국 성직자 몬머스의 제프리Geoffrey of Monmouth가 집필한 『영국 열왕사History of the Kings of Britain』(1136년)가 원전으로, 여기서 수많은 아서 왕 이야기가 탄생했다. 프랑스 시인 크레티앵 드 트루아Chrétien de Troyes가 쓴 랜슬롯 경과 왕비 기네비어의 비극적 사랑 이야기도 그 영향을 받은 것이다.

아서 왕 이야기에는 마법에 걸린 검, 사라지는 성, 영원한 젊음을 부여하는 등의 기적의 힘을 가진 성배를 찾아가는 여행 등 마법으로 가득하다. 그리고 그 이름도 유명한 마법사 멀린도 등장한다. 멀린이 처음 등장하는 것은 몬머스의 제프리가 쓴 『멀린의 예언Prophetiae Merlini』(1135년)으로, 웨일스의 전설적인 예언자이자 음유 시인 미르딘Myrddin에게서 영감을 받은 것이다. 제프리의 멀린 전설 해석에 따르면, 오른쪽 그림에 나타나 있듯이 영국 왕 보티건Vortigern이 보게 된 붉은 용과 흰 용의 싸움은 브리튼인과 색슨족의 전쟁을 상징한 것이고, 결과는 흰 용(색슨족)의 승리였다. 제프리는 또한 멀린의 적수로서 마녀 모건 르 페이Morgan le Fay도 만들어냈다.

> "붉은 용에게 화가 있을지니
> 그 죽음이 가까웠노라.
> 흰 용이 그 동굴을 점령하리라.…"

『멀린의 예언』 중 멀린의 말(몬머스의 제프리, 1135년)

▲『성 알반의 연대기』St. Alban's Chronicle』(15세기경)에 수록된 삽화. 보티건 왕과 멀린이 용들의 싸움을 지켜보고 있다.

악령과 죽은 자의 소환: 중세의 강령술

SUMMONING DEMONS AND THE DEAD
medieval necromancy

네크로먼시, 즉 강령술은 죽은 자의 마법이다. 그리스어로 '사체'를 뜻하는 'nekros'와 '점술'을 의미하는 'manteia'의 합성어로, 처음에는 죽은 자들로부터 지식을 얻기 위한 방법이라는 의미로 사용되었다. 중세에는 영혼을 불러내어 미래를 점치고, 누군가를 되살리고, 죽은 자를 무기로 사용하는 것을 의미했다.

초기 신앙

고대 그리스인에게 강령술은 살아 있는 사람이 저승 세계로 가는 데 필요한 의식이었다. 『오디세이아Odysseia』에서 오디세우스는 마녀 키르케의 지시에 따라 의식을 행하고 저승 세계를 방문하여 항해 중에 자신에게 어떤 일이 일어날지 알아낸다. 그리스인들은 죽은 사람이 산 사람보다 지식이 더 많다고 믿지는 않았지만, 다른 문화권에서는 죽은 사람이 모든 것을 안다고 생각했다. 성경에서는 엔도르의 마녀가 사울 왕의 미래를 점치기 위해 선지자 사무엘의 영혼을 불러내는데,

▲ 악마와 영혼
타나크(구약 성경)의 마카베오기Maccabees의 한 장면을 나타낸 13세기 프랑스 문헌의 삽화. 악마가 사람들의 영혼을 꺼내어 가마솥에 집어넣고 있다.

▶ 의식을 행하는 강령술사
대 플리니우스의 『박물지』 1481년 필사본에 수록된 그림. 빛을 발하는 문자 'M' 아래에서 강령술사가 원을 그리고 그 안에 기름을 넣은 플라스크, 종, 마법 의식을 위한 지침서를 놓고 있다.

사무엘은 사울의 죽음을 예언했고 그날로 실현되었다.

수 세기 후인 600년경에 세비야의 학자 이시도로는 강령술로 소환된 영혼들은 죽은 자의 것이 아니라 실제로는 악마라고 생각했다. 중세의 강령술은 '니그로먼시'라고도 불렸는데, 흑마술로서 악령을 불러내는 불법 행위로 간주되었다. 강령술사들은 악마와 계약을 맺는 것이 아니라 신의 힘을 빌려서 정령과 악마를 다스리는 것이라고 반론했다.

의식에 대한 관심의 증가

12세기 이후 『피카트릭스』와 같은 아랍어 문헌이 라틴어로 번역되면서 정교한 의식 마법에 대한 학계의 관심을 불러일으켰다. 『뮌헨의 악마 마법 지침서』에는 땅 위에 원을 그리고 그 안에 여러 가지 상징을 그려 넣는 방법이 설명되어 있다. 원은 강령술사를 보호하기 위한 공간이다. 하지만 마법의 힘을 빌려 오려면 대가를 치러야 한다. 때로는 영혼과 소통하기 위해 동물을 제물로 바칠 것이 요구되기도 했다.

교황 실베스테르Pope Sylvester 2세(945~1003년)

마법사 교황

1120년대에 수도사 맘즈베리의 윌리엄은 프랑스 교황 실베스테르 2세가 흑마술사였다고 주장했다. 그리고 한 세기 후, 트로파우의 마르틴은 『교황전』에서 실베스테르가 악마에게 영혼을 판 강령술사라고 썼다. 이 그림은 그가 악마와 대화하는 모습이다. 실베스테르는 당대의 가장 위대한 학자이자 아라비아 숫자와 천체 관측용 도구인 아스트롤라베(82쪽 참조)를 유럽에 소개한 인물이다. 음악에도 뛰어나 여러 오르간을 제작했다.

"강령술사의 저주로 되살아난 죽은 자들이
예언을 하거나 물음에 응답하는 듯하다."

『어원학Etymologiae』(세비야의 이시도르, 600~625년)

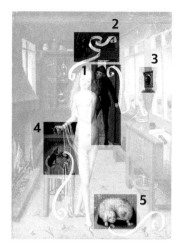

키포인트

1 여자를 바라보는 남자는 악마라고 하기에는 너무 온순해 보인다. 게다가 여자는 남자가 안중에도 없다. 아마 하인일 것이다.

2 언제라도 마법의 주문을 쓸 수 있는 흰 두루마리 종이가 준비되어 있다.

3 거울은 종종 마녀와 연결된다.

4 여자가 심장에 물약을 한 방울 떨어뜨린다.

5 반려견은 부자들이 거느리는 친숙한 시종이다.

▶ **사랑과 저주**
중세 시대에는 여성이 음탕하고 악마의 유혹에 넘어가기 쉽다고 생각했다. 여성의 벗은 몸은 그러한 시각을 상징하는 것이다. 그림 속 여성의 경우에는 사랑의 마법에 능하다는 의미일 수도 있다.

악마와의 계약: 심문 받는 마법

A PACT WITH THE DEVIL
witchcraft under scrutiny

마법을 바탕으로 번성한 중세의 신화 속에서 마법사는, 남녀를 불문하고 기독교 신앙을 거부하고 스스로 악마에 복종하는 계약을 맺는 것으로 나온다. 여성의 경우 악마와 성관계를 맺고 그 대가로 마법의 힘을 손에 넣었다고도 한다. 계약은 정식으로 이루어졌고 때로는 서면 형태를 취했는데, 이것이 기소의 증거로 많이 쓰였다. 마법사는 말레피키움(흑마술)을 행하여 하늘을 날거나 늑대로 변신하는 등 기묘한 행동을 하는 자였다. 그들의 몸에는 표식이 있고, 근친상간이나 식인을 자행하기도 한다. 이처럼 마법사에 대한 묘사는 그 지역의 풍습을 반영하여 실로 다양했다.

분열된 의견

초기의 기독교는 마법을 이전의 이교에서 이어진 위험한 불씨로 여겼다. 실제로 약 400년경의 신학자 성 아우구스티누스는 마법이 환상이며 존재하지 않는 것이라고 주장했다. 643년 롬바르디아Lombardia의 왕 로타리Rothari는 "외국인 하녀나 여종을 마녀로 여겨 죽이지 말라. 이런 일은 있을 수 없고 또 기독교인의 마음으로 믿어서도 안 되는 일이다"라는 칙령을 발표했다. 그러나 2세기 이후 의견은 양분된다. 829년 개최된 파리 공의회에서 주교들은 마법사는 너무 위험하므로 사형에 처해야 한다고 결정했다. 얼마 지나지 않아 스코틀랜드 왕 케네스 맥알핀Kenneth MacAlpin은 모든 마법사와 마녀를 화형에 처한다고 선언했다. 반면 900년의 『주교 법령집Canon Episcopi』에서는 마법을 망상이라 정의했다. 만약 밤중에 빗자루를 타고 날아가는 여자를 보았다는 사람이 있다면 그 사람의 마음이 악마에게 조종당하고 있는 것이라고 단언한 것이다.

표적이 된 약자

중세가 이어지는 동안 마법에 대한 비난과 고발이 늘어갔다. 그러나 여성이든 남성이든 주술로 기소된 사람들 중 실제로 마법을 행한 사람은 거의 없었다. 학자나 성직자들이 이해하는 의미의 마법은 존재하지도 않았다. 인간과 악마가 결탁하여 기독교 세계를 전복시키려 한다는, 말레피키움보다 더 심각한 죄가 되는 음모 따위는 없었던 것이다. 마법과 관련되어 기소된 자들은 대부분 가난한 취약 계층으로, 지역 사회에 혼란을 일으킬 수 있는 존재로 적대시되는 부랑자나 거지, 이방인들이었다. 기소된 사람들은 대부분 처형되었다.

▲ 악마의 길
제바스티안 뮌스터Sebastian Munster의 『코스모그라피아Cosmographia』에 수록된 1550년경의 목판화. 마녀가 세 종류의 동물 머리를 한 악마를 소환하고 있다. 『코스모그라피아』는 독일어로 세계상을 묘사한 가장 오래된 문헌이다.

앨리스 키틀러Alice Kyteler(1263~1325년 이후)

부유한 마녀

1324년 아일랜드 킬케니Kilkenny의 앨리스 키틀러Alice Kyteler는 악마와의 성관계를 통해 마법의 힘을 손에 넣은 이단자로 재판에 회부된 최초의 여성이다. 앨리스는 네 번 결혼했는데, 매번 남편의 사업을 나누어 받아 부유해졌다. 그녀를 마녀라고 고발한 것은 의붓자식들로, 악마의 힘으로 아버지를 유혹했다고 주장했다. 그녀는 유죄 판결을 받았지만 강력한 인맥을 활용하여 외국으로 도피했고, 영원히 모습을 감추었다. 하지만 공범자로 기소된 페트로닐라 드 미스Petronilla de Meath라는 그녀의 하녀는 1324년 11월 3일 이단 혐의로 화형을 당했다. 앨리스의 재판에 관심을 보이는 학자들이 많은데, 이는 마녀재판이라는 것보다 중세의 여성이 사업 경영자로서 성공했다는 사실 때문이다. 킬케니의 키틀러 인Kyteler Inn에는 앨리스를 마녀로 표현한 현대 조각상이 설치되어 있다.

▶ 불의 심판
이단의 책들을 태우는 불길 속에서 성 도미니코St. Dominic의 진정한 책만 타지 않고 남아 있는 기적을 묘사한 그림. 성 도미니코는 이단자를 개종시키려는 노력으로 도미니코회 수도사들을 자극하여 중세의 가장 열렬한 마녀 사냥꾼으로 만들었다.

시에 고조된 여성 혐오적인 사고의 영향을 받은 것이다. 그들에게 여성은, 궁정 소설에 등장하는 순결하고 성스러운 모범적 여성이 아니면 모두 성적으로 남성을 홀리고 착취하는 사악한 유혹자였다. 여성의 벗은 몸을 묘사한 것은 종종 악마의 힘과 관련되어 있다.

이단과 종교 재판

중세 후기에 마녀로서 처형당한 여성이 증가한 이유 중 하나는 여성 혐오로 해석할 수 있다. 또 다른 요인으로는 교회와 이단의 전쟁, 즉 기독교 교리와 그에 모순되는 믿음 사이의 투쟁을 들 수 있다. 12세기에는 이단 그룹인 발도파Waldenser와 카타리파Cathari도 신자 수가 크게 늘어나 있었다. 1233년에 교황은 이단 신자들을 강경하게 조사하고 기소하며, 재판하고 처벌하는 광범위한 권한을 가진 종교 재판을 설립했다. 이후 수 세기에 걸쳐 종교 재판은 무시무시한 명성을 얻었다. 상습적인 고문으로 자백을 강요하여 화형에 처했고, 자백을 거부한 자도 역시 화형에 처했다.

마법은 이단과 공통되는 요소가 많은 것으로 여겨졌으므로 교회의 입장에서는 더 큰 위협으로 인식되었다. 마법과 이단은 모두 악마의 소행이자 무지 또는 교회를 무시하는 과도한 교만에서 비롯되는 속임수라고 여겼다. 이단자는 곧 마법사나 마녀로 의심받기 시작했다.

▲ 악마와의 춤
프란체스코 마리아 구아초Francesco Maria Guazzo가 저술한 17세기의 『마법 개요Compendium Maleficarum』에 수록된 그림. 마법사들이 검은 안식일에 숲속에서 악마와 춤을 추는 모습이다.

1390년 프랑스의 파리 고등법원은 마법을 금지하는 법률을 결의하고 곧바로 네 사람에게 유죄를 선고했다. 마리옹 드 드루아튀리에르Marion du Droiturière, 마르고 드 라 바레Margot de la Barre, 마세트 드 뤼Macette de Ruilly, 잔 드 브리그Jeanne de Brigue라는 여성들이 마법을 사용했다는 죄목으로 화형을 당했다. 영국령에서 마녀로서 화형된 최초의 여성인 페트로닐라 드 미스(115쪽 참조)와 마찬가지로, 이들에게도 고문으로 얻어낸 자백을 근거로 유죄 판결을 내린 것이다. 이후에도 마법사로 기소된 사람들을 공공연히 고문했다.

마법 반대 운동의 첫 번째 희생자들은 모두 마법으로 남자들을 홀렸다는 여성들이었다. 이러한 재판은 당

여자, 색욕 그리고 마법

독일 재판관 하인리히 크라머Heinrich Kramer는 1487년에 화제의 베스트셀러 『마녀에게 내리는 철퇴Malleus Maleficarum』에서 여성과 사탄의 마법을 명시적으로 연결시켰다. 모든 마법은 색욕에서 비롯되며, 여성은 특히 성적 욕구가 강하고 영적으로는 취약하여 '천성적으로 악에 빠지기 쉬운 성향'이므로 쉽사리 마법에 의존한다고 주장한 것이다. 이 책은 나중에 교회에 의해 금지되고 크라머는 비난을 받았다.

19세기의 역사를 묘사한 역사화. 마녀로 기소된 여성이 이단 심문관 앞으로 끌려오고 있다.

▲ 템플 기사단의 화형
조반니 보카치오Giovanni Boccaccio의 『명사 열전De Casibus Virorum Illustrium』(1480년경)에 수록된 것이다.

템플 기사단의 몰락
The fall of the Templars

1307년 프랑스의 필리프Philip 4세는 전사 겸 수도사로 구성되어 강력한 권위를 지녔던 템플 기사단의 지도자들을 체포하여 고문하고 화형에 처했다. 그들의 재판에서는 우상 숭배의 증거가 제시되었다. 얼마 지나지 않아 교황 클레멘트Clement는 그들의 권위를 박탈했고, 이후로 그들은 악마의 오컬트 의식을 행한 단체라는 소문에 연루되었다.

템플 기사단은 성지로 여행하는 순례자들을 보호하기 위해 프랑스의 기사 위그 드 파앵Hugues de Payens이 1119년에 설립한 단체이다. 본부는 솔로몬 성전이 있었던 곳으로 알려진 예루살렘의 템플산에 있었다. 이 엘리트 기사단의 구성원이 되려면 엄격한 심사를 거쳐야 했다. 입단 의식은 철저한 비밀로 유지되며 누설한 자는 죽음으로 다스려졌다. 또한 이 단체는 유럽 최초로 은행을 창립하는 등 매우 부유한 집단이었다. 순례자들은 귀중품을 그들에게 맡기고 예치 증명서를 받아서 여행 도중 필요한 자금을 인출할 수 있었다.

그러나 템플 기사단의 부와 비밀주의는 원한과 의심을 불러일으켰다. 이단자로 비난받게 되었고 그들을 둘러싼 갖가지 소문들이 생겨났다. 십자가에 침을 뱉었다거나, 염소 신 바포메트Baphomet나 검은 고양이 모습을 한 악마를 숭배했다는 등의 소문이었다. 나중에는 그들이 솔로몬 성전에서 고대의 신비로운 지식을 발견했는데 정보가 폭발적이어서 교회까지도 무너뜨릴 수 있다고도 했고, 심지어 그들이 성배와 토리노 수의를 소유하고 있다는 말들도 나왔다.

**"하느님께서 기뻐하지 않으신다.
우리 왕국 안에 믿음을
배반하는 적들이 있으므로."**

필리프 4세의 템플 기사단 체포 영장(1307년 10월 13일)

학자들과 사바트: 1500년대부터 1700년대까지

SCHOLARS
AND
SABBATS

1500–1700

들어가며
Introduction

중세에서 이어지는 르네상스 시대의 마법은 종종 상급과 하급으로 분류되었다. 상급 마법에는 연금술(값싼 금속을 금으로 바꾸는 것)의 학술적 실험이 포함되었고, 하급 마법은 토착의 커닝 포크cunning folk들이 주문으로 마귀를 물리치는 등 서민들 사이에 전통적으로 행해지는 것이었다.

마법은 또 유익한 마법과 해로운 마법으로도 분류되었다. 그런데 무엇이 악인지 결정할 때 유럽인의 태도는 종종 단순하고 독선적이었다. 식민지 확장이 한창이던 시기에 유럽 기독교의 식민지 개척자들은 토착민의 비유럽적 전통을 사악하고 이단적인 마법으로 자주 오해했다. 예를 들어 멕시코 아스텍족의 전통적 비의에는 좋은 면과 나쁜 면이 함께 존재했는데, 이 복잡함이 1521년에 아스텍 제국을 무너뜨린 스페인의 식민지 개척자들의 오해를 초래한 것이다.

오늘날 모두가 알고 있는 '사악한 마녀'의 고정 관념이 확고히 자리 잡은 것도 이 시기이다. 1500~1600년대는 마법을 금하는 법률의 시행, 박해, 재판 등이 가장 격렬하게 전개되었다. 1640년대 영국에 등장한 자칭 마녀사냥 장군 매슈 홉킨스Matthew Hopkins의 대대적 활동, 트리어Trier 대주교에 의한 독일에서의 박해, 미국 식민지 시대인 1692~1693년 매사추세츠주 세일럼Salem에서 벌어진 악명 높은 마녀재판 등 유럽 전역에서 남녀를 불문하고 수많은 사람들이 마법을 사용했다는 혐의로 처형당했다. 하지만 당시 최고조에 달했던 스페인의 종교 재판(이단을 근절하기 위해 설립된 사법 기구)에서도 마녀의 존재에 대해서는 회의적이었고, 대신 엄격한 가톨릭 이데올로기에서 벗어나는 자들을 박해하는 데 집중했다.

르네상스는 지적 탐구가 활발했던 시기였다. 우주 속에 놓인 인간의 위치, 신과 인간의 관계, 자연계의 구조에 대한 질문 등 다양한 지식 영역이 서로 얽히면서 발전했다. 그 과정에서 마법이나 오컬트로 분류될 법한 사상들도 복잡한 혼합체 속에 자연스레 받아들여졌다. 마법이라는 실은 헤르메스주의와 자연 마법 그리고 르네상스 시대에 황금기를 맞이하여 현대 화학을 탄생시킨 연금술과 같은 초기의 과학 등과 함께 엮여서 당대의 중요한 철학으로 직조되었다.

마술사(128쪽 참조)

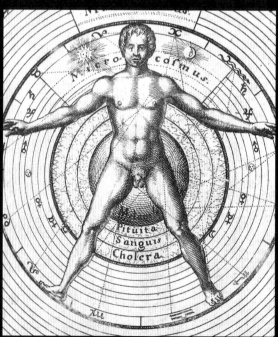

인생과 우주(135쪽 참조)

카발라의 생명의 나무(136~137쪽 참조)

우주의 성질에 대한 다양한 이론 및 실험적 탐구를 기반으로 하는 자연 마법은 실천을 중요시했으므로 신비로운 의식과 상징에 젖어 있는 의식 마법과는 대조적이었다. 이 시대에 번성한 것은 의식주의적 장미십자회 Rosenkreuzer나 카발라Kabbalah의 서구 기독교적 형태이다. 독일인 카발리스트 사상가인 아타나시우스 키르허Athanasius Kircher가 로마에 설치한 실험 박물관은 겉보기에 마법처럼 보이는 자력을 시범하고 인어로 추정되는 표본을 전시하여 유럽 전역의 방문객을 끌어들였다.

프로테스탄트의 종교 개혁과 그에 대항한 가톨릭교회의 개혁은 모두 르네상스 시대에 일어났다. 기독교 교회는 정치적으로도 사회적으로도 강력했고, 많은 군주들은 스스로 신에게 임명받았다고 믿었다. 때문에 신성 로마 제국의 황제와 같은 역할에 막강한 권력이 부여된 것이다. 그 결과 프로테스탄트와 가톨릭을 막론하고 지위가 있는 많은 사람들이 자신의 권위에 대한 위협을 두려워했고, 그 두려움에서 벗어나기 위해 마법과 오컬트에 관련된 사람들에게 자문을 구했다.

"가장 높은 산, 가장 오래된 책,
가장 기묘한 사람들, 그곳에서 현자의 돌을 찾을 수 있다."

『키르허의 실험을 토대로 한 생리학Physiologia Kircheriana Experimentalis』(아타나시우스 키르허Athanasius Kircher와 요한 슈테판 케슈틀러Johann Stephan Kestler, 1680년)

연금술의 신비(150쪽 참조)

처형된 마녀(180쪽 참조)

마녀의 포펫(183쪽 참조)

커닝 포크: 대중적 관습

CUNNING FOLK
popular practices

▲ 마법보다 약
르네상스 시대에 과학이 발전함에 따라 커닝 포크들은 위험한 돌팔이들로 여겨지게 되었다. 천사가 커닝 포크 여성을 저지하고 대신 의사가 환자를 치료하는 모습을 묘사한 1651년 출간 서적의 표지 그림.

역사적으로 마법은 종종 수준 높은 학술적 마법과 하급의 민간 마법으로 분류되어 왔는데, 이러한 구별은 1400~1600년대 사이에 성립되었다. 대중 마법은 특별한 힘을 가지고 있다고 알려진 약초와 동물들, 전통 신앙, 주문과 부적을 이용했다. 이 점은 민간요법이나 유익한 주술뿐만 아니라 상급의 학술적 마법과도 공통된다.

대중 마법의 중심에는 '커닝 포크'라는 주술사들이 있었다. 그들은 지역 사회의 유명한 구성원으로, 은밀한 마법을 사용하여 아내를 매료시키거나, 사마귀를 쫓아내거나, 농작물을 개량하거나, 악의적인 마법으로부터 보호하는 등 서민들의 일상적인 문제 해결을 도왔다.

커닝 포크의 기술에는 약초 처방이나 조산술 등이 있었는데, 일부 관행은 기독교에서 차용한 것도 있었다. 예를 들어 약초인 마편초vervain를 사용할 때는 "지상의 선물인 그대 마편초를 찬양하노라. 골고다 언덕에서 처음 발견된 마편초여!"라는 주문을 외는 것이다. 대중 마법은 유럽 전역에서 매우 중요시되었으며, 그 시행자들로는 스웨덴의 클로크 굼마klok gumma, 헝가리의 몽상가 탈토시táltos, 이탈리아의 베난단티benandanti 등이 있다.

박해와 문제
르네상스 시대 민중의 관습은 대부분 중세 시대부터 이어져 온 것이다. 그러나 1500년대에 심령 현상과 관련된 행위는 국가와 교회의 권위에 대한 위협으로 간주되었

▶ 비밀의 봉인
마법의 힘을 이용하도록 설계된 원. 17세기 커닝 포크의 연습장에 수록된 것으로, '온 세상의 비밀의 봉인'을 나타낸 것이라 한다.

고, 이를 통제하기 위한 입법이 모색되었다. 먼저 명백하게 해로운 마법으로 인식되는 것이 표적이 되었다. 실제로 커닝 포크 중에는 흑마술에 손을 댄 자도 있었지만, 선의의 주술을 행한 경우도 규탄당할 가능성은 존재했다. 그래도 1500년대까지는 크고 작은 위협 속에서도 커닝 포크들의 활동이 다양한 형태로 융성했던 것 같다.

1500~1600년대에는 유럽에 전염병이 끊이지 않고 궤멸적인 지진과 홍수가 일어나는 등 전 세계에 무서운 재해가 여러 번 일어났다. 1530년 네덜란드의 성 펠릭스St. Felix's 축일의 홍수나 17세기 북미 정착민들의 기근 등은 그 예이다. 서민들의 삶은 가혹할 정도로 고단할 수밖에 없었다. 이러한 상황에서 대중 마법은 사회의 하층민들에게 절실히 필요한 위안을 가져다주었을 것이다.

마법의 원
의식 마법에서 원을 사용하는 기술은 일부 커닝 포크 및 훨씬 더 숙련된 마법사들이 구사했다. 마법의 원은 보호나 정령을 소환하는 상징으로서, 마법을 수행하는 당사자를 둘러싸는 것이다. '마법의 원conjuring circles'이라고도 불리며 보통 물리적으로 땅에 직접 그려졌다.

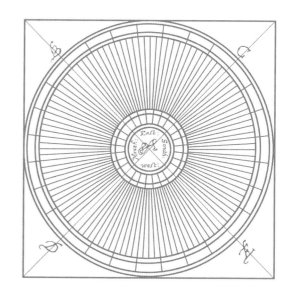

"무언가를 잃었을 때, 고통이나 질병에 처했을 때
사람들은 곧 현자라고 불리는 자에게 달려간다."

『145가지 설교Cxlv Expository Sermons』(앤서니 버지스Anthony Burgess, 1656년)

▲ **주문을 위한 원**
크리스토퍼 말로Christopher Marlowe의 희
곡 〈파우스트 박사Dr Faustus〉(1590년)
의 한 장면. 파우스트가 마법의 원 안에
서 악마를 소환하고 있다. 사소한 일이
발단이었지만 영리한 오컬티스트인 파
우스트는 자신의 힘을 키우기 위해 악
마와 치명적인 계약을 맺게 된다.

공명 마법

르네상스 시대의 커닝 포크는 마법을 위해 다양한 전략을 사용했다. 그중에는 사물이나 동물에 상징적 연결이나 유사성을 기반으로 힘을 불어넣는 경우도 있었다. 이른바 동종 교환이다. '공명 마법'이라는 용어는 모방과 조응을 기반으로 한 접근법을 가리키는 말이다. 예를 들면 간 질환은 동물의 간으로 만든 약제로 치료한다거나, 치료에 어떤 형태로든 관계가 있는 비유적인 이야기를 들려주면 효과가 있다거나 하는 것이다. 그러한 과정이 적절한 에너지를 환부에 집중시킨다고 믿었던 것이다.

더 큰 우주의 힘을 특정 패턴에 투영하여 이용하는

것도 공명의 도구 중 하나이다. 일반적으로 손금 읽기 등에 많이 사용되었다. 손바닥의 형태 및 선의 모양 등은 그 사람의 성격을 읽고 미래를 예측하는 데 사용되었다.

악에 맞서다

공명 마법의 반대 형태는 어둠의 세력을 막는 데 사용되었다. 악을 멀리하는 마법은 '액막이 주술apotropaic magic'로 불렸다.

참고

요정과 대중의 지혜

커닝 포크는 남녀 모두 다양한 정령들을 불러내고 그들과 대화했다. 이 정령들은 일반적으로 요정으로 생각되었는데, 마법사들의 정신적 조력자 또는 친구였다. 사역마로 데리고 다닌 동물들도 마찬가지이다(186~187쪽 참조). 예를 들면 한 남성 커닝 포크는 누군가의 잃어버린 물건이 숨겨져 있는 곳을 찾기 위해 요정의 안내를 받았다고 한다. 대중 마법에서는 이외에도 엘프와 유니콘(오른쪽 그림 참조) 등 환상적인 생물도 등장했다. 이른바 유니콘의 뿔(사실은 일각고래의 어금니)은 마법과 민간요법에 특별히 강력한 효과가 있다고 여겨졌다.

1495~1505년 사이에 제작된 네덜란드 태피스트리. 생포된 유니콘이 수놓아져 있다.

나쁜 마녀에 대항하기 위해 사용된 도구 중 하나가 다양한 재료가 함께 들어 있는 마녀의 병이다. 각각 특정 효과가 있다고 알려진 물건들, 예를 들면 마녀가 물에 닿으면 고통을 느끼도록 하기 위해 핀과 함께 소변을 병에 넣을 수 있다.

해를 끼치고 싶은 사람을 대신해 줄 인형인 포펫poppet에 바늘을 꽂는 것도 일종의 공명 마법이다. 포펫은 이외에 좋은 목적으로도 활용되었는데, 전통적으로 유럽 전역은 물론이고 미국 세일럼의 마녀재판, 특정 부두교 의식 등에서도 사용되었다(182~183쪽 참조).

공명 마법은 널리 인기를 얻었고, 더 폭넓은 개념인 보편적 공감과 연결되어 갔다. 인간은 자신을 둘러싼 세계와 밀접하게 호응하고 있다고 믿는 것이다. 르네상스 시대에는 자연 철학과 헤르메스주의의 여러 학자들이 이 개념을 더 발전시켰다(134~135쪽 참조).

전이의 힘

커닝 포크들에게는 전이transference의 개념도 매우 중요했다. 예를 들어 흑사병이 유행하는 곳에서는 살아 있는 닭을 이용하여 병이 닭에게로 옮겨 가도록 할 수 있다고 여겼다.

유사한 관습으로서 아픈 아이를 물로 씻기면 버려지는 물속에 병이 옮겨져서 함께 사라진다고 믿었고, 부상당한 병사의 검에 치료 약을 바르면 병사에게 그 효과가 전이된다고 믿었다.

가정의 주물

사람들은 악귀로부터 가정을 보호하기에 열심이었다. 고양이 미라, 은화, 마녀의 병과 주술적인 물건을 벽이나 굴뚝에 숨겨두었다. 고양이를 중시한 것은 마녀와 연결되어 마물을 알아본다고 여겼기 때문이다. 신발에도 숨겨진 액막이 효능이 있었다. 아마도 발 모양을 떠서 만들기 때문에 신발 주인의 영혼이 담겨 있다고 믿었을 것이다. 신발의 형태는 악마를 가두기에도 적합했다. 또 대들보와 창턱 등은 물론이고 집 주변에 보호의 상징을 그려놓기도 했다.

▼ 행운의 신발
1600년대 후반의 남성용 구두. 왼발용으로, 케임브리지 대학의 창과 굴뚝 사이의 벽에서 발견되었다. 아마 대학의 총장을 보호하기 위해 숨겨두었을 것이다.

> "내가 어렸을 때 우리 고향 사람들은…
> 요정들을 기쁘게 하려고 했지."

『이방인과 유대교의 유산Remaines of Gentilisme and Judaisme』(존 오브리John Aubrey, 1686~1687년)

▲ 마술사

히에로니무스 보슈Hieronymus Bosch의 16세기 작품의 사본. 원본은 현재 분실되었다.

마법인가, 환상인가
Magic or illusion?

마법의 역사는 고대로 거슬러 올라가며 중세에는 모든 종류의 마법이 거리의 오락으로 행해졌다. 르네상스 시대의 마술사들은 이 전통을 이어받아 시장과 박람회, 귀족과 왕족의 저택에서 환상적 순간들을 펼쳤다. 왼쪽 그림에서는 구경꾼이 마술사의 공연에 정신이 팔려 도둑이 지갑을 훔쳐 가는 줄도 모른다. 구경꾼의 입에서 튀어나온 것처럼 보이는 개구리와 마술사의 바구니에서 엿보는 올빼미는 이단, 악마, 교묘한 요술 또는 이성의 상실을 상징하는 것으로 해석된다.

마술사의 탁자 위에는 고대의 '컵과 공' 트릭을 위한 도구를 포함하여 다양한 영업용 도구가 놓여 있다. 오늘날에도 여전히 인기 있는 이 트릭은 컵 아래에 놓은 공이 사라졌다가 다른 컵 아래에서 나타나는 마술이다. 르네상스 마술사의 공연 레퍼토리에는 저글링, 카드 트릭, 사람의 뺨에 반지를 통과시키는 것처럼 환상으로 눈을 속이는 것 등이 있었다. 서양 자료 중 마술의 트릭에 관해 기록된 가장 오래된 자료는 르네상스 시대의 다음 두 문헌이다. 루카 파치올리Luca Pacioli의 『숫자의 힘에 관하여De viribus quantitatis』(1496~1508년)에는 숫자, 환상, 손재주를 사용하여 트릭을 만드는 방법이 기록되어 있고, 레지널드 스콧Reginald Scot의 『위치크래프트의 발견Discoverie of Witchcraft』(1584년)은 이러한 트릭의 존재를 활용하여 마법을 악행이 아닌 속임수와 연결해서 설명했다. 마녀를 두려워하는 것은 비이성적이라는 것을 보여준 것이다(184~185쪽 참조).

> ## "대중은 그것을 기적이라고 생각할 것이다."
>
> 『숫자의 힘에 관하여』(루카 파치올리, 1496~1508년)

연기를 내뿜는 거울: 아스텍의 마법
THE SMOKING MIRROR
Aztec sorcery

1521년 정복자 에르난 코르테스Hernán Cortés가 이끄는 스페인 군대가 아스텍 제국을 정복했다. 아스텍은 현재의 멕시코 중부와 남부를 1400년대부터 지배하고 있던 강대국이었다. 이 제국의 신앙은 마야족을 비롯한 메소아메리카 문화가 혼합된 것이었고 그들의 종교적 관습에는 수많은 신, 의식, 미신, 점술, 주문 등이 망라되어 있었다. 하지만 스페인 정복자들은 원주민을 기독교로 개종시켰다. 그리고 아스텍 문화에 대한 많은 정보는 스페인의 식민지 개척자들이나 기독교로 개종한 사람들의 관점으로 걸러졌다. 그러한 자료 중 하나가 스페인 선교사 베르나르디노 데 사아군Bernardino de Sahagún이 원주민

조력자들과 함께 만든 『피렌체 사본Códice Florentino』이다.

당시 식민지 개척자들은 현지에서 접하는 낯선 신앙과 관습을 두려워하고 대부분을 마법으로 여겼지만, 사실 그것들은 아스텍 문화와 종교의 표현이었다. 아스텍 사람들 입장에서는 기독교도 분명 마법처럼 보였을 것이다.

신과 마법사

아스텍족의 주요 신은 테스카틀리포카Tezcatlipoca와 케찰코아틀Quetzalcóatl이다. 테스카틀리포카는 '연기를 내뿜는 거울'이라는 뜻이다.

▲ **어둠의 신**
터키석과 갈탄의 모자이크로 덮인 두개골. 아스텍의 신 테스카틀리포카를 나타낸 것으로 알려져 있다. 아스텍 문명의 전성기였던 1400년대 또는 1500년대 초에 장식으로 등에 장착했던 것으로 추정된다.

▶ **두 배의 힘**
아스텍족의 의식에서 가슴 장식으로 착용된 것으로 추정되는 뱀. 쌍두 뱀은 불운을 상징하는데, 최악의 경우 죽음이 임박했음을 의미한다.

따라서 이 신은 '연기를 내뿜는 거울의 제왕'으로 여겨지며, 광택 있는 흑요석으로 만든 거울인 테스카틀tezcatl을 들고 있는 모습으로 묘사된다. 고대 멕시코에서 흑마술에 많이 사용된 검은 거울은 어둠의 세력과 관련이 있으며 테스카틀리포카의 전능한 힘을 상징한다. 그는 모든 것을 볼 수 있고, 선과 악의 수많은 모습으로 나타나서 경우에 따라 흑마술을 행하기도 하며, 바람과 밤의 화신으로도 여겨졌다.

케찰코아틀은 깃털 달린 뱀의 모습을 한 신이다. 일반적으로 뱀은 마법과 점술의 힘을 가지고 있다고 여겨졌고, 아스텍족의 점술에서 중요한 도구로 사용되는 달력도 케찰코아틀이 만들었다고 전해져 왔다. 이 신은 또 별과도 연결되어 아침 별과 저녁 별이라는 형태로 죽음과 부활을 상징하기도 한다.

변신

신과 인간 모두 다양한 마법을 수행하는 과정에서 동물로 변신한다고 여겨졌다. 테스카틀리포카가 변신한 동물은 재규어이다. 이러한 동물들의 정령을 나왈nagual이라고 했는데, 종종 수호신으로도 여겨졌다. 이는 같은 시기에 서구의 민간 마법에서 마법사들이 동물 '사역마'를 시종으로 데리고 다닌다는 생각이 보편적으로 퍼져 있던 것과 유사하다(186~187쪽 참조).

"밤이시며, 바람이시며, 마법사이신 우리들의 주군."

『피렌체 사본』 중 「테스카틀리포카」
(선교사 베르나디노 데 사아군, 1540~1585년경)

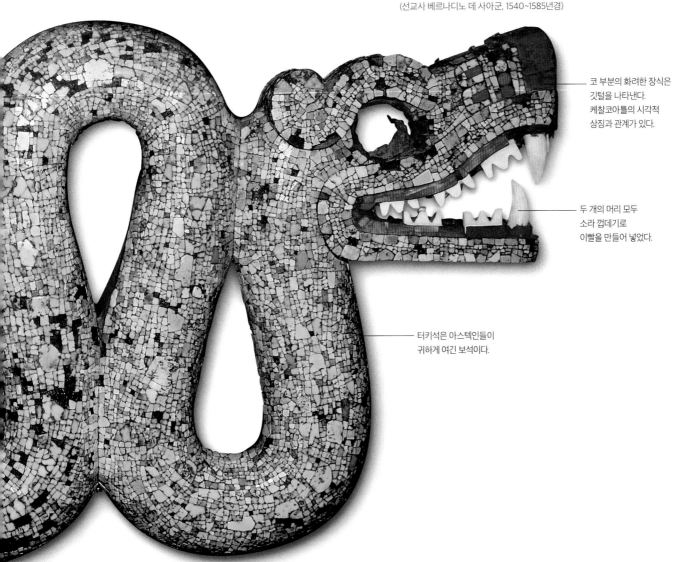

코 부분의 화려한 장식은 깃털을 나타낸다. 케찰코아틀의 시각적 상징과 관계가 있다.

두 개의 머리 모두 소라 껍데기로 이빨을 만들어 넣었다.

터키석은 아스텍인들이 귀하게 여긴 보석이다.

◀ 돌에 새겨진 세계
아스텍 제국의 수도였던 테노치티틀란Tenochtitlán에서
발견된 1500년경의 아스텍 태양석. 가로 폭이 3.7m로,
우주의 역사와 각 시대, 또는 태양의 모습이 새겨져
있다. 중앙의 얼굴은 태양신 토나티우Tonatiuh일 가
능성이 높으며 그의 혀는 제물을 바칠 때 사용하
는 칼날을 상징한다.

날짜 계산

의례와 관련된 달력 체계는 '날짜를
세다'는 의미인 토날포우알리tonalpohu-
alli라고 불렸다. 260일 주기이며, 다양
한 신이 지배하는 하위 부문으로 구성
되어 점성술 등의 점술 용도로 사용되었
다. 이 주기는 또 13일을 단위로 하는 20
개의 기간으로 구성되어 있다. 달력의 각 날
짜에는 도마뱀, 부싯돌, 비 등 '날'을 상징하는
20개의 기호 중 하나가 배정되고, 이 기호와 숫
자(1~13)가 조합된다. 즉, 각 날짜는 '1-비' 또는 '13-
도마뱀' 등으로 식별할 수 있고, 이들 조합은 260일을
한 주기로 순환한다. 그리고 숫자, 해당 날의 기호, 신의
특징에 따라 길흉을 판단했는데, 이를 해석하는 것은 농
작물 경작이나 신에게 제물을 바치는 일 등 일상의 모든
활동을 결정하는 데 필수적인 것으로 간주되었다.

사람의 생년월일 또한 운명을 예측하는 데 사용된
듯하다. 13이 붙은 날은 13개의 주요 아스텍 신과 연결
되므로 유리하다고 여겨졌지만, '1-바람' 또는 '1-비'로
표기되는 날에 태어나면 위험한 마법사로 변하여 주술
을 거는 사람이 될 수 있다고 믿었다.

20일 달력의 상징

유럽 르네상스 시대의 많은 철학자 및 마법사들과 마찬
가지로 아스텍 사람들도 점성술과 천문학을 매우 중요
하게 여겼다. 하늘을 면밀히 관찰하고 정확한 시간을 표
시하여 20성좌를 포함한 복잡한 연동 주기를 지닌 달
력 체계를 만들었는데, 이 체계가 마법과 의식의 중심
이 되었다.

신성한 도구

아스텍 문화는 테익스쿠에파니teixcuepani라고 불린 마술사,
마법을 부리는 도둑인 테마크팔리토티크temacpalitotique,
'올빼미 남자'로 알려진 틀라카테콜로틀tlacatecolotl, 의사
나 점술사인 티시틀ticitl, 예언자 토날포키tonalpouhqui 등
마법사들로 가득 차 있었다.

특별한 힘이나 점술력이 있다고 여겨지는 사물도 많
이 있었는데, 옥수수 알갱이를 땅에 던지면 의미 있는
패턴을 보여준다고 여겼다(왼쪽 그림 참조).

◀ 옥수수 점
16세기의 『말리아베키아노 그림 문서Códice Magliabechiano』에
수록된 삽화. 바람의 신이 지켜보고 있는 가운데 점술사가 옥
수수 알갱이를 천 위에 던져서 만들어진 패턴을 해석하고 있다.

"나는 이 세상의 힘이니…
나는 하늘을 나는 방법도 알고 있다."

아스텍족의 전통 의식에 사용되는 주문의 일부

아스텍 사람들은 틀라카테콜로틀의 마법에 걸리면 고통을 겪게 된다고 믿었다. 티시틀이 그 저주를 쉽게 알아낼 수 있도록 페요틀peyotl과 같은 환각제를 저주받은 사람들에게 먹이기도 했다.

마법인가, 악마 숭배인가

아스텍 신화에는 불을 밝히는 마법사인 말리날쇼치틀이 등장한다. 적을 비명횡사시킨다고 알려진 여신으로, 그녀

가 만들었다고 전해지는 멕시코 마을 말리날코 사람들은 오늘날에도 여전히 마법사로서의 명성을 이어받고 있다.

아스텍 사람들은 인간과 동물을 의식의 제물로 바치는 것이 신을 기쁘게 하기 위한 불가결한 절차이고 명예로운 행위라 생각했다. 그러나 식민지 개척자들은 이러한 의식을 악마적이고 야만적인 행위로 여겼다. 아스텍의 전통적 관습의 의미와 문화적 맥락은 유럽식 관점의 지배 아래 종종 간과되거나 오해되었다.

▼ 숭배 의식
『토바르 사본Códice Tovar』에 게재된 삽화. 가뭄을 방지하기 위한 의식에서 세 명의 사제가 제물을 바치는 모습이다. 첫 번째 사제(왼쪽)가 아스텍 의식에서 자주 사용되는 코팔copal이라는 나무 수지 형태의 향을 피우고 있다.

철학적 마법: 헤르메스주의, 신성, 우주

PHILOSOPHICAL MAGIC

Hermeticism, divinity, and the universe

▲ 지도적 이론가
시에나Siena 대성당 바닥에 그려져 있는 헤르메스 트리스메기스투스(가운데). 『헤르메스의 서』의 집필자로 추정되는 트리스메기스투스가 모세와 동시대 사람으로 묘사되어 있다.

헤르메스주의는 르네상스 시대에 유럽에서 활발히 논의된 철학적·신학적 사상을 말한다. 주요 사상 중 하나는 우주와 그 안에 포함된 만물을 통합하는 정신에 대한 믿음을 중심에 두는 것이었다. 말하자면 인간은 복잡한 체계 전체를 포괄하는 대우주 속에 그 축소판으로 존재하는 하나의 소우주라는 논리이다.

옛 사상에 기반한 새로운 방법

현재 헤르메스주의로 분류되는 르네상스 사상의 대부분은 플라톤주의가 내재되어 있다고 할 수 있다. 3세기에 우주를 뒷받침하는 일체성 개념을 주장한 고대 아테네의 철학자 플라톤이 제창했고, 로마 학자 플로티누스Plotinus가 계승한 사상이다. 헤르메스주의 전통이 남긴 핵심은 비잔티움 문헌집인 『헤르메스의 서Corpus Hermeticum』로 남아 있는데, 신성과 우주의 신비로운 본질 그리고 그것과 인류가 어떤 관련이 있는지 탐구한 것이다.

『헤르메스의 서』는 전설적인 인물 헤르메스 트리스메기스투스('세 배로 위대한 헤르메스'라는 뜻)와 청년들의 대화 형식으로 이루어져 있다. 그는 종종 이집트의 토트와 그리스의 헤르메스라는 두 이교 신의 융합으로 여겨졌다. 『헤르메스의 서』는 헤르메스 트리스메기스투스가 쓰고, 구약 성서의 예언자 모세와 플라톤에게 전해진 고대 이집트의 지혜로 알려져 있다.

이 사상의 모든 것은 15세기 피렌체에서 재발견되었다. 1460년경, 학자 마르실리오 피치노는 그리스어로 기록된 『헤르메스의 서』를 라틴어로 번역하기 시작했다. 1471년 완성된 번역본에는 두 가지 문헌이 포함되었는데, 의식 마법이 수록된 『아스클레피오스Asclepius』와 천문학과 우주론에 관한 『포이만드레스Poimandres』이다.

과학의 진보

실험을 통해 자연을 시험하는 등, 헤르메스주의가 가지는 실천적 일면은 과학에 관심을 둔 르네상스 시대의 많은 지식인들을 매료시켰다. 우주가 어떻게 작동하는지에 대한 그들의 흥미롭고 새로운 사상은 점차 마법과 얽히게 되었다.

조르다노 브루노Giordano Bruno(1548~1600년)

자유로운 사상가

이탈리아 철학자인 조르다노 브루노는 헤르메스주의의 영향을 받은 급진주의자 중 한 사람이자 물의를 일으키기도 한 오컬트 신봉자였다. 그는 마법에 관한 다양한 소논문을 썼는데, "마법사는 진실에 근거한 의사보다도 믿음으로써 더 많은 일을 할 수 있다"고 기술했다. 그의 사상에는 사물과 사물 사이에 존재하는 자연의 인력이나 반발과 같은 자연 마법적 요소가 포함되어 있었고, 그러한 힘들에 관한 새로운 진리를 탐구했다. 무한한 우주와 보편적인 영혼에 대한 그의 개념에는 많은 사람들이 오컬트적이고 신성 모독이라고 느낄 만한 것들도 있었는데, 그리스도의 기적이 단순히 교묘한 눈속임에 불과하다고 시사한 적도 있다. 1600년, 결국 이탈리아 당국에 의해 이단 신앙 혐의로 처형되었다.

1889년 로마의 캄포 데 피오리Campo de' Fiori 광장에 세워진 조르다노 브루노의 동상. 그가 처형된 장소이다.

> "우리는 유일한 존재에게
> 가기 위해 서두르지만…
> 얼마나 많은 몸을 거쳐야 하는 걸까?"
>
> 『헤르메스의 서』

주르다노 브루노와 조반니 피코 델라 미란돌라Giovanni Pico della Mirandola를 비롯한 급진적인 이탈리아 철학자들은 헤르메스주의를 자연 철학이나 자연 마법 등의 마법 형태와 융합시켰다. 마르실리오 피치노의 『아스클레피오스』의 인용으로 시작되는 미란돌라의 「인간의 존엄성에 관한 연설」은 1486년에 저술된 『900가지 명제 Conclusiones nongente』(136~139쪽 참조)와 함께 작성되었는데, 후자에서 그리스도의 신성이 마법과 카발라에 의해 증명될 수 있다고 주장하여 물의를 일으켰다.

이탈리아의 도시 국가 밖에서는 르네상스 시대의 과학자와 오컬트주의자들도 헤르메스주의의 영향을 받고 있었다. 영국에서는 점성술과 헤르메스주의 사상을 결합한 로버트 플러드 Robert Fludd, 엘리자베스 1세의 고문이었던 존 디, 연금술에 큰 관심을 가졌던

아이작 뉴턴Isaac Newton 등을 들 수 있다. 근대 의학의 창시자인 스위스 의사 파라켈수스Paracelsus는 헤르메스주의적인 통합 우주 속에서 특정 별로부터 해로운 영향을 받는 것을 질병과 연결시켰다. 파라켈수스와 마찬가지로 코르넬리우스 아그리파도 마법을 삶의 의미를 푸는 열쇠로 보았다. 헤르메스주의는 19세기의 황금여명회 Hermetic Order of the Golden Dawn를 비롯한 이후의 오컬트 운동에도 영향을 미쳤다(242~243쪽 참조).

▼ 통일된 우주
1617년경 제작된 것으로 알려진 로버트 플러드의 도해. 대우주인 전체 체계 속에 존재하는 소우주로서의 인간, 즉 인생을 나타낸 것이다. 소우주로서 네 가지 인격 유형을 나열하고, 대우주는 태양, 달, 행성 및 고차원의 신성한 존재로 표시하고 있다.

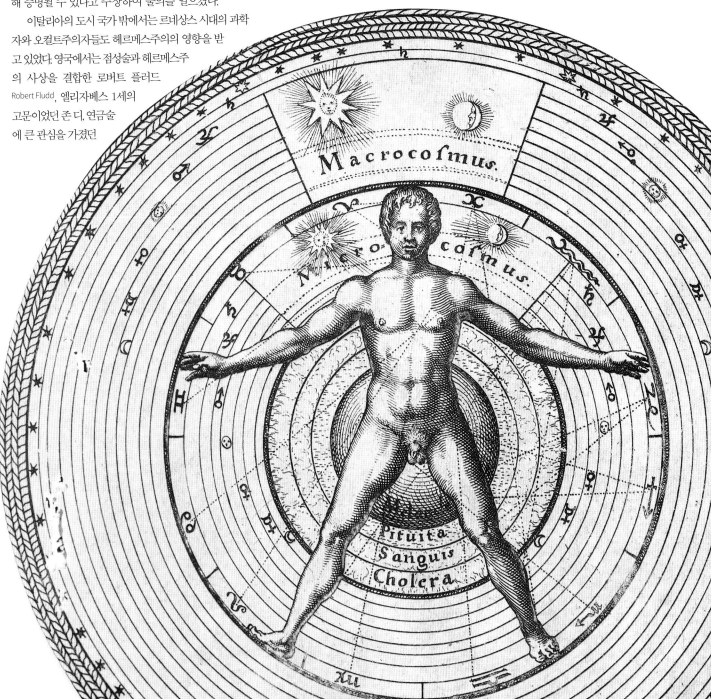

SECRETS OF THE DIVINE
the Kabbalah tradition

라몬 유이Ramon Llull의 저서 『새로운 논리De Nova Logica』에 수록된 판화. 사상을 사다리 형태로 구성하는 그의 구상에 따라 그려진 것이다. 계단 또는 사다리는 일상생활에서 천상의 영역으로 이동하는 것을 의미한다.

카발라는 'Cabbala, Qabalah'로도 쓰지만 'Kabbalah'라는 표기가 일반적으로 사용된다. 이 신앙은 오컬트적 성향과 비밀주의로 악명이 높다. 그들의 신조 중 하나는 인간이 신성에서 성스러운 '불꽃'을 공유한다는 것인데, 이러한 개념 때문에 카발라는 신비한 지식으로 여겨진다. 한편 유대교, 기독교, 헤르메스주의와 같은 특정 전통, 또는 오컬트적 활동과도 연결된다.

르네상스 시대의 카발라적 사상의 대부분은 중세 유대교의 마법적 신비주의에서 유래한 것이다. 예를 들면 타나크를 해석하기 위해 히브리어 알파벳과 같은 기호를 사용하는 등 비전의 수법이 실행된 것이다. 스페인처럼 이슬람과 아랍 인구가 일정 부분을 차지하는 국가에서는 유대교와 이슬람 밀교 전통이 풍요롭게 혼합되었다. 신비한 지식을 추구하기 위한 비술적 상징이나 호부를 사용하는 등 새로운 카발라적 관습을 낳은 것이다. 서양 카발라의 중심에는 신비한 기호, 문자, 숫자도 있었다.

기독교 카발라
카발라의 기독교식 형태도 르네상스 시대에 번성했으며, 헤르메스주의로부터 영향을 받았다(134~135쪽 참조). 기독교 카발라주의자들은 우주의 통일성이라는 복잡한 개념을 탐구했고 결국 모든 종교를 포용하여 카발라를 서구 마법의 역사에서 중요한 위치로 올려놓았다. 르네상스 카발라의 선구로 일컬어지는 것은 13세기의 기독교 신비주의자 라몬 유이의 작품이다. 유대교 카발라의 세피로트sephiroth(89쪽 참조)와 유사한 체계로 설명하는 그의 이론은 오늘날에는 카발라를 따르는 방식으로 해석되기도 한다.

▶ 밀교 교리
요셉 기카틸라의 중요한 저서인 『빛의 문』에 수록된 생명의 나무의 다색 삽화. 나무를 구성하는 10개의 원은 신의 거룩한 본성과 창조적인 에너지를 나타내는 10개의 빛의 확산과 관련이 있다.

초기 기독교 카발라는 스페인에 살고 있던 많은 유대인들이 기독교로 개종한 것에서도 영향을 받았다. 그중에는 초기 기독교 카발라의 중요 작품으로 여겨지는 『비밀 서한Epistle of Secrets』의 저자 파블로 데 에레디아Pablo de Heredia도 있었다. 1492년 개종하지 않은 유대인들이 스페인에서 추방되자 카발라는 유럽 전역으로 퍼졌다.

생명의 나무

르네상스 시대의 기독교 카발라주의자로는, 피코 델라 미란돌라, 카발라 예술에 관해 저술한 요하네스 로이힐린Johann Reuchlin, 카발라와 마법을 연결시킨 『오컬트 철학에 관한 세 권의 책』의 저자 코르넬리우스 아그리파, 요셉 기카틸라Joseph Gikatilla의 『빛의 문』(왼쪽 그림 참조)을 번역한 파울루스 리키우스Paulus Ricius 등이 있다. 『빛의 문』은 유대교 이외의 종교에서는 최초로 생명의 나무 그림을 수록한 것으로 알려져 있다. 유대교 카발라의 상징인 생명의 나무는 인간성, 신성, 우주 사이의 통일성을 핵심으로 하는 헤르메스 사상과 히브리어 테트라그램마톤(신의 이름을 나타내는 네 글자)을 연결한다.

> "… 마법사는 자연의 대리인이지 자연을 교묘하게 모방하는 것이 아니다."

『인간의 존엄성에 대한 연설De hominis dignitate oratio』(피코 델라 미란돌라, 1486년)

조반니 피코 델라 미란돌라 Giovanni Pico Della Mirandola(1463~1494년)

기독교 카발라의 아버지

조반니 피코 델라 미란돌라는 카발라를 기독교와 서구 문화에 최초로 도입한 사람 중 한 명이다. 그는 기독교 내에서 의식 마법에 대한 관심을 고취시켰고, 유대 신비주의, 플라톤주의, 인문주의, 헤르메스주의에 대해 종합적으로 집필했다. 그는 또 신의 신성한 작용과 관련된 유익한 자연 마법과 자연 철학을 유해한 마술과 구별했다. 1486년 『900가지 명제』로 알려진 모든 사상의 집대성에 대해 유럽 전역의 학자들의 모임에서 스스로 변론할 계획을 세웠으나, 모임은 금지되었고 그의 논문은 교황청으로부터 규탄당했다.

키포인트

1 중앙의 빛은 히브리어 테트라그램인 'YHWH'에서 뻗어 나오고 있다. 카발라에서는 신을 나타내는 중요한 문자이다.

2 낮을 나타내는 인물로부터 광선이 퍼져 나와 거울에서 반사된다.

3 '빛과 그림자의 위대한 예술'을 의미하는 제목. 언어 유희로 '마그나magna'는 '위대한'이 아닌 '자기적'이라는 의미로 번역될 수도 있다.

4 밤을 나타내는 인물은 별들로 둘러싸여 있다.

5 쌍두의 독수리는 키르허의 후원자인 페르디난트 2세의 상징이다.

▶ **신을 해독하다**
아타나시우스 키르허의 저서 『빛과 그림자의 위대한 예술Ars magna lucis et umbrae』(1646년)의 표지. 광학과 비의를 융합하고, 카발라적 상징주의를 채용한 것이다.

▶ 액막이
아마도 호신용 부적으로 사용되었을 17세기 카발라 이미지. 중심에 히브리어 단어로 구성된 7개의 가지가 달린 촛대 메노라가 있다. 이 촛대는 일곱 가지의 보편적 지식을 상징한다.

진화하는 연구

1600년대에는 많은 학자들이 카발라의 분파와 새롭게 등장한 철학적, 과학적 또는 종교적 사상을 연결하기 시작했다. 아브람 코엔 데 에레라 Abraham Cohen de Herrera는 카발라와 철학을 조화시키려 노력했고, 크리스티안 크노어 폰 로젠로트Christian Knorr von Rosenroth의 『공개된 카발라 Kabbala Denudata』는 기독교 카발라주의자들에게 유대인 카발라 문헌의 번역본을 제공했다.

한편 오랜 시간에 걸쳐 확립된 명상적 카발라와 '실천적' 카발라(87쪽 참조) 사이의 구분은 뿌리 깊게 남아 있었으며, 후자는 현재까지도 마법과 연관되는 경우가 많다. 그 이유는 특히 신이나 천사의 이름과 관련된 기호와 상징 및 단어를 사용했기 때문이다. 이는 단순히 더 깊이 이해하기 위한 수단이었을 뿐 아니라 신과 대화하고 현실에 변화를 일으킨다는 목적도 있었다. 실천적 카발라주의자들은 의식이나 호부를 통하여 변화를 추구했다. 예를 들면 '생명의 나무'가 의미하는 바에 대해 묵상하거나 금속 원반에 천사의 이름을 새기는 것과 같은 행위이다.

심원한 우주의 탐구

독일의 예수회 사제 아타나시우스 키르허Athanasius Kircher는 방대한 학문적 저작으로 인해 종종 '마지막 르네상스인'이라고 불린다. 이집트학, 수학, 의학, 점성술, 수비학 및 복잡한 암호 해독까지 망라하는 연구로 존경받는 학자였다. 비밀, 경이로움, 위대한 보편적 힘을 밝히는 데 매료된 키르허는 심원한 수수께끼에 관심을 지닌 사람이라면 누구라도 도전하고 싶어 하는 문제인 고대 이집트의 상형 문자 해독에 착수했다. 그 과정에서 카발라와 이집트 신화를 연결하여 생각하게 된다. 키르허는 인간과 우주를 통합하고 모든 분야의 지식을 하나로 모으는 보편적인 지식을 신뢰했다. 그의 이러한 신비 추구는 카발라의 헤르메스 분파에게도 중요시되었다. 키르허가 그린 '생명의 나무'는 지금도 서구 카발라에서 사용된다.

계속되는 전진

17세기 말이 되면 기독교적 카발라에 대한 관심은 줄어든다. 근대 과학의 부상에 영향을 받고 억제되었을 가능성이 크다. 그러나 카발라는 난해한 형태의 유대교와 특정 오컬트 관행을 포함하는 다양한 형태로 계속 이어졌고, 그 영향은 헤르메스주의 일부 분야에서도 지속되었다.

▼ 카발라의 그리스도
기독교 카발리스트이자 헤르메스주의자이기도 한 크리스티안 크노어 폰 로젠로트의 『공개된 카발라』(1677~1684년)에 수록된 그림. 많은 카발라주의자가 보편적인 그리스도의 모습으로 이해하고 있는 '아담 카드몬Adam Kadmon' 혹은 '위대한 얼굴The Great Countenance'을 나타낸 것이다.

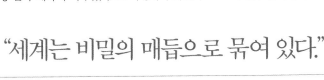

"세계는 비밀의 매듭으로 묶여 있다."

『자연의 자기적 원리Magneticum Naturae Regnum』(아타나시우스 키르허, 1667년)

▲ 신의 손길
신으로부터 받은 왕권의 옹호자인
프랑스 왕 프랑수아François 1세를
그린 17세기 중반의 프레스코화.
1515년 볼로냐를 방문한 왕이 연
주창을 앓는 환자들에게 치유의
손길을 내밀고 있다.

고도로 세련된 의식: 의식 마법

THE HIGH ARTS OF RITUAL
ceremonial magic

르네상스 시대에는 의식 마법이 성행했다. 자연 본래의
경이로움을 찬양하는 자연 마법(144쪽 참조)과는 대조
적으로, 의식 마법은 특정 동작, 의례 및 도구를 정해진
순서에 따라 수행하며 그 목적은 영혼 소환이었다. 따라
서 자연 마법 수행자가 별 자체에 집중한다면, 의식 마
법을 수행하는 마법사는 오컬트 기술의 일환으로서 점
성술의 정령을 불러내는 데 주력한 듯하다.

공인된 의식

가톨릭교회는 비기독교적 의식이나 마법이 자신들의 패
권을 위협한다는 생각에 용납하지 않는 태도를 보였다.
하지만 의식 자체는 교회와 국가 양쪽이 모두 인정한 관
행에 이미 내재되어 있었다. 예를 들면 기독교 사제들은
일상적으로 다양한 의식에 종사했다. 그 외에도 마법 치
료와 유사한 공인된 의식이 있었는데, 이는 왕의 신성한

▶ **천사의 선물**
존 디가 1582년에 천사 우리엘에게서 받았다고 주장
한 수정 펜던트. 이 속에 상징이나 정령이 떠올라서
질병을 치료하거나 미래를 알려준다고 한다.

미래를 보다
디는 점술 의식을 위해 복잡한 숫자 체
계를 개발했다. 특히 7이라는 숫자를
중시했는데, 그 이유는 일부에서 7개의
둥근 행성이 존재한다고 했기 때문이었다.
영매의 역할을 담당한 동료 에드워드 켈리와
함께 그는 거울이나 수정 등의 수정 점도구를 이
용하여 천사들의 가르침을 얻었다.

권리에 대한 믿음에서 비롯된 것이었다.

왕과 여왕은 신으로부터 권위를 부여받
은 반신적 존재라는 개념은 르네상스 시대 내내
지지를 받았다. 르네상스 시대의 군주들 중 대부분은
이 '왕권 신수'라는 개념을 내세웠다. 사람들은 왕과 여
왕이 특별한 힘을 가지고 있다고 여겼으므로 왕과 접촉
하거나 왕이 만졌던 동전을 만지는 것으로 결핵성 경부
림프샘염인 연주창('왕의 악으로 알려짐') 같은 질병을 치
료할 수 있다고 믿었다. 성대한 의식이 거행되어, 수백 명
의 고통받는 사람들이 왕의 치유의 손길을 받았다. 왕
은 지상에서 신을 대리하는 존재로 여겨졌기 때문에 그
손길의 힘은 기적을 행하는 것으로 생각되었으며, 그 의
식은 주술적이라기보다는 종교적인 것으로 실시된 것이
다. 실제 그 차이는 애매한 것이었지만.

> "오, 이 기분 좋은 유혹,
> 오, 이 매혹적인 설득…"

『유클리드의 기하학 요소Euclid's Elements of Geometry』 중
「수학적 서문Numbers Preface」(존 디, 1570년)

천사와의 대화
16세기 영국의 수학자이자 신비주의자인 존 디의 중심
연구 분야는 불가사의한 사건과 관련된 기적학thaumaturgy
이었다. 그는 지식을 얻기 위해 기호, 상징, 숫자 암호의
복잡한 체계를 이용하여 대천사 가브리엘과 우리엘 같은
천사령을 소환하고 교감하고자 하는 의식 관행인 에노
키안 마법Enochian magic을 추진했다. 사실 디는 부분적으
로 유대교와 기독교의 외경인 『에녹서Sepher Khanókh』에
근거한 방법으로 신과 대화했다고 주장했다. 『에녹서』
에 수록되어 있는 것은 노아의 조상인 에녹이 받은 하늘
의 신비에 관한 가르침이다. 디는 에녹 문자 격자판을 사
용하여 문자를 선택하고 문장을 형성함으로써 그에게 말
을 건 천사와 대화했다고 한다. 디는 마법 지침서인 『7개
행성의 에노키안 문자』(1582년)를 포함한 여러 저서에서
천사와의 대화를 묘사했다.

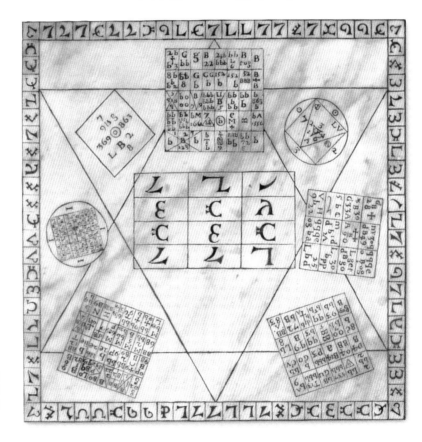

▶ **더없이 신성한 테이블**
존 디의 성스러운 나무 테이블을 복제한 17세기의 대리석 테이블. 천사들
이 디와 켈리에게 보낸 메시지를 엮은 것이라고 하는 에노키안 문자가 새
겨져 있다. 디의 나무 테이블은 켈리를 통해 전달된 천사의 지시에 따라
1582년에 만들어졌다.

참고

게티아와 테우르기아

르네상스 시대에 아그리파와 같은 저술가들은 의식 마법을 게티아 goetia와 테우르기아theurgia 두 가지 유형으로 나누었다. 게티아는 악마, 즉 신에 대항하는 세력의 소환을 가리킬 때가 많지만, '신의 행위'를 의미하는 그리스어에서 유래한 테우르기아는 유익한 힘을 얻기 위한 의식으로 여겨지고 있다. 선한 정령, 대부분은 신의 대리인인 천사를 불러내어 도움을 요청하기 위해 수정점과 같은 마법의 관행을 이용한다. 말하자면 테우르기아는 인간이 신과 하나가 되는 행위이기도 하다. 그러나 당시의 종교 당국은 천사의 영과 소통한다는 개념에 회의적이었고, 그들이 변장한 악마일지도 모른다고 생각했으므로 이러한 의식을 비판했다.

강력한 상징인 시길룸 데이Sigillum dei. '신의 인장'이라는 뜻으로 이를 사용하면 사실상 모든 정령과 교신할 수 있다고 한다.

어둠의 세력

천사와 악마의 마법에는 각각 다른 유형의 의식이 행해졌다. 의식 마법의 경이로움은 기독교와 성경의 기적과도 유사하지만, 신이 아닌 다른 것에서 기인하는 기적은 악마의 마법으로 분류될 위험이 있었다. 존 디와 에드워드 켈리의 저작도 적어도 한 번은 그러한 비난을 받았다. 디는 영국과 유럽의 왕족과 귀족들에게 과학과 철학, 오컬트에 관련하여 정기적으로 조언해 온 인물이었는데, 그조차도 1555년 마법과 주술에 연루된 혐의로 영국에서 체포되어 한때 투옥되었다.

의식 마법에는 확실히 어둠과 관련된 면이 있다. 그러한 특성은 두 가지로 나누어볼 수 있는데, 하나는 본질적으로 사악한 마법이고, 다른 하나는 어둠의 세력을 진압하고 추방하기 위해 그 세력과 연결되는 것이다. 디가 행하는 것과 같은 복잡한 의식 마법은 수학, 연금술, 우주 분석 및 중동 점성술을 사용하여 별과 우주의 힘을 끌어내는 의식이었고 도표와 부적을 제작하는 것이었다. 이러한 마법은 천사뿐만 아니라 악마를 소환하는 데 적용될 수도 있는 것이다. 따라서 좋은 마법과 나쁜 마법의 경계는 대부분의 경우 불분명했다. 악마와 관계했다고 해도, 악마를 퇴치하기 위해서라고 주장할 수 있었던 것이다.

> "내가 그대의 존재와 힘에
> (주의 권능과 임재 앞에) 가져올
> 솔로몬의 인장의 비밀을 보라!"

『솔로몬의 작은 열쇠』Clavicula Salomonis Regis』 (1600년대)

솔로몬의 지혜와 죄

르네상스 시대에 사악한 마법과 가장 빈번히 연결된 의식 형태는 게티아였다. 이 용어는 일반적으로 악마 소환을 목표로 하는 마법 행위, 특히 성경에 등장하는 이스라엘 왕 솔로몬과 관련된 행위를 가리키는 데 사용되었다. 유대교, 기독교, 이슬람교의 역사에 모두 등장하는 솔로몬은 위대한 지혜와 예루살렘 성전을 처음 건설한 인물로 알려져 있다. 세 종교에서 전하는 그의 모습은 모두 정령과 악마를 제어하는 힘을 지니는 등 마법과 관련된 특징을 보여준다. 그는 또한 신에 대한 숭배를 세속적 문제보다 우선시하지 않았으므로 신의 가호에서 쫓겨났다고도 전해진다.

▲ 지옥으로부터의 소환
벨리알Belial을 대표로 하는 다섯 악마가 솔로몬과 모세 앞에 나타난 장면을 묘사한 15세기 그림. 솔로몬은 신성한 힘으로 악마를 제어할 수 있다고 여겨졌는데, 그 힘을 나쁜 목적으로 이용하려 하는 타락한 마법사도 있었다.

이러한 다채로운 성격으로 인해 솔로몬 왕은 많은 종류의 의식 마법 추종자들에게 매력적인 존재로 받아들여졌고, 결과적으로 솔로몬의 특징을 가진 마법의 형태가 발전하게 된 것이다.

봉인과 상징
솔로몬의 마법 의식에는 '솔로몬의 봉인'과 관련된 마법의 반지가 자주 등장한다. 이 반지는 솔로몬 왕에게 악마를 물리치는 힘을 부여한 신의 선물이라고 전해진다. 5개, 6개 또는 7개의 변과 꼭

▶ 우주의 마방진
부적으로 사용된 마방진Magic-square. 점성술을 이용하여 행성의 힘을 끌어내기 위한 것으로, 1651년에 만들어진 것이다. 목성의 마법진(4×4)에서는 어떤 방향이든 나열된 숫자의 합이 34가 된다.

♃			
16	3	2	13
5	10	11	8
9	6	7	12
4	15	14	1

짓점을 지니는 형상이나 별 모양 등의 기호는 일반적으로 솔로몬의 반지와 관련이 있으며 원으로 둘러싸여 있는 것이 많다. 이 기호들은 펜타클pentacle이라고 불리는 공예품에 주로 사용되었는데, 정령을 불러내거나 격퇴하는 힘이 있다고 여겨져서 호신용 주술로 사용되었다.

르네상스 시대에는 솔로몬이 저술했거나 그의 지혜에 근거한다고 주장하는 많은 문헌들이 유통되었다. 그 중『솔로몬의 작은 열쇠』는 1600년대 중반에 간행된, 익명의 저자가 쓴 주술서인데, 천사와 악마 양쪽과 대화하는 방법을 알려준다. 이러한 문헌이 인기를 끌었다는 것은 의식 마법의 매력을 보여주는 증거라고 할 수 있다.

마법과 여명기의 과학: 자연과 오컬트 철학

MAGIC AND EARLY SCIENCE
natural and occult philosophy

마치 용광로와도 같았던 르네상스 시대의 유럽에서는 일찍이 미신 및 사이비 과학과 과학 사이의 구분이 탐구되고 확립되었다. 이 과정에서 자연 철학(자연계에 대한 연구)과 오컬트 철학(자연에 숨겨진 힘에 대한 연구)이 중시되었다.

르네상스 시대의 오컬트 철학은 자연 마법 연구의 동반자이자 어떤 면에서는 후계자였다. 이 시대에는 주술, 철학, 과학, 종교 사이에 겹치는 부분이 있었고, 일부 자연 철학자들도 기적적이나 초자연적으로 보이는 현상에 숨겨진 자연적 원인을 밝히려고 노력했다.

마법과 자연 철학

자연 철학자들은 천문학, 연금술, 생물의 영역에 작용하는 보편적인 힘을 연구했다. 태양, 달, 식물, 암석 등 물체의 물리적 특성을 조사하고 자연계의 일반적인 법칙을 확립함으로써 모든 대상을 식별하고 설명하고자 한 것이다. 이탈리아의 철학자 피코 델라 미란돌라(137쪽 참조)는 「인간의 존엄성에 대한 연설」(1486년)에서 다음과 같이 말했다. "… 마법에는 두 가지 형태가 있다. 하나는 전적으로 악마의 조작과 힘으로 구성되어 있고, … 다른 하나는 … 다름 아닌 자연 철학의 지고한 실현이라는 것이 증명되어 있다."

선을 위한 힘, 오컬트

오컬트 철학자들이 연구한 마법은 '선'으로 간주되며 비교적 학문적인 것으로 여겨진다. 이것은 게티아와 테우르기아처럼 의식으로 정령을 불러내는 의식 마법과는 대조적이다. 또 과학과 마법에는 모두 기독교 사상이 주입되어 있었다. 예를 들어 연금

▼ 선과 선 사이
오컬트 철학의 중요한 문헌인 아그리파의 『오컬트 철학에 관한 세 권의 책』에 수록된 동판화. 손바닥에 십이궁의 상징과 관련된 선과 영역이 그려져 있다. 이러한 안내서는 르네상스 손금 점의 기초였다.

"자연 마법에서처럼 신의 속에도 존재한다."

『오컬트 철학에 관한 세 권의 책』(코르넬리우스 아그리파, 1530년대)

HÆMISPHÆRIUM AUSTRALE

술사들은 값싼 금속을 금으로 바꾸는 신비로운 방법에서 그리스도의 부활과의 유사성을 찾고 있었다. 교회는 점성술과 같은 분야에는 거의 관심이 없었지만, 종교를 다른 분야와 융합하려면 이단이라는 비난을 받을 위험이 있었으므로 절묘한 균형 감각이 필요했다. 하지만 기독교와 헤르메스주의 추종자들과 마찬가지로 오컬트 철학자들도 신성한 자연 질서의 바탕을 이루는 기본 원리를 추구했다.

◀ 우주 지도의 작성
독일계 네덜란드인 지도 제작자 안드레아스 셀라리우스 Andreas Cellarius의 1600년대 천체 지도. 탐사와 천문 연구는 르네상스 문화의 핵심 요소였는데, 특히 천문학은 자연 철학의 중요한 분과였다.

참고

테베 알파벳

라틴어 알파벳과 동등한 문자 체계를 지니는 이른바 테베Theban 알파벳은 르네상스 시대에 오컬트 세계에 자리를 잡았다. 중세 시대의 신비한(또는 신화적이라고도 하는) 작가인 테베의 호노리우스가 만들었다고 자주 언급되었지만 처음 문헌에 등장하는 것은 요하네스 트리테미우스 Johannes Trithemius의 『폴리그라피아Polygraphia』(1500년대)이다. 아그리파의 저작 『오컬트 철학에 관한 세 권의 책』에도 이 문자가 게재되었는데, 『폴리그라피아』보다는 이쪽이 더 주목받고 테베 알파벳이 처음 출현한 중요 문헌으로 여겨지고 있다. 역사적으로 이 알파벳은 마법의 내용을 비밀로 유지하기 위해 자주 사용되었고, 훨씬 후에는 위카 추종자들이 채택했다(264~267쪽 참조).

16세기의 다원론자 요하네스 트리테미우스의 『폴리그라피아』에 게재된 테베 알파벳

회의론과 오컬트

기독교 권위와 충돌한 영향력 있는 오컬트 철학자로서 독일 학자 아그리파를 들 수 있다. 1530년 「예술과 과학의 불확실성과 무상함에 대해 - 독설 선언」이라는 제목으로 번역된 그의 문헌은 자연 마법과 자연 철학이 결합된 학문 분야를 의식 마법에서 최초로 구분한 중요한 자료로 여겨진다. 아그리파는 회의론자였는데, 이는 철학적 의미로는 그가 탐구 정신을 가지고 연구를 추구했으며 그때까지 받아들여진 모든 지식을 재고했음을 의미한다. 그는 자연 마법을 널리 홍보했고, 『오컬트 철학에 관한 세 권의 책』 등을 출간하여 서로 다른 다양한 지식의 가닥을 통합하고자 노력했으며, 신의 신성이 유익한 마법을 포함한 모든 것의 토대가 된다고 믿었다.

미란돌라와 이탈리아 학자 마르실리오 피치노도 역시 헤르메스주의의 영향을 받은 광범위한 탐구의 세계에 속했으며, 아그리파는 조르다노 브루노(134쪽 참조) 등에게 헤르메스주의 사상의 영향을 주었다.

▲ 인간과 그들의 세계

17세기 스위스 예술가인 마테우스 메리안Matthäus Merian의 작품 또는 그 모작으로 추정되는 풍경화. 의인화된 풍경을 옆으로 회전시키면 사람의 얼굴이 나타난다. 인간과 자연계의 연결은 철학에서 중요한 주제였고, 철학적 알레고리를 탐구하기 위한 이러한 위장 형태가 예술적으로 널리 추구되었다.

자연 철학자들이 오컬트 철학자들과 다른 점은, 원시 과학, 즉 화학의 기초를 형성한 연금술과 같은 과학의 창발적 형태를 진보시켰다는 것이다. 그렇지만 그들이 항상 원시 과학을 자연 마법이나 사이비 과학과 구별한 것은 아니다. 자연 철학자의 작업의 대부분은 계몽주의와 근대 과학 혁명의 토대를 마련한 것이지만, 그중에는 오늘날 오컬트 분야 역사의 일부로 인식되는 것들도 있다.

사실과 허구

자연 철학자, 오컬트 철학자, 연금술사들은 자신들의 작업을 우주에 대한 진지한 연구로 생각하고 임했으므로 마법, 원시 과학, 사이비 과학 사이에는 역사적으로 겹치는 부분이 있다. 그중에는 진리의 편린에 얼마간 접근한 자도 있었다. 예를 들어 연금술사들이 희망했던 것처럼 납을 금으로 바꾸는 것은 실제로 가능하다(148~151쪽 참조). 하지만 이 원리를 십이궁이나 천체의 움직임으로 설명하는 것은 오해를 불러일으키는 것이다.

종교 역시 사이비 과학과 원시 과학이 만들어내는 이야기 속에서 마법적 사고(특히 자연 마법의 정의)에서 빠지지 않는 요소로서 중요한 역할을 담당했다.

조화로운 삶

파라켈수스의 저작은 원시 과학과 사이비 과학 및 자연 마법의 교차점을 보여준다. 파라켈수스는 스위스의 점성술사이자 연금술사, 물리학자, 화학자, 의사로 의학과 초기 화학 분야에서 중요한 역할을 한 인물이다. 그는 헤르메스주의 신앙, 카발라, 장미십자회를 참고하여 우주 속 인류의 위치에 관한 중요한 연구를 수행했다. 이러한 사상은 종종 복잡한 우화 속에 숨겨져 있을 때가 많은데, 의인화된 풍경이 인간의 옆얼굴을 형성하고 있는

> "마법에는 인간의 이성으로는 가닿을 수 없는 것을 경험하고, 헤아리는 힘이 있다. 이성이 위대하고 공공연한 어리석음인 것처럼 마법은 위대하고 비밀스러운 지혜이다."

『오컬트 철학에 관한 책』Liber de Occulta Philosophia(파라켈수스, 1500~1600년대)

이 시대의 예술 작품에서도 볼 수 있다. 그 속에는 인간이 신의 창조물을 반영하는 존재라는 기독교 사상과, 인간을 자연계의 축소판인 소우주라고 보는 헤르메스주의 사상이 모두 투영되어 있다.

파라켈수스의 연구는 관찰과 실험, 서로 다른 물질이 어떻게 연관성을 형성하는지에 대한 관심에 뿌리를 두고 있다. 그의 작업은 과학에 대한 경험적 접근의 초기 사례로 볼 수 있지만, 그는 자신의 방법에서 특별한 종류의 마법을 보고 있었던 것이다.

예언의 위력

르네상스 철학에는 예언과 합리주의라는 겉보기에 모순되는 요소가 혼합되어 있었다. 최초의 과학 실험이 진행되던 시기에 오컬트 철학자들은 미래를 예측하는 방법을 제시하고 있었다. 천체를 해독하여 지혜를 구하는 별점이 인기를 끌었고, 부유층이 별 모양의 주물을 모으거나, 운세 게임이 등장하기도 했다. 이들의 실천은 자연 철학과도 겹치는 부분이 있었다. 이탈리아 학자 잠바티스타 델라 포르타는 저서 『천상계의 관상술Coelestis Physiognomonia』(1603년)에서 보다 자연주의적인 용어로 별점을 소개했다. 초기의 저작인 『자연 마법Magia naturalis』(1558년)은 자연 철학자들이 철학적 사고와 실용적인 실험을 활용하는 방법을 연구한 것으로, 자연계의 신비를 마법이 아닌 합리적 통일성에 바탕을 둔 것으로 탐구했다.

▲ 오컬트 점술

점성술, 기호, 숫자, 문자를 혼합하여 사람들의 질문에 답변을 알려주는 행운의 바퀴. 17세기의 이 사례에는 다음과 같이 적혀 있다. "여기 행운의 바퀴를 보세요. / 남녀노소 모두에게 알려줍니다. / 당신이 알고자 하는 모든 것에 대한 답변을."

바퀴를 돌리면 가장자리 둘레에 나열된 결과 중 하나가 선택된다.

| 아이작 뉴턴 경Sir Isaac Newton(1642~1727년) |

뉴턴의 자연

영국의 물리학자이자 수학자인 아이작 뉴턴 경은 르네상스 시대에 시작되어 계몽주의 시대에 꽃을 피운 과학 혁명에서 가장 위대한 인물로 일컬어진다. 하지만 그는 자신을 자연 철학자로 생각한 듯하다. 뉴턴은 종교나 연금술이 자연계와 그 힘을 이해하는 데 어떻게 기여하는지에 대해 관심을 갖고 있었다. 그러한 진리를 찾아내는 사명을 신으로부터 부여받았다고 믿고 연금술 실험에 착수한 것이다. 또한 연금술에 관한 방대한 문헌을 소장하고 있었는데, 그중에는 '현자의 돌'(149쪽 참조)에 대해 기술된 『헤르메스주의의 서고Musaeum hermeticum』도 있고, 연금술에 대해 다음과 같이 말하는 문헌도 있었다. "… 그 신비는 오직 신의 선택을 받은 자에게만 모습을 드러낸다."

환상인가, 과학인가: 연금술의 황금시대

FANTASY OR SCIENCE?

the golden age of alchemy

연금술 이야기의 주제는 마법과 과학의 대립, 비밀과 상징주의, 변환을 달성하기 위한 완벽한 이해를 추구하는 것이다. 연금술사들은 물질의 성질을 탐구하고, 납과 같은 값싼 금속을 금으로 바꾼다는, 결코 찾을 수 없는 성배를 좇았으며, 몸과 영혼의 완성을 추구했다.

르네상스 시대는 연금술의 황금시대였다. 그 실천자들은 고대에서부터 이어진 전통, 즉 연금술과 헤르메스주의의 결합(134~135, 150~151쪽 참조)을 바탕으로 양쪽 모두의 창시자를 헤르메스로 주장하며, 새로운 지식과 상징성을 추가해 갔다. 그들의 작업은 초창기의 근대과학과 당시에 생겨난 보다 난해하고 신비로운 주제를 분리하는 데 공헌했다.

연금술과 화학

르네상스 연금술은 게베르Geber와 같은 아랍인 기술자들과도 이어진다. '화학chemistry', '연금술alchemy'이라는 단어에서는 아랍어의 영향이 보이는데, 르네상스 시대에는 종종 같은 의미로 사용되었다. 두 단어에 모두 포함되어 있는 'chem'의 어원에 대해서는 많은 논란이 있지만, '변환'을 의미하는 아랍어 단어 'kimiya'에서 유래했을 가능성이 있다.

르네상스 시대의 연금술사들은 현대의 과학 연구와 유사한 활동을 하고 있었고, 이후의 화학이나 의학 분야처럼 실험실을 활용한 연구의 토대를 마련했다. 그러나 당시 많은 사람들은 그들을 사기꾼으로 여겼다. 1700년대 초 근대 과학이 대두하자 '연금술사'는 금을 만들어내는 것처럼 비과학적이고 마법적으로 보이는 목표를 추구하는 자에게 붙는 명칭으로 인식되기 시작했다.

벨기에의 학자 얀 밥티스타 판 헬몬트는 연금술에서 과학으로의 이행을 보여주었다. 그는 연금술의 원리를 믿었지만 자연에 대한 지식은 실험을 통해서만 얻을 수 있다고 주장했다.

◀ **화학의 전조**
독일 외과 의사이자 연금술사인 히에로니무스 브룬슈비히Hieronymus Brunschwig가 16세기에 저술한 증류 설명서에 수록된 삽화. 이중 증류기를 묘사한 것이다. 이 설명서는 선구적인 화학서로서 대부분의 아이디어를 연금술에서 차용했다.

만물은 변화한다

변환과 정제, 즉 어떤 물질을 보다 좋은 것으로 바꾸는 것은 연금술의 중심 개념이었다. 이는 현자의 돌을 만들려는 시도와 마찬가지였다. 사람들은 현자의 돌이 값싼 금속을 귀금속으로 바꿀 뿐 아니라, 만병통치약과 불사의 영약으로서 질병을 치료하고 불로장생을 달성하며, 영혼의 정화에도 효과를 보이는 등 위대한 작업을 실현한다고 믿었다. 이러한 믿음 뒤에는 만물은 스스로 완벽을 이루기 위해 노력하는 것이 자연의 섭리라는 고대로부터 이어진 사상이 깔려 있다.

비밀과 상징

목표를 달성하기 위해 연금술사들은 비밀리에 여러 가지 공정을 실행했는데, 그 대부분은 종교, 자연 철학, 대중 마법과 관련된 상징주의로 가득 차 있었다. 의식적인 관습이나 숫자의 배열뿐만 아니라 증류와 같은 현대 과학과 통하는 과정까지도 포함되어 있었다(왼쪽 그림 참조).

▲ **휘발성 고정**
『바실리우스 발렌티누스의 12개의 열쇠Die Zwölf Schlüssel des Basilius Valentinus』(1559년)를 바탕으로 한 1600년대 또는 1700년대 삽화. 현자의 돌을 만드는 12단계를 자세히 설명한 이 고문헌에는 본래 삽화가 없다. 꽃은 정제된 귀금속을 상징하는 것으로 여겨진다.

▼ **'돌'을 추구하다**
『리플리 두루마리Ripley Scroll』. 15세기에 이름을 날린 영국의 연금술사 조지 리플리George Ripley의 이름을 딴 것이다. 빨간색과 녹색 사자는 각각 현자의 돌을 만드는 중심 성분인 유황과 수은을 나타낸다.

참고

고대와의 연결

연금술이라는 개념은 중국(51쪽 참조), 인도, 그리스, 비잔티움 및 이슬람 세계의 전통 속에서 확립된 것으로, 이처럼 태고로부터 이어진 다양한 국제적 영향 속에서 중세의 서구 문화에 강력하게 뿌리내리게 되었다. 서구의 연금술은 주로 아랍 사상에 많은 빚을 지고 있으며, 대부분은 게베르라는 인물에서 유래한 것으로 보인다. 게베르는 아랍의 위대한 연금술사로 칭송받아 온 자비르 이븐 하이얀Jabir ibn Hayyan(700년대)으로, 오늘날에는 후세에 등장한 유럽의 작가 겸 연금술사 모두를 지칭하는 대명사로 사용된다.

아랍 연금술사 자비르 이븐 하이얀을 묘사한 판화. 1584년에 제작된 것이다.

전설 속의 현자의 돌을 만드는 과정은 '위대한 작업'으로도 불리는데, 그 숫자도 종류도 다양했다. 16세기의 저작 『태양의 빛』(아래 및 152~153쪽 참조)에는 7개 과정으로 되어 있고, 『바실리우스 발렌티누스의 12개의 열쇠』처럼 12개 과정으로 설명한 경우가 많다.

점성술도 큰 비중을 차지하는데, 연금술의 재료와 과정은 천체의 숫자, 자연, 천체의 움직임과 연관되어 있다고 여겨졌으므로 십이궁이나 점성술 기호가 널리 사용되었다. 르네상스 시대의 한 체계도를 보면, 십이궁과 연결된 12개의 '문', 말하자면 연금술의 단계를 다음과 같은 순서로 제시한다. 소성(양자리), 응고(황소자리), 고착(쌍둥이자리), 용액(게자리), 온침(사자자리), 증류(처녀자리), 승화(천칭자리), 분리(전갈자리), 기화(궁수자리), 발효(염소자리), 증식(물병자리), 투영(물고기자리)이다.

다채로운 공정

현자의 돌을 추구하는 서구 연금술사들은 실험의 공정을 일정 순서에 따라 색으로 구분하고자 했다. 문헌에 따라 다르지만 적어도 다음의 4단계가 있었다. 처음은 검은색과 연결된 '니그레도Nigredo' 단계, 다음은 흰색인 '알베도Albedo', 세 번째는 황색화 단계인 '시트리니타스Citrinitas', 네 번째 단계인 '루베도Rubedo'는 보라 또는 불그스름한 색이다. 이 단계에 들어서면 '붉은 돌'이 성공적으로 생성되었음을 의미한다.

연금술 문헌이 보여주는 상징주의는 색상 진행과 밀접하게 연결되어 있다. 예를 들어 까마귀는 니그레도 단계를 상징하고, 멋진 꼬리를 펼친 공작새(153쪽 참조)가 눈부신 색상 배열이 예상되는 단계를 나타내기도 한다.

위에서처럼 아래에서도

르네상스 연금술사들은 또한 헤르메스주의 사상을 주된 기반으로 삼고 있었다(134~135쪽 참조). 특히 '스마라그딘Smaragdine 석판' 또는 '에메랄드 석판'으로 불리는 비문에 기록된 사상에서 큰 영향을 받았다.

▶ 환생
연금술 전반에 걸쳐 있는 재생과 부활의 사상을 나타낸 삽화. 『태양의 빛Splendor solis』(1500년대)에 수록된 것으로, 면류관을 쓴 천사가 축축한 늪에서 일어서는 남자에게 천을 건네고 있다. 검은색과 빨간색은 연금술 과정의 두 단계를 나타내는 것이다.

이 비문은 헤르메스 트리메기스투스가 기록했다고 전해지는데, 현재는 500~700년대의 아랍을 기원으로 보고 있다. 암호 같은 문장에는 연금술의 비밀을 비롯하여 각각의 인간과 우주 사이의 균형을 이루기 위한 헤르메스주의적 사상이 담겨 있다고 여겨졌다.

헤르메스주의는 존 디, 아이작 뉴턴, 파라켈수스와 같은 르네상스 시대의 저명한 인물들에게 영향을 미쳤다. 그들이 의학에서 행한 혁신적인 공헌은 그러한 균형

사상에 바탕을 두고 있었다. 헤르메스주의의 핵심 원리인 '소우주와 대우주를 통합하는 보편적인 힘의 존재'는 종종 "위에서처럼 아래에서도"라는 문구로 표현되는데, 이는 비문의 다음 구절을 요약한 것이다. "아래에 있는 것은 위에 있는 것과 같고, 위에 있는 것은 아래에 있는 것과 같으니, 그것은 유일한 기적을 행하기 위함이라." 연금술사들에게 '유일한' 것은 궁극적인 목표인 '현자의 돌'을 가리키는 것이었다.

▲ 신비한 비문
연금술사 하인리히 쿤라트의 『영원한 지혜의 원형 극장Amphitheatrum sapientiae aeternae』(1609년)에는 헤르메스 트리스메기스투스가 비문을 새긴 것으로 알려진 에메랄드 석판에 대한 공상이 기술되어 있다.

"…그을린 석탄불 속에서 노련한 연금술사는
바꿀 수 있거나, 혹은 바뀌도록 유도할 수 있다.
불순한 금속을 완벽한 금으로…"

『실낙원Paradise Lost』 제5권(존 밀턴John Milton, 1667년)

▲ 『태양의 빛』(1500년대)에 게재된 열두 번째~열여덟 번째 도판. 여러 예술가에 의해 제작된 것으로 여겨지지만 이름은 기록되어 있지 않다.

Alchemy in art

르네상스 시대에 예술과 연금술은 중요한 관심 분야였고, 종종 함께 다루어졌다. 예술가들에게 연금술은 하늘이 내려준 선물과도 같은 훌륭한 제재였다. 용이나 위풍당당한 새와 같이 화려하고 이국적인 상징으로 가득 찬 다채롭고 흥미로우며 매력적인 화제였던 것이다. 르네상스기의 회화에는 학문적인 것에서 우화적인 것까지, 모든 종류의 연금술 이미지가 그려져 있다.

왼쪽의 상징적이고 복잡한 작품은 16세기 연금술의 장식 사본인 『태양의 빛Splendor solis』에 수록된 것이다. 금색을 비롯한 색채가 풍부하게 표현된 이 문헌은 르네상스기의 유명한 연금술사 살로몬 트리스도신Salomon Trismosin의 저작으로 여겨지고 있다. 그러나 그는 가상의 신화적 존재일 가능성이 매우 높고, 삽화를 그린 화가(들)의 이름도 여전히 논쟁의 여지가 있다.

『태양의 빛』에는 귀중한 현자의 돌을 찾는 연금술사의 모험이 상세히 설명되어 있다. 여러 그림에 반복적으로 등장하는 숫자, 특히 7은 연금술에서 중요한 의미를 지닌다. 왼쪽 그림들에서는 각각 상단에 그려진 7인의 주요 점성술의 신, 7가지 주요 연금술 공정으로 나타난다. 우주의 신들은 토성(위의 맨 왼쪽), 목성(왼쪽 위), 화성(왼쪽 중앙), 태양(왼쪽 아래), 수성(중앙), 금성(오른쪽 위), 달(오른쪽 아래)의 신이다. 각플라스크에 들어 있는 것은 연금술의 공정 단계를 나타내는 고전적인 상징이다. 공작은 여러 색상이 생성되는 단계를 나타내고, 흰색 여왕(가운데)과 빨간색 왕(오른쪽 아래)은 연금술의 최종 목표인 '완성'을 달성하기 위해 결합되어야만 하는 요소를 나타낸다.

"그렇게 나는 세 가지 금속을 순금으로 물들였다…."

『태양의 빛』(살로몬 트리스모신(추정) 1500년대)

장미와 십자가의 비밀: 장미십자회

SECRETS OF THE ROSE AND CROSS

Rosenkreuzer

장미십자회Rosenkreuzer라고 불리는 비밀 운동은 1600년대 초에 처음 시작되었다. 십자가 위에 장미를 올린 상징에서 따온 명칭이다. 장미십자회는 구성원이 숨겨진 신비한 지식을 찾아서 사회를 변화시키는 열쇠를 제공할 수 있다고 공언했으므로, 강한 관심과 호기심을 불러일으켰다. 이들은 관련 교단들을 발생시키며 이후 수 세기에 걸쳐 이어졌다.

◀ 단체의 상징
17세기 영국의 점성가이자 의사인 로버트 플러드Robert Fludd의 저서 『최고의 선The Highest Good』의 표지 그림. 그는 장미십자회 운동에 관심을 가지고 1629년 출판된 책의 표지에 장미와 십자가의 상징을 재현했다.

혼란과 변혁

16세기 말부터 수십 년 동안 이어진 불안정한 정세는 결국 1618년 30년 전쟁의 발발로 이어졌는데, 이 시기 유럽의 많은 사람들은 사회의 급격한 변화에 대한 믿음인 천년왕국주의millenarianism에 경도되었다. 종교 개혁 이후 분쟁으로 황폐해져 버린 세상의 미래를 두려워한 그들은

독일의 의사이자 오컬트주의자인 코르넬리우스 아그리파, 스위스의 연금술사 파라켈수스와 같은 학자들의 영적 견해에 사로잡혔다.

이러한 긴장된 분위기 속에서 1614년에서 1616년에 걸쳐 독일에서 세 가지 선언서가 출판되어 소란이 일어났다. 첫 번째로 『장미십자회의 명성』은 독일 수도사 크리스티안 로젠크로이츠와 그가 창설한 단체에 대한 주장이었다. '로젠크로이츠'라는 이름 자체가 '장미십자'라는 의미인 것이다. 이 비밀스런 마법 교단의 선언을 바탕으로, 또 다른 두 권의 책 『형제단의 고백Confessio Fraternitatis』과 『크리스티안 로젠크로이츠의 화학적 결혼Chymische Hochzeit Christiani Rosencreutz』이 발표되었다. 이들은 카발라, 성경에 대한 해석학적 문장, 연금술 등 모호하고 신비한 정보의 출처를 추가로 언급한 것이다. 이 내용들은 고대와 현대 양쪽의 지식을 연결시킴으로써 세계를 계몽할 수 있다고 생각하는 사람들을 매료시켰다.

기사들의 형제단

장미십자회의 선언서는 수 세기에 걸쳐 지식을 전수해 온 선택된 (남성) 형제들에 대해 언급했지만 저자는 알 수 없다. 뒷날 적어도 세 권 중 한 권은 독일의 신학자 요하네스 발렌티누스 안드레Johannes Valentinus Andreae가 작성했다고 알려졌다. 그는 공개적으로 장미십자회를 공격하고 그들의 저작을 사기라고 부정했지만, 『크리스티안 로젠크로이츠의 화학적 결혼』을 집필한 사실은 서면

크리스티안 로젠크로이츠 Christian Rosenkreuz (1378~1484년)

전설적 창시자

『장미십자회의 명성Fama Fraternitatis der Rosenkreuzer』에 따르면, 독일 수도사인 크리스티안 로젠크로이츠는 성지 순례를 떠나 아라비아와 모로코에서 신비술과 카발라를 공부했다고 한다. 1403년 돌아온 로젠크로이츠는 병자를 치료하고 신비한 기술을 전할 목적으로 교단을 창립했다. 1484년 106세에 사망했다고 전해지는데, 1604년에 그의 무덤이 발견되었다. 발견 당시 영원히 타오르는 등불이 밝혀진 것처럼 보였다고 하며, 장미십자회에서는 성명을 공포하고 교단을 홍보하게 되었다.

현자의 언덕mons philosophorum으로 불린 로젠크로이츠의 무덤. 사자가 지키고 있다.

키포인트

1 동양은 오리엔스Oriens로 적었다.

2 날개는 성채를 지혜와 깨달음의 높이로 끌어올리는 데 도움이 된다.

3 한 남자가 지렛대를 사용하여 성채를 지상의 영역에서 멀리 끌어올린다.

4 서양은 옥시덴스Occidens로 적었다.

◀ **동양의 신비**
독일 연금술사 다니엘 뫼글링Daniel Mögling의 1618년 저서 『장미십자의 지혜의 거울Speculum Sophicum Rhodostauroticum』에 나오는 삽화. 동양에서 나온 지혜와 지식이 장미십자회의 성채로 내려오는 모습을 보여준다.

으로 인정했다. 하지만 이 고백은 그가 사망한 지 150년이 지난 1799년에야 책으로 출판되며 알려졌다.

『장미십자회의 명성』은 3년 동안 7번 중판되었으며 1623년까지 약 400종의 장미십자회 관련 출판물이 간행되었다. 이 해에 두 장의 장미십자회 포스터가 파리에 게시되었는데 "형제들이 도시를 방문하고 있다"는 문장이 쓰여 있어 그들의 소재에 관한 추측들이 폭풍처럼 일게 만들었다. 많은 일류 지식인도 관심을 가졌고, 프랑스 수학자 르네 데카르트René Descartes는 장미십자회를 잘 알고 있다는 사람을 찾아서 독일을 떠나 프랑스로 건너

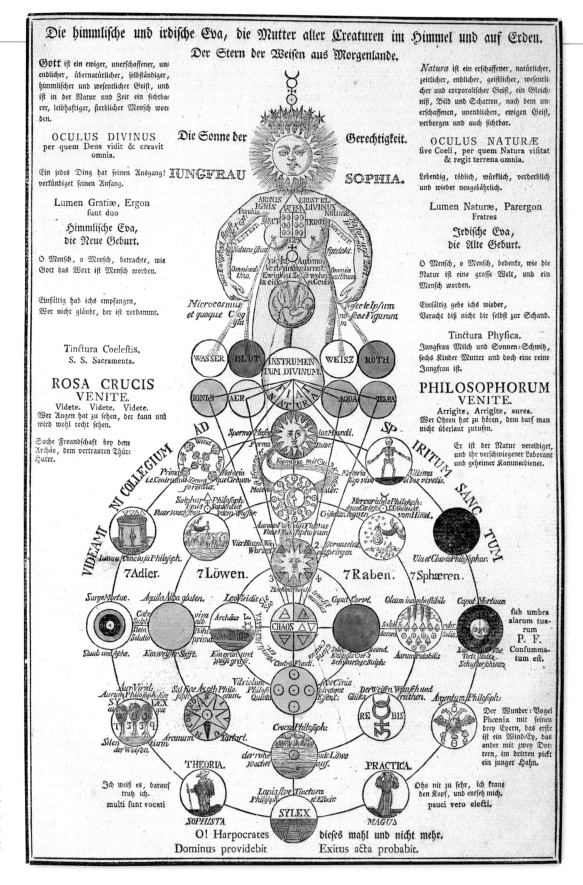

▶ 지혜의 형상화

1785년에 기록된 장미십자회 필사본 삽화. 연금술 기호가 가득한 연결망에서 지혜Sophia의 모습이 부상하고 있다. 장미십자회의 기호 언어가 얼마나 복잡한 체계였는지 보여준다.

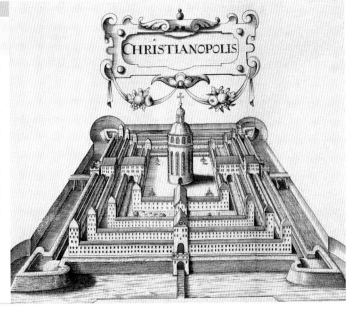

갔다. 비밀 조직 장미십자회에 대한 추적은 끝없이 이어졌다. 하지만 1618년부터 유럽 전역에 전쟁이 확대되면서 이들에 대한 관심은 시들었다. 장미십자회 소책자 중 하나에는 형제들이 '동양으로' 이동했다는 주장이 실리기도 했다.

장미십자회와 오컬트의 부흥

신비한 지식을 적용함으로써 세상을 개혁할 수 있다는 낙관적인 장미십자회의 견해는 17세기 후반이 되자 급속히 호소력을 잃게 된다. 근대 과학을 통해 동일한 목표를 달성하려 한 계몽주의에 직면한 것이다. 그러나 독일에는 연금술과 카발라의 힘에 대한 믿음이 뿌리 깊이 남아 있었고, 1710년 슐레지엔Schlesien의 개신교 목사 사무엘 리히터Samuel Richter에 의해 「황금 장미십자회Der Orden der Gold und Rosenkreuzer」라는 소책자가 출판되었다. 이 책에서 그는 황제가 통솔하는 새로운 질서를 설명했는데, 그 속에서 장미십자회의 형제들은 각각 연금술의 궁극적인 목표인 현자의 돌 조각을 소유한다는 것이었다(148~151쪽 참조).

이 새로운 장미십자회는 번성하여, 복잡한 신념 체계와 공식적인 의식을 갖춘 비밀 결사단이 되었다. 예비 입회자들은 선임 회원들 앞에서 35개의 질문에 답해야 했다.

회원 등급은 유니오르Junior를 시작으로 테오레티쿠스Theoreticus, 마기스테르Magister 등 최종 마구스Magus에 이르는 9등급으로 나뉘며, 각각 기본 물질을 금으로 변환하는 방법을 포함하여 더 높은 수준의 장미십자회 비밀 지식을 전수받을 수 있었다. 교단 구성원들에게 연금술적 변화는 단순한 언어적 의미를 넘어서 영적인 차원으로 도약하는 상징적 변환이었다.

이후 장미십자회는 프리메이슨을 포함한 유사한 비밀 결사와 부분 병합되었고, 장미십자회의 특징인 연금술 중심 사상을 부정하는 일루미나티와 같은 단체와 경합하게 되었다.

19세기는 장미십자회 운동에 새로운 자극을 주었으며 이 결과 1909년 시애틀의 장미십자회 펠로십, 1915년 뉴욕의 장미십자회 고대 신비 교단AMORC과 같은 미국 지부를 포함하여 새로운 교단이 설립되었다. 두 지부 모두 오늘날에도 여전히 존재하며 성인 남녀 모두를 회원으로 받아들이고 있다.

◀ 루터파와 관련 가능성
프로테스탄트 개혁가 마르틴 루터의 인장. 장미 위에 십자가가 그려진 상징이 장미십자회의 인장과 유사한 데서 둘 사이의 연관성을 주장하는 견해도 있다.

참고

이상적 사회에 대한 상상

1516년 영국의 변호사 토머스 모어의 『유토피아Utopia』가 출판된 후 이상화된 사회를 묘사한 소설이 인기를 끌었다. 예를 들어 영국의 철학자 프랜시스 베이컨의 『신 아틀란티스New Atlantis』(1627년)는 과학 전문가에 의한 통치를 옹호했는데, 장미십자회 운동을 추종한 많은 사람들이 그 뒤를 따랐다. 장미십자회 회원이었던 요하네스 발렌티누스 안드레는 『크리스티아노폴리스Christianopolis』에서 인도양의 카파르 살라마 섬에 이상적인 공동체를 구상했다. 그가 상상한 개혁 사회는 개인의 돈독한 신심, 모든 아동이 6세부터 기숙 학교에서 수학과 문법 훈련을 받는 교육 개혁, 과학적 연구를 통한 주민 생활의 향상을 원칙으로 했다.

『크리스티아노폴리스』(1619년)에서 요하네스 발렌티누스 안드레는 이상적인 도시의 질서 있고 규칙적인 건축 양식에 많은 관심을 기울였다.

별을 찾아서: 서양 점성술

LOOKING TO THE STARS
Western astrology

▲ 왕실의 비호
천문학자 조반니 비앙키니가 저서 『천문표』를 신성 로마 제국 황제 프리드리히Friedrich 3세에게 무릎을 꿇고 증정하는 장면. 1442년에 처음 편찬한 이 책은 행성과 별자리의 위치를 이전의 어떤 연구보다 더 정확하게 측정하여 만들어진 것으로, 점성가들에게 귀중한 자료가 되었다.

▶ 목성이 이끄는 상인들
점성술에서 행성은 인간 삶의 특정 분야를 지배한다. 레오나르도 다티Leonardo Dati의 『천구에 대하여De Sphaera』(1470년)에는 목성이 빵집, 곡물상, 생선 가게에 좋은 영향을 미친다고 기술되어 있다(159쪽 그림 참조).

별과 행성의 움직임이 인간의 삶이나 지구상의 사건에 영향을 미친다는 믿음인 점성술은 바빌로니아에 그 기원을 둔다. 르네상스 시대의 유럽에서는 고대 문서의 번역이 진행되면서 천문학이라는 새로운 학문 분야가 등장했고, 동시에 점성술에 대한 관심도 높아졌다. 천문학은 우주와 그 공간에 존재하는 물체에만 초점을 두는 과학적 연구 분야로 인간은 고려 대상이 아니다. 따라서 당시에는 두 분야를 상호 보완적인 것으로 인식하는 것이 일반적이었다.

1세기 무렵 그리스 로마 시대의 학자 프톨레마이오스는 네 권의 책이라는 뜻의 『테트라비블로스Tetrabiblos』에서 독자적인 점성술 체계를 내세웠다. '프톨레마이오스 체계'로 알려졌으며 1552년 이탈리아의 루카 가우리코Luca Gaurico가 『점성술 논문Tractatus Astrologicus』에서 유명인들의 출생 별자리 표를 작성하기 위해 인용하는 등, 르네상스의 점성가들이 활용했다. 점성가들은 또 로마 교황 레오 10세나 여왕 엘리자베스 1세 같은 후원자들로부터도 지원을 받았다. 엘리자베스 1세는 길일에 대관식을 하기 위해 박식한 존 디에게 조언을 구했다.

점성술의 흥망

르네상스 점성술은 다른 학문 분야에도 영향을 미쳤다. 인문주의자 마르실리오 피치노는 저서 『생명론Liber de Vita』에서 인간의 육체적, 정신적 행복은 천상의 질서와 조화될 수 있다고 주장했다. 덴마크의 천문학자 티코 브라헤Tycho Brahe도 점성술을 믿었는데, 1572년에 '새로운 별'(실제로는 초신성)을 관측하고는 인간계에 전쟁과 기근이 일어날 징조로 해석했다. 점성가들도 천문학에 의해 향상된 천체 측정의 정확도를 받아들여서 자신들의 체계를 발전시켰다.

1647년이 되면 영국의 점성가 윌리엄 릴리William Lilly가 자신의 기독교 점성술을 바탕으로 천체와 지구를 연결하는 많은 대응 관계를 밝혀낸다. 이를테면 목성은 겸허함, 정의, 청정한 상태, 정향, 서양배, 코끼리, 유니콘, 숫자 3과 관련이 있다는 것이다. 하지만 당시의 점성술은 쇠락하는 추세였다. 1586년에 이미 로마 교황이 칙령으로 마법 행위와 점성술을 금지했으며, 17세기 과학자들은 별자리를 읽는 것을 포함하여 마법과 관련된 모든 것을 부정하게 되었다.

새로운 과학

계몽주의는 과학 분야에 미치는 점성술의 영향력을 약화시켰다. 아이작 뉴턴은 연금술에 열정을 쏟았지만 중력 이론을 공식화했다. 나아가 지구가 우주의 중심에 고정되어 있다고 본 프톨레마이오스의 우주론에서 과학에 기반한 새로운 세계관으로 학자들의 견해를 전환시켰다. 천체와 지구상의 사람들에게 일어나는 일들 사이에 예측 가능한 관계가 있다고 보는 점성술의 개념은 우주가 불변의 과학적 법칙에 따라 작동한다는 믿음으로 대체된 것이다.

『황제의 천문학Astronomicum Caesareum』에 수록된 삽화. 페트루스 아피아누스Petrus Apianus가 1540년에 간행한 프톨레마이오스의 점성술 저작이다.

> "누구보다 현명한 왕자여,
> 그대는 점성술이 인간에게 얼마나
> 유익한지 이미 알고 있을 것이다."

『천문표Tabulae Astronomiae』(조반니 비앙키니Giovanni Bianchini, 1400년대)

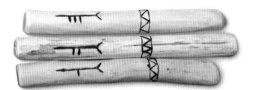

▲ 켈트의 오검 막대ogham staves
실선으로 연결된 고대 아일랜드 알파벳 문자인 오검ogham 기호가 새겨진 것이다. 25개의 기호와 1개의 공백으로 이루어진 26개의 막대가 한 세트로 꾸러미 속에 담겨 있다. 사진은 점을 치기 위해 무작위로 3개를 뽑은 것이다.

▶ 펜듈럼pendulum
팔로먼시pallomancy라고 불리는 고대 점술에 사용된다. 일반적으로 구도자의 질문에 대해 진자의 흔들림을 통해 예 또는 아니오의 대답을 제시한다. 진자가 흔들리는 방향의 의미는 사용자가 미리 결정한다.

▲ 아스트로다이스astrodice
점괘를 얻기 위해 사용되는 세 개의 주사위. 하나는 십이궁의 기호(왼쪽 위), 또 하나는 태양, 달, 행성(오른쪽 위), 나머지는 12성좌의 1에서 12까지의 숫자가 표시되어 있다.

반짝이는 표면은 빛을 반사하여 점술사가 형상을 볼 수 있도록 도와준다.

▲ 메르카바merkaba
신성한 에너지의 상징으로, 히브리어로 메르mer는 빛, 카ka는 정신, 바ba는 육체를 의미한다. 결합된 두 개의 피라미드 또는 뾰족한 팔각성 모양이다. 점술사는 이 별을 진자처럼 휘두르거나 프레임 속에서 회전시킨다.

수정 구슬은 수정 점을 칠 줄 아는 자에게 비밀이나 미래에 대한 환상을 나타낸다고 한다. 수천 년 동안 점술에 사용되어 왔으며, 엘리자베스 1세 시대의 연금술사 존 디와 같은 유명한 시술사들을 매료시켰다.

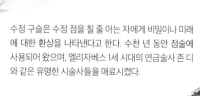

▲ 주역 카드
고대 중국의 『역경』의 문장을 현대풍으로 재현한 것(52~53쪽 참조). 카드의 왼쪽 하단 원 속에 그려진 선의 패턴은 점술 도구였던 가새풀 줄기의 모양을 해석한 것이다.

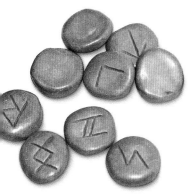

▲ 룬 스톤 Rune stone
고대 북유럽의 룬 문자가 각각 새겨진 24개의 돌이 한 세트이다. 점술사는 의뢰자에게 눈을 감은 뒤 하나 이상의 돌을 선택하게 하고, 그 결과를 해석한다.

▲ 주사위 던지기
주사위 점astragalomancy이라고 불리는 고대 점술의 하나로, 던져서 나온 숫자를 해석하는 방법이 중요한 기술이다. 주사위는 원래 양이나 염소의 발가락뼈로 만들었다.

▲ 수맥봉dowsing rods
점술사의 잠재의식이 일으키는 손의 움직임에 막대가 반응하여 지하에 숨겨진 수맥이나 광맥을 가리킨다. 원래는 가는 나뭇가지를 사용했지만 지금은 두 개의 L자형 막대를 쓰는 것이 주류이다.

▲ 찻잎 점
차를 마시는 관습과 함께 시작된 점술로, 지금도 여전히 인기가 있다. 점술사는 찻잔 바닥에 남겨진 찻잎이 그려내는 패턴을 해석한다.

▲ 스피릿 보드 Spirit board
위저보드Ouija board라고도 한다(230~231쪽 참조). 신비롭게도 포인터가 보드에 쓰인 여러 문자를 가리키며 죽은 이의 메시지를 전해준다고 한다. 사실은 참여자가 무의식중에 포인터를 움직이는 것이다.

▲ 거울 점
태고부터 그 역사가 이어져 왔다. 영혼을 불러내어 과거와 미래, 심지어 현재 다른 곳에서 일어나고 있는 사건까지 알아내는 초자연적인 수단으로 오늘날에도 이용되고 있다.

점술 도구
Divination tools

특정 패턴과 기호를 읽어 미래를 점치는 것은 태고부터 시작되었고 가장 널리 퍼진 오컬트 관습의 한 형태이다. 대부분의 방법은 여전히 인기가 있으며, 징후를 선택하고 해석하는 방법은 문화권에 따라 다양하다. 먼지로 점을 치는 아바코먼시abacomancy에서 추의 균형을 맞추는 점술인 자이고먼시zygomancy까지, 다채로운 종류의 점술이 학자들에 의해 확인되고 있다.

예언의 힘: 연감과 달력

THE POWER OF PREDICTION
almanacs and calendars

16~17세기에는 전통적 생활력인 연감almanac이 점성술에 관한 학술 서적보다 더 많이 활용되었다. 연감은 현대의 다이어리처럼 교회의 축일, 축제일, 장날을 비롯하여 일출과 일몰 시간이 표기된 구체적인 천문 정보에 이르는 실용적인 정보를 담고 있었다. 실용 정보와 함께 날씨, 농작물, 정치에 관한 점성술의 예측도 실렸다.

이러한 연감의 뿌리는 기원전 1세기 바빌로니아의 예언 석판까지 거슬러 올라간다. 하지만 널리 보급된 것은 인쇄술이 발명된 이후이다. 활판 인쇄를 발명한 요하네스 구텐베르크는 1448년 최초의 인쇄판 연감을 출간했다. 연감은 프랑스와 독일에서 빠르게 보급되었고, 그 후 이탈리아 점성가 윌리엄 파론William Parron이 제작한 것이 1490년대에 영국에 전해졌다. 17세기 초에는 북아메리카의 뉴잉글랜드 지역을 기준으로 한 연감이 영국 식민지에도 보급되었는데, 1639년에 하버드 대학과 공동으로 인쇄한 것이었다.

연감 열풍

연감은 널리 인기를 끌었다. 1664년에서 1666년 사이에 영국에서만 약 100만 권이 판매되었다. 15세기 후반부터 프랑스에서 출판된 『목자의 달력Le Calendrier des Bergers』은 서민을 대상으로 했지만 예언적인 부분에 매력을 느낀 귀족들도 구입했다. 심지어 국왕 프랑수아François 1세의 도서관에도 한 권이 소장되었다.

연감은 더 고차원적인 문제, 세계의 종말에 관한 예언 등도 다루었다. 이들은 사회적으로 혼란했던 시대에 크게 유행했고, 점성술의 예언을 가장한 정치적 폭언이 실린 경우도 있었다. 영국에서는 윌리엄 릴리의

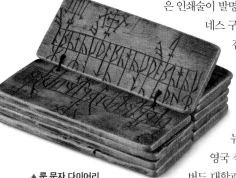

▲ 룬 문자 다이어리
16세기 노르웨이의 목제 연감으로 북유럽의 전통 문자인 룬 문자로 기록되어 있다. 종교적 축일, 성인의 축일, 겨울의 시작 등, 농사력으로서 중요한 날의 목록이 수록되어 있다.

▶ 농업에 관한 조언
16세기의 영국 연감. 성인의 날과 십이궁의 성좌가 농업과 농촌 생활에 미칠 영향에 대한 예측이 포함되어 있다. 이 페이지는 천칭자리와 전갈자리에 대한 정보이다.

무서운 예언

1474년 독일의 수학자이자 천문학자인 요하네스 뮐러Johannes Müller는 천체의 위치를 표로 정리한 『천체력Ephemerides』을 출판했다. 그의 사후 남겨진 문서 속에서 1588년에 일어날 재난을 예언한 것으로 여겨지는 시가 발견되었다. 1583년에 발생한 토성과 목성의 합이라는 보기 드문 현상에 두려움을 느끼고 있던 점성가들은 그 현상과 뮐러의 예언을 연관시켜 생각했다. 다양한 억측이 만연했으나, 뮐러가 말한 재난은 발생하지 않았다.

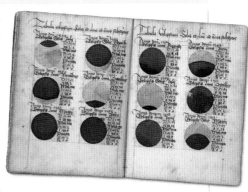

『천체력』에 수록된 요하네스 뮐러의 달의 위상표. 그는 '왕의 산'이라는 의미인 레기오몬타누스Regiomontanus라는 이름으로 더 많이 알려졌다.

『멀린의 천체력Merlini Anglicus Ephemeris』이 잉글랜드 내전 중에 널리 유통되었다(그의 첫 연감은 전쟁이 한창이던 1645년에 발간된 것이다). 그는 1666년 런던 대화재를 예언했고, 실제로 화재가 일어나자 방화범 혐의로 체포되면서 더 유명해졌다.

노스트라다무스

훨씬 더 유명한 사람은 프랑스의 의사이자 점성가인 노스트라다무스이다. 그는 1550년에 연감을 제작하기 시작했으며, 1559년 마창 시합에서 앙리Henri 2세가 사고로 사망할 것이라는 그의 예언이 들어맞은 다음 명성이 치솟았다. 그의 저서 『예언Les Prophéties』은 의미를 애매하게 숨긴 4행시 형태로 이루어져 있다. 이 시구들은 18세기 말의 프랑스 혁명부터 2001년 미국의 9.11 테러 공격까지 여러 사건들을 예언한 것이라고 한다.

17세기에는 과학적 소양을 추구하는 사람들에게 보다 정확한 천문표를 갖춘, 순수 과학에 기반한 연감이 주목받았으나, 한편으로 『올드 무어의 연감Old Moore's Almanac』과 같은 대중적이고 민속적인 연감도 계속 사용되었다. 1764년에 처음 발행된 이 연감은 21세기에도 여전히 매년 간행되고 있다.

▼ 미래의 연대기
노스트라다무스의 『예언』표지. 오늘날에도 여전히 이 책에 수록된 예언을 믿는 사람들이 존재한다.

LA GRAND'
PRONOSTICATION
NOVVELLE AVEC PORTENTEV-
se predicion, pour l'An M.D.L.V II.
Composée par Maistre Michel de nostre Dame,
Docteur en Medicine de Salon de Craux
en Prouence.

AVEC PRIVILEGE DV ROY.
A·PARIS.

마법과 우주의 대응표를 게재한 요하네스 테오도루스 드 브리Johannes Theodorus de Bry의 『마법력Calendarium Naturale Magicum Perpetuum』(1620년)

모든 지식의 열쇠

The key to all knowledge

마법서는 오랜 역사를 지닌다. 고대 메소포타미아의 예언 석판(19쪽 참조)과 『그리스 마법의 파피루스』(32쪽 참조)까지 거슬러 올라가며, 중세 시대까지 이어져 왔다. 이러한 문헌의 존재는 비밀스런 지식을 물리적인 기록으로 남기고자 한 욕구를 암시한다. 르네상스 시대에는 인쇄술의 등장과 함께 이러한 지식이 마법 지침서로 출판되어 널리 보급될 수 있었다. 이 지침서들은 18세기에는 일반적으로 마법서(그리무아르)라는 용어로 불리게 된다. 가죽 장정의 웅장한 전집에서 조잡하게 제본된 소책자까지 다종다양하게 출판되었지만, 수록된 오컬트 지식은 외관과 상관없이 그야말로 거의 마법 같은 품질을 제공했다.

저명한 학자들과 관련이 있다는 책들은 한층 평판이 높고 인기가 있었지만 대부분 거짓이었다. 예를 들면 13세기 파리의 학자 피에트로 다바노Pietro d'Abano가 썼다고 알려진 『헵타메론Heptameron』은 사실 1559년에 처음 출판된 것이다. 같은 해 출판된 『오컬트 철학에 관한 네 번째 책』 역시 24년 전에 죽은 오컬트 철학자 코르넬리우스 아그리파의 저작으로 거짓 주장되었다. 특히 베스트셀러가 된 것은 14세기에 유통되기 시작한 『솔로몬의 열쇠』이다. 이 책에는 성서에 나오는 솔로몬 왕이 만들었다는 주문과 주술이 잡다하게 수록되어 있다. 종교 재판 기록에 따르면 이러한 책들은 르네상스 시대의 스페인과 이탈리아에서 특히 유행했던 것 같다.

> "이 책은… 영혼을 불러내는 방법과… 그리하여 수명을 300년 연장하는 방법을 다룬다."

『아르바텔Arbatel』(1575년) 1617년판에 대한 필립 호마기우스Philipp Homagius의 발언

토착적 상징에 대한 오해: 식민지와의 조우

MISUNDERSTANDING THE LOCAL SIGNS
colonial encounters

15세기 후반, 유럽인들이 토착 신앙이 성행한 아메리카 대륙, 아프리카, 아시아 지역으로 진출하면서 문화 충돌이 발생했다. 식민지 개척자들은 지역 전통 종교의 마법과 의식을 악마 숭배로 여겼고 그 수행자들을 박해했다.

아프리카의 포르투갈인

1483년에 포르투갈 탐험가 디오구 캉Diogo Cao은 현재의 앙골라 북부인 콩고 왕국에서 기독교와는 근본적으로 다른 신앙을 발견했다. 캉과 그 뒤를 이어 찾아온 기독교 선교사들은 아프리카인들이 정령이 깃들어 있다고 믿고 숭배하는 주물인 은키시nkisi를 페이티수feitiço라고 칭했다(영어로는 페티시fetish). 마물 또는 이상한 숭배의 대상을 의미하는 것으로, 아프리카의 마법용 기물을 가리키는 총칭이 되었다. 복잡한 종교적 풍경을 지나치게 단순화하는 태도는 토착 종교에 대한 유럽인 특유의 반응이었다. 악령에게서 산 자를 보호하고 질병을 치료한다고 알려진 콩고의 은강가nganga를 유럽인들은 마법사로 분류했고, 은키시를 매개로 바키시bakisi, 즉 정령들을 이용하는 행위는 악마 숭배로 배척했다.

스페인의 관점

스페인인들은 중남미에서 계층 구조와 공공 사원을 갖춘 종교 제도를 접하게 되었다. 1524년에 멕시코에 도착한 프란치스코회 선교사들은 원주민들에게서 인간을 제물로 바친다는 이야기를 듣고 경악했다. 그들의 기독교 개념 또한 신의 아들의 자기희생을 바탕으로 하는데도 말이다.

메소아메리카 사람들은 인류의 행복을 위해 희생한 신들에게 그 대가로 피를 바치는 의례가 필요하다고 믿었던 것이다. 스페인인들은 이런 의례에 광신적인 숭배라는 낙인을 찍었고, 개인적인 점술이나 정령 신앙에는 브루헤리아brujería, 즉 주술이라는 오명을 씌웠다. 선교사들이 가장 우려한 것은 퓨마나 재규어로 변신한다는 나우알리Nahualli, 불을 뿜는 힘을 가졌다고 알려진 틀라우이포친Tlahuipochin과 같은 원주민 주술사들이었다.

▼ 약초 요법

아스텍 의사가 1552년에 만든 약초 요법 필사본에서 재현한 삽화. 여기에 설명된 노노치톤nonochton은 심장 통증을 진정시키기 위해 식물의 꽃잎을 물에 갈아서 주스로 복용하는 것이다. 식민지 개척자들은 대부분 현지의 의학에 대해 회의적이었다.

"나우알리는… 밤에 사람들을 놀라게 하고 아이들의 피를 빨아먹는 마녀다."

『누에바에스파냐 문물 통사Historia general de las cosas de Nueva España』(베르나르디노 데 사아군, 1545~1990년)

▲ 광신적인 화재

『틀락스칼라의 역사Historia de Tlaxcala』에 수록된 삽화. 스페인 수도사들이 아스텍 사원을 불태우는 장면이다. 불타는 사원에서 탈출하는 악마 형상은 원주민의 사원을 스페인 정복자들이 악마 숭배의 본거지로 여겼다는 것을 보여준다.

1562년에는 프란치스코회 수도사 디에고 데 란다Diego de Landa가 마야족 마술사로 의심되는 158명을 고문하여 죽이는 등 폭력적인 박해와 학살에도 불구하고 토착 종교 관습은 지속되었다. 환각제를 이용하여 영적 세계로 들어가거나 260일 주기의 신성한 달력을 기준으로 출생일을 통해 운세를 점치는 토날포키와 민간 치료사인 쿠란데로curandero를 찾는 토착민들은 줄어들지 않았다. 이후 토착 신과 기독교 성인과 성상이 융합되어 갔고 오늘날에도 그러한 형태의 신앙이 이어지고 있다.

북아메리카 원주민의 관습

북아메리카에서도 오해가 생겼는데 토착의 치료사나 민간요법사는 나바호족Navajo의 스킨워커skin-walker와 혼동되었다. 스킨워커는 스스로 깊은 영적 지식을 가졌다고 주장하며 동물의 모습으로 변신하여 악행을 저지르는 자들이다. 유럽인들은 그들의 행위를 싸잡아서 흑마술이라는 꼬리표를 붙였던 것이다. 또 원주민들은 동물이나 식물이 고유한 혼을 가지고 있다고 생각하며 모든 세계와의 영적 일체감을 공유했는데, 유럽인들은 그들이 그저 나무나 바위, 동물에게 기도한다고 오해했다.

부착된 깃털은 바람, 비, 벼락, 불 등 하늘의 요소와 비행하는 힘과 관련이 있다.

목제 두상은 양식화된 특징을 지닌다.

몸통에는 은강가가 마력을 부여한 물질이 충전되어 있으므로 대상에게 힘을 줄 수 있다.

◀ 정령이 깃드는 곳

서아프리카인들은 콩고족의 은키시 조각상이 영적으로 충전된 에너지를 저장한다고 믿었다. 못과 같은 금속 물체를 찔러 넣으면 에너지를 활성화시킬 수 있다고 한다.

점토로 빚은 구근 모양의 몸체는 용기로도 사용된다.

The flyer.

▶ **신세계의 풍경**
1587년 영국이 개척한 북미 최초
의 식민지 로어노크Roanoke의 '인
디언 주술사'. 식민지 총독이었던
존 화이트John White가 그린 수채
화이다.

토착민들에 대한 오해는 곧바로 시작되었
다. 1607년 버지니아의 최초 영국 식민지
인 제임스타운Jamestown이 설립된 직후, 그
지도자인 존 스미스John Smith는 사춘기 의
식 중인 포와탄족Powhatan 사람들이 자녀
를 제물로 바치고 있다고 단정했다. 이러한
오해는 오늘날까지 계속되고 있다.

얼어붙은 북쪽 대지 사람들

1500년대 유럽인들은 그린란드와 캐나
다 북극권의 이누이트족Inuit과 처음 접촉
했다. 태평양과 대서양을 연결한다고 여
겨진 북서 항로를 탐험하기 위해 항해자들
이 파견된 때이다. 이누이트족은 가혹한
환경에서 협력의 필요성과 더불어 얼어붙
은 환경을 통제하는 영적인 힘인 이누아
Innua에 대한 신앙을 만들어냈다. 시베리아
의 샤먼을 닮은 영적 치료자인 이누이트
의 앙가쿠크angakkuq는 인간 세계와 영적
세계를 이어주고, 이누아의 은총을 얻기
위해 필요한 의식을 주관하며 지역 사회를 이끌었다.

그린란드에서는 아르나르크와그사그Arnarquagssag라
고 불리는 '바다의 노파'를 달래는 것이 특히 중요시되었
다. 이누이트족의 생존을 위해 꼭 필요한 물개와 같은 바
다 생물을 만든 존재이기 때문이다. 그들은 노파가 화나
면 사람에게서 바다 생물을 빼앗아 굶주림과 고난을 초
래한다고 믿었다. 1890년대에 이누이트족을 전도하기
시작한 기독교 선교사들은 이러한 세계관을 충분히 이
해하지 못했다. 마법사들이 복수를 목적으로 동물의 일
부 또는 심지어 어린이의 시체로 만든 투필라크tupilaq와
같은 공예품도 선교사들은 마법의 일종으로 간주했다.

◀ **잔혹한 만남**
1577년 배핀 섬의 블러디 포
인트에서 일어난 이누이트족
과 영국 원정대 선원들 사이
의 충돌을 묘사한 그림. 폭력
적인 접전은 원주민 신앙에
대한 오해를 증폭시켰고, 상
호 불신으로 이어졌다.

영국의 민간 마법

유럽과 식민지 토착의 마법이 융합되는 일도 있었다. 북
아메리카의 영국 식민지에서는 아메리카 원주민의 신앙
과 아프리카 출신 노예들의 종교, 영국의 민간 마법이 융
합되어 갔다. 한편 가톨릭교도는 성수, 촛대, 성유물에
대응하는 것을 뉴잉글랜드 지방 청교도들의 전승에서
찾아냈다. 예를 들면 1691~1692년 마녀재판 때 세일럼
의 목사 새뮤얼 패리스Samuel Parris의 노예 티투바는 오
래된 영국의 민간요법인 오줌을 사용한 케이크를 만들
었다. 코네티컷주에서는 아메리카 원주민이 호의적인 지
배자에게 '낮보다 더 밝은 두 가지… 인디언 신들'을 제안
했다. 이는 토착 종교가 여전히 활기차고 식민지 개척자
들에게 마법의 해결책을 제시했음을 보여준다.

> "주문으로 상처를 치료하는
> 것은 그들에게 흔한 일이었다."

『보이지 않는 세계의 불가사의Wonders of The Invisible World』(코튼 매더Cotton Mather, 1693년)

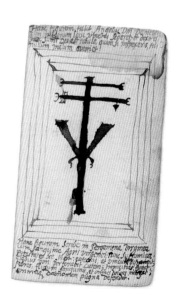

▶ **부적 책**
총대주교의 십자가가 그려진 17세기
책. 폭력, 질병, 악마에게서 독자를 보
호해 준다고 한다. 이 시기 뉴잉글랜드
에 만연했던 종교적 열정과 마법 신앙
의 혼합을 보여주는 대표적 사례이다.

무대 위의 마법: 르네상스 연극과 마법

SORCERY ON THE STAGE
magic in Renaissance theatre

▲ 악마와의 대화
『파우스트 박사』에 수록된 17세기 목판화. 크리스토퍼 말로Christopher Marlowe가 지은 이 시사성 넘치는 이야기는 오컬트 지식에 굶주린 의사가 흑마술사가 되어 악마에게 영혼을 파는 내용을 담고 있다.

르네상스 연극에서 마법은 편리한 플롯 장치를 제공하며, 관객을 즐겁게 하고 또 자기 문화의 중요한 부분을 되돌아보도록 했다. 극작가들은 극장의 환영이 현실의 생활과 어떻게 공명할 수 있는지, 연극 자체가 일종의 마법이 될 수 있을지를 모색했다.

희극 마법

1499년 스페인 작가 페르난도 데 로하스Fernando de Rojas의 대화체 희극 〈셀레스티나Celestina〉가 출판되었다. 주인공 셀레스티나는 흑마술사이다. 스페인 종교 재판소가 마법이라 여겨진 것을 닥치는 대로 기소하던 시대였으므로, 이 내용은 화제를 불러일으키는 동시에 위험에 직면한 듯 보였다. 다행히 종교 재판소의 검열을 통과했는데, 당시 심문관은 교권에 반대하는 문장만 삭제했다.

점성가, 강령술사, 사기꾼은 희극에서 인기 있는 단골 캐릭터였다. 1513년 이탈리아의 비비에나Bibbiena 추기경이 쓴 희극 〈라 칼란드리아La Calandria〉에 등장하는 마법사 루포Ruffo가 전형적인 예이다.

프랑스에서는 17세기 중반까지 마법이 고전적인 전통과 반대되는 요소로서 희비극이나 바로크 연극 양식에 자주 도입되었다. 피에르 코르네유Pierre Corneille가 쓴 〈연극적 환상L'Illusion comique〉에서는 마술사 알캉드르Alcandre의 존재가 '극중극'이라는 영리한 장치와 예측할 수 없는 출현이라는 획기적인 탐구와 연결되어 있다.

빛과 어둠

르네상스 시대의 영국 연극에서 마법은 코미디, 오락, 기발한 발명뿐만 아니라 어두운 주제에도 사용되었다. 극작가들은 군주에게 영합하려는 경향이 강했고, 반마법에 열중하는 정책을 편 제임스 1세의 치세에는 어용적 연출도 자주 등장했다. 제임스의 가혹한 마술법이 시행된 1604년에 발표된 말로의 〈파우스트 박사〉 무대는 관객들이 진짜 악마를 보았다고 생각하고 겁에 질릴 정도의 오컬트 연출을 전개했다.

셰익스피어도 희곡 〈맥베스〉에서 마법에 대한 제임스 1세의 고정 관념에 따르는 개념을 일부 도입했다. 하지만 〈한여름 밤의 꿈〉이나 〈템페스트〉에서 보듯이 마법사에 대한 그의 묘사는 절묘하다. 특히 마법사 프로스페로는 오컬트주의자 존 디를 모델로 했다고 여겨진다.

참고

사랑의 이름으로

르네상스 연극은 사랑의 대상을 정복하거나 불운한 연인들의 사랑을 성취시키는 등, 로맨스를 다룰 때 마법이나 초자연적 요소를 활용했다. 예로부터 마음의 욕망을 채우기 위해 활용한 마법의 주문이나 사랑의 묘약 등이 민간에 넘쳐나고 있었음을 반영하는 장치이다. 셰익스피어의 〈한여름 밤의 꿈〉(173쪽 참조)에 등장하는 마법의 꽃으로 만든 즙은 미국마편초라는 실제 약초로 만든 약물을 모델로 한 것이다.

VERBENACA SYPI
NA SVE FORINA
Eisenkraut weible

마편초는 죽어가는 사랑을 되살리기 위한 사랑의 묘약으로 사용되거나 신부용 화환을 엮는 데도 사용되었다.

> **"밤마다 열심히 일하는 마법사가 매일 새로운 기적을 일으키고 있다."**

〈연극적 환상〉 중 알캉드르에 관한 도랑트Dorante의 발언
(피에르 코르네유, 1635~1636년)

키포인트

1 공중에 떠 있는 날개 달린 인물이 나팔을 불며 코르네유가 비극과 희극 양쪽 모두에 재능을 지닌 대가임을 알리고 있다.

2 그리스 신 아폴론의 상징인 월계관은 코르네유가 자기 분야의 선도자임을 나타낸다.

3. 희극(오른쪽)과 비극(왼쪽)의 의인상이 〈연극적 환상〉에서 두 가지를 융합시키는 마법을 선보인 극작가 옆을 굳건히 지키고 있다.

4 가면은 고대 고전극의 상징이며 변장에도 사용된다. 〈연극적 환상〉에서 희극 마법은 사람을 착각하는 에피소드와 복잡하게 얽혀 있다.

◀ 환상의 대가
코르네유의 전집 표지용으로 1664년에 제작된 동판화. 중심에 그려진 극작가 코르네유는 〈연극적 환상〉에서 마법을 사용하여 연극의 세계를 풍성하게 했다.

▲ 〈한여름 밤의 꿈〉에 등장하는 티타니아와 바텀. 1800년대 동화와 요정 그림으로 유명했던 J. A. 피츠제럴드의 작품이다.

셰익스피어의 작품 속 요정의 장난

Shakespeare's fairy mischief

윌리엄 셰익스피어는 마법을 이용하여 자신의 아이디어를 오락적이면서도 시사적으로 전달하는 방법을 터득했다. 그가 1595~1596년에 집필한 로맨스 코미디 〈한여름 밤의 꿈〉은 이전의 많은 중세 로맨스와 마찬가지로 낭만적 사랑이라는 주제를 다루지만, 마법을 도입하여 스토리를 비틀고 있다. 사랑이란 변덕스러운 광기일까, 아니면 일종의 마법일까. 혹은 다른 세상의 힘에 의해 지배되고 있는 것일까. 초자연적인 존재는 인간보다 사랑을 더 잘 통제할 수 있다는 것일까.

〈한여름 밤의 꿈〉에서는 행복을 향해 험난한 길을 걸어가는 두 쌍의 연인들과, 요정의 왕 오베론Oberon과 왕비 티타니아Titania의 이야기가 나란히 펼쳐진다. 중심 사건은 장난의 설계자로 알려진 요정 퍽Pu과 마법의 꽃에 의해 전개된다. 잠든 사이에 꽃의 즙을 눈꺼풀에 떨어뜨리면 인간이든 요정이든 모두 깨어나 처음 보는 사람과 사랑에 빠지게 된다. 그리하여 재미있는 혼란이 연달아 일어나는 것이다. 예를 들면, 티타니아는 마법으로 머리가 당나귀로 변해버린 바텀Bottom이라는 직공에게 반해버린다.

요정으로 넘치는 숲속에서 전개되는 다채로운 사건에는 자연계에 내재한 신비로움뿐만 아니라 민간 마법이나 자연의 경이로움도 반영되어 있다. 좋은 마법과 나쁜 마법 사이의 변화하는 경계는 천진한 장난기와 악마성을 넘나드는 퍽의 캐릭터에서 분명하게 드러난다. 중세 시대에 정령은 곧잘 악마를 연상시키는 존재였는데, 퍽 역시 낮의 요정들과는 대조되는 밤의 '빌어먹을 정령들'에 대해 이야기함으로써 그러한 관계를 만들고 있다.

"하지만 우리는 다른 종류의 정령이다."

셰익스피어의 〈한여름 밤의 꿈〉 중 오베론의 대사

악마와 근대 마녀의 탄생: 르네상스 시대 유럽의 악마학

DEMONS AND THE BIRTH OF THE MODERN WITCH

demonology in Renaissance Europe

르네상스 시대에 교육받은 유럽인들에게 악마는 마법의 중심이었다. 악마는 신비한 힘을 가진 사악한 존재로 여겨졌지만, 그 힘은 신이 창조한 세계에 국한된 것이었다. 악마를 연구하는 악마학은, 악마와 사악한 신들에 대한 메소포타미아의 신앙(18~21쪽 참조)이나 초기 이슬람교의 진, 다이몬daimon으로도 불리는 고대 그리스의 수호령 등, 모두 고대 문화를 바탕으로 하고 있다. 초기 기독교 사상가들은 이러한 생각을 토대로 악마의 존재를 믿었다. 대표적인 예로 아우구스티누스는 악마가 사람들의 몸에 들어갈 수 있다고 주장했다.

◀ **지옥으로**
지옥의 입구인 괴물의 입속에 들어간 루시퍼와 악마를 묘사한 16세기 목판화. 기독교 전통에서 루시퍼는 타락 천사로 신의 적 사탄이 됐다고 한다.

악마의 일

기독교인에게 악마는 사탄stan, 루시퍼Lucifer, 바알Baal 또는 바알세불Beelzebub이라고도 불리는 악령들의 우두머리였다. 이 악마의 왕은 르네상스 악마학의 중심이었으며 이 점 때문에 기독교에서는 악마를 연구하고 악마의 마법을 행한다고 여겨지는 사람들을 이단으로 고발하도록 조장했다. 프랑스의 철학자이자 법학자인 장 보댕Jean Bodin은 『마법사와 악마광De la démonomanie des sorciers』(1580년대)의 서문에서 악마와의 계약을 피해야 한다는 옛 문헌을 인용하며 "악마는 신과 인간에게 결코 굴하지 않는 집요한 적으로 판단된다"고 썼다.

악마는 성서 속 인물인 솔로몬 왕의 힘에 복종한다고 여겨졌다. 따라서 의식 마법에서는 신성한 힘으로 악마를 통제한다고 전해진 솔로몬 의식이 중시되었다(143쪽 참조).

▲ **악마 퇴치**
성 카타리나가 한 여인에게서 악마를 쫓아내는 모습을 묘사한 17세기 프랑스 동판화. 악마에 홀린 여성의 몸은 십자가 형태를 하고 있고 날개 달린 악마들이 달아나고 있다.

악마의 이름

르네상스 시대의 오컬트 문헌은 대부분 상세한 악마 소환 마법과 함께 악마의 이름을 중요한 순서대로 나열하고 있다. 이는 기독교에서의 천사의 계층 구조에 영향을 받은 것이다. 특히 주목되는 것은 『솔로몬의 작은 열쇠』의 「게티아의 기술Ars Goetia」 항목으로, 72명의 악마를 나열했다. 이 솔로몬의 악마 목록은 네덜란드 의사 요한 베이어르Johann Weyer의 『악마의 속임수에 대해De praestigiis daemonum』(1563년)의 보완편인 『악마의 거짓 왕국Pseudomonarchia daemonum』을 기반으로 했다고 여겨진다.

◀ **악의 화살**
『천로역정The Pilgrim's Progress』(1678~1684년)의 19세기판 삽화. 영국의 전도사 존 버니언John Bunyan은 마왕 바알세불과 그의 사악한 조력자들을 생명을 빼앗아 가는 궁수로 묘사했다.

"마녀란 사악한 수단을 통해 고의로
무언가를 성취하려는 자다."

『마법사와 악마광』(장 보댕Jean Bodin, 1580년대)

▲ 의기양양한 마녀
알브레히트 뒤러Albrecht Durer의
1500년대 초기 작품. 염소는 욕
망에 가득 찬 악마의 상징으로,
염소를 탄 마녀의 이미지는 일반
적인 것이다. 여기서 마녀가 염소
를 거꾸로 타고 있는 것은 자연의
섭리를 거스르는 것을 의미한다.

악마의 대리인

르네상스 시대의 성직자와 철학
자들은 마녀를 마물이나 악마
의 동반자로 묘사했다. 또 마녀
의 본성이나 그들이 악마와 교
류하는 방법을 적은 상세한 안
내서를 제작하는 자도 많았다.
그 생각들은 다양했는데, 마녀
가 악마를 지배하는 것이 틀림
없다고 하는 자들이 있는가 하
면, 악마가 마녀의 조력자일
가능성이 크다고 하는 자들도
있었다.

영국 청교도 성직자 윌리
엄 퍼킨스William Perkins에 의하
면 마녀는 본래 악마와 한패이다. 따라서 그에게
'선량한' 마녀는 존재하지 않았다. 그의 주요 저서인 『저
주받은 위치크래프트에 대한 담론Discourse of the Damned
Art of Witchcraft』(1608년)은 이러한 유럽의 사상을 영국과
북아메리카에 전파하는 데 큰 역할을 했다.

악마의 영향

많은 문헌들이 악마와 관련된 마법을 상세히 기술했는
데, 그 저자들은 사악한 마법을 설명하기 위해 말레피키
움maleficium이라는 단어를 자주 사용했다. 대표적으로,
독일 성직자 하인리히 크라머의 『마녀에게 내리는 철퇴』
(1484년)와 이탈리아 신부 프란체스코 마리아의 『악행
요론Compendium Maleficarum』(1608년)을 들 수 있다. 악마
의 존재를 믿고 마법에 강하게 맞서 박해에 가담한 장
보댕의 저작들이 그러했듯이, 이 두 문헌도 마녀사냥에
영향을 미쳤다(178~181쪽 참조).

▶ 악을 요리하다
뱀과 닭을 요리하며 주문을 걸고 있는 두 마녀를 묘사한 르네상스 시대의
독일 목판화. 불과 가마솥을 사용하는 마녀는 당시에 흔히 통용되는 이미
지였다.

한편 네덜란드 의사 요한 베이어르는 『악마의 속임수에
대해』(1563년)에서 기존의 반마법적 교리와 박해에 반
대하는 입장을 취했다. 그는 마법이 망상이나 정신적 불
안정에서 비롯된다고 생각했다.

근대 마녀의 등장

악마와 관련된 여성으로서의 마녀에 대한 근대 유럽의
개념은 르네상스 시대에 확립되었다. 그리고 대부분의
마녀재판은 여성이 대상이었다. 특히 가난한 독신 여성
들은 불행을 초자연적인 것과 연결하고 싶어 하는 이웃
들로부터 쉽게 비난의 대상이 되었다. 퍼킨스의 『저주
받은 위치크래프트에 대한 담론』에는 이런 대목이 있
다. "여성은 남성보다 약한 성으로 악마의 환상에 걸려
들기 쉽다." 이러한 사고방식은 '사악한 마녀'의 이미지
와 마찬가지로 수 세기 동안 지속되었다.

▶ 마녀들의 안식일
플랑드르 화가 프란스 프랑켄Frans Francken 2세의 1606년 작품. 한밤의
마녀들의 집회를 묘사한 것이다. 당시 수많은 마녀가 모인다는 안식일과
관련해 놀라운 이야기들이 퍼져 있었다.

▶ 데렌부르크의 화형
1555년 작센주 데렌부르크에서 열린 마녀재판은 독일에서 가장 악명 높은 재판 중 하나이다. 사형수 4명 중 3명이 여성이었고, 공개적으로 화형에 처했음을 알리는 인쇄물이 널리 퍼졌기 때문이다.

소름 끼치는 처벌: 마녀재판

GRUESOME PENALTIES
witch trials

14세기부터 18세기까지 유럽과 북아메리카에서 약 5만 명이 마법과 관련된 죄로 처형되었으며, 그중 약 80퍼센트는 여성이었다. 가장 극단적인 숙청은 16세기 후반부터 17세기 초에 걸쳐 유럽에서 일어났다.

신학 교수인 요하네스 니더Johannes Nider는 1436~1438년에 마법에 대한 다섯 번째 책인 『개밋둑Formicarius』을 저술했다. 그는 "수많은 남녀 마법사가 인간의 본성을 크게 미워하고 있다. 특히 아이들을 탐욕스럽게 잡아

먹는 놈들은 다양한 종류의 짐승을 연상시킨다"고 하며, 어린이 살해에 대한 일화를 기술했다. 이 책은 이후 1486년에 『마녀에게 내리는 철퇴』의 일부로 출판되었으며, 재판소가 마법사를 기소할 때 보다 엄격한 입장을 취하도록 하는 데 영향을 끼쳤다.

프로테스탄트 개혁이 1540년대부터 북유럽 일부 지역을 휩쓸면서 그동안 용인되었던 관습에도 주술이라는 오명을 씌웠고 이것은 검사들의 열정을 더욱 부채질했다.

박해의 패턴

1562년과 1604년에 영국에서 법령이 제정되는 등 마법에 대항하는 일련의 법이 차례로 통과되었고 마녀재판이 끊임없이 행해졌다. 서부 독일에서는 열성적인 트리어의 대주교가 자신의 작은 영지에서 마녀를 포함한 이단자들을 숙청하기 시작했는데, 1580~1590년대 사이에 그가 처형한 사형수만 300명이었다. 스코틀랜드에서

◀ 왕에게 폭풍을 일으키다
1590년 스코틀랜드 노스 버윅에서 열린 마녀재판을 묘사한 목판화. 애그니스 샘슨Agnes Sampson은 제임스 6세가 덴마크의 앤Anne of Denmark을 신부로 맞아 귀국할 때 배를 침몰시키려고 마법으로 폭풍을 일으켰다는 죄로 기소되었다. 그녀는 고문을 받고 이 내용을 자백했다.

는 1560~1660년 사이에 최소 200명의 마법 용의자가 처형되었고, 영국과 프랑스에서는 각각 약 500명이 처형 당했다. 스칸디나비아, 네덜란드, 폴란드에서도 수많은 사람들이 처형되었지만 가톨릭이 지배했던 남부 유럽에서는 마법에 대한 처형이 드물었다. 이후 유럽에서 마녀재판이 잦아들자 열풍은 아메리카 대륙으로 퍼졌다.

마녀재판에는 전형적인 패턴이 있었는데 대부분의 재판이 집단으로 행해졌다는 것이다. 심문 단계에서 피고들은 자신의 무고함을 증명하기 위해 타인이 시킨 일이라 주장하는 경우가 많아 용의자가 늘어났기 때문이다. 스웨덴의 토르소커 재판에서는 하루에 71명이 화형 당했다.

▲ 물 심판의 시련
마녀를 식별하는 데 사용된 물 심판용 의자. 물이 마녀를 퇴치한다고 알려져 있었으므로 무고한 여성은 가라앉고, 죄가 있는 여성은 떠오른다고 생각했다. 가라앉은 여성은 무죄라도 익사할 가능성이 있었고, 떠올라 살아난다면 마녀재판이 기다리고 있었다.

"그들은 마녀의 젖꼭지를 찾기 위해
그녀를 몇 번이나 수색했고, 물에 처넣는 실험을 시도했다.
그 후 그녀는 교회로부터 파문당했다."

『보이지 않는 세계의 더 많은 불가사의More Wonders of The Invisible World』 중 1693년 코네티컷Connecticut 마녀재판에 대한 기록(로버트 캘리프Robert Calef, 1700년)

◀ 집행 방법
1589년 첼름스퍼드에서 교수형에 처해진 여성들을 묘사한 판화. 처형된 세 명 중 한 명인 조앤 커니Joan Cunny는 열 살 난 손자의 증언으로 사형 선고를 받았다. 네 번째 여성은 동물 사역마와 함께 앉아 있는 모습으로 그려져 있다. 영국에서는 유죄 판결을 받은 마녀를 화형보다는 교수형에 처하는 경우가 많았다.

자백을 끌어내는 수단으로 여러 도구가 이용되었다. 일부 심문관은 마녀의 고삐라고 불린 4개의 철제 돌기가 있는 기구를 가지고 피고인의 얼굴을 누르거나 그레시온gresion이라는 기구로 발가락을 짓누르고, 200kg의 무게로 끌어올리는 도르래인 스트라파도strappado에 다리를 묶어서 몸을 위로 끌어당기기도 했다.

잉글랜드의 물 심판
영국에서는 '물 심판'이 선호되었다. 마녀로 추정되는 여성의 손과 발을 묶은 채 물속에 던져 넣어, 용의자가 가라앉으면 죄가 없는 것이고, 떠오르면 유죄로 간주되었다. 이 방법은 영국에서 가장 악명 높은 '마녀사냥 장군' 매슈 홉킨스Matthew Hopkins가 많이 사용했다. 홉킨스는 1642년부터 1644년까지 수행원들과 함께 영국 동부를 순행했는데, 일행 중에는 '마녀의 젖꼭지witch's teat'를 찾는 전문가도 있었다. 마녀의 젖꼭지는 악마와 관계했음을 나타내는 표식인 세 번째 젖꼭지 또는 몸의 혹을 말한다. 이들은 200명이 넘는 마녀를 처형했는데, 마녀 대박해의 시대라고도 불리는 100년 동안 영국에서 집행된 전체 사형수의 거의 절반을 차지한다.

스페인의 이단 판결 선고식
마녀재판은 지역 사회를 황폐하게 만들었다. 1609년 스페인의 바스크 지방에서 종교 재판관 후안 발레 알바라도Juan Valle Alvarado는 주가라무르디Zugarramurdi의 동굴을 거점으로 활동한다고 알려진 집회를 조사했다. 결국 40명이 로그로뇨Logroño로 이송되어 심문을 받았고 29명이 유죄로 판결되었다. 5명은 감옥에서 사망했다. 이듬해에 열린 이단 판결 선고식auto-da-fé에서는 자백하여 용서받은 18명의 피고인과 용서받지 못한 6명의 행렬을 3만 명이 넘는 군중이 지켜보았다. 검은 옷을 입은 6명은 산 채로 불태워질 말뚝으로 걸어갔다.

프랑스의 마녀사냥 희생자들
노르망디에서는 여성뿐 아니라 양치기들도 기소당했다. 두꺼비 독으로 사람들을 독살하거나 교회에서 성찬식 빵을 훔쳤다는 죄목으로 체포되는 경우가 많았다. 1577년 양치기 두 명이 처음 처형된 것을 시작으로 총 100여 명이 희생되었다. 마지막 재판이 벌어진 것은 1627년이다. 다른 곳과 마찬가지로 여기에서도 가난하거나 소외된 사람들이 사회 전체가 마녀에 열광한 대가를 치른 것이었다.

▲ 고야의 마녀
이단 심문관 앞에 앉아 있는 피고를 묘사한 그림. 스페인의 화가 고야는 주가라무르디 마녀재판에서 영감을 얻은 일련의 그림을 그렸다. 크고 뾰족한 모자는 이단자에게 씌우는 것으로, 그의 처지를 나타내고 있다.

참고

현대의 마녀사냥

17세기가 되면서 마녀재판은 잦아들었고, 유럽에서는 1782년 스위스에서 집행된 사형을 마지막으로 막을 내렸다. 하지만 전통적인 신앙은 뿌리 깊게 남아서 중앙 권력이 약한 지역에서는 오늘날에도 이어지고 있다. 탄자니아와 같은 아프리카 일부 지역에서는 수만 명의 여성들이 마녀라는 혐의로 박해받았고, 가나에서도 무수히 많은 여성들이 주술 혐의로 기소된 자들을 가두는 수용소에서 살고 있다. 파푸아뉴기니와 인도의 농촌 지역에서도 마녀사냥이 일어나고 있다. 분열된 마을 공동체를 안정시키기 위한 구실로써 마법에 대한 고발을 이용하고 있는 것으로 보인다.

쿠쿠오 마녀 수용소Kukuo witch camp는 가나에서 주술 혐의로 고발당한 여성들이 거주하는 강제 수용소이다. 그들 대부분은 가족들의 짐이 된다고 여겨지는 과부나 고령자이다.

▲ 옥수수 껍질 인형
아메리카 원주민 인형을 모방한 빅토리아 시대의 인형. 옥수수 껍질로 만들었으며 가정과 가축을 보호해 준다고 믿었다.

▲ 아프리카 페티시
공동체를 보호하기 위해 성인이 마법의 힘을 불어넣었다고 여겨진 조각상. 은콘디Nkondi 라고 불린다. 죄를 지은 상대를 응징하기 위한 못들이 박혀 있다.

▲ 고대 이집트의 이미우트 Imiuts
고양이나 황소 가죽으로 만든 페티시로, 사발에 세운 막대에 부착한 조각상. 원래는 파라오를 지키기 위해 왕좌 근처에 두었던 것이다.

넓은 이마는 미인의 표상이므로 머리 크기가 과장되어 있다.

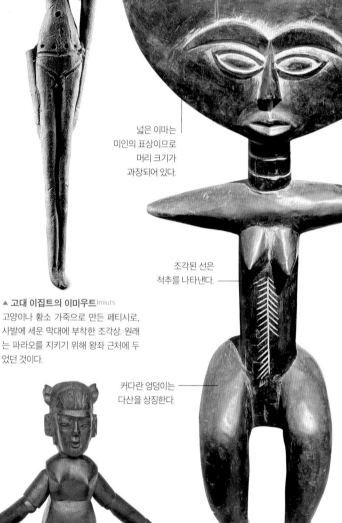

조각된 선은 척추를 나타낸다.

커다란 엉덩이는 다산을 상징한다.

▲ 일본의 사가嵯峨**인형**
1800년경 제작된 행운의 인형. 개를 안고 있는 소년의 머리 부분이 움직이도록 따로 만들어서 연결한 것이다. 고개를 끄덕이며 혀를 내미는 구조로 되어 있다.

▲ 부두 Voodoo **인형**
적을 대신하는 사물로 사용할 수 있다. 인형을 바늘로 찌르거나 칼로 베어서 상대방에게 해를 끼치는 것이다.

▲ 대만 조각상
오래전부터 중국과 대만에서 선악 양쪽의 용도로 사용되어 온 조각상. 사랑이나 욕망 같은 쌍방의 감정을 불러일으키기 위해서, 또는 원한을 갚고 복수하기 위한 마법에 이용되었다.

▲ 가나의 아쿠아바 Akua'ba **인형**
임신을 희망하는 아샨티족Ashanti 여성들이 등에 지고 다닌 인형이다. 원반 형태의 커다란 머리는 양식화된 이상적 아름다움을 나타낸다.

포펫과 페티시
Poppets and fetishes

마술에 사용되는 인형에는 특정 인물로 보이게 만든 포펫poppet과, 정령이 깃들어 있다고 여겨지는 물체인 페티시fetish가 있다. 대상을 보호하거나 벌을 내리는 효과가 있다고 믿어온 것들이다. 예를 들면 해를 입히고 싶은 대상을 닮은 인형을 만들어 못이나 바늘로 인형을 찔러서 상처를 입히는 것이다. 개인이 아니라 지역 공동체를 보호하는 인형도 있다.

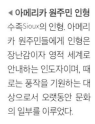

◀ **아메리카 원주민 인형**
수족Sioux의 인형. 아메리카 원주민들에게 인형은 장난감이자 영적 세계로 안내하는 인도자이며, 때로는 풍작을 기원하는 대상으로서 오랫동안 문화의 일부를 이루었다.

▲ **현대의 옥수수 인형**
수 세기 동안 유럽에서는 옥수수를 수확하면 곡물의 정령이 집을 잃는다고 여겨왔으므로, 마지막에 수확한 옥수수 껍질로 인형을 만들어서 겨울 동안 정령의 거처를 제공했다.

전통 의상인
사슴 가죽 옷을
입고 있다.

이누이트 전통
의상을 축소하여
재현한 것이다.

▲ **캐나다 이누이트 인형**
신성한 치유자가 영적 세계에 들어가기 위한 도구로 사용한 새 머리 인형. 의식에서 신의 상징으로 사용된 것이다.

▲ **마녀 인형**
마력을 지닌다고 여겨지는 인형으로, 부두 인형처럼 특정 인물을 모방하여 만들어졌다. 인형을 활용하여 주술의 대상이 된 인물의 삶에 영향을 미칠 수 있다.

착각과 트릭: 위치크래프트의 실체를 폭로하다
DELUSIONS AND TRICKERY
debunking witchcraft

16세기에 르네상스가 유럽 전역에 퍼지면서 위치크래프트의 존재를 의심하거나 마녀재판과 그 방식을 비판하는 회의론자들이 늘어났다. 그러한 목소리가 높아지고, 계몽주의 시대에 접어들면서 위치크래프트는 마법이라기보다 일종의 사기로 여겨졌다.

커지는 회의론

교회와 중세 작가들 사이에는 위치크래프트의 존재에 회의를 품는 전통이 있었다. 16세기에는 르네상스 학자들이 자연과 과학적 탐구에 대한 관심을 기울였으므로 불신의 근거는 더 강화되었다. 1520년 이탈리아 학자 피에트로 폼포나치Pietro Pomponazzi는 『자연 현상의 원인에 관하여De naturalium effectuum admirandorum causis』를 출판하여, 위치크래프트라 여겨진 현상을 과학적으로 완벽하게 설명할 수 있다고 주장했다.

이러한 회의론이 퍼지자, 비평가들은 마녀 박해 열풍의 근간을 찾아 공격의 화살을 돌렸다. 1566년 당시 독일의 궁정 의사였던 요한 베이어르는 『악마의 속임수에 대해』에서 마녀 혐의로 기소된 여성 대부분이 노인이거나, 질투의 희생자이거나, 자백한 바와 같이 우울증에 시달리는 자라고 주장했다. 하지만 그의 의심은 위치크래프트에 국한된 것일 뿐 여전히 마법 자체가 가능하고 남성 마법사가 악마를 불러낼 수 있다고 믿었다.

영국 국회의원인 레지널드 스콧Reginald Scot은 저서 『위치크래프트의 발견The Discoverie of Witchcraft』(1584년)에서 광범위한 위치크래프트 기법을 면밀하게 분류해 폭로했다. 나아가 스콧은 대부분의 위치크래프트는 속기 쉬운 사람들에게 행해지는 트릭이며, 위치크래프트와

▼ **단두대의 트릭**
『위치크래프트의 발견』에서 레지널드 스콧은 사람의 머리를 자르는 '세례 요한의 참수'라는 트릭에 대해 설명한다. 실제로는 두 사람이 있고, 그중 한 사람의 머리가 잘린 것처럼 보이도록 배치하는 것이다.

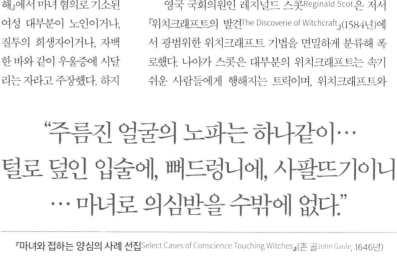

"주름진 얼굴의 노파는 하나같이…
털로 덮인 입술에, 뻐드렁니에, 사팔뜨기이니
… 마녀로 의심받을 수밖에 없다."

『마녀와 접하는 양심의 사례 선집Select Cases of Conscience Touching Witches』(존 골John Gaule, 1646년)

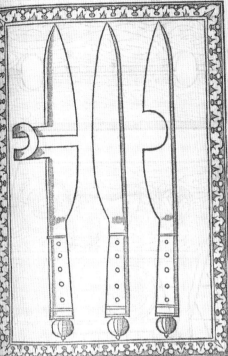

Hartumim.   of Witchcraft.   Cap.34.

To thrust a knife through your arme, and to
cut halfe your nose asunder, &c.

The middlemost knife is to serue for shew; the other two be the kniues of deuise.

TO be readie in the vse and perfect in the practise of these kniues here portraied, see page 347. and 348.

◀ 송곳과 칼을 이용한 환상
『위치크래프트의 발견』에 수록된 삽화. 스콧은 날의 일부를 제거한 칼이나 끝부분이 제거된 송곳을 사용함으로써 상처를 입힌 것처럼 관객의 눈을 속일 수 있다고 설명한다.

법의 눈으로

이러한 움직임에 마녀재판 지지자들은 맹렬한 반격에 나섰다. 1597년에 영국의 제임스 1세가 『악마학Daemonologie』을 출판한 것도 그러한 움직임의 하나이다. 하지만 점차 마녀가 실재한다는 개념에 반발하는 목소리가 우세해졌다. 프랑스에서는 루이 14세가 1682년에 제정한 법에서 위치크래프트를 악마와의 계약이 아닌 사기의 한 형태로 분류했다. 그리고 반세기가 지난 1736년, 영국의 관련 법령에서는 위치크래프트를 중범죄로 보는 규정이 폐지되고 보다 가벼운 처벌로 대체되었다. 점술 등의 오컬트 행위를 선동하다가 유죄 판결을 받더라도 처벌은 징역 1년형에 그쳤다.

그렇지만 마녀재판은 그 후에도 소규모로 계속되었고, 덴마크의 법령집에는 위치크래프트를 범죄로 규정한 조항이 1866년까지 삭제되지 않고 유지되었다. 그러나 유럽의 마녀재판에서 사형을 선고받은 여성은 1782년이 마지막이고, 그 판결도 위치크래프트나 이단의 죄목이 아니라 독살로 선고받은 것이었다.

관련된 대부분의 고발은 자신을 방어할 수단이 없는 가난한 여성들을 겨냥한 것이라고 결론지었다. 베이어르와 마찬가지로 스콧도 피고인의 대부분이 잘못된 망상의 희생자라고 생각한 것이다.

재판 과정에 대한 비판

다른 회의론자들은 유죄 판결을 위한 증거 확보에 핵심적인 역할을 한 고문의 효과, 마녀의 흔적 찾기, 물 심판(181쪽 참조)에 의문을 제기하는 등 마녀를 식별하는 절차가 옳지 않다고 주장하며 엄정하지 않은 재판 과정 자체를 규탄했다.

독일에서는 프리드리히 슈페Friedrich Spee가 마녀재판에 관한 책인 『범죄자에 대한 경고Cautio criminalis』(1631년)에서 과도한 종교적 열정과 언제나 유죄 판결에 유리하게 되는 과장된 절차를 비난했다.

▼ 역사 속의 마녀
황야에서 세 마녀를 만나는 맥베스Macbeth와 뱅쿠오Banquo를 묘사한 목판화. 셰익스피어가 희곡의 토대로 이용한 『홀린셰드 연대기Holinshed's Chronicles』에 수록된 것이다. 가마솥 앞에서 마법의 약물을 끓이는 추한 노파라는 정형화된 모습의 마녀가 아니라 영주와 귀부인으로 그려져 있다.

Matthew Hopkins Witch Finder Generall

▶ **변장한 악마**
매슈 홉킨스와 같은 마녀 사냥꾼은 집 안에서 작은 동물을 기른다는 이유만으로도 그 주인을 마녀로 고발하는 근거로 삼았다고 한다. 기록에 따르면, 비네거 톰 Vinegar Tom이나 그리젤 그리디거트Griezzell Greedigutt와 같은 친숙한 이름이 붙어 있는 반려동물들도 실제 동물이 아닌 악마적 존재로 여겨졌다.

"엘리자베스는 먼저 고양이에게 소원을 빌었다.
부자가 되어 원하는 것을 마음껏 가질 수 있도록…"

엘리자베스 프랜시스Elizabeth Francis의 자백에 대한 보고서(첼름스퍼드Chelmsford 마녀재판, 1566년)

초자연적 조력자: 마녀의 사역마들

SUPERNATURAL HELPERS
witches' familiars

영적 세계의 조력자나 신들은 고대 이집트의 동물 머리를 한 신에서 마야의 와요브에 이르기까지, 고대로부터 동물 세계와 연결되어 있었다. 16~17세기 유럽에서는 마녀사냥 열풍이 거세지면서 마녀의 사역마familiar라는 개념이 생겼다. 일반적으로 고양이나 개구리, 두꺼비와 같은 작은 동물이고, 때에 따라서는 인간이기도 한 사역마는 인간 파트너에게 초자연적인 능력을 부여해 주는 존재로 여겨졌다.

사역마들이 반드시 사악한 것으로 간주된 것은 아니다. 커닝 포크나 선량한 마녀에게 붙어 있는 경우에는 친절한 존재일 수도 있고, 심지어 요정이 동물로 변신한 것이라고 여겨지기도 했다. 그러나 악마는 동물의 모습으로 나타난다는 믿음이 널리 퍼져 있었으므로, 동물과 교류한다는 상상은 마녀재판에서 유죄를 입증하는 핵심 증거의 하나로 쓰였다.

마녀의 표식
영국의 마녀재판 자백 기록을 보면, 동물 사역마의 등장은 마녀가 흑마술 세계로 들어갔음을 시사하는 표식으로 간주되었다. 동물은 부르지 않았는데 나타나기도 하지만 꼭 필요한 순간에 등장하기도 했다. 마녀는 사역마와 계약을 맺고 먹이를 제공하는 대신 수십 년 동안 도

움을 보장받았다고 한다. 이는 사탄과 맺는 직접 계약의 또 다른 형태로, 영국 밖에서는 직접 계약이 더 일반적이었다.

또 마녀에게는 여분의 젖꼭지나 혹이 있다고 여겨졌으므로 이 '마녀의 젖꼭지'도 사악한 마녀의 표식으로 인용되었다. 세일럼의 마녀재판(189쪽 참조)에서 피고 중 한 명이었던 세라 굿Sarah Good은 손가락 사이를 빨아서 혹을 만드는 노란 새를 데리고 있다는 혐의를 받았다.

의외의 사역마
사역마는 의외의 모습으로 나타날 수도 있다고 여겼다. 1593년 마녀 혐의로 교수형에 처해진 노파 새뮤얼은 닭을 키웠고, 북유럽에서는 마녀의 머리 주위를 윙윙거리는 악마 같은 파리에 대한 기록이 남아 있다.

사역마와 관련된 고발 대상은 전반적으로 사회적 약자들이었지만, 정치적 적수를 겨냥한 경우도 있었던 것 같다. 잉글랜드 내전에서 왕당파인 라인 공☉ 루퍼트는 보이Boy라는 이름의 개 사역마를 데리고 있었으며, 이 개는 죽을 때까지 그와 함께 전투에 참가했다고 한다.

▲ 악한 행동
울리히 몰리터Ulrich Molitor의 『마녀와 여성 점술사에 대해On Witches and Female Soothsayers』(1489년)에 수록된 삽화. 마녀가 동물로 변신하는 모습을 묘사한 것으로, 그는 마녀사냥을 옹호했다.

마술과 고양이

고양이 사탄은 엘리자베스 프랜시스의 유죄 판결과 처형에 결정적인 근거가 되었던 기괴한 증언에 등장한다.

고양이는 가장 일반적으로 보고되는 마녀의 사역마이다. 악마가 우연히 고양이를 만들었다는 중세의 전설이 있을 정도이다. 1566년 영국 첼름스퍼드에서 열린 엘리자베스 시대 첫 번째 마녀재판에서 피고인 엘리자베스 프랜시스는 할머니에게 사탄Sathan이라는 이름의 흰색 점박이 고양이 사역마를 물려받았고 나중에 공범자인 애그니스 워터하우스Agnes 'Mother' Waterhouse에게 주었다고 발언했다. 1662년에는 스코틀랜드 여성 이소벨 가우디Isobel Gowdie가 악마로부터 고양이로 변신할 수 있는 능력을 받았다고 자백하기도 했다.

▲ 매사추세츠의 세일럼 마녀재판에서 피고인 중 한 명이 재판관과 논쟁하는 장면을 재현한 19세기 석판화

세일럼 마녀재판

The Salem witch trials

17세기 뉴잉글랜드의 보수적이고 폐쇄적인 사회에서 청교도 교회의 가르침을 따르지 않는 사람들은 자주 마녀로 고발되었다. 1692년 매사추세츠주 세일럼Salem 마을은 고립되어 있었으므로 가족 간의 파벌 대립이 일어나기 쉬운 상태였다. 새 청교도 목사 새뮤얼 패리스는 아홉 살 난 딸 베티와 그녀의 사촌 애비게일이 이상한 경련을 일으키기 시작하자 곧바로 흑마술을 의심했다. 의사가 물리적 원인을 찾지 못했기 때문에 치안판사가 호출되었다. 심문 과정에서 베티와 애비게일은 고통을 야기한 원인으로 목사의 노예 티투바Tituba와 다른 두 명의 여성을 지목했다. 티투바는 사탄의 사역마와 어울렸고, 지역의 다른 여성들의 이름이 기록된 '악마의 책'에 서명했다고 자백했다. 때문에 혐의의 대상은 확대되었는데, 다른 소녀들도 증상을 보이기 시작하자 마을 전체가 공포에 휩싸였다.

5월에 재판이 열렸고, 피고인의 영혼이 꿈이나 환상 속에서 그들을 괴롭혔다는 목격자의 증언이 '영적 증거'로 인정되었으므로 변호는 어려웠다. 10월까지 19명이 교수형에 처해졌는데, 그중에는 지역 사회에서 존경을 받아온 인물도 있었다. 마침내 핍스Phips 주지사의 아내까지 마녀 혐의로 지목되자 당국이 개입하기 시작하여 영적 증거는 재판에서 제외되었다. 이후 3명에게만 사형 선고가 내려졌고 나머지는 모두 석방되었다. 세일럼 마녀재판은 식민지에 오래도록 상처를 남겼는데, 1702년 매사추세츠주 재판소는 그것이 위법이었음을 선언했다.

> "저는 아직 세상에 나오지도 않은 태아만큼 결백합니다."

1692년 세일럼에서 마녀로 몰려 처형된 브리짓 비숍Bridget Bishop의 발언

비밀과 의식: 1700년대부터 1900년대까지

SECRECY AND CEREMONY

1700–1900

들어가며
Introduction

1700년대가 되어 계몽주의가 전파되자 마녀사냥은 서서히 잦아들었다. 한편 오컬트 신봉자들이 법의 재단을 받게 되었는데, 그 죄상은 악마의 대리인으로서 수수께끼 같은 마술을 행했다는 것이 아니라 거짓된 힘으로 민중을 속였다는 것이었다. 계몽사상에 의해 '이성의 시대'가 열렸고, 학문 세계에서도 과학적 태도가 중시되면서 논리적 사고 체계가 성장했으므로, 오컬트에 대한 불신이 높아지는 것은 당연한 일이었다.

하지만 같은 시기에 강력한 오컬트 세력이 새롭게 대두했다. 그 원인의 하나가 합리주의나 산업화에 대한 반작용이었다는 것은 틀림없지만, 그 배경에는 미국의 독립전쟁(1775~1783년)과 프랑스 대혁명(1789년~1790년대)으로 상징되는 오래된 질서를 뒤엎는 정치 혁명이 있었다. 혁명에 의해 개인의 표현의 자유를 존중하게 되자, 작가 에드거 앨런 포Edgar Allan Poe의 암흑 낭만주의로 대표되는 극도로 초자연적이거나 죽음을 연상시키는 작품이 탄생했다.

1800년대와 1900년대 초기까지 유행한 오컬트 사상으로는 신지학theosophy이 있었다. 현란한 언동으로 알려진 러시아의 정신주의자 헬레나 블라바츠키Helena Blavatsky의 신지학은, 르네상스 시대의 신비주의 사상을 기반으로 서양의 오컬트 신앙과 인도 종교의 지혜, 근대 과학을 도입하여 19세기라는 시대에 걸맞은 한층 근대적인 사상으로 집대성된 것이다. 신지학은 또 프리메이슨과 연결된다고 여겨지는 장미십자회의 사상과도 공통점을 지닌다.

1700년대와 1800년대, 1900년대 초반까지 이러한 전통을 기반으로 의식을 중시하는 수많은 오컬트 비밀 결사가 탄생했다. 그 대표적인 예가 19세기에 등장한 황금여명회이다. 의식은 또한 카리브해에서 융성한 부두교에서도 핵심적인 부분을 이루었다. 부두교는 여러 종교와 믿음 체계가 융합된 것으로, 죽은 자의 영혼에 대한 신앙을 핵심으로 한다.

1800년대에는 질서와 기계화된 진보에 대한 반발이 고조되어, 시대에 역행하듯이 볼거리와 공연으로서 마법이 인기를 끌었다. 가장 두드러진 것은 무대 마술이다. 전문적인 마술사의 기발한 트릭과 손재주, 초

아이티의 부두교 의식(205쪽 참조)

산양 머리를 한 악마 바포메트(213쪽 참조)

타로의 태양 카드(218쪽 참조)

자연적으로 보이는 환영은 공연장을 가득 메운 관객들을 열광시켰다.

나아가 죽은 자와 대화를 시도하는 강령술spiritualism도 붐을 일으켰다. 무대에서도, 가정의 거실에서도 강령회가 유행처럼 열렸다. 유명 영매도 속속 등장했는데, 유령 또는 그 모습을 볼 수 있게 해주는 초자연적인 물질인 엑토플라즘ectoplasm을 소환해 냈다는 소문이 무성했다.

이와 유사한 정신주의적 믿음으로 정신주의spiritism도 있다. 서양에서는 알랑 카르데크Allan Kardec가 창시자로 일컬어지는데, 윤회를 믿는 신앙이다. 이 사상은 라틴아메리카와 카리브해 지역에서도 번성했다. 토착 신앙과 외래 사상을 융합시킨 에스피리티스모Espiritismo가 대표적 사례이다.

강령술의 진위를 조사하려는 움직임도 있었지만 한편에서는 저명한 과학자들 중에서도 신봉자가 나왔다. 르네상스 시대의 대중이 연금술사를 마법사, 실험가 또는 사기꾼까지 다양한 시각으로 보았던 것과 마찬가지로, 이 시대 사람들은 과학자가 전기처럼 특별한 것을 생산할 수 있다면 영매는 엑토플라즘으로 유령을 불러낼 수 있다고 생각했다. 그리고 그들을 통해 사랑하는 사람의 영혼과 대화할 수 있다고 믿은 것이다.

“밀교 철학의 전통은 무엇보다 옳다.
그것은 가장 논리적이며, 모든 어려움을 해결한다.”

『비밀 교리』The Secret Doctrine(헬레나 블라바츠키Helena Blavatsky, 1888년)

고딕 호러(22쪽 참조)

강령회와 움직이는 테이블(228쪽 참조)

황금여명회(243쪽 참조)

키포인트

1 프리메이슨의 머리 부분에는 타오르는 별 혹은 태양이 있다.

2 양팔은 직각이고 오른손에는 컴퍼스를 들고 있다.

3 수직을 측정하는 다림줄이 왼손 아래로 드리워져 있다.

4 직각을 측정하는 도구가 테두리에 매달려 있다.

5 흰색 가죽 앞치마는 원래 프리메이슨이 연장들을 휴대하기 위해 허리에 두른 것이다.

6 고전 양식의 기둥이 프리메이슨의 다리를 이루고 있다.

▶ 작업 도구

프리메이슨의 작업 도구를 조합하여 양식화된 남성의 모습으로 묘사한 1754년의 영국 그림. 바로크 양식의 화려한 액자 장식이 간결한 선과 단색으로 묘사된 바닥과 대조를 이룬다.

솔로몬의 지혜: 프리메이슨과 신비주의

THE WISDOM OF SOLOMON
Freemasonry and mysticism

근대 프리메이슨은 17세기 말 영국에서 탄생했다. 그 기원으로서 가장 유력한 것은 '프리메이슨'이라고도 불리는 중세의 석공 장인들이다. 이때 '프리Free'라는 단어는 두 가지 의미를 가지는데 중세의 석공mason은 자유인이었고 그들은 석회암의 일종인 프리스톤freestone을 잘 다뤘다.

지식 계층으로서의 장인

석공은 엄격한 교육과 혹독한 훈련을 거친 숙련된 장인으로, 중세를 장식한 세계의 대성당과 성 등 훌륭한 건축물들을 만들어낸 중심인물들이다. 따라서 그들은 기술과 이론 양면의 풍부한 지식을 소유하고 있었다. 그중 기하학에 관한 지식은 그들만의 전매특허였으므로 비밀을 지키기 위한 길드나 직업 조합이 결성되었고, 구성원들은 끈끈한 유대로 연결되어 있었다.

프리메이슨의 지식은 점차 영지주의, 헤르메스주의, 카발라주의(134~139쪽 참조), 연금술, 심지어 강령술의 일종인 네크로먼시(악령 소환)와 같은 신비주의적인 교양과 혼합되었다. 비밀 의식은 오컬트에 대한 그들의 사랑을 상징했다.

정교한 의식

17세기 후반이 되면 본래의 '실천적operative' 프리메이슨은 석공 경력이 없는 자들도 '공인accepted' 메이슨, 혹은 '사변적speculative' 메이슨 등으로 허용했는데 그 이유와 경위는 정확히 알 수 없다.

알레산드로 디 칼리오스트로Alessandro Di Cagliostro(1743~1795년)

자칭 프리메이슨의 대변인

시칠리아 태생의 자칭 알레산드로 디 칼리오스트로 백작은 18세기를 대표하는 파렴치한 사기꾼으로 알려져 있다. 한편으로는 뛰어난 통찰력 탓에 부당하게 규탄당했다고 보는 견해도 있다. 마술사, 연금술사, 점술가, 자기 선전가 등의 수식어를 가진 그는, 이탈리아에서 이집트 프리메이슨 의식을 수립했다. 헤르메스주의를 바탕으로 한 이 분파의 목표는 중동의 지식과 연금술, 프리메이슨의 교양을 습득함으로써 완벽한 존재에 도달하는 '인류의 완성'이었다. 하지만 그는 많은 적을 만든 탓에 로마에서 종교 재판의 희생자가 되었다.

새로운 구성원들은 프리메이슨의 사회적 지위 향상에 크게 공헌했으며, 대대로 내려온 전통을 채택했다. 중세에 확립된 3등급의 위계질서도 그대로 계승되었다. 입문 도제 등급은 어프렌티스Apprentice, 장인 등급은 펠로크래프트Fellowcraft, 최상위 등급은 마스터 메이슨Master Mason으로 불렸으며, 등급이 높아질 때마다 복잡하고 신비한 의식이 집행되었다. 구성원은 '롯지lodge'라는 소모임으로 활동했는데, 건설 현장 총감독의 오두막을 롯지라 부른 데서 유래했다. 1717년에는 런던에 영국 연합 그랜드 롯지가 설립되면서 프리메이슨의 근대적 활동이 한층 활발해졌다. 그들은 의식을 충실히 준수한다는 기존의 방법을 중심에 두고, 중세 전통에 기초한 상징주의로 경도되어 갔다.

◀ 입회 의식
망치에 맞아 기절한 입문자를 정해진 위치에 눕히고 있는 18세기 중반 프랑스의 그림. 오른쪽에 비밀 의식의 진행을 볼 수 없도록 얼굴을 가린 구성원들이 앉아 있고, 왼쪽 남자는 검을 들고 입구를 지키고 있다. 방의 곳곳에는 세 자루로 이루어진 촛불이 밝혀져 있다.

"그들이 추구한 것은 카발라적 마법이었다. … 태초부터 존재했고 그리스도에 의해 완성된 오컬트적 지혜이다."

『심연의 탄식Suspiria de Profundis』 중 프리메이슨에 관한 기술(토머스 드 퀸시Thomas de Quincey, 1824년경)

보편적 진리와 상징

프리메이슨은 마법적 교양과 신앙을 기반으로 한다. 우주의 위대한 창조자인 지고의 존재를 숭배하지만 종교는 아니다. 연금술이나 헤르메스주의, 장미십자회와 마찬가지로 프리메이슨이 추구한 것은 보편적 진리이다. 상징주의와 의식은 진실을 밝히기 위해 사용된다. 가장 중요한 상징은 기원전 960년경 예루살렘에 지어진 솔로몬 성전이다. 그 건축에 참여한 히람 아비프Hiram Abiff가 최초의 프리메이슨으로 여겨지기 때문이다.

프리메이슨은 모든 것을 보는 신의 눈과 타오르는 별(태양, 금성 또는 베들레헴의 별이라고 한다)을 숭배한다. 기하학의 비밀을 고스란히 간직했다고 전해지는 헤르메스 트리스메기스투스(134~135쪽 참조)에게도 경의를 표한다. 직각자나 컴퍼스, 앞치마 등 중세 석공 장인들의 작업 도구는 기하학적 정확성에 대한 그들의 엄격한 태도를 상징하는 것으로, 프리메이슨의 일관된 상징이 되어 왔다.

전설적인 과거

프리메이슨은 자신들의 활동에 권위를 더하기 위해 종종 독자적인 역사 해석을 제시했는데, 10세기 앵글로색슨의 통치자였던 애설스탠Athelstan이 모세와 노아의 가르침을 잉글랜드에 전파했다고 주장했다. 또 그가 기원전 4세기의 '기하학의 아버지' 유클리드Euclid의 이론도 소개했다고 한다. 나아가 템플 기사단(118~119쪽 참조)이 프리메이슨을 신봉했다고도 했다. 이러한 역사의 창작과 비밀주의가 맞물려서 프리메이슨은 신비한 아우라를 지니게 되었다. 가장 높은 등급까지 올라간 자는 진리와 대면함으로써 모든 것을 초월한 경지에 이른다고 한다.

◀ 프리메이슨의 트레이싱 보드
모든 것을 보는 신의 눈과 솔로몬 성전이 묘사된 1819년 그림. 성전 입구의 양옆에 야킨과 보아스 두 기둥이 서 있다. 프리메이슨의 엠블럼과 상징을 시각적으로 설명해 주는 이러한 트레이싱 보드tracing board는 입문과 승급을 위한 단계별 교육에서 교재로 사용된 것이다.

비밀 결사

프리메이슨의 모든 롯지와 지부는 독립적으로 활동하며, 전체를 통솔하는 조직은 존재하지 않는다. 주로 영어권을 무대로 하는데, 미국 최초의 롯지가 설립된 것은 1730년이다. 벤저민 프랭클린이 그 창립 멤버였다.

오늘날 프랑스를 비롯한 유럽의 많은 나라는 물론이고 라틴아메리카까지 수많은 프리메이슨이 존재한다. 영국과 미국의 프리메이슨은 선행을 활동 목표로 내걸고 있지만, 라틴아메리카에서는 오컬트와 밀교적 측면이 강하다. 연금술은 물질이 아니라 정신을 연마하는 것이라는 주장을 전면에 내세우고 있다.

프리메이슨에게는 항상 회의적 시선이 따라다녔다. 그들만의 새로운 질서를 창조하여 세계를 지배하고자 하는 어둠의 결사라고 비판하는 사람들도 많다. 이 점은 18세기 후반에 생겨난 일루미나티도 마찬가지이다. 이 단체도 비밀 결사 형태로 보편적 진리 추구를 목적으로 내세웠다. 또 프리메이슨이 부르짖는 '우애, 자선, 진리'는 구성원 대부분을 차지하는 백인 남성의 이해 추구라는 목적을 포장하고 대중의 눈을 속이기 위한 것에 불과하다는 비판도 있다.

한편 이슬람 문화권에는 정착하지 못해 대부분의 지역에서는 불법이었다. 그렇지만 프리메이슨은 오늘날에도 여전히 남아 있으며, 신비주의와 비밀 의식을 중심으로 한 고대 전통과 관습이 현대까지 이어진 것이라 할 수 있다.

참고

스캔들과 분노

1826년 뉴욕에서 벌어진 저널리스트 윌리엄 모건William Morgan의 실종 사건은 프리메이슨의 불길한 힘의 증거로 여겨졌다. 모건은 한때 프리메이슨 회원이었는데, 비밀을 폭로했기 때문에 살해된 것으로 추측되었다. 프리메이슨이 그를 살해한 증거는 발견되지 않았지만, 그 점이 오히려 무수한 억측을 불러일으켰고 많은 사람들이 프리메이슨의 범행이라고 생각했다. 모건의 실종 사건을 계기로 미국에서는 급격하게 반프리메이슨 운동이 일어났고 프리메이슨 운동은 한때 쇠퇴했다. 하지만 미국 남북전쟁(1861~1865년) 당시 프리메이슨 회원들의 선행이 알려지면서 그 세력은 단숨에 부활했다.

모건이 프리메이슨에게 살해되는 장면을 상상해 묘사한 1826년의 판화. 그는 회원 신분으로 알게 된 비밀을 폭로했기 때문에 살해된 것으로 추정되었다.

Den kloka Gumman.

▲ 현명한 노파
허리 꼬부라진 노파가 세련된 젊은 여성에게 조언하는 모습을 묘사한 19세기 초 스웨덴의 판화. 민간 치료사인 커닝 포크들이 상류 사회 사람들까지 매료시켰음을 보여준다. 스웨덴에서는 이들을 현명한 노파라는 의미인 클로크 굼마 klok gumma라고 불렀다.

과학인가, 주문인가: 유럽의 민간 마법

SCIENCE OR SPELLS?
folk magic in Europe

계몽주의가 보급되고 과학이 진보된 18세기에는, 마녀와 위치크래프트에 대한 대중의 태도에도 결정적인 변화가 나타났다. 이성적으로 계몽된 세계에서는 어떤 종류이든 마법 같은 것은 본질적으로 존재하지 않는 것이므로, 마녀도 마찬가지로 있을 수 없는 이야기라고 인식하게 된 것이다. 이러한 태도는 무고한 사람들을 마녀재판으로 학살했던 16세기와 17세기 대중의 의심과 시기로 가득 찬 광란과 극명한 대조를 이룬다.

예를 들어 영국에서는 1735년에 마녀 행위 금지법이 제정되어 초자연적 힘을 지녔다고 주장하는 사람은 선악을 불문하고 명백한 사기 행위로 기소되었다. 또한 유죄 판결을 받은 사람에 대해서도 사형은 폐지되었고 징역형 또는 벌금형으로 대체되었다. 이 법률이 시행되기 전 마지막으로 영국에서 마녀로 처형된 인물은 1727년 스코틀랜드 여성 재닛 혼Janet Horne이었다.

힐링 포크

이성의 시대가 도래하자 '커닝 포크'라고 불린 민간 의학의 치료사들도 미신적 행위에 종사했다는 의혹으로 추궁받는 일이 유럽 각지에서 일어났다.

하지만 커닝 포크의 대부분은 사실 흑마술과는 관계가 없는, 전통 방식에 따른 치료를 생업으로 하는 자들이었다. 특히 의료 사정이 열악한 외딴 지역에서는 치료사로서 매우 소중한 존재였다. 지역 사회에서 그들은 조산사 역할도 겸했는데, 신비한 주문과 약초, 실질적인 도움을 적절히 제공했다.

역설적이게도 공식적으로, 특히 교회에서 커닝 포크를 규탄하고 기소하면 할수록 그들의 명성은 높아졌다. 그중에는 국가적인 명성을 얻는 자도 등장했다. 사교계에서는 커닝 포크와 상담하는 일이 유행할 정도였다.

수용과 찬사

특히 스칸디나비아에서는 고대로부터 이어온 커닝 포크의 마법 주문이 '검은 책black books'으로 정리되었는데, 나중에는 '마법서grimoires'라고 불렸다. 마법서는 치통이나 요통 등 다양한 질병에 효과가 있는 약초를 단순히

◀ 『검은 암탉』의 부적
마법서 『검은 암탉』에 수록된 열 번째 부적. 몸에 지니면 "아무도 당신을 볼 수 없다"고 설명되어 있다. 이 책에는 22개의 비단 부적과 구리 반지 제작법이 나오는데, 터키의 성인이 나폴레옹 군대의 병사에게 알려준 비밀 요법이라고 한다.

나열한 것부터, 말도 안 되는 효력을 약속하는 것까지 다종다양했다. 예를 들면 『검은 암탉La Poule Noire』에는 주물용 반지를 만드는 방법이 있는데, 이 반지는 마귀를 물리치는 강력한 힘이 있을 뿐 아니라 착용할 경우 황금알을 낳는 '검은 암탉'을 만들 수도 있다고 했다.

『검은 암탉』과 같은 마법서들은 19세기에도 영향력이 확대·지속되었으며, 특히 프랑스에서 융성했다. 그 배경으로는 민속학이나 전설에 대한 학문적 관심이 높아진 당시의 사회적 분위기를 들 수 있다. 즉, 동화나 마법 이야기로 받아들여진 것이며, 그중에서도 '부를 가져오는 힘의 획득'이라는 주제는 21세기에 이른 오늘날에도 변함없이 인기를 끌고 있다.

Valeriana officinalis.

"어떤 공동체이든 치료를 전문으로 하는 자들이 있었고, 그들은 사람들로부터 절대적 신뢰를 받았다."

19세기 노르웨이의 민간 치료사에 대한 안네 마리 듀프달렌Anne Marie Djupdalen의 말

▲ 약초 요법
커닝 포크들이 가장 선호한 약초인 쥐오줌풀. 이완제이자 불면증 치료제로 쓰였다. 독특한 매운맛이 악령으로부터 동물을 보호한다고 여겨져 축사에 걸어두는 가정도 많았다.

모르 세테르Mor Saether(1793~1851년)

기적의 여인

수많은 커닝 포크 중에서 가장 찬사와 존경을 받은 사람은 노르웨이의 '기적의 여인'으로 불리는 모르 세테르(세테르 아주머니)이다. 그녀는 사람들을 치료해주고 싶다는 소망으로 커닝 포크가 되었는데, 광범위한 약초 지식으로 이 직업을 한층 승화시켰다. 1836년, 1841년, 1844년 세 번에 걸쳐 사이비 의료 행위 죄로 투옥되었지만, 사람들의 거센 항의에 결국 노르웨이 최고 재판소도 그녀를 석방할 정도였다. 저명인사들도 그녀에게 치료를 받았는데, 애국파 시인인 헨리크 베르겔란Henrik Wergeland도 그중 하나였다. 그녀가 개발한 류머티즘 연고는 1980년대까지 계속 판매되었다고 한다.

▲ 『그림 동화』 중 「헨젤과 그레텔」의 삽화. 헨젤과 그레텔이 마녀와 만나는 장면으로, 1909년 아서 래컴이 그렸다.

전래 동화
Fairy tales

1800년대 유럽에서는 전래 동화가 유행하여 남녀노소가 즐기는 문화로 정착했다. 전래 동화에는 언제나 마법이 등장했고, 그중에는 어둡고 기이한 오컬트주의를 떠올리게 하는 것도 있었다. 요정과 마녀, 둔갑한 존재, 주문, 저주, 독약 같은 요소들이 늘 가득했으며 대부분은 오래전부터 전해져 온 민간전승이 발전한 것이다. 예를 들어 아무리 써도 계속 다시 채워지는 마법의 지갑이 나오는 동화 「포르투나투스Fortunatus」의 원형이 된 이야기는 1700년대에 이미 존재했다.

　루이스 캐럴의 『이상한 나라의 앨리스』에도 마법의 약과 트럼프 병사들처럼 특이한 요소들이 가득하다. 이러한 이야기들이 계속 등장하게 된 배경에는 상상력 해방을 주장한 낭만주의의 영향이 있었다. 이야기들은 산업혁명 이후 암울한 현실 세계로부터 도피하는 수단이었던 것이다. 또한 어린 시절의 순수함을 나타낸 소설이 널리 찬사를 받고 동화 예술이 사랑받았던 빅토리아 시대상의 반영이기도 했다.

　독일의 판타지 작품 또한 민간전승을 기원으로 하며 이 시대에 커다란 영향력을 발휘했다. 민간전승 수집의 일인자였던 그림Grimm 형제는 채록한 민화를 정리하여 「헨젤과 그레텔」, 「룸펠슈틸츠헨」과 같은 동화로 출판했다. 각각 마녀와 지푸라기를 금으로 자아내는 마법의 물레가 등장한다. 1812년에 처음 출판된 이 동화들은 『그림 동화』로 알려지게 되었으며, 1900년대에 아서 래컴이 추가한 삽화로도 유명하다.

　1700년대부터 1900년대 전반에 걸쳐 인기를 끈 작품들로는 중동의 『천일야화』, 미국 작가 L. 프랭크 바움의 『오즈의 마법사』 등을 들 수 있다. 『오즈의 마법사』에는 착한 마녀와 나쁜 마녀, 날개 달린 원숭이, 마법의 구두가 등장한다.

> "하지만 이 할머니는 아이들을
> 잡아먹으려고 기다리고 있던
> 무서운 마녀였습니다."

『그림 동화』 중 「헨젤과 그레텔Hänsel und Gretel」

매장된 부적과 빌려온 상징: 북아메리카의 민간 마법

BURIED CHARMS
AND BORROWED SIGNS
folk magic in North America

▲ **사토르 마방진 부적**
초기 기독교에서 사용한 사토르 마방진Sator Square. 앞뒤 어느 쪽부터 읽든 같은 단어가 된다. 존 조지 호먼Johann George Hohman은 저서 『파우와우Pow-Wows』에서 이 사토르 마방진에 불을 끄거나 마녀로부터 소를 지켜주는 힘이 있다고 기술했다.

17세기 후반부터 많은 이주민들이 북아메리카로 건너가면서 민간 마법이 대륙 전체에 퍼졌다. 그 마법 행위는 세 가지로 분류할 수 있다. 첫째는 영국계 이주민들 사이에서 활동한 커닝 포크들이 사용한 주술이고, 둘째는 그 파생 형태인 아프리카계 미국인 주술사들의 행위, 셋째는 '펜실베이니아 더치'라고 불린 독일계 이주민의 게르만족 민간 마법이다.

영국에서와 마찬가지로 북아메리카의 커닝 포크들도 일반적으로 이주민들의 건강과 정착을 돕는다는 선의로 주술 행위를 했다. 그들은 주문이나 약초, 나아가서는 당시 귀중품이었던 액막이 부적이나 호부를 도구로 사용했다. 이들 도구가 행운을 가져다주고 재앙을 막아주는 효과가 있다고 여겼으며, 땅에 묻으면 효력이 배가된다고 믿었다.

▶ **기적과 마법의 상징**
18세기 문헌 『모세서Books of Moses』 제6, 7권의 삽화. 칼을 찬 남자의 주위에 이스라엘 민족의 마법 상징이 그려져 있다. 호먼의 『파우와우』에도 영감을 준 이 책은 마법서이면서 고대 히브리와 로마, 기독교의 핵심을 종합한 종교서의 성격도 지닌다. 모세가 지팡이를 뱀으로 바꾸고 불기둥을 불러냈다는 성서의 기적도 언급하고 있다.

커닝 포크와 주술사

커닝 포크들은 자신들이 기독교도라고 공언하지는 않았지만, 악에서 사람들을 지켜주는 존재로서 그리스도의 이름을 입에 올렸다. 당시 대중에게는 사악한 존재를 경계하고 조심해야 한다는 미신적인 믿음이 여전히 남아 있었는데, 영국계 이주민들뿐만 아니라 냉대받고 있던 아프리카계 노예들도 마찬가지였다. 따라서 마법을 사용하는 능력을 인정받은 자들이 여전히 활동을 할 수 있었다. 아프리카계 주술사들 역시 마법의 힘을 가졌다고 여긴 물건을 땅에 묻어 효력을 더하고자 했다. 조지 워싱턴이 어린 시절을 보낸 버지니아주 페리 농장에서는 집과 그 주민들의 안위를 기원하기 위해 건물의 기초를 세울 때 제물을 묻었다고 한다.

아프리카계 주술사는 노예 사이에서 나왔다는 점이 커닝 포크와 결정적인 차이다. 그들은 노예가 된 동포를 돕고자 하는 절박한 바람에서 주술사가 된 것이다.

▶ 헛간의 별
펜실베이니아 더치들이 헛간 벽에 그린 별 모양의 정다
각형 모티브. 화려한 색으로 표현된 이 별은 영원히 변
하지 않는 천상 세계를 양식화한 것으로 여겨진다.

펜실베이니아 더치

18세기 초부터 펜실베니아로 이주
해 온 독일어권 이주자들인 펜실
베이니아 더치는 집의 벽을 갖
가지 문양으로 장식했다. 가장
많이 이용된 모티브는 선명한
색상의 별 문양이다. 이 별 모
티브는 건물을 비롯하여 퀼트
나 버터 접시 등의 생활용품
에 이르기까지 그들이 만든 거
의 모든 물건에서 볼 수 있다.

이 별을 악의 세력을 막아주
는 상징인 헥스 사인hex signs으로
보는 견해도 있지만, 사실 이 모티
브가 많이 쓰인 것은 훨씬 더 실용적
이고 보편적인 이유 때문이다. 펜실베이
니아 더치는 농업을 생업으로 했으므로
계절의 변화를 민감하게 인식했다. 천체의 질
서를 나타내는 별을 인간의 왜소한 영위와는 비
교할 수도 없는 광활한 우주의 증거이자 자연의 순
환을 나타내는 명확한 상징으로 받아들인 것이다.

파우와우

1820년, 독일계 이주민 치료사이자 신비주의자인 존 조
지 호먼이 『파우와우』를 출판하여 마법의 새로운 양상
을 소개했다. 이 책은 사실 기존 서적들을 뻔뻔스럽게
도용한 것이었다. 류머티즘 치료법, 맥주 양조법, 소 치료
법 등 실용적인 정보와 함께 신비주의적 주장도 담고 있
는데, 호만은 이 책을 가까이하는 것만으로도 액막이
효과를 얻을 수 있다고 주장했다.

또 마법에 준하는 효과를 나타내는 '파우와우pow-wow'
라는 용어를 도입했는데, 그 옹호자들은 '파우와워pow-
wower'로 불렸다. 이 용어는 원주민인 내러갠셋족Narragan-
sett의 언어로 '영적인 모임'을 의미하는 단어가 변용된
것이라는 견해가 유력하다. 또는 힘을 뜻하는 단어인 파
위를 변형해서 만든 것으로 보기도 한다.

"들판 가득 번지는 불길 속에서 용 한 마리가 마차 위로
날아올랐다. 들불이 가라앉고 용은 유유히 날아갔다."

『파우와우-오래전 잃어버린 친구Pow-Wows; or, Long-Lost Friend』(존 조지 호먼, 1820년)

만물에 깃드는 정령: 부두와 후두
EVERYTHING IS SPIRIT
Voodoo and Hoodoo

부두의 정식 명칭은 정령을 의미하는 부돈Voudon(또는 보둔Vodun)이다. 부두와 후두는 관련은 있지만 명백히 다른 것이다. 양쪽 다 아프리카를 기원으로 하며, 18세기에 대서양을 건너 프랑스령 카리브해와 미시시피강 연안 식민지에 노예로 끌려온 사람들에 의해 전해졌다. 부두는 가톨릭에 의해, 후두는 유럽 및 아메리카 원주민의 신앙 아래 각 지역에 맞추어 독자적으로 발전했다. 가장 결정적인 차이는 부두가 종교인 반면 후두는 민간 마법의 일종이라는 점이다.

부두의 기원은 아이티

부두는 서아프리카 폰족Fon의 종교에 뿌리를 두며, 카리브해의 생도맹그 섬에서 독자적으로 진화했다. 오늘날 아이티에 해당하는 이 지역은 프랑스 식민지 중에서도 가장 번창했다. 노예들이 생산한 커피와 설탕을 수출해 엄청난 부를 쌓은 것인데, 부두의 성격을 결정지은 것

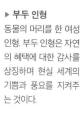

▶ 부두 인형
동물의 머리를 한 여성 인형. 부두 인형은 자연의 혜택에 대한 감사를 상징하며 현실 세계의 기쁨과 풍요를 지켜주는 것이다.

◀ 베베
부두 의식은 지면에 옥수수 가루를 뿌려서 베베라는 상징을 그리는 것으로 시작된다. 이어서 동물을 제물로 바치는데, 모두 루아라고 불리는 정령을 소환하기 위해 꼭 거쳐야 하는 절차이다. 베베의 기원은 확실하지 않지만 천체의 에너지를 표상한 것이라는 의견이 있다.

이 바로 이 노예 제도이다. 100만 명이 넘는 서아프리카인들이 이 섬에 끌려왔고, 이 노예들은 프랑스의 흑인법 아래 가톨릭을 제외한 모든 종교를 금지당했다. 강제로 가톨릭으로 개종된 것이다.

신비로운 세계

그 결과 여러 가지 신앙이나 관습, 세계관이 뒤섞인 부두교가 탄생했다. 노예들이 본래 가지고 있던 정령 및 조상 숭배에 가톨릭이 융합된 것이다. 부두교 신도들은 만물의 창조주이자 전지전능한 신인 본디에Bondye를 숭배하지만 너무 멀리 떨어져 있어 직접 기도를 바칠 수는 없다고 여겼다. 따라서 자연과 인간계의 모든 것을 상징하는 정령들을 통해 신을 숭배한다. 루아lwa 또는 로아loa라고 불리는 이 정령들이야말로 부두교의 심오하고 신비로운 본질을 진정으로 드러낸다. 본디에는 '선한 신'을 의미하는 프랑스어 봉 디외Bon Dieu가 변형된 것으로 여겨진다.

빙의와 계시

부두교 신자는 눈에 보이는 것과 보이지 않는 것, 두 가지 세계를 믿는다. 즉 산 자와 죽은 자의 세계이다. 죽은

> "…붉은 고추와 백인의 머리카락을 주인님의 침실에 말린 소똥과 섞어 뿌리는 것이다. … 더 이상 나를 학대하지 못하도록…."

『미국 노예 헨리 비브의 삶과 모험The Life and Adventures of Henry Bibb, An American Slave』(헨리 비브, 1849년)

자의 영혼은 항상 산 자들과 함께 있지만, 그 모습을 보기 위해서는 루아의 힘에 의지해야 한다.

부두교 의식에는 모든 사람이 적극적으로 참여한다. 사제인 운강Houngan 또는 여사제 맘보Mambo가 주재하여 동물 제물을 바치고, 옥수수 가루로 베베veve라고 불리는 상징을 그려서 정령을 불러내면, 신자에게 빙의하는 형태로 루아가 나타난다. 이때 빙의는 악마적인 의미가 아니라 산 자와 죽은 자 사이, 물질세계와 영적 세계가 연결되어 있음을 확인하는 긍정적인 수단이다.

그렇지만 부두교의 어두운 측면도 없지 않다. 사제 외에 보코르Bokor(남성), 카플라타Caplata(여성)라는 마법사가 있는데, 악령이나 좀비를 소환하는 흑마술사로 알려져 있다. 이런 존재들은 착취당하며 인간 이하의 삶을 산 아이티 노예들의 은유로도 볼 수 있을 것이다.

▲ **부두교 의식**
참가자 전원이 함성을 지르며 음악을 연주하고 춤추는 모습. 당시 유럽인들은 이러한 개방적인 광경을 목격하고 놀라움을 감출 수 없었다.

아이티 혁명

1791년, 마침내 아이티의 노예들이 봉기했다. 혼란스럽고 피비린내 나는 투쟁 끝에 아이티는 1804년에 세계 최초의 흑인 공화국으로 독립을 쟁취한다. 역사상 유일하게 성공한 노예 혁명으로 기록된 것이다.

언뜻 보기에 노예의 봉기와 마법의 세계는 전혀 무관한 것으로 보일 수도 있다. 하지만 사실 부두는 아이티 혁명에서 중요한 역할을 담당했다. 봉기의 원동력이 된 것도, 고통스러운 투쟁을 뒷받침해 준 것도 부두였다. 부두가 지니는 신비하고 비현실적인 요소가 새로운

국가를 건설하는 데 중요한 지주가 된 것이다. 혁명 과정에서 아이티인들은 엄청난 고통을 겪었지만, 부두의 핵심인 정령 신앙에 의지하여 노예 제도를 사수하고자 한 프랑스, 영국, 스페인, 미국의 연합군을 물리쳤다.

뉴올리언스의 부두

아이티 혁명 이후 상당수의 노예와 그 자손들이 그 땅을 떠나 정착한 곳이 1803년에 미국령이 된 뉴올리언스다. 이곳에서 부두는 독자적으로 발전되어 갔다. 이 뉴올리언스 부두의 신앙과 의식은 원조보다 더 마법적 경

▶ 부두교의 제단
부두의 풍요로운 정신세계를 나타내기 위해 온갖 종류의 기호가 사용된 제단. 반드시 등장하는 인형은 장식된 색상이 화려할수록 더 좋은 것으로 여겨졌다. 이 인형은 물의 정령인 마마 와티(Mama Wati)로, 팔에 감긴 뱀은 풍요와 재생의 상징이다.

향이 강했다.

19세기에 이름을 날린 사람으로는 미용사에서 부두의 대가로 우뚝 선 마리 라보Marie Laveau가 있다. 만년에 그녀는 '뉴올리언스의 부두교 여왕'으로 숭배받았고, 치료사, 마법사, 점술사로서 상류 계층에서 하층민에 이르기까지 사회의 모든 구성원이 의지하는 존재가 되었다. 오늘날에는 관광 상품으로 판매되는 부두 인형에 그 흔적이 남아 있을 뿐이다.

후두의 힘

후두는 그 기원으로 볼 때 부두와는 다른 것이다. 부두의 기원은 서아프리카, 특히 다호메이Dahomey 왕국(오늘날의 베냉Benin 공화국)인데, 후두는 중앙아프리카의 콩고에서 유래했다. 현재는 미국 전역에서 많은 추종자를 찾을 수 있지만 그 뿌리는 노예 제도와 억압의 기억을 간직한 미국 최남단 지역이다.

후두는 광범위한 민간 마법을 사용하며, 아프리카를 기원으로 하면서도 『파우와우』나 마법서인 『모세서』 제6, 7권의 영향을 크게 받았다. 나아가 약초나 식물의 뿌리, 약성을 지니는 동물의 일부분, 자철광을 비롯한 광물 등을 활용하는 것이 특징이다.

후두 수행자는 뿌리를 다루는 사람을 뜻하는 루트워커root-worker라고 불린다. 이들은 또 양초나 기름, 향초, 가루류도 사용한다.

후두가 목표로 하는 것은 모든 사람에게 사랑과 부를 안겨주는 것이지만 치유와 저주, 행운 기원과 악운 기원의 상반된 두 가지 측면을 함께 지닌다. 주술사들은 동물의 뼈로 미래를 점치고 꿈을 해석한다. 후두는 예전부터 전해 내려오는 속담이나 이야기 같은 자신들의 전통에 외부 세계의 사상을 융합시키며 오늘날에도 여전히 존속하고 있다. 이는 아프리카에서 북아메리카 대륙으로 전파되고, 시간이 지남에 따라 독자적으로 진화한 고대 민간 마법 세계의 유산이라 할 수 있다.

▲ 행운의 뿌리
정복자 존John the Conqueror이라는 이름을 가진 식물의 뿌리. 후두의 주술사들이 특별히 중시한 것이다. 정력제로도 효과가 있고 도박에서 행운을 보장해 준다고 한다.

폰족의 보시오. 소유자를 마법의 힘으로 지켜주는 도구로 여겨졌다.

서아프리카의 부두

부두라고 하면 아이티의 이미지가 강하지만, 그 발상지인 베냉 공화국을 중심으로 한 서아프리카에서도 성행하는 신앙이다. 본래 베냉 폰족의 종교에서 유래했고, 오늘날 400만 명으로 추정되는 신자들이 여전히 활동하고 있다.

이 지역에서는 보시오bocio라고 불리는 액막이 조각상이 널리 사용된다. 그 목적은 자연의 힘을 이용하여 질병을 치유하는 전체론적인 성격을 지니지만 한편으로는 사악한 힘으로부터 주인을 보호하기 위한 것이기도 하다. 보시오는 사제를 통하지 않고도 직접 기도를 올릴 수 있는 대상이지만, 힘을 얻어내려면 닭이나 염소의 피를 제물로 바쳐야 했다. 조각상의 재료로는 동물의 뼈나 돌 또는 나무가 사용됐다.

유해한 식물

Harmful plants

뛰어난 효능을 지닌 일부 식물은 치유와 선한 마법에 사용되어 왔지만, 치명적인 독성으로 사악한 목적에 이용되어 온 식물도 있다. 환각 물질이 함유된 식물은 황홀경과 환영을 유도하거나 악령을 쫓는 목적으로 쓰였지만, 맨드레이크 뿌리는 흑마술 의식에 사용되었다. 극단적으로 나쁜 이미지로 알려진 식물은 집 근처에서 발견되기만 해도 악운을 불러온다고 믿었고, 철 지난 꽃이 피거나 하면 더욱 불길하게 여겼다.

잎 부분에도 뿌리와 같은 성분이 함유되어 있지만 농도는 낮다.

뿌리에는 환각 물질이 함유되어 있다.

▲ **맨드레이크**Mandrake
인간의 형상을 닮았고, 땅에서 뽑으면 비명을 지른다고 한다. 그 소리를 들으면 죽을 수도 있다고 하므로 가장 무서운 식물로 여겨졌다. 하지만 잎을 한 달 동안 섭취하면 마법사에게 동물로 변신하는 힘을 준다고도 한다.

▲ **투구꽃**Aconite/wolfsbane
동물로 변신하는 환각을 일으킬 수 있다. 고대 북유럽의 베르세르크 전사들이 전투 전에 섭취하여 늑대 인간으로 변신했다고 전해진다.

▲ **접골목**Elder trees
치유 효과가 뛰어나지만, 죽은 가지에서 새싹이 계속 돋아나므로 '죽음의 나무'라고도 불린다. 이 나무를 베면 악령이 풀려난다고 믿었다.

▲ **벨라도나**Belladonna/deadly nightshade
독초의 일종으로 환각을 일으킨다. 마녀들은 빗자루를 타고 날기 위해 이 이파리를 허벅지에 문질렀다고 한다.

▲ **가시자두**Blackthorn
불길한 징조로 여겨진 식물이지만, 마법에서는 사악한 기운으로부터 보호해 주고, 부정이나 독소를 없애준다고 여겼다. 내면의 악마와 대면하기 위해 사용되기도 했다.

▲ 사리풀 Henbane
강한 환각 작용을 지닌다. 고대 그리스의 델포이 신전에서 사제들이 신탁을 구할 때 흡입했다. 또 마녀들이 하늘을 나는 힘을 얻기 위해 사용했다고도 한다.

▲ 미나리아재비 Larkspur
그리스 신화에 따르면 쓰러진 전사 아이아스Aias의 피에서 돋아났다고 한다. 상처를 치유하고 위험으로부터 보호해 주는 효과가 있다고 여겨졌다.

▲ 향쑥 Wormwood
'쓴맛'의 이미지가 강하며 마법에서는 복수의 주문에 사용된다. 에덴동산에서 추방된 뱀이 기어간 흔적을 따라 처음 돋아났다고 전해지는 식물이다.

약 성분은 꽃에 집중되어 있다.

◀ 헬레보어 Hellebore
독초의 일종으로, 말려서 분말 형태로 만든 다음 투명 인간으로 변하는 마법에 사용한다. 민간전승에 의하면 반드시 달이 없는 밤에 따야 한다고 한다.

잎에는 독성이 있어 만질 때 조심해야 한다.

▲ 흰독말풀 Datura
환각성이 강하고 목숨을 뺏을 수도 있을 만큼 독성이 강력하다. 아메리카 원주민들이 영적 세계로 여행을 준비하는 의식에서 오랫동안 사용해 온 것이다.

▲ 독당근 Hemlock
고대 그리스 철학자 소크라테스를 처형할 때 사용했던 맹독성 식물이다. 소량으로도 마비와 호흡 곤란을 일으킨다.

생명 에너지의 활용: 메스머리즘과 최면술

HARNESSING THE LIFE FORCE
mesmerism and hypnosis

메스머리즘이라는 단어는 18세기 독일 의사인 프란츠 메스머Franz Mesmer에서 유래했다. 그는 모든 생명체가 자기 에너지 또는 유체를 가지고 있으며, 체내에서는 행성의 영향으로 밀물과 썰물처럼 에너지의 흐름이 일어난다고 생각했다. 그리고 에너지의 정상적인 흐름이 막히면 질병이 생긴다고 보았다. 이때 강력한 자기력을 소유한 사람이 자석을 이용해 질병을 치료할 수 있는데, 자신이 바로 그러한 힘을 지닌 적임자라고 주장했다. 그는 무생물까지 포함한 이러한 에너지 전달 현상을 '동물 자기animal magnetism'라고 불렀다.

황홀경과 신비한 분위기

메스머는 이 이론을 빈에서 고안했는데, 1778년에 파리로 건너가서 자기 치료법을 확립하고 큰 명성을 얻었다. 메스머는 꿰뚫어보는 듯한 시선으로 환자를 바라보면서 그 몸에 손을 대거나 만짐으로써 황홀경 상태로 유도했다. 이때 환자는 격렬한 경련을 일으키는데, 이는 질병이 치유되고 신체가 본래의 균형을 회복하는 '분리crisis' 현상이라고 한다. 그의 고객은 대부분 상류층이었고 그는 어마어마한 인기를 누렸다.

이러한 집단 치료는 의료 행위지만 퍼포먼스로서의 측면도 있었다. 어둑어둑한 조명 아래 환자들은 침묵하며 바케트baquet라는 자기통을 둘러싸고 앉아 있고, 천상의 세계에서 들려오는 듯한 아름다운 음악이 희미하게 울려 퍼진다. 메스머는 연보라색 긴 가운을 입고 환자들의 신체를 누르거나 바로잡고, 눈을 응시하기도 했다.

이에 반응하여 환자는 얼어붙은 듯 경직되거나 반대로 격렬하게 반응하기도 했다. 경련을 일으키며 흐느끼거나, 걷잡을 수 없이 웃거나, 심지어 토하기도 했다. 이러한 광경을 목격한 영국인 의사는 그 자리에 "신비

▼ 아이 컨택
자기력이 지니는 힘에 매료된 메스머는 환자와 눈을 맞추고 응시하는 방법으로 자기 에너지를 전달하여 병을 치료할 수 있다고 생각했다.

> "이 체계는 불과 빛의 본질에 대해 새로운 시각을 제시하며, 인력의 법칙도 새롭게 조명하는 것이다."

동물 자기에 관한 프란츠 메스머의 발언, 1779년

◀ 집단 치료
바케트 주위에 둘러앉은 사람들. 왼쪽에는 실신한 여성도 보인다. 1780년대에는 파리의 상류 계층이나 유력 인사들이 메스머의 의식과도 같은 치료를 받기 위해 모여들었다. 마리 앙투아네트 왕비도 참석했다고 한다.

한 공기"가 떠돌고 "경이로운 일들이 가득"했다고 증언했다.

돌팔이 또는 진정한 과학자

사실상 최면의 한 형태였던 메스머리즘은 후세의 정통 의학과 대체 의학에 큰 영향을 미친다. 이는 또한 강령술(224~227쪽 참조)의 원류이기도 하고 대중적 퍼포먼스로서 최면술의 선구이기도 하다.

당시 메스머는 '생명 에너지'의 존재를 공식적으로 인정받기 원했으나 그 시도는 실패로 끝났다. 세간에서는 환자의 마음을 자유롭게 조종하는 그의 치료법이 의료 행위라기보다는 위험할 정도로 오컬트에 더 가깝다고 보았다. 1785년에 왕립 위원회는 메스머가 주장한 동물 자기가 존재한다는 증거가 없다고 결론지었고, 그의 권위는 실추되었다.

참고

메스머의 마법 나무통

메스머의 집단 치료에서는 큰 나무통에 물을 채운 바케트라는 장치가 핵심이었다. 환자들이 이 통을 둘러싸고 앉아서 치료를 받는 것이다. 바케트에 뚫린 구멍을 통해 직각으로 구부러진 여러 개의 쇠 막대가 튀어나와 있다. 내부에는 물을 자기화하는 자석이 들어 있는 실린더가 나열되어 있는데, 쇠막대는 여기에 삽입되어 있다. 메스머는 튀어나온 쇠막대의 한쪽 끝을 환자의 환부에 대거나, 더 강한 효과를 얻기 위해서 바케트에 달린 밧줄을 환자에게 연결하거나, 환자들이 손을 잡도록 하여 자기의 순환을 유도했다.

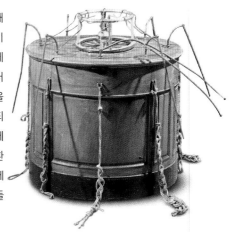

L'Arbre de Buzancy

▶ **자기적 나무**
자력을 띠도록 만든 나무를 이용
하는 퓌세귀르 후작. 그의 방법
은 자기화한 느릅나무에 밧줄을
묶어서 환자들과 연결하는 것으
로, 그 자력을 통해 일종의 최면
상태를 유도하고자 했다.

엘리파스 레비 Eliphas Lévi(1810~1875년)

프랑스의 위대한 오컬트주의자

엘리파스 레비의 본명은 알퐁스 콩스탕Alphonse Constant이며, 가톨릭 사제를 목표로 신학교에 진학했다가 실패하고 사회주의자가 되었다. 그는 메스머의 영향으로 마법에 심취했고, 가톨릭, 사회주의, 마법에 기초한 보편적 질서를 제창했다. 그의 저서『고등 마법의 교리와 의식Dogme et Rituel de la Haute Magie』에는 중세 십자군이 처음 기록한 바포메트Baphomet의 삽화와 그 설명이 실려 있다. 레비는 바포메트를 '사바트의 염소'라 불렀고 전지적 존재이자 양성구유, 선과 악, 다산과 생명을 상징하는, 다양한 마력을 가진 존재라고 했다. 레비의 작품은 오늘날에도 마법사들의 중요한 연구 대상이다.

바포메트는 염소 머리에 여성의 가슴과 날개를 지닌 괴물이다. 이마에 오각성이 달려 있고 양팔에 연금술 용어가 새겨져 있다.

▼ **자기력 이벤트**
1857년 5월 스위스에서 개최된 자기력에 관한 이벤트의 홍보 전단. '자기학의 대가' E. 알릭스Allix가 공연한다고 소개되어 있다. 당시 메스머의 인기에 편승하여 정체를 알 수 없는 흥행사들이 속속 등장했다.

수면의 힘

메스머는 사실상 사기꾼이라는 낙인이 찍혔고 추방되어 1815년 스위스에서 사망했다. 하지만 그가 남긴 메스머리즘은 19세기에도 계속 이어졌다. 그 지지자 중 가장 큰 영향력을 발휘한 사람은 퓌세귀르 후작Marquis de Puységur이다. 그는 메스머의 열렬한 추종자였는데, 1780년대에 새로운 형태의 최면술을 개척하여 '인위적 몽유병somnambulisme artificiel'이라고 명명했다. 몽유병 환자는 자신이 처한 상황을 인지하지 못할 뿐 아니라 최면술사의 뜻대로 움직이게 된다.

무의식의 출현

인간에게는 의식의 세계와 강력한 무의식 세계가 공존한다는 깨달음은 이후의 심리학 발전은 물론이고 오컬트 및 초자연적인 현상에 대한 연구에도 큰 영향을 미쳤다. 또한 영적 세계와 물질세계의 소통을 매개하는 영매가 등장하는 계기로도 작용했다.

1841년, 스코틀랜드 의사이자 그 지역 의학계의 중진이었던 제임스 브레이드James Braid는 프랑스인 메스머리즘 추종자 샤를 라퐁텐Charles Lafontaine의 공연을 본 후, 정당한 의료 수단으로서 메스머리즘의 가능성에 눈뜨게 된다. 그가 충격을 받은 것은 라퐁텐의 화려한 퍼포먼스가 아니라, 환자들이 실제로 눈도 뜨지 못할 정도로 명백한 무아지경에 빠진 광경이었다. 연구 결과 브레이드는 의식에서 무의식으로의 전환 실태를 밝혔으며 임상 용

도로 응용하는 데도 성공했다. 최면 상태의 환자는 통증을 느끼기 어렵게 되므로 마취에도 중요하게 쓰일 수 있는 것이다. 그는 스스로 고안한 수법을 그리스 신화 속 잠의 신 히프노스Hypnos의 이름을 따서 명명했는데, '히프노시스hypnosis(최면술)'이라는 새로운 용어가 탄생한 것이다.

오컬트 세계 속으로

브레이드 외에도 메스머의 연구를 계승하여 발전시킨 프랑스인이 두 명 있다. 정신분석학의 창시자인 지그문트 프로이트의 스승인 장마르탱 샤르코Jean-Martin Charcot와 이폴리트 베른하임Hippolyte Bernheim이다. 이들은 메스머의 작업을 발전시켜서 인간의 마음을 과학적으로 분석하는 수단으로서 최면술의 가능성을 조명했다. 이들의 주장에서는 오컬트적 색채가 농후하게 느껴지는데, 이 점은 프랑스인 마법사 엘리파스 레비의 저서에도 명확히 드러난다.

"마법이 지니는 신비한 힘을 구경거리로 만드는 것은 너무나도 위험하다."

『고등 마법의 교리와 의식』(엘리파스 레비, 1854~1856년)

▲ 프랑스 타로
「여교황과 여제」. 앙투안 쿠르 드 제블랭의 『태초의 세계』에 수록된 삽화이다. 이 책은 점술 도구로서 타로를 설명한다.

"자리에 있던 사람들 모두가 카드를 돌리던
손을 멈추고, 마치 처음 본다는 듯
이 놀라운 카드를 넋을 잃고 바라보고 있었다."

『태초의 세계』Le Monde Primitif』(앙투안 쿠르 드 제블랭Antoine Court De Gebelin, 1781년)

카드를 해독하다: 타로
READING THE CARDS
the tarot

오늘날 점술 도구로 친숙한 타로 카드는 15세기 초 유럽에서 시작되었다. 일반적인 트럼프 카드는 그 1세기 전에 이집트의 맘루크Mamluk로부터 유럽에 전해졌다고 여겨지며, 타로는 여기서 파생된 것이다. 초기의 타로는 단순한 오락용이었고, '타로tarot'라는 이름은 이탈리아에서 유행한 브리지bridge와 유사한 게임인 타로키tarocchi('광대'라는 의미)에서 유래한 것으로 보인다.

초기 타로의 네 슈트는 지휘봉(나중에는 지팡이), 금화(나중에는 펜타클pentacle), 검, 성배였다. 1440년경 여기에 우화적인 삽화가 그려진 특수 카드가 추가되었는데, 이로써 한 세트를 이룬 것을 '카르테 다 트리온피carte da trionfi'라고 불렀다. 영어로는 '트럼프 카드'이다. 처음에는 카드를 손으로 그려서 제작했으므로 희소가치가 높았지만 인쇄술의 발명과 함께 대량 생산되었다.

타로의 기원이 된 고대 이집트 오컬트
1773년 프랑스 학자 앙투안 쿠르 드 제블랭이 언어의 기원을 주제로 한 『태초의 세계』의 집필에 착수했다. 그는 이 책에서 타로 기호의 기원이 신비에 싸인 고대 이집트의 문헌인 『토트의 서Book of Thoth』에 있다고 주장했다. 또 이러한 고대 이집트의 예지는 가톨릭의 탄압에도 집시들을 통해 퍼졌다고 했다. 하지만 이후에 번역된 『토트의 서』를 보면 타로와의 관련성은 전혀 보이지 않는다. 다만 제블랭의 작업으로 타로의 오컬트적 요소가 각광을 받게 되었다.

점술 수단으로서의 타로
10년 후 또 다른 프랑스인 장바티스트 알리에트Jean-Baptiste Alliette는 점술 도구로서 타로 카드를 사용하는 방법을 기술한 『에틸라, 카드 해독의 기술Etteilla, ou L'art de lire dans les cartes』을 발표했다. '에틸라'는 자신의 이름을 거꾸로 읽은 것이다. 그의 공적으로 타로 점술은 비로소 대중에게 침투되었다.

에틸라는 32장의 카드를 한 세트로 했는데 그는 여기에 타로 해석자 또는 상담자를 나타내는 '운명의 별'을 상징하는 특별한 카드를 추가하여 점을 쳤다.

▲ 모든 것을 알려주는 카드
장바티스트 알리에트가 19세기에 고안한 에틸라 카드. 점술 전용으로 설계된 최초의 타로 카드 세트이다. 카드가 지니는 의미는 방향에 따라 달라진다.

참고

별점

타로 카드를 스프레드에 맞추어 해석할 때 중요한 역할을 담당하는 것이 점성술이다. 타로를 점성술과 연결시킨 것은 19세기 후반 영국에서 탄생한 오컬트적 비밀 결사인 황금여명회(242~243쪽 참조)로, 타로 카드에 별자리와 4개 원소를 대응시켰다. 양자리, 사자자리, 궁수자리는 불의 성좌로서 지팡이 카드와 대응된다. 황소자리, 처녀자리, 염소자리는 땅의 성좌로서 펜타클 카드에 대응되고, 쌍둥이자리, 천칭자리, 물병자리는 바람의 성좌로서 검 카드와 대응된다. 게자리, 전갈자리, 물고기자리는 물의 성좌로서 성배 카드와 대응되는 것이다.

15세기 이탈리아인 안토니오 치코냐라Antonio Cicognara가 그린 타로 카드 중 달 카드. 물고기자리와 관련된 달은 초기의 타로에도 등장하는 가장 오래된 카드 중 하나이다.

◀ 미국으로 건너간 타로
북아메리카에서 큰 인기를 얻은 최초의 타로 카드인 이집트식 타로 세트. 장바티스트 피투아의 아이디어를 기반으로 프랑스 오컬트주의자인 르네 팔코니에René Falconnier와 모리스 오토 베게네르Maurice Otto Wegener가 1890년에 고안한 것이다.

카발라 타로

오컬트 붐이 일었던 19세기에 타로는 점을 치는 목적으로 주로 사용되었다. 각각의 카드에는 고유한 의미가 있으며, 카드를 펼쳤을 때 역방향일 경우 그 의미가 달라진다. 타로 점술의 발전에 공헌한 인물로는 엘리파스 레비가 유명하다. 레비는 1860년대에 연달아 저서를 출판하며 마법계에서 이름을 날렸다. 그는 마법이야말로 인간이 지니는 신성의 과학적 기반이라고 믿었다.

레비는 또 22장의 타로 카드와 히브리어 알파벳 22개 문자가 대응된다는 점에 주목하여 타로와 고대 전통 카발라(136~139쪽 참조) 사이의 연관성을 주장했다. 나아가 타로는 카발라의 '생명의 나무'를 해독하여 깨달음을 얻고 천국으로 인도하는 길잡이가 된다고 역설했다. 레비의 공헌으로 타로는 점술 도구로서 부동의 인기를 얻게 된다.

1870년에는 프랑스의 오컬트주의자 장바티스트 피투아Jean-Baptiste Pitois가 저서 『마법의 역사Historie de la Magie』에서, 기자Giza의 대피라미드 아래 숨겨진 비밀의 방에 도달하기 위한 마기의 입문 의식이 타로의 기원이라고 설명했다.

아르카나

피투아는 타로 카드를 두 개의 아르카나Arcana 그룹으로 분류했다. 큰 비밀을 의미하는 메이저 아르카나는 '마법사', '별', '매달린 남자'와 같은 특별한 의미를 지닌 22개의 카드로 구성되고, 작은 비밀을 뜻하는 마이너 아르카나는 14장씩 4개의 슈트로 나뉜 총 56장의 슈트 카드로 이루어진다. 이와 같은 피투아의 체계를 기반으로 한 최초의 78장 타로는 '마르세유 타로Tarot de Marseilles'로도 알려져 있다.

1889년, 스위스의 오컬트주의자인 오스발트 비르트Oswald Wirth는 카발라의 상징을 기반으로 22장의 점술용 타로를 고안했다. 각각의 카드에는 고유한 의미가 숨겨져 있는데, 예를 들면 '마법사'는 지상과 하늘 사이의 가교를 의미하고, 원래 여교황이라고 불렸던 '고위 여사제'는 여성 교황인 요안나Pope Joan를 가리킨다고 한다. 이후로도 점술에 특화된 다양한 타로 카드가 등장했는데, 현재 프랑스와 이탈리아에서는 순수한 게임용으로 타로를 사용하기도 한다.

마법사 1910년 제작된 최초의 영어 타로 카드

악마 엘리파스 레비의 영향을 받은 19세기 프랑스 카드

고위 여사제 1910년 영국의 라이더 웨이트Rider-Waite 타로 덱

탑 1926년 오스발트 비르트가 카발라 상징을 모방하여 디자인한 타로 카드

▲ **여제**Empress 생명의 탄생이나 풍
부한 아이디어, 예술, 로맨스, 비즈
니스의 번영을 상징한다.

▲ **악마**Devil 물질적 탐욕, 색욕,
두려움, 얽매인 몸을 의미한다.

▲ **매달린 남자**Hanged Man 자기 희생의 의미를 가지
면서 거꾸로 매달린 자세는 새로운 시각의 획득을 상
징하기도 한다.

▲ **운명의 수레바퀴**Wheel of Fortune 부자가 가난하게
되거나 가난한 사람이 부자가 되는 등 운세의 변화를
나타낸다.

▲ **전차**Chario 힘, 집중, 승리에 대한 강한 의지를 나타낸다. 검은색과
흰색 스핑크스가 함께 전차를 끄는 모습은 상반된 성질을 지닌 자들이
손을 잡는다는 의미이다.

▲ **고위 여사제**High Priestess 직감
을 간직한 지혜의 상징이다.

▲ **힘**Strength 통제력 또는 고통과
위험의 극복을 시사한다.

▲ **은둔자**Hermit 고립, 은둔, 자기
탐구를 나타낸다.

▲ **심판**Judgement 내면의 소리, 재
생 또는 자기 불신을 암시한다.

▲ **정의**Justice 공정하고 균형 잡힌
판단을 의미하지만, 역방향일 경우
부당한 대우를 상징한다.

▲ **태양**Sun 활력, 자신감, 성공을 나
타내지만 역방향이면 반대의 의미가
된다.

▲ **바보**Fool(또는 조커Joker) 절벽 위를 거니는 천진난만한 젊은이는 흥미진진한 여행이나 미지의 세계로 모험을 떠나는 발걸음을 나타낸다.

▲ **교황**Hierophant 전통, 영적 지혜, 안정성 또는 적합성을 의미한다.

▲ **별**Star 희망과 믿음의 상징이지만 역방향이면 절망과 불신을 의미한다.

▲ **연인**Lovers 남녀 관계나 파트너 선택과 관련된 결단을 시사한다. 또 유혹을 의미하기도 하고, 종종 희생이 동반되는 경우도 많다.

▲ **세계**World 조화, 완성, 여행을 나타낸다.

▲ **마법사**Magician 영감, 재능, 비전을 의미. 역방향의 경우 의미도 반대가 된다.

▲ **달**Moon 무의식, 환상, 두려움, 불안을 상징한다.

▲ **황제**Emperor 권위, 억압, 아버지를 상징한다.

▲ **탑**Tower 위기, 격변, 계시를 의미한다. 탑은 견고하지만 흔들리는 지반 위에 높이 세워져 있기 때문이다.

▲ **죽음**Death 삶의 한 단계의 끝, 영적 변화를 의미한다.

▲ **절제**Temperance 균형, 절도, 인내, 방향성을 의미한다.

메이저 아르카나

The Major Arcana

특별한 그림으로 구성된 22장의 타로 카드는 커다란 비밀을 의미하는 '메이저 아르카나'라고 불린다. 각 카드에는 특별한 의미가 있으며, 역방향으로 나왔을 경우 그 의미가 반전된다. 타로로 점을 치는 많은 방법 중에서 가장 간단한 것은 세 장의 카드를 뽑는 것이다. 카드를 잘 섞은 후 그중 세 장을 뽑아서 나열하고, 왼쪽에서 오른쪽으로 과거, 현재, 미래 순으로 읽어서 질문에 대한 답을 도출하는 것이다.

예술 표현: 낭만주의자와 배교자
ARTISTIC EXPRESSION
Romantics and renegades

1700년대부터 1800년대는 혁명과 낭만주의의 시대였다. 이 시대의 예술 작품에는 초자연적 사상이나 오컬트적인 아이디어가 반영되어 있다. 낭만주의는 개인의 감정과 표현의 자유를 찬양하며, 상식에 얽매이지 않는 직감이나 정상적이고 물리적인 수준을 넘어서는 초월적 경험을 중시했다. 낭만주의 시대에 예술이 개화한 배경으로는 프랑스에서 북아메리카에 이르는 세계 각지에서 정치 혁명이 발생하여 구체제가 붕괴된 것을 들 수 있다. 또 합리적 계몽주의에 대한 반발의 측면도 있었다.

고야의 신비한 마녀들
스페인 예술가 고야는 마녀나 초자연적인 현상에 깊은 관심을 가지고 있었다. 그는 어둡고 환상적인 이미지를

◀ **오컬트 알레고리**
고야의 마녀들은 스페인의 종교재판에서 피고에게 씌웠던 굴레를 연상시키는 모자를 쓰고 있다. 아래에 있는 남자는 악마의 눈을 피하려는 듯한 손짓을 하고 있다.

사용하여 사회 및 정치적 리얼리즘을 추구했는데, 매력적이지만 어딘지 불길한 느낌을 주는 작품들을 만들었다.

특히 흥미로운 작품은 〈마녀들의 비상Vuelo de Brujas〉(1798, 왼쪽 그림)이다. 세 명의 마녀가 팔다리를 늘어뜨린 사람을 받쳐 들고 날아오르는 모습인데, 다양한 의미로 해석될 수 있다. 반마법적 메시지가 담긴 것일 수도 있고, 종교 체제에 대한 비판일 수도 있다.

자연과 악마
문학과 음악도 초현실적인 주제를 탐구했다. 미국의 시인이자 철학자인 랠프 월도 에머슨Ralph Waldo Emerson과 헨리 데이비드 소로Henry David Thoreau는 직관, 자연에 깃든 신성성, 개인의 자유를 구가하는 낭만주의적 이상을 바탕으로 초월주의 문학을 제창했다. 영국 낭만주의 시인들도 초자연적 요소를 작품에 도입했다. 대표적으로 윌리엄 워즈워스William Wordsworth와 새뮤얼 테일러 콜리지Samuel Taylor Coleridge는 공저 『서정 민요집Lyrical Ballads』을 비롯한 작품군에서 자연이 지니는 신비적인 힘을 찬미했다.

이러한 자연 예찬주의와 대조를 이루는 것이 미국의 암흑 낭만주의이다. 에드거 앨런 포의 작품은 죽은 자와 소통하는 강령술과 오컬트, 윤회 사상, 의식 마법, 메스머리즘이 융합된 양상을 보여준다. 이러한 주제들을 다룬 포의 단편 소설로는 결혼을 주제로 한 소름 끼치는 고딕 호러이자 신비주의를 담은 4쪽이 채 안되는 「모렐라Morella」와 마법의 원이나 아편으로 죽은 자를 되살린다는 「리게이아Ligeia」가 있다.

베버Weber의 오페라 〈마탄의 사수Der Freischütz〉는 불길한 초자연적 세계를 묘사한 것으로 유명한데 정령과 악마의 계약, 마법의 탄환 등이 등장하며, 선과 악의 대결을 그리고 있다.

▲ **정령들이 있는 풍경**
독일의 낭만주의 작곡가 카를 마리아 폰 베버의 오페라 〈마탄의 사수〉(1821년)의 초기 세트를 보여주는 판화. 음산한 늑대 계곡 장면으로, 배경에 악령과 요괴가 발호하고 있다.

◀ **저세상에서 전해 온 운명의 메시지**
귀스타브 도레Gustave Doré가 그린 에드거 앨런 포의 시 「까마귀The Raven」의 삽화. 죽은 연인을 단 한 번만이라도 더 만나고 싶어 하는 남성의 바람은 까마귀의 비정한 선고에 의해 무참히 무너진다.

고딕 마법

Gothic magic

1790년대에는 유럽 각지에서 초자연적 현상, 오컬트, 죽음의 이미지를 다룬 '고딕Gothic 문학'이 개화했다. 어둡고 스릴 넘치며, 때로 충격적일 정도로 무시무시한 작품들이다. 1700년대 중반에 시작된 이 주요 경향은 낭만주의 운동과 연합하여 미국의 암흑 낭만주의 장르와 마찬가지로 1800년대까지 계속되었다.

작품의 무대는 주로 폐허가 된 중세 성이나 수도원 같은 고풍스러운 건물이다. 이 장르가 '고딕'으로 불리는 것도 이들 건축물의 고딕 양식에서 유래한 것이다. 보통 지하 통로, 비밀의 문과 같은 장치와 함께 유령, 악마, 사악한 수도사 등이 등장한다. 주인공은 이러한 기괴한 캐릭터들과 뜻밖의 상황에서 조우하게 되고, 때로 비정상적인 심리적 상태에 빠지거나 불안과 두려움 속에서 불가사의한 경험을 한다.

고딕 문학의 원조라고 불리는 것은 호레이스 월폴Horace Walpole의 초자연적 미스터리물인 『오트란토 성Castle of Otranto』이다. 으스스한 성을 배경으로 대대로 전해 내려오는 예언을 둘러싼 이야기가 전개된다. 그리고 30년 후에 출판되는 매슈 G. 루이스Matthew G. Lewis(수도사 루이스)의 『수도사The Monk』는 영국 문학사상 최초의 공포 소설로 기록된 것으로, 흑마술과 악마 숭배를 모티브로 한다. 고딕 호러의 또 다른 걸작으로는 메리 셸리Mary Shelley의 『프랑켄슈타인』을 들 수 있는데, 과학자가 시체를 모아서 인조 인간을 만드는 이야기이다. 에드거 앨런 포의 『어셔가의 몰락』도 유령, 광기 및 죽음을 주제로 한 대표작이다.

이 외에도 에밀리 브론테Emily Brontë에서 너새니얼 호손Nathaniel Hawthorne, 파스콸 페레스 로드리게스Pascual Pérez Rodríguez에 이르기까지, 19세기의 많은 작가들이 고딕 양식을 채용했으며 이들 고전 문학은 오늘날에도 여전히 사랑받고 있다.

"우리는 내면 세계에 숨어 있는 악령을 불러낼 것이다."

『린도르프의 신부The Bride of Lindorf』
(러티샤 엘리자베스 랜던Letitia Elizabeth Landon, 1836년)

죽은 자와의 대화: 심령주의
SPEAKING WITH THE DEAD
spiritualism

19세기 중반부터 심령주의가 유럽과 미국 전역에 열풍을 일으켰다. 사후 세계를 믿는 정통 기독교 신앙을 기반으로 하며, 영매를 매개로 '영계'에 있는 죽은 자와 소통할 수 있다는 사상이다. 이는 사별한 사람과 의사소통을 할 수 있다는 의미이므로 사랑하는 사람을 잃은 유족들에게 큰 위로로 받아들여졌고, 강령술 붐의 배경이 되었다.

▲ 멋진 신세계?
1854년 존 머레이 스피어가 개발한 기계인 '뉴 모티브 파워'. 19세기 중반에 유행한 심령주의 사상을 보여주는 동판화이다. 테이블 위에 자기를 띠는 공들이 매달려 있는 이 전기 기계의 원리는 정령이 생명을 불어넣어 전기를 발생시키고 인간과 신 사이를 연결한다는 것이었다.

엔도르의 마녀
심령주의의 원천 중 하나로 성서에 등장하는 엔도르의 마녀 이야기를 들 수 있다. 엔도르의 마녀는 사울 왕을 위해 예언자 사무엘의 영혼을 불러냈다. 이로부터 이 마녀의 이름은 죽은 자의 소환을 의미하는 대명사가 되었다.

계몽주의와 낭만주의의 저명한 사상가들도 심령주의에 영향을 미쳤다. 스웨덴의 신비주의자이며 과학자인 에마누엘 스베덴보리Emanuel Sweden-borg는 1758년에 출판한 『천국과 지옥』에서 죽음 이후의 삶과 영혼 세계와의 교감에 대해 다루었다. 나아가 프란츠 메스머는 자기력을 이용한 에너지 전달이라는 수단으로 무아지경 상태를 유도했다.

떠들썩한 시작
근대 강령술의 원조로 여겨지는 것은 북부 뉴욕에 거주한 매기와 케이트 폭스 자매이다. 이들은 1848년에 죽은 자와의 교신에 성공했다고 주장했다. 그들의 초라한 집에서 영적 존재가 두 사람의 질문에 으스스한 노크 소리로 대답했다는 것이다. 폭스 자매는 순식간에 유명해졌고, 자신들의 강령술이 진짜라고 믿게 만들었다. 근대 심령주의 사상 최초로 영매의 권위를 획득한 것이다. 미국, 영국, 프랑스의 중산층 거실에서는 폭스 자매를 모방한 시도도 이어졌다.

NEW MOTIVE POWER

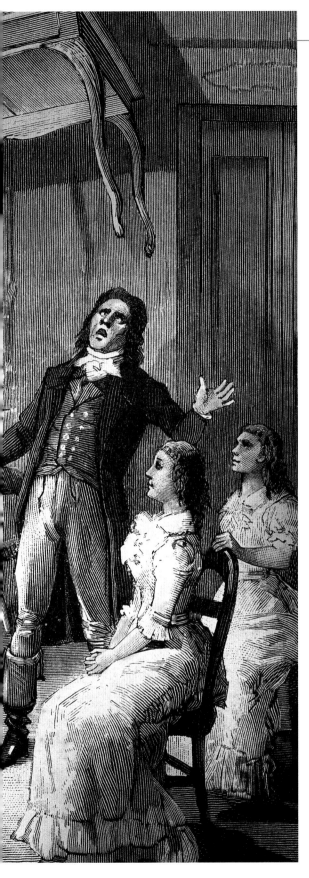

앤드류 잭슨 데이비스 Andrew Jackson Davis (1826~1910년)

포킵시의 천리안

존 머레이 스피어에게 특별한 영향을 준 사람은 미국의 앤드류 잭슨 데이비스이다. 투시 능력자, 영혼 소통자, 메스머리즘 치료사 등으로 알려진 그는 심령주의의 선구적 존재이기도 하다. 포킵시라는 지역에서 주로 활동해 '포킵시의 천리안'이라 불렸다.

그는 에마누엘 스베덴보리의 사상에서 큰 영향을 받았고, 이후 에드거 앨런 포를 비롯한 작가들에게 영향을 끼친다. 그의 저서 『자연의 원리와 신성한 계시 및 인류에게 보내는 목소리』는 무아지경에서 구술했다고 하는데, 때문에 출간 당시 특별한 지혜를 전달하는 책으로 선전되었다.

◀ **자매의 강령회**
1850년 뉴욕주 로체스터Rochester에서 열린 폭스 자매의 강령회 장면을 묘사한 19세기 판화. 유명 인사가 된 자매는 빈번하게 모임을 개최하여 물체를 움직이거나 공중 부양시키는 등 경이로운 기술을 선보였다.

일부에서는 회의적인 시각도 있었다. 나중에 다시 부인하기는 했지만 매기가 모두 장난이었다고 고백한 적도 있다. 오늘날에는 모두 가짜이고 노크 소리도 손가락 관절을 이용해 만들어낸 것임이 밝혀졌다.

기계 메시아

심령주의와 관련된 또 다른 일화로서 1840년대 존 머레이 스피어John Murray Spear의 활동을 들 수 있다. 미국 보편주의 목사이자 인권 운동가인 스피어는 어느 날 환상을 경험했고, 이로 인해 심령주의에 눈뜨게 되었다고 한다. 미국 계몽주의의 산물인 보편주의는 모든 사람이 동등하게 구원받을 수 있다는 사상을 핵심으로 한다. 따라서 스피어는 무덤 속에서 들려온 벤저민 프랭클린 등의 영혼의 목소리에 이끌려서 모두에게 영원한 구원과 안식을 가져다준다는 유토피아적 기계를 만들었다. 1854년 심령주의 계통 신문인 『뉴 에라The New Era』에 '뉴 모티브 파워'라는 기계의 완성이 보도되었다. 제작비는 당시로서는 천문학적인 수준인 약 2천 달러였다고 한다. 이 프로젝트는 회의적 시각으로 결국 실패했지만, 심령주의 사상은 역사에 확실한 족적을 남겼다.

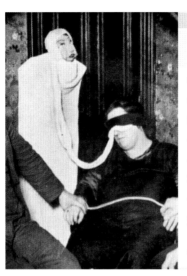

마녀의 또 다른 모습

전쟁 중이었던 1940년대에 일어난 스캔들은 고대로부터 인간이 품어온 마술에 대한 공포를 근대 심령주의가 일깨웠음을 알려준다. 스코틀랜드의 영매 헬렌 던컨 Helen Duncan은 입이나 코에서 엑토플라즘이 나온다고 주장했다. 엑토플라즘은 죽은 자의 영혼을 가시화하는 점성 있는 물질을 말하는데, 사실은 무명천, 종이, 화학 물질 및 잡지에서 잘라낸 얼굴 사진 등으로 만들어낸 것이었다. 결국 그녀는 초자연적 힘을 지닌 것처럼 거짓말을 한 사기 혐의로 유죄 판결을 받았고 1735년 제정된 영국의 마녀 행위 금지법으로 수감된 마지막 여성이 되었다. 이 법은 1951년에 폐지되었는데, 던컨의 재판이 이를 앞당겼다고 보는 견해도 있다.

헬렌 던컨이 영혼 안내자 '페기Peggy'와 연결되어 있는 것처럼 보이는 장면

죽은 자와의 교신

미국 남북전쟁(1861~1865년)이 한창이던 때, 전사자가 증가하면서 죽은 자와 교신할 수 있다는 강령술에 대한 대중의 관심이 급격히 높아졌다. 당시 유아 사망률이 여전히 높았던 것도 인기를 끈 한 원인이었다.

1800년대 후반까지 심령주의 신봉자는 엄청나게 늘어났는데, 각각의 동기는 매우 다양했다. 어떤 사람들은 심령주의 자체를 일종의 종교로 신봉했고, 죽음 이후의 삶에 대한 진지하고 구체적인 증거라고 주장하는 자도 있었다. 앤드류 잭슨 데이비스가 메스머리즘에 관심을 가졌듯이, 심령주의를 통한 영적 치유를 추구하는 움직임도 있었다.

하지만 심령주의에는 또 다른 측면이 있었다. 그 전형적인 활동이 영매를 매개로 죽은 자와 교신하는 강령회이다. 유럽과 미국 전역에서 유명 영매들이 사적 또는 공적인 강령회를 왕성하게 개최했다. 그중에서도 스코틀랜드 태생의 대니얼 던글러스 홈은 유럽 상류층과 왕실의 절대적 지지를 받았다. 그의 특기는 공중 부양으로, 공중에 뜬 채로 건물의 창밖으로 나와서 다른 창으로 들어가는 모습이 목격되었다고 한다.

▲ 유령을 찍는 사진기
유령이 찍힌 사진작가 윌리엄 멈러William Mumler의 사진. 그의 인물 사진에는 유령이 함께 찍히는 것으로 유명했다. 그의 많은 고객들은 고인이 된 사랑하는 사람이 마치 기적처럼 나타나는 것을 보고 위안을 얻었다.

▶ 불가사의한 변신
1874년 플로렌스 쿡의 심령 사진. 과학자 윌리엄 크룩스는 이 사진을 보고 영매 플로렌스가 '케이티 킹'이라는 다른 인격으로 변신하는 데 성공했다고 믿었다. 하지만 플로렌스와 케이티의 유사한 외모가 지적되면서 크룩스의 확신은 부정되었다.

심령주의는 당시 스코틀랜드의 작가 아서 코넌 도일을 비롯한 저명인사들 사이에서도 유행했다. 영국의 화학자이자 왕립협회 회장을 역임한 윌리엄 크룩스William Crookes도 심령주의 지지자 중 한 사람이었다. 크룩스는 강령회에서 '케이티 킹'이라는 유령의 전신 또는 머리 부분의 가시화에 성공했다고 하는 영국의 영매 플로렌스 쿡Florence Cook에게 권위자임을 인증하는 문서를 주었다고 한다.

엔도르의 마녀와 악마를 나타낸 19세기 그림. 심령주의를 부정하는 사람들은 종종 그 활동을 마녀들의 행위와 동일시했다. 성서에서 죄악시하는 또 다른 형태의 주술로 정의하고 대반란(미국 남북전쟁)의 원인이라고 주장하는 것이다.

사기와 이단, 또는 개혁

심령주의가 유행하면서 부와 명성에 대한 유혹을 이기지 못하고 사기 사건에 연루되는 강령술사가 늘어났다. 1869년에는 미국의 자칭 '영혼 사진가' 윌리엄 멈러가 사기죄로 기소되어 세간의 주목을 받았다. 그는 증거 불충분으로 무죄를 선고받았지만 영혼 사진가로는 더 이상 활동할 수 없었다. 7년 후 영국에서는 영매 헨리 슬레이드Henry Slade가 유죄 판결을 받았다. 그는 석판에 유령이 메시지를 쓴다고 주장했는데, 그가 발가락으로 쓴 것이라는 사실이 발각된 것이다.

심령주의 조사를 위한 펜실베이니아 대학 세이버트 위원회가 1887년 제출한 보고서는 심령주의에 대해 부정적이었고 종파를 막론하고 기독교 역시 마찬가지 입장을 취했다. 1898년의 가톨릭 칙령은 심령주의를 규탄했으며, 마녀의 주술이나 강령술과 동일시하는 성직자들도 있었다.

하지만 국교회에 속하지 않은 프로테스탄트나 퀘이커교도는 심령주의를 지지했고, 여성 참정권 부여와 노예제 폐지를 위한 개혁 운동도 심령주의와 강하게 연결되었다. 미국인 강령술사이자 장미십자회 회원인 패스컬 랜돌프Paschal Randolph는 노예제 폐지 운동에 투신했다. 미국의 심령주의 신봉자인 액사 W. 스프레이그Achsa W. Sprague도 노예제 폐지와 여성 참정권 확대를 주장했다.

신봉자들은 직감과 감수성과 같은, 19세기에 '여성적'이라고 여겨져 부정되었던 성질에서 가치를 발견했다. 여성 영매들은 영혼과 교신할 수 있는 능력을 내세움으로써 여성으로서 부적절한 발언을 해도 비난을 피할 수 있었다. 많은 여성이 영매의 길을 선택한 이유 중에는 여행과 모험, 명성을 획득할 기회를 누릴 수 있다는 매력도 분명 있었을 것이다.

"오, 엔도르로 가는 길, 세상에서 가장 케케묵은 길,
가장 미치광이 같은 길이여!"

심령주의에 관한 시 「엔도르Endor」(러디어드 키플링Rudyard Kipling, 1919년)

N° 1. — 10 janvier 1909. — Publication bi-mensuelle paraissant le 10 et le 25. — PRIX EXCEPTIONNEL : 10 c

LA VIE MYSTÉRIEUSE

Directeur : Professeur DONATO

MAGNÉTISME

SPIRITISME
MAGIE — ASTROLOGIE — CHIROMANCIE — GRAPHOLOGIE

CARTOMANCIE

Les Tables parlantes

Lire, à la page 3, l'article : Comment je devins spirite.

영혼과의 교신: 영매와 강령회

CHANNELLING THE SPIRITS

mediums and séances

20세기로 접어들면서 영매를 매개로 한 강령회가 대중 문화로 완전히 자리 잡았다. 강령회는 영매가 영혼과 교신하여 참석자들과의 대화를 중재하는 일종의 시연이다. 하지만 점점 더 드라마틱한 연출의 이벤트로 변하여 테이블을 회전시키거나 들어 올리는 트릭인 테이블 터닝table-turning, 위저보드 등이 행해졌고, 무아지경이 된 영매가 영혼을 대신하여 말하거나 글을 쓰는 것 등은 익숙한 광경이었다. 스릴 넘치고 과장된 장치로 가득한 강령회는 19세기에 성행한 무대 마술을 방불케 했다.

무아지경 속 영혼의 언어

수많은 영매가 무아지경에 빠지면 영혼의 말이 들린다고 주장했다. 미국의 강령술사 리어노라 파이퍼Leonora Piper는 무아지경 상태에 대해 "마치 무언가가 뇌 속을 통과하는 느낌에 감각이 마비되는 것 같다"고 묘사했다. 이 상태가 되면 목소리나 외모도 변화되기 때문에 관중은 그녀가 다른 인격에 빙의된 것이라고 믿었다. 어떤 사람들은 리어노라에게 빙의한 또 다른 인격이 '영혼 통제자'라는 존재이고, 그녀와 죽은 자의 영혼 사이를 중개해 준다고 믿었다.

코라 L. V. 스콧Cora L. V. Scott이라는 여성 영매도 미국에서 유명했다. 1800년대 후반에 다양한 주제에 영감을 주는 미모의 영매로 명성을 얻었는데, 무아지경 상태에서 영혼의 언어를 전달했다고 한다.

물질화

프랑스의 영매 에바 카리에르Eva Carrière는 자신의 알몸에서 유령 같은 형상을 불러일으키거나 영혼을 물질화한 엑토플라즘을 생성할 수 있다고 주장했다. 하지만 의심하는 시각이 많았고, 조사 결과 속임수로 판명되었다. 유령의 실상은 판지를 잘라 만든 것이었고 엑토플라즘이라고 주장한 물질은 종이를 씹어서 으깬 것이었다.

영혼의 메시지

테이블 터닝은 당시 큰 주목을 받았다. 참가자들이 테이블 위에 손을 얹고, 영매가 알파벳을 차례로 읽어 나가면, 특정 문자를 발음할 때 테이블이 움직였는데 영혼이 의사를 전달하기 위해 테이블을 기울이거나 떠오르게 하거나 회전시키는 듯 보였다. 그런데 이러한 현상은 '관념 운동 효과'로 설명될 수 있다. 일종의 움직임을 생각하는 것만으로 무의식적인 신체 반응이 발생하며, 의식하지 않아도 상상한 대로 움직임이 일어나는 것이다.

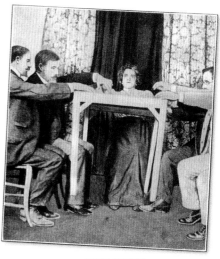

▲ 공중에 뜬 테이블
이탈리아에서 인기를 끌었던 영매 에우사피아 팔라디노Eusapia Palladino가 테이블을 공중에 뜨게 만드는 장면. 이 사진은 1892년 그녀의 수법에 대한 대대적인 조사가 진행되었을 때 촬영된 것으로, 조사 결과 초자연적 현상이 아닌 교묘한 트릭으로 결론지어졌다.

◀ 말하는 테이블
1909년판 『신비한 삶La Vie mystérieuse』에 게재된 '테이블 터닝'(프랑스어로는 말하는 테이블tables parlantes)에 대한 특집 기사. 당시에는 수없이 많은 심령 관련 간행물이 발행되었다.

▶ 미래를 엿보다
대중화한 강령술의 대표라고 할 수 있는 수정 점. 점술사는 정성껏 닦은 수정 구슬에서 미래나 죽은 자의 모습을 찾았다.

위저보드
Ouija boards

정령에게 문자를 쓰게 하는 부기扶箕라는 수법은 1천 500년 전 중국에서 처음으로 행해졌는데, 나뭇가지를 매달아 늘어뜨리면 '정령의 인도'에 따라 재로 한자를 썼다고 한다. 오늘날 가장 많이 알려진 영혼의 글쓰기는 미국에서 특허를 취득한 위저보드Ouija boards이다.

　미국에서는 남북전쟁 이후 강령술의 인기가 급상승했다. 그 배경에는 수많은 전사자의 유족들이 사랑하는 사람과 한 번이라도 더 대화하고 싶다는 간절한 바람이 있었다. 이에 대응하여 1891년 케너드 노블티 사에서 출시된 것이 위저보드이다. 위저보드는 문자나 숫자가 쓰인 보드의 포인터 역할을 하는 플랑셰트planchette로 구성되어 있다. 참가자들이 플랑셰트 위에 손을 올리면 영혼이 플랑셰트를 움직여서 단어를 만들어낸다고 한다.

　어떤 사람들은 죽은 자의 영혼이 위저보드를 통해 말을 한다고 진정으로 믿었지만, 의심하는 쪽에서도 무해한 오락거리로 여기고 수용하는 자도 많았다. 어느 쪽이든 위저보드는 가족들이 거실에 모여 즐길 수 있는 오락으로서 인기를 모았다. 그런데 1973년에 공포 영화 〈엑소시스트〉가 공개되자 사람들의 태도는 갑자기 바뀌었다. 악마가 위저보드를 악용하여 소녀에게 빙의하는 장면이 등장했기 때문이다. 위저보드에 갑자기 악마의 무서운 도구라는 꼬리표가 붙은 것이다.

　과학자들의 견해는 달랐다. 자동 글쓰기 현상의 수수께끼는 1852년에 이미 과학적으로 해명되어 있었다. 포인터가 자동으로 움직인다는, 얼핏 초자연적으로 보이는 현상은 '정령의 인도'가 아니라 관념 운동 효과라는 것이다. 게임에 참가한 살아 있는 인간들이 무의식적으로 섬세한 근육 운동을 일으킨 결과에 지나지 않는 것이다.

> "굉장한 위저보드,
> 과거, 현재, 미래에 대해
> 놀라울 정도로 정확하게 말해줍니다."
>
> 피츠버그의 장난감 및 잡화 가게 광고, 1891년

▲ 위저보드 놀이는 인기 있는 오락거리였다. 1936년 영화 〈휴먼 카고Human Cargo〉 촬영장에서 두 배우가 휴식 시간에 위저보드를 즐기고 있다.

손금을 읽다: 수상술手相術
READING THE LINES
palmistry

수상술(손금 점, 카이로먼시)은 손금과 손의 두께로 의미를 읽어내는, 고대로부터의 점술이다. 수상술로 개인의 성격을 알 수 있을 뿐 아니라 미래도 점칠 수 있다.

손금 점의 기원

손금 점에 대한 최초의 기록은 약 2천 500년 전으로 거슬러 올라가며, 인도에서 시작된 것으로 알려져 있다. 이후 아시아 전역과 유럽으로 퍼졌고 중세의 성직자들은 수상학에 관한 문헌을 열심히 수집했다.

그 후 수 세기 동안은 주로 방랑 점술가들만 손금 점을 쳤는데 1839년에 다시 각광을 받게 되었다. 그 발단은 프랑스인 카지미르 다르팡티니Casimir d'Arpentigny의 저서 『수상학La Chirognomie』으로, 최초로 손의 유형을 체계적으로 분류한 책이다. 1800년대 후반에는 아일랜드 점성가 케이로Cheiro(223쪽 참조)의 활동으로 손금 점의 인기가 급상승했으며, 1900년에는 신학자 윌리엄 베넘William Benham이 『과학적 수상술의 법칙The Laws of Scientific Hand Reading』을 발표하여 수상술을 과학으로 확립시키려 했다.

손에 새겨진 의미

일반적으로 손금 점에서는 '흙, 공기, 불, 물'의 4원소에 따라 성격을 분석한다. 우선 손바닥의 모양과 손가락의 상대적 길이를 살펴서 4원소 중 지배적인 원소를 판단한다. 예를 들어 손바닥이 거의 정사각형이고 손가락이 짧은 경우는 흙이 강한 것으로, 견실하고 현실적인 유형으로 해석할 수 있다.

손바닥의 각 주름, 즉 손금은 각각 성격을 나타내는 것으로, 선의 길이와 깊이, 곡선의 모양을 종합적으로 관찰하여 해석한다. 특히 중요시되는 선은 감정선, 두뇌선, 생명선 세 가지이다. '감정선'은 손가락 바로 아래를 지나는 선으로, 인간관계의 패턴을 나타낸다. '두뇌선'은 손바닥을 아래로 가로지르는 선으로 지성과 지식에 대한 욕망을 나타낸다. 그리고 '생명선'은 손목까지 곡선을 그리며 내려오는 선으로 건강과 활력을 나타낸다. 나아가 손바닥의 다양한 둔덕과 평원은 점성술의 행성 기호와 연결되며, 그 형태와 경계 부분을 살핌으로써 사람의 성격을 보다 깊이 읽어낼 수 있다고 한다.

> "케이로가 너무나 정확하게 내 성격을 맞혔기 때문에 아주 부끄러울 정도였다."
>
> 마크 트웨인의 노트에서, 1896년경

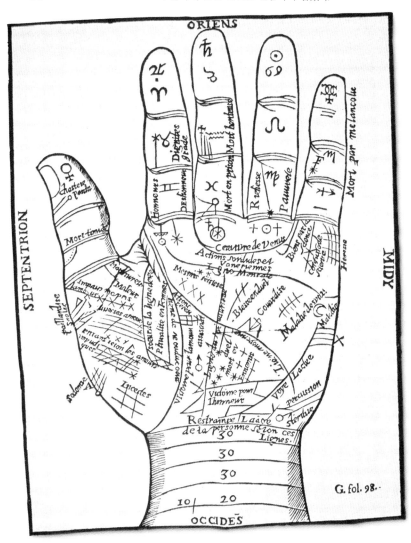

▼ 행운의 손
손바닥의 선과 둔덕을 십이궁과 연결한 그림. 엘리파스 레비의 『마법의 역사』(1860년)에 수록된 것으로, 원전은 1649년에 프랑스 오컬트주의자인 장 블로Jean Belot의 손금 점에 관한 저서에 처음 실린 것이다.

▲ 방랑 점술사
손금 점을 보는 여인을 묘사한 19세기 독일 화가 테오도어 레오폴트 벨러Theodor Leopold Weller의 그림. 손금 점은 수 세기에 걸쳐 집시 점술사들에 의해 이어져 왔다. 이 그림도 집시 점술사에게서 영감을 얻은 것이다.

루이스 하몬 백작Count Louis Hamon('Cheiro', 1866~1936년)

별을 읽다

아일랜드의 수상학자이자 점성가였던 윌리엄 존 워너William John Warner는 '케이로Cheiro'로 더 잘 알려져 있다. 인도의 힌두교 지도자인 구루guru에게서 손금 점을 배워 런던에서 개업했다. 작가 마크 트웨인과 오스카 와일드, 정치가 윌리엄 글래드스톤William Gladstone 등 쟁쟁한 인물들이 그의 고객이었다. 케이로가 타이타닉호를 건조한 선박 회사의 경영자 윌리엄 피리William Pirrie의 손금을 보고, "스스로를 지키기 위해 목숨을 걸고 싸우게 될 것"이라고 한 말은 유명하다. 뒷날 일어난 타이타닉의 비극을 예언했다고 보는 사람도 있다.

윤회 사상의 체계화: 정신주의의 탄생

CODIFYING REINCARNATION
the birth of spiritism

심령주의와 마찬가지로 정신주의도 사람의 영혼이 사후에도 사라지지 않고 영매를 통해 교신할 수 있다는 생각을 바탕으로 한다. 양자의 차이는 정신주의에는 윤회전생에 대한 믿음이 더해졌다는 것이다. 오늘날에는 보통 정신주의를 심령주의의 한 분야로 간주한다.

영혼을 성문화하다

알랑 카르데크Allan Kardec라는 필명으로 더 잘 알려진 19세기 프랑스 교육자 이폴리트 레옹 드니자르 리바이Hippolyte Léon Denizard Rivail는 세계 각지의 심령주의 사상을 분석했다. 그 결과가 종교, 철학, 과학 및 자연의 각 요소들을 결합한 정신주의라는 사상 체계로 정리된 것이다. 그의 대표적 저작으로는 영혼과의 대화 형식으로 저술된 『영혼의 서Le Livre des Esprits』(1857년)가 있으며, 이를 포함한 『정신주의 전집Codification du Spiritisme』을 간행했다.

카르데크는 기독교의 '도덕적 개선'이라는 개념을 기반으로 윤회 사상을 채용했다. 영혼은 선할 수도 있고 악

할 수도 있는데, 세상의 모든 영혼은 불멸하여 전생을 거듭하며 보다 더 완전한 존재로 나아간다고 생각한 것이다. 또한 이론이 아닌 관찰과 실험에 입각한 엄격한 과학적 방식의 탐구를 적용하여 영적 현상을 체계화하고자 했다. 영혼은 자연계의 일부로서 오직 자연법칙에 따라 행동하므로, 다른 자연 현상과 마찬가지로 연구의 대상으로 삼아야 한다고 주장한 것이다.

카리브해 지역의 유파

정신주의는 전 세계에 퍼졌지만 특히 1800년대 후반과 1900년대에 카리브해와 라틴아메리카에 확고하게 뿌리를 내렸다. 정신주의는 산타마리아, 레글라 데 오차, 에스피리티스모, 마쿰바 등의 다양한 형태로 파생되었다.

마쿰바는 브라질을 기원으로 한다. 포르투갈인의 노예로 브라질에 끌려온 아프리카인들이 애니미즘(정령신앙)과 정신주의를 융합하여 발전시킨 것이다. 라틴아메리카의 평범한 시골 사람들이 추종하는 정신주의는 주술이나 오컬트와 동일시되어 기독교 교회로부터 자주 억압을 받았다.

브라질에서는 움반다나 도시를 중심으로 한 킴반다 등, 정신주의 관련 사상이 각지에서 발전했으며, 전통적인 민속 신앙 및 가톨릭 요소까지 융합되었다. 브라질의 영매 젤리우 페르난디누 지 모라이스Zélio Fernandino de Moraes는 움반다의 창시자로 알려진 정신주의의 대가이다. 그는 1939년에 움반다를 중심으로 '움반다 정신주의 동맹'을 설립하여 1975년 사망할 때까지 조직을 운영했다.

▼ 아트 매직
윌리엄 브리튼William Britten의 『마술 혹은 현세와 중간계, 영계의 정신주의Art Magic, or, Mundane, Sub-mundane and Super-mundane Spiritism』에 수록된 삽화. 이슬람 신비주의(수피즘) 수도자인 데르비시의 회전 춤을 묘사한 것이다. 1870년대 간행된 이 책은 심령주의, 정신주의, 신지학을 주제로 세계 각지의 영적 관행을 소개한다.

"영혼은 물질적 존재로서 전생을 거듭하며
도덕적으로 향상되어 간다. 결코 퇴보하지 않는다…"

『영혼의 서』(알랑 카르데크, 1857년)

▲ 신의 눈
베트남 종교 까오 다이|Cao Dai의 주요 상징인 전지전능한 신의 눈. 까오 다이는 정신주의에 아시아 및 유럽의 여러 요소가 융합된 종교로서 1920년대에 설립되었다.

La Guirlande de Roses.

La Corne d'abondance.

▲ 로베르 우댕
1850년에 제작된 목판화 시리즈. 로베르 우댕의 유명한 트릭을 재현한 것이다. 왼쪽부터 '장미 화환', '풍요의 뿔', 기계 장치를 이용한 '공중그네 예술가', 머리 위에 매달린 상자 속에서 동전이 나타나는 '수정 상자' 트릭이다.

수리수리 마수리: 초기의 무대 마술

HOCUS POCUS
early stage magic

19세기 무대 마술의 성격을 결정지은 것은 이 시대에 일어난 두 가지 변화였다. 첫 번째는 수 세기 동안 박람회나 거리 시장에서 떠돌이 마술사들이 행했던 종류의 대중 마술이 실내에서 즐기는 고급 오락으로 변모했고, 나아가서는 화려하고 극적인 퍼포먼스로 대중을 끌어들이게 된 것이다. 두 번째는 전통적인 트릭에 수많은 새로운 환상이 결합된 것이다. 화려하고 놀라운 환상은 눈을 의심할 정도의 장관이었지만, 그것을 가능케 한 것은 탁월한 연출과 과학의 힘이었다.

근대 마술의 아버지
이러한 변화를 체현한 것이 19세기를 대표하는 프랑스의 마술사 장 외젠 로베르 우댕Jean Eugène Robert Houdin의 공연이다. 그의 명성과 이름을 차용한 후세의 마법사 해리 후디니Harry Houdini와 혼동되는 경우가 있으므로 주의를 요한다(259쪽 참조). 오늘날 '근대 마술의 아버지'로 불리는 로베르 우댕은 정교한 기예와 드라마틱한 연출을 융합시킨 것으로 유명하다. 한때 시계 제작자였던 그는 그 경험을 활용하여 '마법처럼 꽃을 피우는 오렌지 나무'나 '어린아이만 들 수 있는 상자'(당시 최신 지식이었던 전자기력을 이용하여 무대에 고정시켰음)와 같은 획기적인 소품을 직접 만들었다.

당시의 마술사들은 자기 홍보에도 뛰어났는데 그 대표적인 인물로 우댕을 비롯하여 '아바의 수도승Fakir of Ava'으로 불린 아이제이아 휴즈Isaiah Hughes, '북방의 위대한

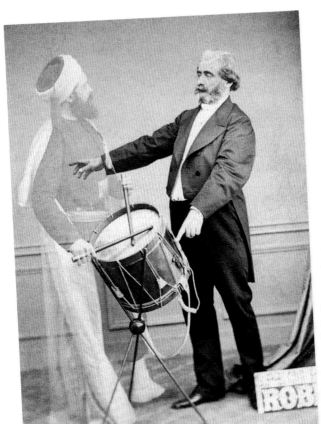

◀ 잉케르만Inkerman의 영매
전기로 생성된 유령의 형상. 1850년대부터 사용된 기법으로, 과학과 마법을 치밀하게 융합시킨 프랑스인 앙리 로뱅Henri Robin의 공연이 대표적이다. 북 치는 남성의 형상을 전기로 투영하고 있다.

Le Voltigeur au trapèze.

Le Coffre de cristal.

마술사' 존 헨리 앤더슨John Henry Anderson, 최초의 공중 부양법을 고안하여 31년 동안 런던에서 공연한 존 네빌 매스켈린John Nevil Maskelyne을 들 수 있다. 또 프랑스인 알렉산더 헤르만Alexander Herrmann은 자신만의 독특한 총알 잡기 기술을 완성하여 명성을 획득했다. 이 기술은 현재까지 최소 12명의 마술사의 목숨을 앗아갔다.

과학과 환상

1862년 영국의 과학자 존 헨리 페퍼John Henry Pepper는 유령을 출현시키는 데 성공하여 청중을 경탄시켰다. 3년 후 그는 '프로테우스 캐비닛Proteus Cabinet'을 고안하여 특허를 취득했다. 나무 상자에 들어간 사람이 사라졌다가 다시 나타나는 놀라운 트릭으로, 사실 거울을 이용한 것이다. 이후 무대 마술의 핵심이 되었다. 같은 해에 '스핑크스 소환사'로 불린 스토데어 대령Colonel Stodare은 이

기술을 사용하여 작은 상자 속에 살아 있는 머리가 나타나는 기술을 선보였다. 프랑스인 부아티에 드 콜타Buatier de Kolta의 1866년 공연도 관객을 놀라게 했는데 비밀은 무대 바닥에 뚫린 구멍으로 여성이 탈출하는 것이었다.

이들 마술은 모두 초자연적인 현상은 아니었다. 하지만 과학과 환상을 융합시키고 예능적 요소를 더한 트릭에 관중은 매료되었다.

> "마술사란, 마술사라는
> 역할을 연기하는 배우이다."

『마술의 비밀Les secrets de la prestidigitation et de la magie』(장 외젠 로베르 우댕, 1868년)

참고

환등기

18세기 중반에 요한 슈뢰퍼Johann Schröpfer라는 사기꾼이 강령회에서 연기 속에 영혼의 이미지를 투사하기 위해 랜턴을 사용했는데 큰 인기를 끌었다. 1790년 무대 공연에서 이 기술을 처음 사용한 폴 필리도르Paul Philidor는 이를 '슈뢰퍼식 유령 쇼'라고 불렀는데, 1792년에 정식으로 '환등phantasmagorie'이라는 이름을 붙였다. 몇 년 후 벨기에인 에티엔 가스파르 로베르Etienne-Gaspard Robert가 개량한 환등기를 완성했고. 이후 19세기 무대 마술에서 환등기는 반드시 등장했다.

경이로운 광학 기술이 응축되어 독일에서 탄생한 마법의 랜턴. 1872년의 일러스트.

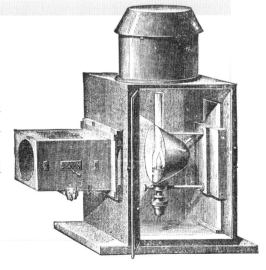

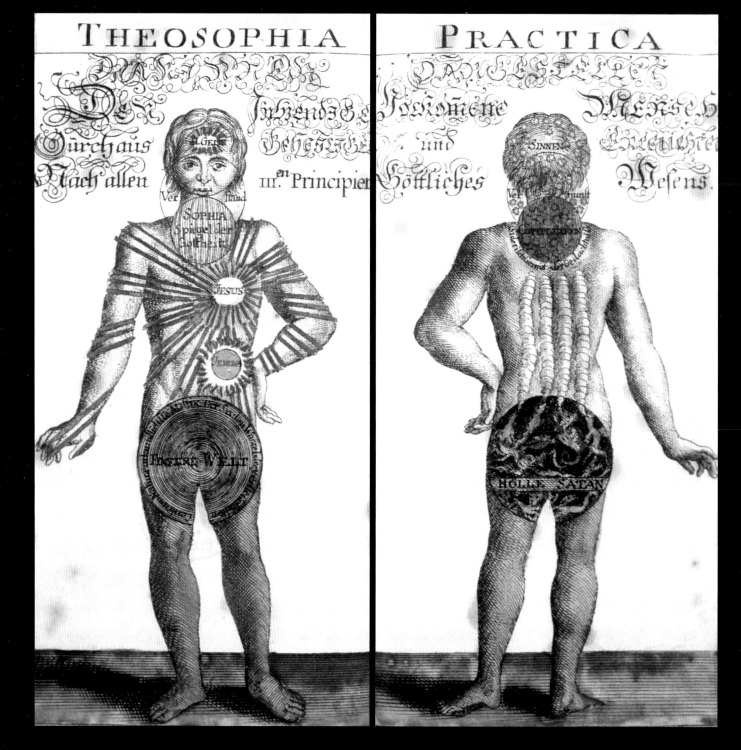

▲ 마력의 에너지 포인트
불교와 힌두교에서 말하는 생명의 에너지 포인트인 신체 차크라chakra를 보여주는 『신지학의 실천Theosophia Practica』(1696년)의 삽화. 블라바츠키의 신지학은 이와 같은 선행 문헌에서 영감을 얻었다.

"오류는 비탈길을 굴러 떨어지듯 아주 간단히 생겨나지만, 진실은 오르막길을 한 발 한 발 힘겹게 오르는 것과 같다."

『비밀 교리The Secret Doctrine』(헬레나 블라바츠키, 1888년)

신성한 지혜: 신지학

DIVINE WISDOM
theosophy

신지학은 복잡한 학문 체계이지만, 기본 사상은 비교적 간단하다. 진정한 영적 실재는 오직 깊은 명상을 통해 인간 본래의 내적인 힘을 갈고닦음으로써 도달할 수 있다는 것이다. 19세기 후반의 신지학은 마법에 관심을 기울인 동시대의 다른 종교 단체와 많은 공통점이 있지만 불교 사상도 포용한 점이 특징이다. 오컬트에 열광적이었던 시대적 분위기를 반영한 신지학은 엄청난 영향력을 발휘했다. 이후 동양 사상을 서양으로 가져온 신지학과 유사한 사상을 가진 수백 가지 운동이 탄생하게 된다.

▼ 영적 상징
블라바츠키의 브로치. 만권 아래의 육각성에 그녀의 이니셜이 새겨져 있다. 육각성은 영혼과 물질의 결합을 나타내는 것이고, 둘레를 감고 있는 뱀인 우로보로스ouroboros는 영원의 상징이다.

보편성에 대한 신념

1875년, 헬레나 블라바츠키가 뉴욕에 신지학협회를 설립했다. 블라바츠키는 1879년 인도로 건너갔는데, 3년 후 급성장한 협회의 본부를 인도로 이전했다. 동시에 런던을 시작으로 유럽과 미국 전역에 속속 지부를 열었다. 신지학의 신조는 일체감, 즉 사람들을 이어주는 보편성이야말로 인간의 본질을 고차원적으로 이해할 수 있게 한다는 것이었는데, 동서양 사상의 풍부한 융합은 이러

한 사고를 한층 발전시켰다.

신지학은 시간을 초월한 무한하고 절대적인 진리, "만물과 일체화된 감각"을 추구하는 것이 목표였다.

1885년, 런던 심령현상연구협회가 블라바츠키를 사기꾼이라며 선정적으로 비난하여 큰 화제를 일으켰다. 이후 그녀는 신지학 운동과 관계를 끊게 된다. 하지만 신지학은 페미니스트이자 인도의 민족주의 옹호자인 애니 베전트Annie Besant를 중심으로 한층 더 발전해 갔다. 지금도 그 세력은 특히 유럽과 미국에서 많은 지지를 얻고 있다. 핵심 사상은 모든 생명은 서로 밀접한 관계를 유지하면서 계속해서 살아가며, 인간이라는 존재를 진정으로 이해하는 유일한 길은 오컬트를 진지하고 면밀히 연구하여 보다 높은 수준의 인식에 도달하는 데 있다는 것이다. 그리고 진리에 의해 인도되는 궁극적인 목적은 온전한 상태, 즉 만물과의 일체감을 얻는 것이다. 목표는 하나이지만 그곳에 이르는 여정은 여러 가지인 것이다.

▲ 헬레나 블라바츠키
카리스마 넘치는, 러시아 태생의 미국 신지학자인 헬레나 블라바츠키. 사기꾼이라는 비난을 받기도 했지만 영적 지도자로 환호를 받았다. 만년에는 런던에서 은둔 생활을 하며 명상에 잠긴 고독한 날을 보냈다.

▼ 인도 본부
헬레나 블라바츠키가 1882년경 인도 남동부의 아디아르Adyar로 이전한 신지학협회의 본부. 이 지역은 종교를 연구하기에 비교적 좋은 위치였다.

▲ 넉넉한 풍채의 산타클로스가 장난기 가득한 얼굴로 굴뚝 앞에 서 있다. 로버트 위어Robert Weir의 1837년 작품이다.

크리스마스 정신
The spirit of Christmas

크리스마스 마법을 의인화한 산타클로스는 근대 상업주의와 기독교 신앙의 융합을 상징한다. 그 기원은 중세 유럽으로 거슬러 올라간다. 3세기에 실존한 성 니콜라스St. Nicholas(주교, 선물의 상징, 아이들의 수호성인)가 그 원형인데, 점차 크리스마스와 관련된 신화적 존재로 변해 갔다. 성 니콜라스는 하늘을 날아다니며 한 번에 여러 곳에서 수많은 아이들에게 선물을 전달하는 신비한 힘을 지녔다고 전해진다.

북유럽에서는 16세기 프로테스탄트의 종교 개혁이 한창이던 때에 영국의 '성탄절의 아버지'나 독일식 '크리스트킨트Christkind'와 같이 성 니콜라스를 세속화한 캐릭터가 등장했다. 이들은 엘프처럼 초자연적인 능력을 지닌 시종을 보내어 아이들이 착하게 지냈는지 아닌지 알아낸다고 여겨졌다.

현대의 산타클로스는 네덜란드어 신터르 클라우스Sinter Klauss(성 니콜라스Sint Nikolaas의 줄임말)를 어원으로 하며, 19세기 미국에서 탄생했다. 1823년에 발표된 시 「크리스마스 전날 밤이었다Twas The Night Before Christmas」에는 '세인트 닉'이 마법처럼 순록 여덟 마리를 타고 날아다니며 굴뚝을 들락거리는 광경이 그려져 있다. 이러한 이미지가 기업의 상업 광고에 정착된 것이다. 가장 대표적인 예가 20세기의 코카콜라 광고로, 대중문화 속에 현대의 크리스마스 이미지를 공고히 했다. 산타클로스는 오늘날에도 다양한 모습으로 등장하며 여전히 그의 마법을 믿는 전 세계의 어린이들에게 행복을 전달하고 있다.

> "…손가락을 코 옆에 대고
> 고개를 끄덕여 인사하고는,
> 굴뚝 위로 올라갔다네…"

「크리스마스 전날 밤이었다」
(클레멘트 C. 무어Clement C. Moore, 1823년)

황금여명회: 오컬트 과학, 신비, 의식 마법

THE HERMETIC ORDER OF THE GOLDEN DAWN

occult science, mystery, and ritual magic

▲ 공식 헌장
황금여명회 창설 당시 작성한 헌장. 1888년 12월 모이나 매더스가 작성했고, 새뮤얼 매더스와 윌리엄 웨스트콧, 윌리엄 우드맨 3명의 창립자 서명이 들어 있다.

19세기 후반 서양에서는 오컬트, 마법, 비밀 의식 붐이 일어났다. 이 시대의 영적 운동 열풍을 가장 잘 보여주는 존재가 1888년에 창설된 황금여명회Hermetic Order of the Golden Dawn이다. 이 단체는 입문, 연구 및 영적 성장을 위한 복잡하고 학문적인 프로그램을 내세웠는데, 격렬한 논쟁 끝에 분열되어 초기 형태가 유지된 것은 겨우 15년간이다.

영성을 위한 노력

황금여명회는 영국인 윌리엄 우드먼, 새뮤얼 매더스, 윌리엄 웨스트콧에 의해 설립되었다. 세 사람 모두 프리메이슨 회원으로, 서구의 모든 신비주의 전통과 고대 마법에 몰두했다. 그리고 다양한 요소들을 일관된 형태로 정리하여 의식 마법의 훈련과 수행을 실천함으로써 새로운 차원의 영적 각성에 도달하는 것을 목표로 했다. 이들에게 신비로운 각성에 이르는 길은 연금술의 제련과도 유사했다. 값싼 금속과 같은 물질적 존재라도 수련을 통해 '금'과 같은 높은 영적 존재로 다시 태어날 수 있다고 믿었다.

▶ 예복
의식 마법용 예복을 갖춘 새뮤얼 매더스. 아내 모이나가 그렸다. 그는 황금여명회의 중심적 존재였지만 너무 괴팍하고 정도를 벗어났으므로 1900년에 제명되었다.

입회과 의식

회원들은 영적 각성을 달성하기 위해 천사, 신, 4대 원소의 정령과 같은 존재를 불러내거나, 이집트의 영향을 받은 정교한 의식에 참여하기도 했다. 이러한 의식에는 마법의 의미가 부여되었고, 환상적인 의상과 배경 및 소품이 동원되었다. 특히 입회 의식에서는 이 운동이 지니는 연극적 측면이 두드러졌다. 입회자들은 십자가에 묶여서 단체에 대한 충성을 맹세하며, 로브를 입은 인물들이 그들을 둘러싸고 비밀스런 의식을 행하는 광경이 펼쳐졌다.

비밀 결사였던 황금여명회는 초대를 통해서만 새 회원을 받았다. 조직은 영적 성장 정도에 따라 3단계로 나뉘는 계층 구조로 이루어졌다. 의식과 성장의 세 영역을 통과하여 높은 영적 차원으로 도달해 가는 것이다. 이 구조는 카발라의 생명의 나무를 반영한 것이다(136~139쪽 참조).

> ## "Vestigia Nulla Retrorsum
> ## (현자는 결코 뒤를 돌아보지 않는다)."

SOROR V. N. R.(모이나 매더스Moina Mathers의 필명이자 마법의 좌우명)

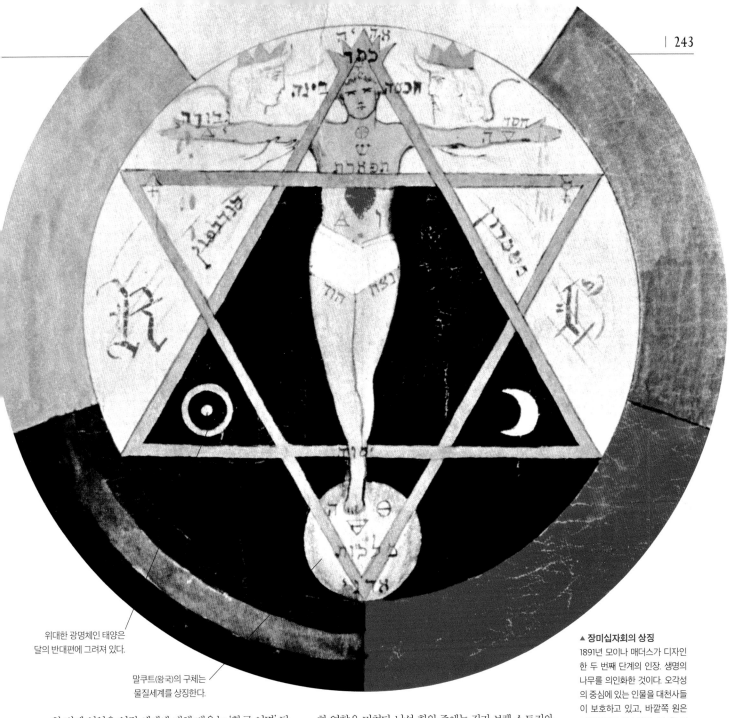

위대한 광명체인 태양은
달의 반대편에 그려져 있다.

말쿠트(왕국)의 구체는
물질세계를 상징한다.

▲ 장미십자회의 상징
1891년 모이나 매더스가 디자인
한 두 번째 단계의 인장. 생명의
나무를 의인화한 것이다. 오각성
의 중심에 있는 인물을 대천사들
이 보호하고 있고, 바깥쪽 원은
자연의 기본 원소인 물, 불, 흙, 공
기, 영혼을 나타낸다.

첫 번째 영역은 영적 세계에 대해 배우는 '황금 여명' 단
계이고, 두 번째는 '붉은 장미와 황금 십자가'로서 실천
적 마법을 배운다. 마지막은 '비밀의 수령'으로, 신성한
세계에 도달한 단계라고 한다.

선구적 여성
황금여명회는 특권층과 예술계의 관심을 끌었다. 이 시
대로서는 이례적으로 남성과 여성을 동등하게 대우했고,
여성 회원들의 존재는 새로운 시대의 고등 마법에 상당

한 영향을 미쳤다. 남성 회원 중에는 작가 브램 스토커와
아서 코넌 도일, 시인 W. B. 예이츠가 이름을 올렸고, 유
명한 여성 회원으로는 극장 후원자로서 영국 레퍼토리
극단 운동을 개척한 애니 호니먼Annie Horniman, 아일랜드
혁명가인 모드 곤Maud Gonne, 여배우 플로렌스 파Florence
Farr가 포함되어 있었다. 또 화가 모이나 베르그송Moina
Bergson은 1890년에 창설자 새뮤얼 매더스와 결혼하여
단체를 이끄는 대제사장 자리에 올랐다. 이들 쟁쟁한 회
원들과 함께 황금여명회는 1970년대까지 존속했다.

상징주의와 신비주의: 세기말 프랑스의 마법

SYMBOLISM AND MYSTICISM
magic in turn-of-the-century France

▲ 파리의 결투
'악명 높은 사탄주의자'로 알려진 저널리스트 앙리 앙투안 쥘부아Henri-Antoine Jules-Bois와 스타니슬라스 데 과이타의 명예를 건 결투 장면을 묘사한 1875년 판화. 쥘부아가 과이타를 원색적으로 비난하는 기사를 쓴 것이 발단이었다. 이때는 총이 불발되어 양쪽 모두 무사했지만, 쥘부아와 파푸스 사이의 두 번째 결투에서는 두 사람 모두 검에 의해 경미한 부상을 당했다.

오컬트 부흥의 선도자가 된 파리지앵들은 장미십자회, 카발라, 프리메이슨과 같은 사상을 바탕으로 미국에서 성행하던 신지학 운동의 사상적 요소도 흡수했다(238~239쪽 참조). 엘리파스 레비도 다대한 영향을 미쳤다.

'장미십자회의 왕자'
이탈리아 태생의 시인 스타니슬라스 데 과이타Stanislas de Guaita는 '장미십자회의 왕자'로 불리며 단체의 지도자 역할을 담당했다. 파리에 있는 그의 집은 동지들이 모여 난해하고 신비로운 사상을 논하는 장소이기도 했다. 과이타는 1888년에 '장미십자 카발라회L'ordre Kabbalistique de la Rose-Croix'를 설립했다. 이 해는 런던에서 황금여명회가 설립된 때이기도 하다(242~243쪽 참조).

과이타는 두 명의 지지자와 함께 활동했는데, 기독교 신비주의의 한 형태인 마르티니즘을 확립한 의사이자 오컬트 신봉자 제라르 앙코스('파푸스'라는 이름으로 활동했다)와 마르티니즘 신봉자인 작가 조제팽 펠라당이었다. 그들은 불교와 힌두교와 같은 비서구 신앙에 이끌린 신지학자들과 달리 기독교 교의의 새로운 해석을 통한 영적 깨달음을 목표로 했다.

1880년 이후 서유럽 전역에서는 오컬트 붐이 다시 일어났는데, 그 시작점은 프랑스 파리였다. 화가, 음악가, 시인, 작가, 마법사, 심령주의자 등이 모인 파리는 문화적인 용광로였다. 창의적이고 논쟁적인 이들의 모임은 서로 모순되는 사상을 융합시켜 시너지 효과를 내기도 하고 대립과 경쟁을 부추기기도 했다.

참고

사탄주의를 파헤치다

J. K. 위스망스Huysmans의 소설 『저 아래Là-bas』(지옥을 의미함)는 픽션이지만 스타니슬라스 데 과이타와 제명된 사제 조제프 불랑Joseph Boullan 사이의 불화라는 실제 사건을 모티브로 한 것이다. 두 사람은 유해한 마법을 걸었다고 서로를 비난했다. 소설 속에서는 연금술 연구에 몰두한 주인공이 19세기 프랑스의 어두운 부분인 악마 숭배로 빠져드는 모습이 그려졌다. 불랑은 또 자신의 아이를 검은 미사의 제물로 썼다는 소문도 있었는데, 이 끔찍한 에피소드를 위스망스는 아무렇지 않게 그려냈다. 『저 아래』의 등장인물은 이렇게 말한다. "숭고한 신비주의에서 광신적 악마 숭배자로 가는 것은 그저 한 걸음에 불과하다."

J. K. 위스망스의 소설 『저 아래』(1891년)는 악마 숭배 주제를 파고든 것으로 물의를 일으켰다.

◄ **장미와 십자가**
과이타가 1888년에 디자인한 상징. 십자가의 좌우 양쪽에 표기된 히브리 문자는 '신'을 의미하고, 오각성의 각 꼭짓점에 새겨진 글자를 이으면 '예수Yeshua'가 된다. 중앙의 'A'는 아담Adam을 의미한다.

상징주의와 마법

과이타의 장미십자 카발라회는 수명이 짧았다. 황금여명회가 내분으로 분열된 것처럼 이 단체도 2년 만에 둘로 갈라졌다. 발단은 1890년에 독실한 가톨릭 신자였던 펠라당이 마르티니즘과 과이타 양쪽 모두와 결별한 것이다. 이후 그는 템플 장미십자회L'ordre du Temple de la Rose-Croix'를 설립하여 마법 부흥에 힘을 쏟았다. 그는 괴팍한 성격으로 많은 적을 만들었지만, 한편으로는 상징주의 운동의 주요 인물들을 능란하게 통합해 갔다. 상징주의는 영적인 요소와 근대 세계에 대한 절망이 혼합된 것이 특징인데, 펠라당은 그들의 예술적 감성에서 자신과 통하는 점을 찾았던 것이다.

스스로 '초마법사', '통령' 등으로 자칭한 펠라당은 모든 강연을 이렇게 시작하며 주의를 환기했다고 한다. "님Nîmes의 대중이여, 나의 마법의 말 한 마디면 대지가 갈라지고 그대들을 삼킬 것이다."

1892년 상징주의 작품의 전시회들을 열면서 그의 명성은 절정에 달했다. 상징주의 시인 스테판 말라르메와 폴 베를렌, 작곡가 클로드 드뷔시와 에릭 사티, 페르낭 크노프Fernand Khnopff, 아르놀트 뵈클린Arnold Böcklin과 같은 예술가들이 모두 펠라당의 활동을 지원한 것이다.

▶ **장미십자 전람회**
1892년 조제팽 펠라당이 개최한 총 6회의 전시회 중 첫 번째 전시회의 포스터. 새로운 새벽을 맞이하는 인물들이 그려져 있다. 일련의 전시회는 펠라당이 이끄는 템플 장미십자회뿐만 아니라 상징주의 작가들의 독창적인 작품도 찬미했다.

현대의 마법: 1900년대 이후

MODERN MAGIC

1900 ONWARDS

들어가며

Introduction

20세기와 21세기의 마법은 다양한 형태로 나타난다. 대부분의 지역에서 주류 종교의 권위가 약해짐에 따라 소규모 종교 단체 등이 새로운 마법 관습과 신앙의 성장에 한몫했다. 과학과 마법의 관계는 계속해서 사람들을 매료시키고 있으며, 마법은 사회학, 인류학, 심리학 분야에서 연구의 대상이 되었다. 온라인 정보에 접근하거나 생각이 비슷한 사람과 접촉하기 훨씬 더 쉬워지면서 오늘날의 실용적인 마법은 개인이나 공동체가 쉽게 실행할 수 있게 되었다.

20세기 초두의 마법은 두 가지 방향으로 전개되었다. 첫 번째는 19세기 후반에 시작된 의식 마법이 독일, 영국, 프랑스 전역에 퍼진 것이다. 이 서구 마법은 가장 비밀스럽고 영적으로 고대의 전통을 이어받았고 정교한 의식과 결합된 것이었다. 수행자들의 목표는 신성의 통일 원리를 이해하고 깨달음을 얻는 것이었지만 그 수단이 항상 정통적인 것은 아니었다. 예를 들면 가장 악명 높은 마법사 알레이스터 크로울리Aleister Crowley는 타락하고 사악하며 난잡한 행위에 탐닉했다.

두 번째 발전은 매스미디어의 영향력이 커진 것이다. 이러한 경향은 제1차 세계 대전 이전부터 시작되었는데, 20세기의 가장 유명한 마술 공연자인 '수갑 찬' 해리 후디니는 그의 쇼맨십만큼이나 전면적인 언론 보도 덕택에 엄청난 군중을 끌어모을 수 있었다. 수많은 형태로 가장된 마술은 영화의 단골 소재가 되었고, 뒤를 이어 텔레비전의 인기 프로그램이 되어 또한 수많은 새로운 관객을 확보했다. 허구의 이야기이든, 환상이나 유머, 신체적 인내력의 달인들이 펼치는 기예이든 마술이 영상으로 묘사되면서 그 매력은 대중 오락으로 확장되었다.

현대의 마법은 먼 과거와 미래를 모두 바라본다. 이교적 마법 형태의 재발견과 찬사는 신이교주의Neopaganism라고 불리고 있다. 가장 잘 알려진 형태는 기독교 이전 시대의 마법을 어설프게나마 재현한 현대 마법 위카Wicca이다. 1950년대부터 이루어진 신이교주의의 성장은 고대 신앙과 관습에 대한 관심을 불러일으켰고, 네오샤머니즘Neoshamanism과 스트레게리아Stregheria와 같은 운동을 낳았다.

나니아(Narnia)의 세계(262~263쪽 참조)

위카의 펜타클(Wiccan pentacle, 265쪽 참조)

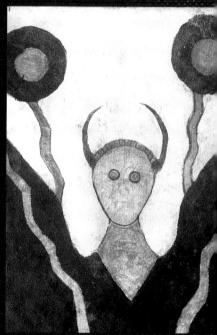
치유사의 핸드 드럼(281쪽 참조)

모든 신이교주의 조직은 자연 세계와 하나 됨을 주장하며, 소수의 단체가 극우적 의제를 추진하고 있기는 하지만 대부분은 평화적이다. 현대의 일부 분파는 이기주의를 공언하는 단체도 있는데, 특히 사탄주의와 혼돈 마법chaos magic은 개인적인 성취를 목적으로 한다.

미래를 내다보는 움직임은 대체로 뉴에이지 또는 마음-몸-정신Mind, Body, and Spirit이라고 불린다. 요가, 명상, 크리스털 힐링, 컬러 테라피와 같은 전체론적 수단을 통해 심신의 조화를 추구하는 것이다. 그 결과로서 얻어지는 전체상은 새로운 민간 마법의 한 형태로 나타나며, 수행자들은 21세기의 부자연스러운 과잉으로 느껴지는 것들을 바로잡는 것을 목표로 한다. 새로운 유형의 밀레니엄 마법사들 가운데에는 뉴에이지의 라이벌 집단도 등장하고 있다. 소셜 미디어에 힘입은 기술이교주의자technopagan들인 자칭 활동가 자매 교단이다.

> "언어와 마법은 처음에는 하나였고 같은 것이었다.
> 오늘날에도 언어는 마법의 힘을
> 그대로 간직하고 있다."

『정신분석 입문Vorlesungen zur Einführung in die Psychoanalyse』(지그문트 프로이트, 1922년)

페루 심리요법사의 환상(283쪽 참조)

악마의 바포메트 동상(288쪽 참조)

아프리카 부두교 춤(293쪽 참조)

▶ **이단 마법사**
고대 이집트 신 호루스를 모티브
로 한 머리 장식을 쓰고 있는 크
로울리. 그는 악명을 떨치기를 갈
망했고, 결국 1923년에 영국 신문
사들은 그를 세계에서 가장 사악
한 남자로 명명했다.

야수의 마법: 크로울리와 텔레마

MAGICK OF THE BEAST
Crowley and the Thelemic religion

영국의 오컬트주의자 알레이스터 크로울리Aleister Crowley는 1900년대 초에 기독교를 완전히 부인하고 독자적 신념 체계인 텔레마Thelema를 만들어냈다. 그리스어로 '의지'라는 의미인 텔레마는 카발라, 장미십자회, 게티아와 같은 많은 비의적이고 영적인 전통을 바탕으로 했다. 또한 방탕과 타락으로도 유명한 크로울리는 추종자들에게 의례적이고 때로는 에로틱한 마법에 참여하도록 장려했다. 그는 자신의 마법을 무대 마술과 구별하기 위해 'magic'이 아닌 'magick'으로 표기했다.

천국으로 가는 길

크로울리는 1898년 황금여명회에 가입했다. 그는 그곳의 의례와 비의적 마법을 바탕으로 보편적인 진리의 표현으로서 악마적이고 영적인 존재들의 세계를 드러내고자 했지만, 그의 희망은 산산이 부서지고 말았다.

하지만 크로울리가 추구한 계시는 곧 찾아왔는데 1904년, 카이로에서 그는 고대 이집트의 정령인 신성한 수호천사 아이와스Aiwass의 방문을 받았다고 주장했다. 그리고 아이와스가 구술한 내용을 『율법의 서』로 정리하여, 이를 기초로 신흥 종교인 텔레마를 일으켰다. 크로울리는 텔레마의 예언자를 자처했으며, 인류를 호루스의 아이온Aeon of Horus으로 이끄는 것이 자신의 역할이라고 주장했다. 호루스의 아이온이란 텔레마의 역사 인식에서 세 번째 아이온(시대 또는 시간)을 의미하는 것으로, 인류가 자신의 운명을 통제하기 위한 시대이다.

크로울리는 황금여명회의 후계자로서 스스로 설립한 A∴A∴를 통해 텔레마를 추진했으나, 1910년에는 동방 성당 기사단Ordo Templi Orientis의 일원이 되었다.

텔레마의 미래

1920년에 크로울리는 시칠리아에 텔레마 수도원을 설립하고 본부로 삼은 뒤 의식 마법, 개인 의지의 중요성, 섹스에 초점을 둔 영적 공동체를 구축했다. 그리고 텔레마 의식에서 성적 에너지야말로 참가자들을 진정한 의지로 합치시키는 원천이라고 생각했다. 경건한 빅토리아 시대에 자신의 과잉 성욕이 불러일으킨 스캔들에 그는 오히려 흡족해했지만, 이로 인해 1923년 시칠리아에서 추방당하게 되었다. 하지만 1947년 그의 죽음 이후에도 텔레마는 존속되어 오늘날에도 그의 교의가 실천되고 있다.

▲ **마법 결사 A∴A∴의 문장**
크로울리가 1907년에 설립한 A∴A∴(Astrum Argentum, 은성 기사단) 문장으로 이 기호는 남성성과 여성성을 모두 나타낸다. 칠각성은 크로울리의 상징이다.

▶ **의식 마법**
의식을 집행하는 크로울리. 그는 복잡한 의식이 마법적, 심리주의적 발달에 미치는 영향을 알고 있었다. 영지주의 미사(253쪽 참조)에는 의식용 예복을 갖춘 숭배자들이 5명 이상 참가했다.

> "너희가 원하는 대로 하라. 그것이 모든 법이 되리니.
> 의지를 바탕으로 한 사랑, 그것이 바로 법이니라."

『**율법의 서**The Book of the Law』(알레이스터 크로울리, 1904년)

신과 하나 되는 인간: 독일 오컬트의 부흥

MAN IS ONE WITH GOD
the German occult revival

19세기에는 유럽 전역에 민족주의 정서가 확산되었는
데, 그 결과로서 가장 주목할 점은 정치적 변동이었다.
독일은 1871년에 공식 제국으로 통일되었고 이탈리아
는 1870년경에 하나의 왕국이 되었다. 부차적인 결과
로, 독일어권에서는 잃어버렸다고 여겨져 온 게르만 문
화에 대한 관심이 민족주의에 힘입어 부활했다. 그것은
기독교 이전의 신화적이고 토착적인 신앙으로, 진정한
게르만 민족의 미덕이라 여겨지는 것들의 표현들을 찬

미하는 전통이었다. 동시에 고대의 영적, 마법적 학문에
중점을 두는 오컬트 관습의 부활은 게르만 국가뿐만 아
니라 유럽의 다른 지역에서도 추종자들을 불러 모았다.

이교주의와 신비주의
게르만족 토착 신앙의 유산을 진흥시킨 중심인물은 오
스트리아의 시인이자 오컬트주의인 귀도 폰 리스트
Guido von List였다. 북유럽 신화의 지지자인 리스트는 전

참고

낭만적인 배경

리스트의 작품을 계기로 게르만족의 신화에 관심을 가진 것은 나치뿐만은 아니었다. 천재 음악가 리하르트 바그너는 4개의 신화를 융합해 4부 구성의 오페라 〈니벨룽겐의 반지〉를 발표했다. 이는 영속적 예술 표현의 창조였으며, 히틀러는 이 오페라를 독일의 위대함을 가장 잘 보여주는 것으로 여겼다. 바이에른 왕 루트비히Ludwig 2세는 바그너의 숭배자로서 낭만적인 숲이 우거진 산비탈에 중세 스타일의 성을 건설하여 그의 신화적인 오페라 세계를 재현하기도 했다.

바이에른주에 있는 노이슈반슈타인 성Schloss Neuschwanstein. 루트비히 2세에 의해 1886년에 완공된 것으로, 리하르트 바그너의 〈니벨룽겐의 반지〉에서 영감을 받아 착공했다.

쟁과 지혜의 신이자 토르의 아버지인 보탄Wotan(오딘)의 신봉자가 되었다.

리스트는 기독교 이전 독일인의 가치를 부활시키는 종교 운동으로서 보타니즘Wotanism을 추진했다. 이 운동은 인종적으로 순수한 아리아인의 게르만 공동체에 대한 민족주의적 믿음을 바탕으로 한 것인데, 그는 이러한 믿음이 그동안 기독교 교리에 의해 억압당해 왔다고 주장하기도 했다. 이러한 이론은 역사적인 정확성과는 거리가 멀지만, 뒷날 나치에 의해 이용되었다.

1902년부터 오컬트, 특히 신지학은 점점 리스트의 게르만 민족주의 색채를 강하게 띠게 되었다. 리스트는 룬 문자의 힘을 믿었으며, 자신이 룬을 해독하여 게르만 신앙의 숨겨진 지식을 얻을 수 있었다고 주장했다. 그는 또한 제1차 세계 대전이 새로운 아리아게 독일 제국이 출현하는 전조가 되리라고 믿었다.

영적 형제애

리스트가 게르만족의 토착 신앙에 초점을 맞춘 것과는 대조적으로 동방 성당 기사단은 모든 고등 마법학의 융

합과 영적, 철학적 지식을 전파하는 우애를 목표로 했다. 1902년에 독일인 카를 켈러Carl Keller와 테오도어 로이스Theodor Reuss가 만든 이 단체는 프리메이슨과 카발라에서 장미십자회에 이르기까지 모든 형태의 오컬트 지식을 수용했다. 이 단체의 목표는 사람들이 존재와 우주, 영성을 근본적으로 이해하게 하는 것이었다.

이 단체는 1910년부터 크로울리가 주도했는데, 자신의 종교인 텔레마와 통합하여 텔레마 의식과 가톨릭 미사의 일부 구조를 결합한 영지주의 미사곡을 만들었다. 이러한 의식은 동방 성당 기사단의 한 부서인 영지주의 가톨릭교회의 성직자들이 주도했다. 거의 같은 시대에 존재한 황금여명회와 달리 동방 성당 기사단은 오늘날에도 여전히 존속하고 있다.

▼ 비의와 예술
스위스 화가 파울 클레Paul Klee의 1920년 수채화 〈흑마술사Schwarz-magier〉. 예술가를 마법사로 묘사한 것으로 해석된다. 독일의 오컬트 부흥은 많은 예술가들에게 영감을 주었으므로, 클레의 작품도 심령주의의 영향을 받았다고 주장하는 비평가들이 있다(224~227쪽 참조).

"우리 기사단은 프리메이슨과 헤르메스주의의
모든 비밀을 여는 열쇠를 가지고 있다…"

『기치Oriflammeo』(테오도어 로이스Theodor Reuss, 1912년)

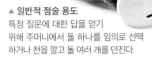

점술을 위한 룬 문자
Runes for divination

룬 문자는 일찍이 바이킹과 같은 게르만 민족이 사용했던 기호이다. 일종의 알파벳으로, 보통 24개의 문자로 이루어지며 각 문자는 고유한 음가를 가진다. 또한 각 문자에는 북유럽 신화와 관련된 상징적 의미도 있다. 일반적으로 의사소통을 위한 도구였다고 여겨지지만, 점술이나 주문에 사용되거나 주물로도 활용되었다. 점술사는 룬 스톤을 던져서 의미를 읽어냈지만, 더 많은 마법적 용도로도 사용되었다. 점술은 룬 스톤이 지니는 힘의 첫 번째 단계에 불과했다. 어느 바이킹은 이렇게 말했다. "마법을 걸기 위해 룬을 새겨서는 안 된다. 무엇보다 그것을 읽는 법부터 배워야 한다."

▲ **일반적 점술 용도**
특정 질문에 대한 답을 얻기 위해 주머니에서 돌 하나를 임의로 선택하거나 천을 깔고 돌 여러 개를 던진다.

▲ **페후**Fehu/F
소를 뜻한다. 또 노력으로 얻은 부와 성공을 의미한다. 반대로 계획의 실패를 의미할 수도 있다.

▲ **우루즈**Uruz/U
지금은 멸종된 거대 황소인 오록스auroch를 가리킨다. 야수와 같은 강인함, 강한 의지, 가정의 안정을 의미한다.

▲ **투리사즈**Thurisaz/TH
북유럽 신화에 나오는 거인을 나타낸다. 미래를 내다보거나 진실을 발견하는 것을 의미한다.

▲ **안수즈**Ansuz/A
오딘을 상징한다. 자기 내면의 목소리에 귀를 기울이거나 다른 사람의 조언을 받아들이는 것을 의미한다.

▲ **라이도**Raidho/R
긴 여행을 의미한다. 실제 여행, 은유적인 영혼의 여행, 치유의 여행 등을 모두 포함한다.

▲ **하갈라즈**Hagalaz/H
전투에서 폭풍처럼 쏟아지는 화살과 돌, 인간이 통제할 수 없는 자연의 파괴적인 힘을 의미한다.

▲ **나우티즈**Nauthiz/N
필요 또는 필수품을 나타낸다. 주의, 또는 상황이 얼마나 나쁜지에 대한 인식을 의미한다.

▲ **이사**Isa/I
얼음을 뜻한다. 시간의 동결, 또는 모든 것을 유보해야 할 숙고의 기간을 의미한다.

▲ **예라** Jera/J
수확 또는 한 해의 순환이다. 적절한 때에 마침내 노동의 보상을 거두는 것을 의미한다.

▲ **에이와즈**Eihwaz/EI
지팡이를 만드는 데 사용되는 신성한 나무인 주목, 옳은 일을 하거나 인내하는 것을 의미한다.

▲ **티에와즈**Tiewaz/T
전쟁의 신 티르Tyr를 상징하며 무기에 새겨지는 기호이다. 동기 부여와 초월을 의미한다.

▲ **베르카나**Berkana/B
자작나무 또는 봄과 풍요의 여신 이둔Idun을 상징한다. 토지를 정돈하고 준비하는 것이다.

▲ **에와즈**Ehwaz/E
신의 말馬을 가리킨다. 균형을 맞추거나 진행에 필요한 도구에 집중하는 것을 의미한다.

▲ **만나즈**Mannaz/M
인류를 상징한다. 인류 내에서 개인의 위치와 그것을 반영하는 마음의 상태를 의미한다.

▲ **라구즈**Laguz/L
물 또는 물의 영역을 가리키며 여성적 에너지와 영혼의 정화를 의미한다.

▲ **룬 스톤 던지기**
돌을 던짐으로써 각 상징이 지니는 의미에 더 많은 정보가 더해진다. 돌이 떨어지는 방향이나 여러 개의 돌이 만드는 패턴에 따라 해석이 크게 달라지는 것이다.

룬 문자 읽기

더 폭넓게 읽기 위해, 또는 특정 문제를 더 깊이 살펴보기 위해 3개, 4개, 5개 또는 그 이상의 룬 스톤을 펼쳐서 상세한 정보를 얻을 수 있다. 해석하는 방법에는 여러 가지가 있으며 순서도 다양하다.

3룬 스프레드
1 과거 행동이나 문제 **2 현재** 과제와 최선의 행동 방침 **3 미래** 행동을 취했을 때의 결과

▲ **케나즈**Kenaz/K
횃불 또는 봉화로, 암울한 시기에 희망의 표시이고, 모든 것이 막혔을 때 통로가 열리는 것을 의미한다.

▲ **게보**Gebo/G
신에게 바치는 제물이다. 주변 환경과 조화를 이루기 위해 자신을 포기하는 것을 의미한다.

▲ **운조**Wunjo/W 또는 V
위로, 기쁨 또는 영광을 가리킨다. 행복과 평온을 위해 다른 사람이 필요하지 않다는 의미이다.

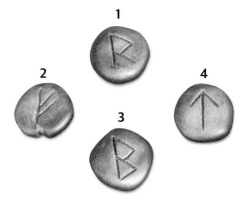

4룬 스프레드
1 과거 문제, 희망 또는 영향 **2 현재** 상황 또는 문제 **3 가능성** 좋은 선택지와 나쁜 선택지 **4 미래** 원하는 결과

▲ **페르트로**Perthro/P
불사조와 관련되어 있으며 미지의 세계를 암시한다. 놓아버리는 것, 죽음과 재생을 의미한다.

▲ **알기즈**Algiz/Z
방어와 보호를 나타낸다. 자신의 생각을 명확히 한 후에 올바른 인연을 만드는 것을 의미한다.

▲ **소웰로**Sowelo/S
태양이다. 전체성 또는 원의 완성을 상징하며, 자신의 어두운 면에 대한 인식을 의미한다.

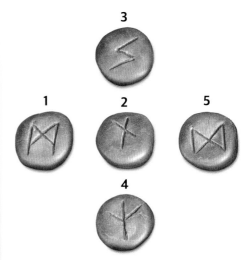

▲ **잉구즈**Inguz/NG
신화 속 영웅 잉Ing, 또는 덴마크 사람을 가리킨다. 사람과 사람 사이의 인연의 축복을 의미한다.

▲ **다가즈**Dagaz/D
낮 또는 밝음, 새로운 장을 시작하거나 빛을 보는 것, 새로운 아이디어를 시도하는 것을 상징한다.

▲ **오틸라**Othila/O
계승, 즉 지식이나 부, 혹은 토지를 물려받는 것을 가리킨다. 자유와 독립을 의미한다.

5룬 스프레드
1 과거 현재 상황을 초래한 원인 **2 현재** 좋은 문제와 나쁜 문제 **3 해결책** 다른 사람에게 기대할 수 있는 안내 및 도움 **4 문제점** 해결에 방해가 되는 장애물. **5 미래** 예측되는 결과

영적 오컬트주의자: 20세기 초 마법 협회

SPIRITUAL OCCULTISTS
early 20th-century magical societies

▲ **글래스턴베리 언덕**
신비주의를 추구한 디온 포춘의 활동 중심이었던 잉글랜드 남서부의 글래스턴베리 언덕. 1924년에 성배 과수원Chalice Orchard이라는 영적 수련원이 설립되었다.

제1차 세계 대전 중 바이올렛 메리 퍼스Violet Mary Firth라는 젊은 여성은 놀라운 변화를 겪었다. 그녀는 런던에 거주하는 영국인이었고 극히 통상적인 교육 속에서 자랐다. 그러나 심리학자로 훈련을 받는 동안 신비롭고 심령적인 세계를 발견했고, 인생이 바뀌어버린 것이다. 퍼스는 19세기 후반부터 서유럽 전역에서 성장하고 있던 오컬트 신앙과 비의 사상의 지지자가 되었다. 그녀는 스스로 기독교인이자 여러 번 환생하며 여러 시대의 지혜와 연결되어 있다는 확고한 신념을 지니고 있었다.

디온 포춘

1919년, 바이올렛 퍼스는 '운이 아닌 신에 의한'이라는 의미인 '데오 논 포르투나Deo Non Fortuna'라는 이름으로 다시 등장했는데, 이를 줄여서 디온 포춘Dion Fortune으로 불렸다. 같은 해에 그녀는 신지학 협회의 회원이 되었는데 동료 회원들과 마찬가지로 그녀도 깨달음에 도달하여 환생한 존재인 최고의 스승들과 자신이 연결되어 있다고 확신했다. 그러한 존재 중 하나인 '자비의 주 예수'가 자신을 더 높은 영성으로 인도해 주는 환영을 보기도 했다고 한다.

퍼스는 카발라에 대한 해설, 실용적인 마법에 대한 가이드북, 오컬트 소설 등을 포함하여 수많은 책을 저술했지만, 가장 위대한 유산은 1927년 런던에서 설립한 내면의 빛 협회Society of the Inner Light라고 할 수 있다.

마법과 신비주의

디온 포춘은 단독으로 활동하지 않았다. 신지학 협회 외에 황금여명회에서도 영감을 받았다. 19세기 말에 황금여명회가 해체된 후, 새뮤얼 매더스는 알파와 오메가의 장미십자회Rosicrucian Order of Alpha et Omega를 설립했고, 그의 아내이자 오컬트 예술가인 모이나가 1918년부터 이끌고 있었다. 포춘은 1919년에 이 조직에 입회했다. 1926년 독일에서 오이겐 그로셰Eugen Grosche가 창설한 토성형제회Fraternitas Saturni 회원들과 마찬가지로 알파와 오메가 회원들은 마법과 신에 대한 이해가 심령주의를 실천하는 길이라고 믿었다. 나아가 1889년 프랑스에서 만들어진 마르티니스트회Martinist Order와 1915년 영국에 설립된 장미십자회라는 두 개의 주요 비밀 결사 운동도 신성한 기원과 능력의 추구에 적지 않은 관심을 가지고 있었다. 그러나 그들은 마법보다는 신비주의를 중시했다. 두 운동 모두 명시적으로 기독교적이었고 신에게 가까이 가려는 수단으로 영적 묵상을 장려했다. 둘 다 오늘날에도 활동을 이어가고 있다.

그리고리 라스푸틴 Grigori Rasputin(1869~1916년)

신비한 치료사인가, 사기꾼인가

19세기 유럽에서 심령주의가 발전함에 따라 러시아 정교회에 대한 대안적 사상인 오컬트와 신지학 등이 상트페테르부르크 귀족들의 상상력에 불을 붙였다. 시베리아의 농가에서 태어나 자신이 그리스도의 환생이라고 주장한 그리고리 라스푸틴은 1903년에 러시아 수도의 상류 사회에 들어가서 1905년부터 제정 러시아 황후의 신임을 얻었다. 그는 황후에게 신비한 치유력을 주장했는데, 당시 혈우병을 앓던 왕자 알렉세이에게 유일한 희망으로 받아들여진 것이다. 라스푸틴은 기괴한 인물로, 스스로 신성하다는 믿음 아래 성범죄를 저질렀다. 결국 암살당했는데, 독을 먹게 된 후 총에 맞았고 최종적으로는 익사했다. 이 사건은 그의 삶만큼이나 많은 물의를 일으켰다.

8ᵉ volume.　　　　N° 410. — 10 c.　　　　Un an : 6 fr.

LES HOMMES D'AUJOURD'HUI

DESSIN DE DELFOSSE

TEXTE DE M. HAVEN

Bureaux : Librairie Vanier, 19, quai Saint-Michel, Paris.

PAPUS

◀ **마르티니스트 회의실**

마르티니스트회를 설립한 프랑스의 의사 제라르 앙코스가 회의실에 있는 모습. 앙코스는 19세기 후반 유럽의 오컬트 부흥을 배후에서 추진했으며, '의사'를 의미하는 '파푸스Papus'라는 통칭으로 불렸다.

▶ **믿을 수밖에 없는 장면**
켈러의 가장 유명한 마술 중 하나인 '카르나크 공주의 부양'. 여성의 아래쪽에 유압 리프팅 장치를 숨겨 몸이 공중에 뜨도록 한 것이다. 하지만 그의 연기자로서 위풍당당함은 관객이 이 장면을 믿을 수밖에 없도록 만드는 성공의 열쇠였다.

마술의 트릭: 무대의 중심에 선 마술
CONJURING RICKS
magic takes centre stage

퍼포먼스로서 마술은 1800년대 중반 장 외젠 로베르 우댕(236~237쪽 참조)에 의해 크게 성행하였고, 다음 세기까지 계속 번성했다. 이른바 마술은 황금기였다. 큰 사업으로 극장을 가득 채웠고 주요 연출자들은 주목을 받았다. 마술은 스펙터클해지고 설명할 수 없는 현상이 드라마틱한 방식으로 현실화하였다. 이러한 퍼포먼스로, 마술사는 일련의 정교한 환상을 넘어 불가능을 가능하게 하는 자로서 최고의 위치에 올랐다.

박수갈채

가장 중심에 있었던 인물은 미국의 해리 켈러Harry Kellar였다. 관객들에게 그는 완전히 영적 세계와 연결되어 있는 것처럼 보였다. 1800년대 후반에 그는 무대 마술사로서 최초로 국제적인 명성을 얻게 된다.

중국의 마술사 진링푸金陵福도 큰 인기를 끌었다. 그는 목이 잘린 사람을 되살리고, 검은 망토 아래에서 다양한 동물, 심지어 어린아이까지 꺼내 보였다.

▲ **최초의 중국인 무대 마술사**
베이징 출신 진링푸의 신비로운 분위기와 연출이 돋보이는 중국식 마술은 미국과 유럽에서 수많은 사람들을 매료시켰다.

▶ **목숨을 건 도전**
뉴욕에서 행해진 후디니의 탈출 퍼포먼스. 크레인에 거꾸로 매달린 채 몸을 묶은 옷을 벗고 빠져나오는 데 성공했다. 후디니는 불가능한 도전을 통한 치명적인 스릴을 입증하는 데 몰두했다.

최고의 마술사 후디니

이윽고 다양한 종류의 스릴은 마술사의 기술뿐만 아니라 기적적으로 죽음을 피하는 것에 주목했다. 헝가리 태생의 해리 후디니만큼 이 점을 잘 체현한 마술사는 없다. 인간 쇼맨십이라고 할 만한 후디니는 불가능한 것을 즐기는 듯한 탈출 마술의 일인자였다. 그의 가장 유명한 연기는 놀라운 신체적 묘기가 요구되는 것이었지만, 사실은 트릭이었다.

손재주 마술

20세기 초에 가장 오래된 형태의 공연 마술 중 하나인 손재주 마술legerdemain에 두 명의 대가가 등장했다. 카디니Cardini라는 예명으로 활동한 웨일스 태생의 리처드 피치퍼드Richard Pitchford는 방대한 수의 트럼프 카드를 어디선가 꺼내서 완벽한 부채꼴로 배열해 냈다. 바로 뒤를 이어서 등장한 미국의 마술사 채닝 폴록Channing Pollock은 실크 손수건에서 비둘기가 날아오르게 하는 마술을 펼친 원조이다. 그러한 기술이 진짜 마법이라고 생각하는 사람은 아무도 없었지만, 그래도 놀라지 않을 수 없는 광경이었다.

"그가 해낸 일은 불가능해 보이는 것들이었다. 그는 정말 그냥 마술사였을 뿐일까?"

『**해리 후디니의 삶과 수많은 죽음**The Life and Many Deaths of Harry Houdini』
(루스 브랜든Ruth Brandon, 1993년)

▲ 경계를 허물다
말리노프스키와 트로브리안드 제
도 주민들. 1920년대에 발표된 말
리노프스키의 연구 결과는 섬 주
민들과 협력하여 현대 사회인류
학의 토대를 마련한 것이다.

미신을 넘어서: 식민지 인류학자

BEYOND SUPERSTITION
the colonial anthropologist

19세기 후반의 인류학자들에게 부족 사회에서 사용되
는 '의식 마법'은 그 사회가 서구 사회보다 덜 발달된 상
태라는 증거였다. 오늘날 이러한 관점은 시대착오적이
고 인종 차별적인 것으로 여겨지고 있다. 당시 인류학은
신학문 분야였으며, 부족들의 의식에 관한 생각은 20세
기 이후 근본적으로 바뀌었다.

현장에서

1915년, 폴란드 태생의 인류학자 브로니스와프 말리노
프스키Bronislaw Malinowski의 성과는 마법에 대한 인류학
자들의 견해를 극적으로 바꾸어놓았다. 오세아니아의
일부인 멜라네시아의 트로브리안드 제도 주민들을 조
사하기 위해 그는 수년간 그들과 함께 살면서 관습을
지켜보았다. 주민들은 카누 제작, 농사 또는 치유를 위

해 마법의 주문을 외거나, 때로는 마법 의식을 행했다.
말리노프스키는 이러한 마법이 미신에 뿌리를 둔 것이
아니라 실제 일상생활에 필요했으며 공통의 정체성을
형성하는 중요한 사회적 역할을 하는 것이라고 결론지
었다. 그는 또한 마법의 역할이 기술적으로 더 발전
된 사회에서 종교 및 과학이 담당하는 역할과
유사한 관계라는 점에 주목했다.

▶ 조상 대대로 이어져 온 문화
잔데족이 중시하는 5현 쿤디 하프kundi harp.
목 부분에 조각된 머리는 연주가 그
들의 조상으로부터 온 것임을 의
미한다.

잔 파브레사다 Jeanne Favret-Saada(1934~)

마법의 해제

프랑스 인류학자인 파브레사다는 현장 조사를 새로운 차원으로 끌어올렸다. 저서 『치명적인 언어 Les Mots, la Mort, les Sorts』(1977년)로 정리된 그녀의 연구는 프랑스 북서부 마옌 Mayenne 지방의 주술을 주제로 인류학적 방법을 탐구하는 것이었다. 파브레사다는 마력을 행사하거나 또는 그 힘을 해제시키는 신앙은 그 내부에 들어가지 않으면 완전히 이해할 수 없다고 여겼으므로, 자신의 체험을 해석하고 글을 쓰기 위해 직접 주술에 참여했다.

말리노프스키의 연구는 1920년대 후반에 나일강 상류의 아잔데족 Azande을 연구한 영국 인류학자 에반스-프리처드 Evans-Pritchard에 의해 계승되었다.

마법과 구조주의

초기의 인류학 연구에서는 합의된 마법의 인류학적 정의가 확립되지 않았다는 문제가 제기되었다. 1930년대에 프랑스인 클로드 레비스트로스 Claude Lévi-Strauss가 마법의 개념을 인류의 보편적 행위로 발전시켰는데 그의 접근 방식은 마법의 본질적인 공통점은 신앙이 존재한다는 것으로, 이러한 관점은 샤머니즘뿐만 아니라 현대 의학에도 적용될 수 있는 것이었다.

1950년대에는 영국의 인류학자 터너 Turner 부부가 또 다른 특징을 제시했다. 이들은 오늘날의 잠비아에 해당하는 북부 로디지아의 은뎀 부족을 연구했는데, 주술 의식이 사회적 결속의 수단, 특히 분쟁을 평화롭게 해결하는 수단임을 확인했다.

▶ 니코바르족의 수호신
인도양의 니코바르 제도 Nicobar Islands에서 집 안의 악귀를 쫓기 위해 사용된 목조 인형 헨타코이 Hentakoi. 헨타코이는 '무서운 악령'을 뜻하며, 등에 거북 등껍질이 달린 신화 속 존재이다. 19세기 후반에 여러 인류학자들이 니코바르족의 생활을 연구했다.

"마법의 기능이란
인간의 낙천주의를 의례화하는 것이다."

『마법, 과학, 종교 및 기타 에세이 Magic, Science and Religion and Other Essays』
(브로니스와프 말리노프스키, 1948년)

마법과 판타지 소설

Magic and the fantasy novel

최초의 현대 판타지 소설은 19세기부터 창작되었지만 이 장르가 성숙된 것은 20세기 중반에 이르러서이다. 현재까지 인기를 모으고 있는 유명한 작품이 이 시기에 등장했는데, 모두 마법을 중심 주제로 한 이야기들이다. 가장 유명한 것은 J. R. R. 톨킨Tolkien의 『반지의 제왕The Lord of The Rings』이다. 앞선 작품인 『호빗The Hobbit』과 마찬가지로 인간과 엘프, 난쟁이, 호빗, 마법사, 유령들의 세계를 펼쳐 보였다.

또한 마법 왕국을 배경으로 하는 C. S. 루이스Lewis의 『나니아 연대기The Chronicles of Narnia』는 총 7권인 시리즈인데, 마법의 옷장을 통해 출입하는 파우누스fauns와 사악한 하얀 마녀의 땅인 나니아에서 벌어지는 위험한 마법과 불가사의를 둘러싼 모험담이다. 그러나 톨킨의 작품과 달리 환상의 세계는 일부분으로만 설정되어 있다. 이 점은 J. K. 롤링Rowling의 유명한 『해리 포터Harry Potter』 시리즈도 마찬가지이다. C. S. 루이스는 『나니아 연대기』 시리즈 전체의 삽화를 폴린 베인즈Pauline Baynes에게 의뢰했는데, 톨킨의 작품 일부도 그녀의 삽화로 장식되어 있다.

판타지 소설의 공통된 요소인 다른 차원의 세계 설정, 마법, 신화적 동물 등은 대부분 그 기원을 고대의 신화나 전설 또는 전래 동화에서 찾을 수 있다. 예를 들어 1958년에 4권으로 출간된 T. H. 화이트White의 『영원의 왕The Once and Future King』은 아서 왕과 그의 도시 카멜롯Camelot의 신화를 기반으로 한다. 마법, 사랑, 배신, 파멸이 펼쳐지는 이 생생한 전설은 중세 시대에 처음 기록된 것이다(110쪽 참조).

> "마녀, 내 앞에서 심오한 마법을 말하지 마라. 그것이 쓰일 때 나는 거기에 있었다."

『사자와 마녀와 옷장The Lion, The Witch and The Wardrobe』(C. S. 루이스, 1950년)

▲ 『사자와 마녀와 옷장』의 한 장면. 주인공 루시와 파우누스가 나니아 왕국을 걷고 있다. 폴린 베인즈가 그렸다.

위카와 마법: 현대의 마법사들

WICCA AND WITCHCRAFT
witches in the modern era

▲ 계절의 순환
봄꽃, 여름 태양, 풍성한 오곡 등
변화하는 계절의 상징이 그려진
한 해의 수레바퀴. 죽음과 재생의
연속적인 순환을 나타낸다.

앵글로색슨 언어에서 마법사를 의미하는 '위치witch'를 차용하여 명명된 위카Wicca는 위치크래프트witchcraf 또는 그냥 크래프트craft라고도 한다. 신이교주의의 한 갈래이며, 고대의 신앙을 현대에 적용시킨 운동이다. 위카는 거의 모든 시대의 설화나 마법적 관습에서 힌트를 얻고 있지만, 종교로서의 역사는 100년이 채 되지 않는다. 1940년대에 전 식민지 공무원(아래 참조)이었던 제럴드 가드너는 한 괴짜에 의해 영국에서 설립되었다. 그는 위카가 기독교 이전 이교 신앙의 직계 후손이라고 주장했다. 그러나 실제로는 그 의식과 교의 대부분을 스스로 만든 것이다.

위카에는 확립된 종교 관습의 핵심이 없기 때문에 전 세계로 퍼지면서 다양한 형태를 취했다. 이 각각의 형태를 연결하는 것은 자연 전체에 깃드는 자비로운 신성에 대한 공통된 믿음, 마법의 개념, '아무에게도 해를 끼치지 않는다(좋은 일만 한다는 의미)'는 중심 신조뿐이다. 하지만 신앙의 실천은 때때로 이론을 벗어나는 일도 있다. 예를 들어 2016년 미국의 선거 기간 동안 도널드 트럼프에게 인터넷을 통해 저주를 거는 경우도 많이 있었다.

자연의 자애로운 마법

위카는 일반적으로 이원론적이다. 동등한 두 신을 믿는 것인데, 남성 신은 뿔이 달린 모습으로 표현된다. 그의 가장 분명한 모습은 생명과 행동의 상징인 태양이다. 여성 신은 그리스의 대지의 여신인 어머니 신Mother Goddes 혹은 가이아Gaia로, 감정과 직관을 나타내는 달로 상징된다. 그 연장선으로 계절의 흐름, 춘분과 추분, 하지와 동지가 있고, 달의 차고 기우는 주기(여성의 월경 주기를 상징함)에 따라 특별한 예배 시간이 정해져 있다.

> "처음으로 스스로 '마녀'라고 칭했던 때가
> 내 인생에서 가장 마법 같은 순간이었다."

『위카 여사제의 달 그리기Wiccan Priestess, In Drawing Down The Moon』(마고트 애들러Margot Adler, 1979년)

제럴드 가드너 Gerald Gardner(1884~1964년)

위카의 아버지

현대 마법의 창시자인 제럴드 가드너는 그의 생애 대부분을 말라야Malaya(현재 말레이시아 연방의 일부)에서 보냈다. 그곳 원주민의 마법 숭배를 접하고 영원히 잊을 수 없는 인상을 받게 된다. 1930년대 후반 영국의 도싯Dorset에서 지역 마녀들의 집회에 입문했다고 공언했고, 이후 마법의 보급에 일생을 바쳤다. 가드너는 대중적인 호소력을 지닌 책들을 썼고 홍보에도 능해 큰 인기를 끌었다. 1960년대 초에는 불가능하다고 여겨져 온 일을 마침내 실현했다. 그의 활동이 심리적, 사회적, 공동체적 이익을 가져다준다는 것이 인정되어 마법이 매력적인 신앙으로 받아들여지게 된 것이다.

위카 추종자들은 모두가 자연의 신성한 한 측면이라는 믿음 아래 스스로를 자연계와 동일시한다. 자연의 경이로움으로 정의되는 신성이 강, 산, 나무, 동물 속에 깃들어 있는 것처럼 자신들의 존재 속에도 있다고 믿었다. 또한 세상과 우주가 본질적으로 마법이라고 보고, 마법을 기본적 신앙의 대상으로 삼았다.

21세기의 위카 신봉자의 사고방식은 "매일 아침 해가 뜨고, 그것을 보기 위해 우리가 여기에 있다는 사실이야말로 마법이다"라는 말로 요약된다. 이러한 상황 때문인지 '아무에게도 해를 끼치지 않는다'는 신조와 자연계의 마법 숭배 제전은 유지하지만, 가드너의 초창기 형태와는 구별되는 하위 교단이 계속 등장했다. 1950년대에 가드너의 제자였던 도린 밸리언트가 처음으로 그에게 도전했다. 그녀의 목적은 가드너의 비전에 이의를 제기하는 것이 아니라 그것을 정화하는 것이었는데, 이후 다른 라이벌 비의 집단이 그녀의 뒤를 따랐다.

▲ **신비의 오각성**
펜타그램이라고도 불리는 오각성 pentacle. 다섯 개의 꼭짓점은 흙, 물, 공기, 불, 영혼을 나타낸다. 원은 자연계와의 일체감과 통일성을 암시한다.

위카가 발전함에 따라 '마법을 사용하려면 벌거벗어야 한다'는 등 가드너가 제시한 지침은 대부분 더 이상 따르지 않게 되었지만 일부 관습은 남아 있다. 대표적인 예가 액막이를 위해 물을 뿌리거나 의식용 단검인 아타메athame 또는 양초로 표시하여 원을 그리는 것이다. 숭배자들은 원 속에서 스스로가 물질세계로부터 분리되었다고 믿는다. 참가자는 주문이나 기도문(대부분은 도린 밸리언트가 소개함)을 외고, 주물이나 부적, 마법의 약을 만들고, 수정, 양초, 약효가 강한 약초, 향료, 오일, 타로 카드 등 다양한 물건을 사용하며, 춤을 추면서 의식이 무르익어 간다.

이러한 의식은 프리메이슨의 고등 마법은 물론이고 커닝 포크나 민간 마법의 실천과도 관련이 있다. 오늘날에는 선한 의도로 행해지는 것이라면 어떤 의미의 의식이든 집행될 수 있다.

▲ **위카 결혼식**
위카의 결혼 의식인 핸드패스팅handfasting. 1960년대 후반부터 대중화되었다. 이 사진은 2008년에 치러진 결혼식 장면으로, 사제는 위카의 뿔 달린 신을 상징하기 위해 숫양의 뿔을 달았다.

점점 커지는 마법의 매력

위카의 세계적인 인기는 대단했다. 마법이 어둡고 불길하며 여성의 배타적 전유물이라는 일반적인 선입관을 떨쳐버린 것이다. 위카는 1960년대의 저항 문화 세대를 끌어들였고, 그 이후 21세기 밀레니얼 세대의 편견 없는 가치관과 조화를 이루었다.

▼ **스파이럴 댄스**spiral dance
스타호크Starhawk로 더 잘 알려진 심령주의자 미리엄 시모스Miriam Simos가 1979년에 최초로 시작한 스파이럴 댄스. 이교적 페미니즘에 의한 이 기쁨의 축제는 특히 미국에서 매년 서우인(핼러윈) 때에 열린다.

의식과 축하

현대 위카의 의식은 각 집회의 특정 취향과 기리는 대상에 따라 다르다. 어떤 형태의 의식이든 가능하다. 가장 일반적인 의식은 계절 축제인 사바트Sabbat로, 하지, 동지, 춘분, 추분 그리고 그 사이에 있는 교차 분기일cross-quarter days에 행해진다. 신자들은 각 계절의 꽃과 나무를 화려하게 장식하고, 치유를 위해 또는 단순히 계절의 축복을 즐기기 위해 기도를 올리거나 시를 낭송하기도 한다. 참가자는 신과 여신 및 4원소, 때로는 다섯 번째 원소인 아카샤Akasha, 즉 영혼을 부르며 기도한다. 기본 방위를 향해 기도할 때도 있다.

아기의 탄생을 축복하는 위카닝Wiccaning을 위해 한 여성이 제단을 준비하고 있다.

북아메리카에서는 영국의 레이먼드 버클랜드Raymond Buckland가 위카의 첫 지지자가 되었다. 1964년에 스스로를 미국 최초의 위카 신자라고 선언하면서 위카에 가장 큰 영향을 미친 것이 앵글로색슨이라고 주장했다. 1970년대에는 미국 저널리스트인 마고트 애들러Margot Adler가 위카의 신조를 전파하는 데 큰 영향을 미쳤다. 같은 시기에 헝가리 태생인 주전너 부다페스트Zsuzsanna Budapest도 미국에서 위카를 페미니즘의 근거로 삼고 옹호했는데, 그녀는 여성 신만을 숭배했다. 이후 북유럽 위카, 켈트 위카, 드루이드 위카, 솔리테리 위카Solitary Wicca 및 절충주의 위카Eclectic Wicca도 등장했다. 가장 목소리가 큰 위카 지도자는 환경 운동가들이다.

현재 미국에만 150만 명의 위카 신자가 있는 것으로 추산된다. 제럴드 가드너가 오컬트 세계를 상상하기 시작한 이래로 수많은 여정을 거쳐 오늘에 이른 것인데, 이러한 현대의 마법은 인간이 언제나 마법을 믿고 지속적으로 필요로 한다는 것을 보여주는 둘도 없는 증거이다.

> "여신께서는 살아 계십니다.
> 마법은 진행 중입니다."

위카 신자이자 작가인 주전너 부다페스트의 발언, 2010년

위카의 도구
Wiccan tools

영국의 위카 신봉자인 제럴드 가드너는 특수한 마법 도구들을 정리한 목록을 처음 작성한 사람이다. 오늘날 위카 지부는 각각 자신들에게 맞는 도구를 선택하여 사용한다. 일반적으로 마법의 원 내부의 제단에 도구들을 나열하여 영적 에너지를 강화함으로써 신성과 직접적으로 연결되는 것을 목표로 한다. 신과 연결되면 도구에 신성한 힘이 주어지고, 의식에 참여한 사람들이 그 힘을 공유한다.

오각성은 위카의 상징이다.

손잡이의 곡선 형태는 뿔을 형상화한 것이다.

위카는 달과 태양을 모두 숭배한다.

손잡이는 사슴 발굽으로 만든 것이다.

▲ 의식용 채찍
채찍질은 입문자가 마법에 대해 더 많이 배우기 위해 겪어야 하는 희생과 고통의 상징이다. 일부 계통의 위카에서만 사용한다.

▲ 아타메athame
의식용 칼. 불 또는 공기의 정령과 관련이 있다. 마법의 원을 그리고 그 안에 에너지를 전달하는 데 사용되는 것으로, 피를 흘리는 데 사용되는 일은 결코 없다.

▲ 성배
위카 여신의 자궁을 나타내며, 의식에 따라 물, 와인, 에일 또는 약초를 달여낸 차 등을 담는다.

▲ 종
주로 위카 신자들이 주의를 집중시키거나 에너지를 끌어모으기 위해 사용한다. 가드너의 규칙으로는 각 의식마다 특정 수의 종이 필요했다.

사슴 뿔은 위카에게 매우 신성시된다.

지팡이는 나뭇가지로 만든다.

▲ 스탕stang
위카의 남성 신을 상징하는 뿔이 달린 지팡이다. 여행 도중에는 여행의 정령을 돕기 위한 간이 제단으로도 사용할 수 있다.

▲ 베솜besom
오랫동안 마녀와 연관되어 온 빗자루이다. 따라서 최근에는 진부한 도구라고 생각하는 위카 신자도 있다. 한편에서는 성적인 의식과 연결될 때도 있고, 결혼 의식인 핸드패스팅에서 부부가 이 빗자루를 뛰어넘는 절차를 거치기도 한다.

▲ 촛대와 양초
신과 여신을 상징한다고 한다. 일반적으로 오
각성의 좌우 중 한쪽이나 제단 중앙 부근에 배
치한다.

▲ 완드wand
에너지를 전달하고 마법의 원을 그리는 데
사용되는 마법의 지팡이이다. 이 경우는 아
타메보다 더 부드러운 방식이다. 신과 여신
을 불러내는 의식에서도 사용된다.

▲ 가마솥
마법의 묘약을 만드는 데 없어서는 안 되는 도구로서
오랫동안 마법 문화의 일부를 이루어 왔다. 오늘날 위
카 신자 중에는 도구라기보다 환상의 물건으로 생각
하는 사람도 있다.

▲ 오각성
지구를 상징한다. 위카에게 오각성은 제단을 축복하고 그곳에 마
법 에너지를 집중시키기 위한 도구로서 사용되는 기호 또는 인장
이다. 일반적으로 원으로 둘러싸인 형태이다.

구멍을 통해
향이 방출된다.

▲ 향로
대부분의 종교와 마찬가지로 위카에서도 향이 중요하므로 향로도 중시되
는 도구이다. 약초, 향신료, 오일, 송진, 나무 껍질의 향을 사용하여 영적
세계와 교감할 수 있는 마음 상태를 만든다.

▲ 시칠리아의 데메테르
기원전 6세기 시칠리아의 데메테르 흉상. 삶과 죽음의 끝
없는 반복을 주재하는 존재이자 페르세포네의 어머니로,
스트레게리아 신들 중 하나라고 여겨진다.

고대 종교: 스트레게리아
THE "OLD RELIGION"
Stregheria

이탈리아계 미국인에 의한 마법 운동인 스트레게리아 Stregeria는 상상 속의 이탈리아 민속 전통으로 돌아가자고 주장한다. 기원전 1000년대의 로마 제국 이전, 기독교 이전 시대에 이탈리아 중부 지역에 거주한 에트루리아인Etruscan에 뿌리를 둔다. 스트레게리아에 따르면, 에트루리아인의 신앙 체계는 로마 제국의 억압과 동화 정책 속에서도 뿌리 깊은 농민 전통으로서 살아남았고, 19세기 말에 빛을 발하게 되었다고 한다. 스트레게리아가 '고대 종교'라고도 불리는 것은 그 기원이 오래되었다고 주장하기 때문이다.

영적 유산

스트레게리아의 영적 유산은 1899년에 출판된 『아라디아 혹은 마녀의 복음Aradia or The Gospel of The Witches』에 기반을 두고 있다. 여기에는 이탈리아 마법사가 작성한 토착 신앙의 신성한 문서가 포함되어 있는데, 남성 신과 여

▶ 에트루리아의 디아나
신성한 사냥꾼이자 달의 여신인 디아나를 형상화한 기원전 4세기의 청동상. 스트레게리아에서 숭배하는 고대 신 중 하나로, 디아나가 지배하는 성역인 이탈리아 중부 네미Nemi에서 발견되었다.

성 신, 자연계와 계절에 대한 숭배, 춘분과 추분, 하지와 동지를 기리는 것 등, 위카와 유사하다(264~267쪽 참조).
　현대의 스트레게리아 운동은 1970년대 레오 루이스 마르텔로Leo Louis Martello의 저작에서 발단되었다. 그는 아라디아 이야기에 나오는 것과 유사한 믿음을 실천하는 친척들의 영향으로 입문했다고 설명했다. 하지만 수확의 여신 데메테르와 그녀의 딸 페르세포네를 숭배하는 시칠리아의 토착 신앙도 그 가족의 주술에 영향을 미쳤다. 그들은 성모 마리아를 데메테르의 변종으로 보았다. 1995년에는 미국의 작가 레이븐 그리마시Raven Grimassi가 이탈리아 마법의 비밀 전통에 입문했다고 주장하며 『마녀의 길』을 출판했다.

참고

빛의 전달자

미국의 민속학자 찰스 릴런드Charles Leland는 스트레게리아 운동을 촉발시킨 책인 『아라디아 혹은 마녀의 복음』의 저자이다. 이 책은 릴런드와 피렌체 점술가인 마달레나Maddalena의 대화를 기반으로 한 것으로, 마달레나가 고대 이탈리아 마법의 전통에 대해 가르쳐주었다고 한다. 그 마법사들은 여전히 존재하며, 여신 디아나와 그녀의 오빠이자 연인인 '빛의 전달자' 루시퍼, 마법을 가르치기 위해 지구에 온 그들의 딸 아라디아Aradia를 숭배한다고 한다. 이 책은 그들의 전통적 의식과 주문, 신념을 설명한 것으로, 진위 여부는 논란의 여지가 있지만 1960년대에 인기를 얻었다.

『아라디아 혹은 마녀의 복음』. 릴런드는 이 책이 스트레게리아의 신성한 경전이라고 주장한다.

> # "스트레게리아, 즉 고대 종교는
> # 마법 이상이며 신앙 이하의 어떤 것이다."

『아라디아 혹은 마녀의 복음』(찰스 릴런드, 1899년)

과거의 연장: 신이교주의
DRAWN FROM THE PAST
Neopaganism

신이교주의라는 용어는 유대교 이전, 기독교 이전, 이슬람 이전의 고대에 대한 현대의 신앙을 가리킨다. 위카도 여기에 속한다. 신이교주의는 1960년대 서구의 저항 문화의 발전과 함께 시작되었다. 당시는 물질에 함몰된 세계와 기존의 권위를 거부하고 새롭고 자유로운 영성과 의미를 추구하던 시대였다. 이후 1990년대에 들어서 인기가 급상승했으며 21세기에도 그 세력은 이어지고 있다. 신이교주의 자체는 신조나 교리를 내세우지 않지만, 다양한 형태에서 공통적으로 찾을 수 있는 특징이 있다. 추종자들은 일반적으로 다신론자(다양한 신을 숭배함)

또는 범신론자(모든 것에 신이 있다고 믿음)이고, 남성과 여성 모두를 존중한다. 그들은 인간과 조상의 영혼을 포함한 자연을 숭배하고, 자연 그 자체를 신으로 생각하며 마법을 세계의 생명력으로 홍보한다.

드루이드, 위카, 자연, 지나간 시대
미래를 바라보는 뉴에이지 신봉자와 달리 신이교주의자들은 고대에서 영감을 얻는다. 드루이드교(켈트족 교사, 사제 또는 현자의 신앙)는 18세기 영국에서 부활했지만 고대 드루이드 교단이 설립된 것은 1781년이었다. 근

▼ 하지
영국 남서부에 있는 고대 유적 스톤헨지. 드루이드 사제들이 1년 중 낮이 가장 긴 날인 하지를 기념하는 모습이다. 드루이드에게 계절 순환의 한 지점인 하지와 동지는 무엇보다 중요한 의미를 지닌다.

대 고고학의 등장에 의해 켈트 신앙 체계에 대한 새로운 증거가 발굴되었고, 1960년대에는 신新드루이드교Neo-druidry라고도 하는 현대 드루이드교가 발전했다.

신이교주의자들은 또한 초기 오컬트 시회, 특히 런던에서 1887년 설립된 황금여명회의 연금술로부터 영적 요소와 의식을 도입해 왔다. 19세기 초 유럽의 낭만주의 운동 또한 그 영감의 원천이었다. 낭만주의 화가와 시인들은 자연을 경외하며 자연을 새롭게 바라보았다. 자연에 기반한 종교는 1970년대에 더욱 발전하는데, 환경에 대한 우려가 증가된 것과 관계가 있다. 많은 신이교주의자들이 생태학적 대의에 동조하고 있다. 또한 페미니즘 지지자도 다수를 차지한다.

현대 드루이드교와 마찬가지로 위카도 신이교주의

◀ 에너지의 소통
아일랜드 코크주County Cork의 아드그룸Ardgroom 스톤서클에서 시연된 다우징Dowsing 장면. 다우징은 일부 신이교주의자들이 내면의 에너지를 끌어내어 신성한 힘의 원천을 찾기 위해 사용하는 점술의 한 형태이다. 여기서는 수정 진자를 사용하고 있다.

의 중요한 분파이지만 대부분 소규모 교단으로 활동한다. 하위 그룹에는 기독교 이전 종교를 재현하여 적용하는 부흥론자나 고대 이집트, 그리스, 로마의 신을 숭배하는 사람들이 있다. 켈트 신봉자들은 드루이드가 아닌 일반적 켈트인들의 영적 관습을 재해석했으며, 이교도들은 고대 북유럽 신화와 게르만 신화에서 영감을 얻고 있다.

이러한 신이교주의자들 중 다수가 극우, 신나치주의, 백인우월주의 운동과도 연결되어 있으며, 상상 속의 순수한 켈트족이나 바이킹의 과거를 종종 인종차별주의와 반페미니스트 이데올로기로서 미화한다. 하지만 다문화주의를 위협으로 여기는 극우 신이교주의자들을 제외한 모든 하위 교단은 관용, 다양성, 포용성, 영성주의, 즐거움, 마법의 기쁨을 소중히 여기며, 결코 타인에게 해를 끼쳐서는 안 된다는 사상을 공유하고 있다. 신이교주의자는 서클circle, 코븐coven, 그로브grove 등으로 불리는 소그룹 또는 개인으로 활동하며 현재 전 세계에서 찾아볼 수 있다.

존 마이클 그리어 John Michael Greer(1962~)

빛의 인도

미국 태생의 존 마이클 그리어는 심령론에서 생태학에 이르기까지 광범위한 주제에 걸쳐 집필한 박학다재한 작가로서, 현재 전 세계 현대 드루이드교를 이끄는 지배적인 인물이다. 그는 드루이드의 전통, 가르침, 마법을 전파하는 데 큰 영향력을 미쳤다. 그의 저작 대부분은 19세기 황금여명회에서 유래한 것으로, 2013년에는 그 직접적 분파인 드루이드 황금여명회를 설립했다. 2003년에서 2015년에 걸쳐 미국 고대 드루이드 교단의 대드루이드 역할을 맡았다.

"신이교주의는 … 이 세계의 힘을
숭배하는 것이다. 아름답고 또 두렵지만,
모두 회전하는 하늘 아래 하나의 원 속에 있다."

『마법의 메아리』Echoes of Magic(C. A. 벌랜드Burland, 1972년)

▲ 부의 상징
공통성의 원칙을 적용한 루마니아 제단. 달러 기호가 녹색이므로 제단 주변을 녹색으로 장식함으로써 더 큰 부를 얻기 위한 마법 주문을 성공시킬 수 있다고 여긴 것이다.

마법의 효력

신이교주의자들은 마법은 현실에 존재하는 실제 현상이며 활용 가능한 것이라고 생각한다. 어떤 사람들은 생각을 변화시키고 궁극적으로 신이나 정령 또는 그들이 신성시하는 모든 존재와 접촉하기 위해 마법을 사용한다. 또 마법을 사용하여 자신의 의지를 이 세계의 자연의 힘과 일체화시켜서 변화를 불러오고자 하는 사람도 있다. 이를 기적술이라고도 하는데, 목표가 무엇이든 이들에게는 한 가지 신성불가침한 규칙이 있다. 사람, 동물, 식물 또는 지구에 해를 입히는 데 마법을 사용해서는 안 된다는 것이다. 또 수행자가 행사하는 마법의 힘은 긍정적이든 부정적이든 그 세 배의 힘으로 되돌아온다는 삼중법이 있다. 따라서 이 힘은 언제나 윤리적으로 다루어져야만 한다. 기적술 또한 자연의 법칙을 따를 때 추구하는 변화가 이루어질 가능성이 가장 높다고 여겨진다. 예를 들면 의식을 통해 풍요의 신에게 정원에 꽃이 가득 피도록 기원한다면 성공할 가능성이 높다. 마법은 정해진 집이나 아파트로 이사하는 것과 같은 특정 목표를 염두에 두고 수행할 수도 있지만, 특정 기준을 충족하는 집을 찾는 식으로 목표를 넓게 잡을 때 효과를 얻을 가능성이 높다고 한다.

전형적인 의식

신이교주의자들은 8회의 안식일Sabbat(위카 축제)을 기념한다. 동지와 하지, 추분과 춘분, 그 사이의 교차 분기일(고대 켈트족 관습에서 계절의 시작), 매달 보름이나 기타 상서로운 날 등이다. 의식은 집이나 정원에서 개인이 행할 수도 있고, 집단으로 공공장소에서 행할 수도 있다.

▼ 불의 마법
리투아니아에서 지배적인 신앙인 로무바Romuva의 의식. 수도인 빌뉴스에서 하지를 기념하고 있다. 이들은 신의 상징으로 불을 중시한다.

인원수에 관계없이 그 자리에 있는 모두가 참여한다. 집단에 의한 의식은 대부분 신성한 고리인 원 속에서 이루어진다. 참가자를 둘러싸고 집중시키기 위한 것으로, 원 중앙에 모닥불이 설치되기도 한다. 또는 직접 제단에 주의를 집중시키는 방법도 있다. 이러한 형식을 통해 일상적인 규범에서 벗어난 분위기를 고조시키고 영적 감성을 자극하는 것이다. 적절한 의상, 조명, 장식 등이 모두 분위기를 조성하는 데 도움이 된다.

참가자들은 나침반이 가리키는 방향이나 여러 요소에 대응하며 정령을 불러낸다. 예를 들면 보름달이 뜨면 로마의 달의 여신 디아나를 불러내는 것이다. 의식의 목표를 큰 소리로 말하기도 한다. 신앙에 따라 토착 종교나 신화 세계의 드라마가 재연될 수도 있다.

참가자들은 양팔을 올려 주물을 높이 받쳐들고 원 주위에서 주문을 외거나, 노래하며 춤을 춘다. 이는 그들이 믿는 집단적 힘과 에너지를 결집시키는 것으로, 손

을 잡으면 에너지가 전달되고 손을 얹으면 치유력이 발휘된다고 생각하는 사람도 있다. 상징을 특히 중시하는데, 동종 요법의 원칙에 따라 실제의 대체물로 유사한 사물을 사용하기도 한다. 예를 들어 그리스의 주요 여신이자 신이교주의의 핵심적 존재인 헤카테Hecate와 관련된 의식에서는 개 이미지나 장신구가 실제 개를 대신할 수 있다. 헤카테는 때때로 개의 모습으로 나타나기도 하므로 고대에는 개를 제물로 바쳤다. 대체의 원칙은 색상과 숫자에도 동일하게 적용된다. 헤카테는 세 개의 얼굴로 한 번에 세 방향을 볼 수 있는 신이므로 3을 나타내는 기호로 대체하기도 한다.

▲ 벨테인Beltane
보통 5월 1일에 열리는 벨테인 축제를 위해 위카의 뿔 달린 신으로 치장한 참여자. 안식일 중 하나인 벨테인은 춘분과 하지 사이의 교차 분기일이다. 모닥불, 오월의 춤, 풍요의 마법 등이 행해지는 축제를 통해 자연의 새로운 성장을 축하한다.

◀ 신드루이드교의 상징
신드루이드교에서 가장 널리 사용되는 기호 중 하나인 어웬Awen. 누구나 동의하는 정확한 의미는 없다. 태양 광선을 나타낸다고 하기도 하고 세 신을 표상한다고도 한다.

▲ 영국 록 밴드의 리드 보컬 수지 수Siouxsie Sioux. 그의 음악과 마법적 이미지는 대중문화에 고딕 펑크Gothic punk 양상을 불러왔다.

마법과 음악
Magic and music

음악과 마법은 본래 상호 보완적인 예술 형식으로서 서로에게 영감을 주는 존재이다. 역사적으로 전통적인 민속 음악은 의식과 의식 마법에서 참가자들의 심리나 정서를 유도하고, 춤추고 노래하는 분위기를 조성하는 역할을 했다.

음악과 마법의 연결 고리는 오늘날까지도 강력하게 남아서 현대 대중음악에는 마법에 대한 수많은 암시가 반영되어 있다. 이러한 관계에 20세기 중반부터는 쾌락의 추구가 가미되기 시작한다. 프랭크 시나트라Frank Sinatra의 〈That Old Black Magic〉(1942년)과 같은 노래는 마법을 사랑의 은유로 표현했다. 1960년대에는 지미 헨드릭스Jimi Hendrix의 〈Voodoo Chile〉(1968년)과 같은 팝송에서 분명하게 볼 수 있듯이, 마약으로 유발된 신비주의와 황홀경의 세계가 등장한다. 한편 뉴에이지가 같은 시기에 등장하여 명상, 요가, 휴식을 돕기 위해 편곡된 음악들이 고유한 장르를 형성했다.

이러한 경향은 1970년대와 80년대에도 이어졌고, 많은 예술가들이 자신의 음악이 마법의 영향을 받았다는 점을 언급했다. 데이비드 보위David Bowie의 〈Quicksand〉(1971년)와 오지 오스본Ozzy Osbourne의 〈Mr. Crowley〉(1980년)는 둘 다 오컬트주의자 알레이스터 크로울리를 암시한다(250~251쪽 참조). 수지 앤 더 밴시스Siouxsie and the Banshees 밴드는 주술, 부두교, 오컬트의 이미지를 사용하여 1980년대 고딕 록 운동에 참가한 여성들을 고무시켰다.

오컬트의 영향은 21세기에도 뿌리 깊게 남아 있다. 2016년에는 미국 래퍼 아질리아 뱅크스Azealia Banks가 스스로 현역 마녀라고 선언했고, 2017년 캐나다 아티스트 애니멀ANIIML은 자신의 음악에 '마녀 팝'이라는 브랜드를 붙였다.

"어쩌면 음악만이 유일한 진짜 마법일 것이다…"

『텔레그래프The Telegraph』에 실린 톰 페티Tom Petty의 발언, 2012년

치유의 힘: 영성과 샤머니즘의 다양한 얼굴

HEALING POWERS
the many faces of spirituality and shamanism

'샤머니즘'이란 중앙아시아와 시베리아의 초원 지대에 사는 사람들의 영적 관습을 가리킨다. 이곳에서 샤머니즘은 약 4만 년 전으로 거슬러 올라간다. 세계에서 가장 오래 지속되어 온 강령술과 점술 등 마법의 형태이다.

샤머니즘은 때때로 전 세계의 부족 문화 또는 비유럽 문화에서 발견되는 영적이고 마법적인 전통을 포괄하는 것으로 정의된다. 한편 또 다른 견해로서, 외부의 관점에서 유사하게 보인다고 해서 다양한 전통을 일괄적으로 다루면 안 된다고 주장하는 학자들도 있다. 영적 관습은 공동체마다 크게 다르며, 대부분의 수행자는 스스로를 샤먼이라고 부르지 않는다.

영적 세계의 가교
일부 학자들이 샤머니즘적이라고 정의하는 신앙과 종교적 관습들은 기본적 특징을 공유하고 있다. 자연계에 존재하는 만물은 신성하며 고유한 영적 생명으로 가득 차 있다는 사상과, 모든 자연물이 더 넓고 신성한 전체의 일부로 존재한다는 사상을 바탕으로 하는 것이다. 통일성을 기반으로 한 이러한 사상은 시간 개념으로 확장될 수도 있다. 일부 문화권에서는 과거, 현재, 미래가 동시에 존재한다고 생각한다. 따라서 수호령이나 조상령들은 과거의 지혜를 전해줄 뿐만 아니라 미래에 대한 통찰력을 기대하는 대상으로 숭배되기도 한다.

샤먼, 징고 또는 영적 조언자는 영혼에게 기도하거나 그 목소리를 전달하고, 또는 영적 세계로 건너가기도 하면서 물질세계와 영적 세계를 연결한다. 영혼과 접촉함으로써 예언의 힘을 받고, 파괴적인 자연의 힘이나 적으로부터 스스로를 지키는 능력을 지니며, 수확을 보장하거나 죽은 자의 영혼을 영계로 인도할 수 있게 된다고 여겨졌다. 또 대부분의 지역에서는 악령들이 질병을 일으킨다고 믿었으므로, 샤먼이나 치료사, 기도사 등은 악령을 물리치기 위해 선한 영혼을 불러내거나 치유력이 있는 식물을 사용하기도 했다.

오늘날에도 다양한 문화권의 사람들이 중요한 결정을 내리기 전에 영적 지도자나 샤먼과 상의한다.

◀ 의식용 요령
과장된 특징과 새 부리 같은 코를 가진 18세기 후반의 의식용 요령. 미국 북서부 해안에서 발견되었다. 이러한 타악기와 북이 엮어내는 리듬은 사람들이 무아지경에 들어가도록 이끈다.

"위대한 영은 만물 어디에나 깃들어 있고
우리가 숨 쉬는 공기 속에도 있다.
위대한 영은 우리의 아버지이고
지구는 우리의 어머니이다."

와바나키 알곤퀸 족Wabanaki Algonquin 빅 선더Big Thunder/Bedagi의 발언

일부 집단의 지도자는 나면서부터 친족에게서 그 역할을 물려받는다. 더 일반적으로는 이러한 인물은 영혼이 선택한 것으로 여겨지며, 그 징표로서 특이한 신체적 특징을 지니거나 정신적 고통의 기간을 경험한다고 한다.

무아지경 상태로

영계와 소통하기 위해 샤먼을 비롯한 수행자들은 의식에서 의도적으로 무아지경에 빠진다. 엄밀하게 구성되는 의식의 성격은 다양하다. 예를 들어 몽골에서는 샤먼이 자신의 영적 변화를 강화하기 위해 깃털이나 뿔 또는 모피로 된 관을 씀으로써 새, 순록, 곰의 모습을 가장하기도 한다. 몽골과 일부 문화권에서 의식은 집단으로 행해지며, 구성원들은 낭송, 노래, 북 연주, 음악 등으로 참여할 수 있다. 분위기를 고양시키기 위해 불을 피우기도 하는데, 참가자들을 단결시키는 수단으로 사용된다. 북아메리카와 라틴아메리카 일부 지역에서는 향정신성 식물을 섭취하여 무아지경에 들어가거나 환상을 보기도 한다.

▲ **현대의 샤먼**
의식용 예복을 갖춰 입은 몽골의 샤먼. 하지夏至를 기념하는 불의 의식에서 마우스 하프mouth harp를 연주하고 북을 친다. 몽골에는 약 1만 명의 샤먼이 있는데, 남성은 버böö, 여성은 우드간udgan이라고 한다.

도시의 영성

한국 민속 종교인 무속 신앙Muism은 기원후 4세기에 불교가 전래되기 전까지 한반도에서 지배적인 종교였다. 21세기가 되어 한국의 수도인 서울에서는 무속이 신비적으로, 또 한편으로는 상업적으로 부활했다. 이 역동적인 산업 도시에서, 혹은 전국적으로 무속의 전문가들이 비밀스럽게 의식을 행하고 있다는 것은 널리 알려져 있다. 무속의 전문가인 '만신萬神'은 대부분 여성이다(남성 무속인은 박수라고 한다). 그들은 어떤 자동차나 집을 살 것인지, 어떤 일에 도전하면 좋을지 등, 현대적 선택에 대해 유료로 상담을 해준다. 신이나 조상령과 접촉하여 답을 얻기 위해 만신은 영계로 건너가는 의식인 굿을 행한다. 화려한 의상을 입고 춤추고, 노래하고, 기도하며, 불과 물로 정화된 제단을 마련하여 혼령에게 제물을 바치는 것이다.

남성 무속인 박수가 흰 종이로 정화 의식을 행하고 있다.

샤머니즘이라는 종교 관습은 지역마다 다른 형태를 띠지만, 공통점은 보다 고차원적인 영적 지혜가 인간의 운명을 결정한다는 믿음을 기반으로 한다는 것이다. 예를 들어 1950년대까지 세계의 마지막 수렵 채집 민족으로 알려져 있던 남아프리카의 산족San은 지배적인 영혼의 세계를 믿었다. 캐나다 오지브웨족Ojibwe의 미데mide나 북극권 이누이트족의 앙가코크angakok 같은 샤먼은 사람들의 운명을 인도하는 힘과 교신함으로써 위대한 지식을 지닌 영적 조언자로 존경받고 있다.

병에 걸렸을 때 샤먼이나 치료사, 기도사에게 상담하는 사람들이 끊이지 않는 것도 그들의 치유 능력을 믿기 때문이다. 라틴아메리카의 많은 지역에서는 쿠란데로라고 불리는 전통 치료사가 활동하고 있다. 그들의 치유 관행은 무아지경, 기도, 영적 정화를 행하는 것으로, 약초 및 오일, 환각 물질이 들어 있는 선인장 페요테peyote 등을 사용한다고 한다.

서아프리카에는 주물 치료사들이 흔하다. 토고의 수도 로메에는 주물(부적) 시장이 유명하여 천식에서 발기 부전, 결핵에 이르기까지 다양한 질병의 환자들이 치료를 받기 위해 찾아온다. 아메리카 원주민 부족들 사이에는 의사, 약초상, 치료사, 기도사 등의 이름으로 알려진 사람들이 치유력은 물론이고 영적 지도자로도 이름을 떨치고 있다.

샤머니즘의 본래 근원지인 시베리아에서도 샤머니즘이 부활하고 있다. 소비에트 연방의 통치 아래 억압받다가 1990년대 초부터 조금씩 부상을 시작한 것이다.

▶ **주물 치료**
토고의 로메에서 활동하는 전통 치료사. 두개골, 조각상, 깃털 등의 주물 앞에서 절을 하며 기도하는 환자가 치료될 수 있도록 주문을 암송한다.

공산주의 통치 아래 70년 동안 금지되었던 몽골의 샤머니즘도 고대 관습이 헌법으로 보호받게 된 1992년 이후 부활했다. 텡그리 신앙Tengrism으로 알려진 이 민속 종교는 몽골의 국교이자 정체성의 일부로 여겨지고 있다.

지구의 소리

신이교주의와 뉴에이지 활동의 성장과 함께 네오샤머니즘Neoshamanism도 1990년대 이후 서구 사회에 자리를 잡았다. 뉴에이지 운동가들은 인간이 스스로 만든 생태계의 위기에 직면해 있다는 확신으로 활동하므로, 자연

세계와 연결 고리를 지니는 네오샤머니즘에서 해답을 찾고 있다. 원초적 순수함으로 돌아가는 것이 지구의 황폐화를 막는 유일한 방법이라는 신념을 실천할 수 있는 방법인 것이다. 네오샤머니즘 쪽에서는 토템이나 동식물의 정령과 교신하고, 꿈을 찾는 여행길에서 환상을 추구하며, 유체 이탈 체험에 참여하거나, 명상, 무아지경에 들어가는 등 다양한 방법을 조합하여 자기 인식을 탐구하는 자들도 많다. 이러한 접근 방식은 전통적인 가르침을 고수하는 일부 사람들의 분노를 사기도 하는데, 특히 서비스에 대한 대가로 과도한 금전을 요구하는 경우이다.

▲ 핸드 드럼
북아메리카 대평원에 거주하는 아시니보인족Assiniboine의 사슴 가죽 북. 그들이 숭배하는 위대한 영이 그려져 있다. 기도사들이 지휘하는 북 연주는 의식의 일부이며, 특히 봄에 행해지는 태양 춤이 가장 중요시된다.

정글 속의 환상

Visions in
the jungle

페루 예술가 파블로 아마링고 Pablo Amaringo (1938~2009년)는 아마존 분지에서 수행을 쌓은 전문 쿠란데로였다. 쿠란데로는 현지 식물을 이용하여 신체적, 정신적 질병을 치료하는 치료사 또는 기도사로서 스페인 식민지 개척자들이 라틴아메리카에 가져온 가톨릭 기도와 의식을 차용하여 도움을 받기도 한다. 아마링고는 특히 아야와스카 ayahuasca라는 향정신성 식물로 빚은 술을 사용하여 전통적인 영적 치료를 하는 전문 쿠란데로였는데, 이를 아야와스케로 ayahuasquero라고 한다. 1977년에 그는 화가가 되기 위해 은퇴했고, 이후 전통적 생활 인식과 열대 우림의 동식물을 기록하고 보존하기 위한 미술 학교를 설립했다.

아마링고의 복잡한 그림은 아야와스카를 이용하여 본 환상을 묘사한다. 그림을 그리면서 그는 아야와스카 의식 중에 무아지경을 불러일으키는 마법의 주문인 이카로스 icaros를 낭송했다. 그림에 이카로스의 마법을 불어넣으면 감상자에게 그 힘과 지식이 전달될 수 있다고 믿은 것이다.

왼쪽 그림은 인간이 살아가는 데 필요한 먹거리와 산소를 만들어 내는 식물계의 경이로움을 표현한 것이다. 물속의 아나콘다는 강고 호수, 숲을 파괴하는 위험을 경고하는 의미이다. 그림의 상단에는 '숲의 어머니'의 거대한 눈이 아래를 내려다보고 있고, 왼쪽에는 분홍 돌고래 bufeo가 식물처럼 줄지어 있어 모든 생명체가 얼마나 긴밀하게 연결되어 있는지를 나타낸다.

"쿠란데로는 머릿속에,
또 마음속에 언제나 자연을
보존한다는 태도를 지닙니다…"

잡지 『성스러운 고리 Sacred Hoop』에 실린
파블로 아마링고의 발언, 2006년

마음, 몸, 정신: 뉴에이지의 실천
MIND, BODY, SPIRIT
New Age practices

뉴에이지 운동은 기존의 신념과 종교를 부정한 1960년대의 저항 문화에서 비롯되었다. 뉴에이지 추종자들은 깨달음과 영적 성취를 위해 다양한 신앙을 폭넓게 채택했는데, 대부분 비서구적 문화를 기원으로 한 것들이었다. 초창기 운동가들은 새로운 조화의 시대가 임박했다고 생각했으므로, 자신들의 활동에 '뉴에이지'라는 명칭을 붙였다. 2015년에는 추종자들이 6천만 명에 달한 것으로 추정된다. 마법은 모두가 필요하다고 생각할 정도로 큰 역할을 하고 있는 것이다.

핵심 신조
뉴에이지의 신념은 몇 가지 핵심적인 주장으로 요약할 수 있다. 가장 강력한 것은 서구의 물질주의를 거부하는 것이다. 대신 이들은 힌두교의 인간적 성장이나 불교의 명상적이고 고요한 평온에 초점을 맞추는 등, 기독교가 아닌 다른 종교의 측면을 받아들이고 있다. 뉴에이지는 범신론적이므로 모든 곳에서 신의 존재를 본다. 어떤 종교이든 그 독자적인 진리를 인정하고, 그것이 향하는 곳이 어디든 수용하고자 하는 것이다.

이 운동은 또한 환경 및 페미니즘 운동과도 겹친다. 뉴에이지, 즉 새로운 시대에는 현재의 가부장적 세계가 전복된 새로운 낙원이 만들어지며 산업화와 자본주의가 종식될 것이라고 생각한다. 미래는 더 단순하고, 더 소박한 세상으로 회귀한다는 것이다.

더 높은 자아
뉴에이지는 모든 사람이 더 높고 더 나은 자아를 실현할 수 있고, 이를 위해 끝없이 노력해야 한다고 믿는다. 이를 위해서 세 가지 명제가 제시되는데, 첫째는 전 인류를 포괄하는 신성한 관계가 존재한다는 것이다. 즉, 인류는 본래 하나이므로 미래에는 단 하나의 사회와 하나의 종교로 집약된 하나의 실체로 통합된다는 것이다. 이 신조는 신지학에서 유래를 찾을 수 있다.

두 번째는 인간은 자연과 하나가 되어 조화롭게 살아가야 한다는 것이다. 세 번째는 모든 사람은 자신의 신성한 선함을 실현하기 위해 노력해야 하며 자신의 상대적 가치를 스스로 결정할 수 있다고 믿는다. 즉, 외부에서 강요된 도덕성이 있어서는 안 되며, 무엇이 중요하고 올바르며 또 진실된 것인지 스스로 판단하고 결정해야 한다는 것이다.

▼ 에너지의 폭발 장소
뉴에이지 아메리카의 수도로 여겨지는 애리조나의 대성당 바위 Cathedral Rock. 영적 에너지와 우주 주파수의 절대적인 초점으로 여겨진다.

프리초프 카프라 Fritjof Capra(1939~)
신비주의와 물리학의 만남

뉴에이지는 세계를 통합하는 본질적인 통일 정신이 있을 뿐만 아니라 더 나아가 그러한 전체성이 과학에 반영되어야 한다고 주장한다. 미국 물리학자 프리초프 카프라는 이 견해를 가장 강력하게 지지한 사람 중 하나이다. 1975년에 출판된 저서 『물리학의 도 The Tao of Physics』에서 그는 형이상학(존재의 본질)과 물리학은 최종적으로는 수렴될 것이라고 주장했다. 양쪽 모두 진리라면 양자는 결국 동일하다는 것이다. 카프라의 책은 학계에서는 비과학적이고 시대착오적이라는 비판을 받았지만 뉴에이지 활동가들에게는 열렬한 지지를 얻고 있다. 카프라는 이후 환경 운동가가 되어 자연 생태계를 모방한 지속 가능한 커뮤니티의 구축과 육성에 참여하고 있다.

물을 관장하는 물병자리가 지혜의 물을 뿌리는 모습. 새로운 시대를 육성하고 조화로운 정신을 고양하는 것을 의미한다. 1960년대의 뉴에이지 추종자들 대부분은 '물병자리 시대'라고 불리는 더 나은 미래의 도래를 별을 통해 감지했다.

▶ 요가 수행

요가의 동작 아사나asana를 보여주는 그림. 건강해지고 유연해지는 데 도움이 되고 명석한 정신과 깨달음을 얻는 수단이 된다. 요가는 고대 인도에서 시작되었다.

"옴, 샨티, 샨티, 샨티
(옴, 평안을, 평안을, 평안을)"

요가의 만트라Mantra

▶ 음양 태극도
많은 뉴에이지가 도입하고 있는 음양 사상의 기호. 중국의 전통에서 음과 양은 실존을 요약한 것이다. 수동적인 음(검은 면)과 능동적인 양(흰색 면)이 영구적이고 완벽한 균형을 이룬다.

통일성의 실현

뉴에이지 신봉자는 마음과 몸과 정신이 하나라고 믿는 전체론자이다. 따라서 몸을 치유하려면 먼저 마음을 치유해야 한다고 믿는다. 일부는 자신의 운동에 영성 또는 마음, 몸, 정신 등의 수식어를 붙이는 것을 선호한다. 요가와 명상은 자신을 알기 위한 수단이며, 영적 해방을 위해 가장 널리 시행되는 방법이다. 아이엥가르Iyengar, 아슈탕가Ashtanga, 시바난다Sivananda, 선Zen 요가, 초월Transcendental 및 불교 위파사나Vipassana 명상 등 다양한 형태가 있다. 요가와 명상 모두 자존감과 긍정적 사고를 육성해 준다는 점에서 뉴에이지 신봉자들 사이에서 높은 평가를 받고 있다. 이른바 끌어당김의 법칙The Law of Attraction도 많은 사람에게 도움을 주고 있는데, 긍정적인 생각을 긍정적인 표현으로 크게 발화하면 뿌리 깊은 부정적 자기 인식을 뒤집을 수 있다는 믿음이다.

미래에 대한 통찰

뉴에이지 운동가들 중에는 천사 및 신과 소통할 수 있는 뛰어난 특정 인물이 있다고 한다. 채널러channeller라고 불리는 이들은 죽은 자와 교신하여 산 자에게 지식을 전달하는 영매 역할을 한다. 일부 채널러는 이집트, 남아메리카, 전설적인 아틀란티스나 무Mu 등의 고대 문명 거주자와 접촉하며 영적 메시지를 전달한다고 주장한다.

마찬가지로 유체 이탈 체험도 더 높은 영적 세계와 접촉하기 위한 수행으로 여겨지고 있다. 육체와 별개가 된 영체가 영계 쪽에서 자아와 세계를 관찰하는 것이다. 이러한 유체 이탈은 마음이 깊

▶ 만다라
네팔의 만다라. 힌두교와 불교에서 공통적으로 볼 수 있는 만다라는 신들을 표상한 것이다. 현대의 만다라는 이와 같이 추상적이며, 우주의 전체성과 통일성 및 재생이라는 메시지를 전달한다.

고 고독한 이완 상태에 다다랐을 때 뜻대로 이루어진다고 한다.

대부분의 뉴에이지 추종자들은 환생을 믿으며, 과거가 현재를 교육하고 인도한다고 생각한다. 일부는 외계의 생명력이 인류의 구원이 될 것이라고 주장하기도 한다. 상대적으로 덜 알려져 있지만, 깨달음의 길로서 신성한 피조물 또는 단순한 동물을 상상하며 시각화하는 수련을 하는 부류도 많다. 또 일부에서는 주역, 점성술, 수정 점, 타로 카드 등을 통해 영적 세계의 해독을 시도하고 미래를 점치기도 한다.

이러한 운동이나 신앙에는 언제나 비판자가 등장하는데, 그들 대부분은 한때 뉴에이지 추종자였다. 어떤 이들은 활동가들이 영적인 비전보다는 일시적인 유행에 편승하여 돈을 버는 데 더 관심이 있다고 지적한다. 또 기존 방식의 치료가 필요한 중증 질환자들이 그들의 상품을 구입하고 의지하다가 최악의 경우 생명이 위험해질 수도 있다고 우려한다. 모호한 목표와 일관된 신념이 없다는 점을 불만으로 삼는 사람들도 있다. 그러나 정화되고 순화된 미래에 대한 무수한 믿음과 약속이야말로 뉴에이지 운동을 유지하는 힘으로 작용하고 있다.

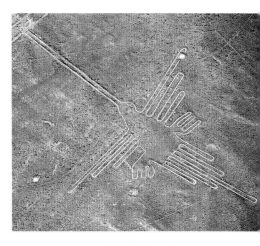

▲ 나스카 지상화Nazca lines
페루의 모래땅 위에 새겨진 거대한 그림. 뉴에이지는 이러한 고대 문화와의 연결을 중시한다. 일부 추종자들은 이 그림을 만든 고대 나스카족과 교신을 시도하기도 한다.

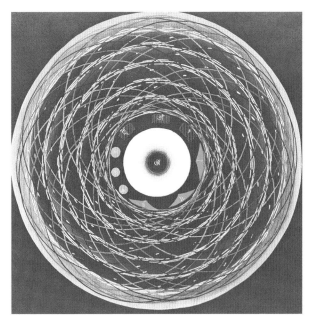

자기 숭배: 사탄주의
WORSHIP OF THE SELF
Satanism

▲ 사탄주의의 얼굴
사탄주의의 창시자 앤톤 라베이. 그는 노골적으로 사탄의 이미지를 채택하고 나체 의식을 수행하는 등 일탈적인 능력을 드러냈다. 1969년에 저술한 『사타닉 바이블The Satanic Bible』은 라베이파 사탄주의의 중심 문헌이다.

사탄주의Satanism라는 용어는 악마 숭배나 피의 제물과 같은 이미지를 불러일으키지만 실상은 전혀 다르다. 현대의 사탄주의는 개인의 자유를 무신론적으로 장려한다. 자신을 최우선으로 여기고 일반적으로 죄로 간주되는 탐욕이나 정욕 등에 탐닉할 것을 권장한다. 하지만 타인의 권리에 대한 존중 역시 핵심 가치관 중의 하나이다.

사탄교
사탄주의는 1966년 4월 30일 샌프란시스코에서 시작했으며 이날을 사탄교Church of Satan의 원년으로 선포했다. 창시자는 미국의 오컬트주의자 앤톤 라베이Anton LaVey이다. 그는 신이나 고차원적인 존재 따위는 없다는 믿음을 조장한다. 인간은 자기 계발 능력이 뛰어나지만 동시에 육욕적인 존재이고, 사후세계는 없으므로 인간이 신 그 자체이며 자기 의지를 행사함으로써 스스로 운명을 결정할 수 있다고 주장한다.

라베이는 사람들에게 충격을 주기 위해 사탄교라 명명하고, 바포베

트를 상징으로 채택했다. 그러나 사탄주의자들은 무신론자이므로 근본적으로 사탄을 믿지 않는다. 사탄은 기독교 개념이므로 신이 없다면 사탄도 존재하지 않는 것이다. 라베이의 윤리관은 관능적 충족감을 포용하지만 핵심 교리는 자기 발견과 성장이다.

제사와 의식
사탄주의 마법은 일반적으로 초자연적인 힘에 대한 믿음보다는 심리적 과정으로 구성되어 있다. 기본 형태는 두 가지로 나뉜다. '상급' 마법으로는 정서적 또는 신체적 사건을 처리하기 위한 정신적 공간을 만드는 의식이 있다. '하급' 마법은 자신의 신체적 속성이나 심리적 특성을 이용하여 원하는 결과를 달성하기 위해 상황을 조작하는 것 등이다.

사탄 의식은 매우 중요하지만 정해진 규칙은 없다. 일부 사탄주의자들은 종, 성배, 검, 현자의 돌과 같은 상징적인 물건을 사용하고, 심지어 나체 여성을 제단으로 사용하기도 한다. 물론 여성의 동의 아래 이루어진다. 사탄주의에서 가장 중요한 것은 모든 마법이나 의식에서 '자아'가 힘의 가장 중요한 원천이라는 사상이다.

변종 및 라이벌
1975년, 라베이의 사탄주의에서 분리된 첫 번째 그룹이 등장했다. 이들은 고대 이집트의 불과 혼돈의 신인 세트 숭배를 선언하며 '세트의 성전Set of Temple'이라는 명칭을 내세웠다. 2013년에 이탈한 '사탄 성전Satanic Temple'을 포함하여, 다른 많은 사탄주의의 하위 종파가 존재한다. 이들은 자신들을 최종적으로 진화된 형태의 사탄주의라고 부르며 정치적인(좌익) 입장도 표명한다.

▲ 바포메트의 인장
공식 상징. 바포메트의 머리가 역오각형 속에 그려져 있고 주위를 둘러싼 원에는 히브리 문자가 새겨져 있다. 아래쪽에서 시계 반대 방향으로 읽으면 위대함을 의미하는 '레비아탄Leviathan'이 된다.

◀ 사탄의 제단
사탄주의 의식의 핵심 구성 요소인 제단. 『사타닉 바이블』에 따르면 의식에 다양한 사물이 사용될 수 있지만 바포메트의 상징은 필수이다.

▼ **라카카레**Lakakare
파푸아 뉴기니의 주물. 코코넛에 돼지나 해양 생물 형태를 조각한 것으로 악령을 쫓는 마법의 물질을 채운다. 여기에는 황새치 턱뼈가 붙어 있다.

◀ **걱정 인형**
과테말라와 멕시코에서 주로 지니고 다닌다. 이 인형들이 걱정거리를 태양신의 딸인 마야 공주 익스무카네Ixmucane에게 전해준다. 전설에 따르면 공주는 사람들의 걱정을 없애는 힘을 지니고 있다고 한다.

식물 껍질로 짠 가방에 넣어서 간편하게 휴대할 수 있다.

코코넛 껍질은 양식화된 얼굴 모양으로 조각된다.

▲ **다윗의 별**
고대 유대교의 마법 상징으로, 두 개의 정삼각형을 겹친 모양이다. 펜던트 형태로 만들어져서 오늘날에도 주물로 사용된다.

▲ **성 크리스토퍼 메달**
여행용 주물이다. 이 성인은 아기 예수를 어깨에 얹고 무사히 강을 건넜다고 전해진다.

▲ **마네키네코**招き猫
앞발을 들고 행운을 부르는 고양이 모양의 일본 주물. 주인에게 행운을 불러온다고 한다.

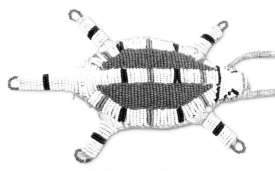

▲ **중국의 벽**璧
하늘의 상징으로 보통 원반 모양이다. 신성한 힘을 지녀서 부와 장수, 행운을 가져다준다고 여겨진다.

▲ **아메리카 원주민의 탄생 주물**
구슬로 장식된 거북 속에 부모의 머리카락과 아기의 탯줄을 보관한다. 아기의 행운과 건강을 기원하는 것이다.

현대의 주물

Modern talismans

주물은 소유자에게 특별한 힘이나 행운을 가져다준다고 여겨지는 것이다. 아서 왕의 전설적인 검인 엑스칼리버에서 행운의 마스코트에 이르기까지 다양하다. 원래 주물은 개인을 위해 특별히 제작한 후 마법의 의식을 통해 힘을 불어넣어야 효력이 생기지만, 현재는 많은 것들이 대량 생산되고 있다. 사람들은 그 상징 자체에서 힘이 나온다고 믿고 있다.

중앙에 새겨진
모든 것을 보는
눈이 소유자를
보호한다.

▲ 마녀 공
19세기에 고안된 주물이지만 기
원은 오래된 것이다. 반짝이는 표
면이 반사 기능을 하여 마녀를 가
둔다고 한다.

▶ 켈트 십자가
강인함, 지혜, 보호, 영감을 가
져다준다고 한다. 원과 십자가
의 조합은 고대로부터 이어져
온 것이다.

▲ 불교의 주물
불상이 새겨진 봉헌판인 프라 크루앙phra khruang이다. 태국에서는 이와 같은 목각 주물이
매우 인기가 있다. 신성한 힘을 극대화하기 위해 승려들이 며칠씩 기도를 올리기도 한다.

▲ 이슬람교의 파티마의 손
사악한 눈을 방어하기 위해 여성들이 몸에 지닌다. 수 세기
에 걸쳐 중동 전역에서 보편적으로 사용되었고, 최근에는
뉴에이지 추종자들에게 도입되었다. 파티마는 무함마드의
딸이다.

양식화된 손 형태는
이슬람교의 다섯
기둥을 나타낸다.

▲ 군인들의 개인 주물
두 차례의 세계 대전 동안 수많은 군인들이
부상이나 죽음을 피하기 위해 휴대했다.

▲ 오디 Ody
마다가스카르 사람들이 보호와 행운
을 기원하며 착용한 주물이다. 마법
의 약이 채워져 있다.

죽은 자와 춤을
Dancing with the dead

서아프리카 국가인 토고, 가나, 나이지리아, 베냉은 부두교의 중심지이다. 보둔은 베냉의 공식 종교로 서양의 부두교와 같은 부정적인 의미는 전혀 없다. 매년 1월이면 베냉, 토고, 나이지리아 전역의 사람들이 베냉의 연례 예배 축제를 위해 우이다Ouidah 마을로 모인다. 무아지경 속에서 죽은 자와 접신하는 의식이 행해지고, 신자들은 축제의 절정을 함께한다.

보둔에는 최고의 존재이자 우주의 창조자인 나나 불루쿠Nana Buluku의 후손으로 여겨지는 많은 신들이 있다. 나나 불루쿠의 자녀인 달의 여신 마우Mawu와 태양의 신 리사Lisa는 다양한 신과 정령들을 관장한다. 가장 중요한 것은 신들의 세계와 생물계 사이의 중재자 역할을 하는 무지개 뱀 아이다웨도Ayida-Weddo와 늙고 현명하면서 동시에 젊고 충동적인 성격으로 전해지는 레그바Legba이다. 모든 부족들은 이러한 정령들을 달래기 위해 동물을 제물로 바치는데, 각각 의식을 집행하는 무녀가 있다. 그리고 질병과 고통의 치료를 기원하는 주물로서 원숭이, 개, 코브라 등의 동물 조각상이나 머리를 사용한다.

보둔의 신앙 체계에서는 정령을 통해 조상과 이어질 수 있고, 신생아는 조상의 환생으로 여겨진다. 무아지경에 들어가면 정령이나 조상들의 세계와 소통할 수 있고, 산 자들의 세계를 찾아온 정령이나 조상은 산 자에게 빙의하여 지혜를 알려준다고 한다.

오른쪽 사진에서는 나이지리아 소수 민족인 요루바족Yoruba 참가자가 노래와 북소리, 춤 등에 의해 무아지경에 빠져서 조상령의 힘을 내려받고 있다.

> "발상지인 베냉에서 보둔은
> 삶의 한 방식이다."

여행 작가 아니샤 샤Anisha Shah의 발언, 2017년

▲ 무아지경에 빠진 무용수. 전신을 수의로 감싸고 벌보배고둥으로 얼굴을 가린 무용수가 광란 상태에서 빙글빙글 돌고 있다. 입주일간 행해지는 베냉의 부두교 축제가 절정에 이르렀다

스펙터클의 묘미: 현대 엔터테인먼트로서의 마술

THE TASTE FOR SPECTACLE

magic as modern entertainment

1921년 런던에서 혁신가 P. T. 셀빗Selbit이 선보인 무대 마술은 순식간에 인기를 끌었다. 여자 조수를 두 동강 내는 그의 트릭은 센세이션을 일으켰고, 장관을 이루는 무대 마술의 세계에 관객들은 열광했다.

40년 후, 독일 태생의 듀오 지크프리트Siegfried와 로이Roy가 화려한 마술쇼로 라스베이거스를 석권했다. 그들의 트레이드마크는 거대한 세트, 반짝이는 의상, 길들여진 야생 동물이었다. 이것을 한눈에 확인하기 위해 관객들이 몰려들었고, 현대의 마술은 대대적인 비즈니스가 되었다.

▲ 매직 서클 로고
1905년 런던에서 설립된 매직 서클의 상징이다. 라틴어 모토는 '비밀을 누설해서는 안 된다'는 의미이며, 이를 어긴 마술사는 회원의 자격을 박탈당했다고 한다.

스크린 속의 환상

이러한 스펙터클한 추세를 계승하여 한층 더 발전시킨 사람은 데이비드 코퍼필드David Copperfield라는 미국의 마술사이다. 그는 그랜드 캐니언 위를 떠다니고, 중국의 만리장성을 걷고, 레이저로 자신을 두 동강 내 보이고, 자유의 여신상을 사라지게도 만들었다. 코퍼필드는 불가능을 가능하게 만드는 기술을 통해 역사상 가장 부유한 마술사로 군림했다.

코퍼필드와 그 뒤를 이은 마술사들에게 텔레비전은 엄청난 청중을 제공했다. 영국에서는 폴 대니얼스Paul

▲ 쇼 비즈니스와 마술의 만남
지크프리트와 로이는 40년 동안 미국 엔터테인먼트의 수도인 라스베이거스에서 공연했다. 유순한 백사자와 호랑이는 마술 행위의 일부였다.

Daniels와 괴짜 토미 쿠퍼Tommy Cooper가 이를 훌륭하게 이용했다. 그들은 마치 스스로 구사한 마술에 본인들도 놀란 것처럼 우스꽝스럽게 연기했다. 미국의 펜Penn과 텔러Teller도 까다로운 무대 기술과 코미디를 융합하는 등, 화면에 등장하는 마술의 기준은 계속해서 높아져 갔다.

지구력과 심리주의

미국인 데이비드 블레인David Blaine은 냉장고 속에 들어가거나 물속에서 생존하는 것, 유리 상자 속에서 음식 없이 44일을 지내는 것 등, 초인적인 지구력을 선보이는 또 다른 종류의 마술을 개척했다. 심리주의 마술의 전형을 보여준 것이다. 심리주의란 심리의 의표를 찔러 감동을 유도하는 퍼포먼스 기술로서, 그의 경우 관객의 마음을 읽었다기보다 예리한 심리적 통찰력과 손재주를 융합시킨 것이다.

영국에서는 데런 브라운Derren Brown, 다이너모Dynamo를 비롯한 엔터테이너가 심리주의에 대한 관객의 욕구를 활용했다. 브라운은 시청자가 자리를 떠나는 것을 막기 위해 단편 영화를 삽입하는 등 매체를 창의적으로 활용했다. 또한 인터넷 시대의 마술사인 다이너모는 온라인에서 마술을 펼쳐, 순식간에 세계적인 인기를 얻었다.

참고

탈출 마술사

후디니(259쪽 참조) 이후로 탈출은 마술사들의 핵심 기술이었다. 1959년 영국인 앨런 앨런Alan Alan은 후디니의 구속복 탈출 기술에 반전을 도입했다. 불타는 밧줄에 매달린 구속복에서 빠져나온 것이다. 그 후 미국인 도로시 디트리히Dorothy Dietrich도 이 기술을 선보였는데, '입으로 총알을 받아내는 기술'을 실연한 최초의 여성이기도 하다. 또 다른 미국인 로버트 갤럽Robert Gallup은 구속복을 입고 낙하산이 달린 철창에 갇힌 채 비행기에서 떨어졌다. 이러한 스턴트에는 실제 위험이 뒤따른다. 1990년 미국인 어메이징 조Amazing Joe는 젖은 시멘트에 묻힌 후 사망했다.

◀ **수중 지구력**

데이비드 블레인이 2017년 북미 투어에서 선보인 공연. 수조에 매달린 상태로 가능한 한 오래 숨을 참는 기술로서, 숨을 참는 시간은 공연마다 달랐다. 무대 쇼에서 텔레비전 화면을 사용함으로써 관중은 물탱크에 매달려 있는 행위를 보다 가깝게 느낄 수 있었다.

▶ **오스틴 오스만 스페어**
영국의 예술가이자 오컬트주의자
인 스페어는 기존의 마법을 부정
하고 자기 인식의 길로서 자신의
잠재의식을 탐구했다. 1909년에
그린 마법사로서의 자화상이다.

규칙 없는 마법: 혼돈 마법

MAGIC WITH NO RULES

chaos magic

1970년대 후반 영국에서 탄생한 혼돈 마법chaos magic은 의식 마법을 둘러싼 오컬트 의식, 심층 학습 및 신비주의를 제거하려는 시도이다. 규칙, 교리 또는 계층 구조는 없지만 개인의 성장과 성취, 우주와의 연결이라는 목표가 있다. 마법은 어떤 의미에서 '혼돈chaos'으로 묘사되는데, 그것은 수행자가 실존이라는 것을 순수하게 개인이 인식한 그대로 파악한다는 의미이고, 그 인식을 바꾸면 결과적으로 세상이 바뀐다는 의미이다.

무심한 상태

혼돈 마법은 잠재의식을 해방하는 것으로 시작된다. 잠재의식에는 큰 힘이나 지식, 이해가 축적되어 있기 때문이다. 이 아이디어는 영국의 화가이자 오컬트주의자인 오스틴 오스만 스페어Austin Osman Spare가 제창한 것으로, 1913년에 간행된 저서 『쾌락의 서The Book of Pleasure』에 핵심 내용이 담겨 있다. 그는 잠재의식의 해방은 영적 인식 또는 신비적 직관을 말하는 그노시스gnosis 상태를 통해 달성될 수 있다고 주장했다. 즉, 의식을 무심한 상태에 두어 잠재의식에 도달하는 것이다. 스페어는 이 무아지경과도 같은 상태에 도달하기 위해 다양한 기술을 제안하고 실천했다. 예를 들면 요가, 단일 지점에 대한 명상적 집중과 같은 부드럽고 수동적인 방법도 있고, 쾌락 속에서 노래, 춤, 성적인 황홀경(가장 일관되게 선호됨)에 집중하는 활동적인 방법도 있다.

마법의 힘의 상징, 시길

스페어는 또한 의미 있는 문구의 단어와 문자를 모노그램이나 상형 문자로 축약한 인장인 시길sigil에 마법의 힘이 있다고 믿고 사용을 장려했다. 다른 마법사들도 정령을 불러낼 때 시길의 힘을 빌리지만, 혼돈 마법사들은 그노시스 상태에서 시길을 잠재의식에 전달한다.

내면의 혼돈 마법에 필수적인 것은 목표가 달성되면 신앙이나 관습을 버릴 수 있는 능력이다. 습관화된 것은 더 이상 혼돈 마법이 아니며, 하나의 방법은 한 순간에만 사용될 수 있기 때문이다. 따라서 스페어는 시길이 목적을 달성하자마자 의도적으로 잊어버리라고 조언하는데, 그것은 보통의 수련으로는 불가능한 의지 활동이다.

▲ 혼돈의 상징
1961년 영국 공상과학 작가 마이클 무어콕Michael Moorcock이 고안한 기호. 그에 의하면 모든 방향을 가리키는 여덟 개의 화살이 '모든 가능성을 나타낸다'고 한다.

> "더 많은 혼돈 속에서 나는 더 완전해진다."

『쾌락의 서』(오스틴 오스만 스페어, 1913년)

참고

혼돈의 정신

영국의 오컬트 연구가 레이 셔윈Ray Sherwin과 함께 피터 캐럴Peter Carroll도 오스틴 오스만 스페어의 영향을 받아 1970년대 혼돈 마법을 이끈 사람이다. 캐럴은 실용 마법의 국제 조직이자 가장 영향력 있는 혼돈 마법 단체인 타나테로스 광명결사Illuminates of Thanateros(IOT)를 공동 창립했다. 그는 또한 시간은 삼차원적이며 우주를 가로지르는 우주선이 가능하다는 등, 마법적이고 유사 과학적인 발상들을 다수 주장했다.

피터 캐럴의 저서 『무와 정신 탐구의 책Liber Null and Psychonaut』은 혼돈 마법의 이론과 실제에 대한 안내서다. 1987년에 간행되었다.

마귀할멈에서 영웅으로: 영화와 TV 속의 마녀들

FROM HAG TO HERO
witches in film and television

대중문화 속 마녀에 대한 묘사는 20세기 초부터 변화되기 시작했다. 사마귀투성이의 마귀할멈에서 현대적인 이미지로 변모되는데, 이는 여성의 사회적 지위 향상을 반영한 것이다.

변화하는 마녀의 얼굴

1922년, 영화 〈마녀Häxan〉가 중세 마녀를 무시무시한 이미지로 묘사했는데, 이는 마녀를 최초로 스크린에 불러낸 것이었다. 1937년에는 디즈니가 만화 영화 〈백설공주와 일곱 난쟁이〉를 상영했다. 이후 전래 동화를 각색한 〈잠자는 숲속의 미녀〉와 〈인어 공주〉 등으로 이어지면서, 무고한 사람들을 괴롭히는 악자로서 마녀 이미지가 유행하기 시작했다. 하지만 1939년 〈오즈의 마법사〉는 고전적인 녹색 마녀를 제지하는 선한 마녀인 글린다Glinda를 등장시킴으로써 강력한 마녀가 좋을 수도 있고 나쁠 수도 있다는 생각을 소개했다.

20세기 후반에는 새로운 유형의 마녀가 등장하는데 평범하지만 한편으로 비범한 힘을 가진 여성들이다. 1964년 방영된 미국의 시트콤 〈아내는 요술쟁이〉에서는 한 주부가 마법으로 남편을 난처하게 만든다. 1971년작인 〈마법의 빗자루〉에는 마법의 주문으로 나치의 침공을 막는 마녀 훈련생이 등장한다. 이러한 마녀들은 경쾌한 톤으로 묘사되지만 가부장제를 무너뜨리는 강력한 여성의 표상이다. 가부장제에 대한 부정은 현대 마법의 신조 중 하나이다.

◀ **나쁜 마녀**
1939년에 상영된 영화 〈오즈의 마법사〉는 스크린상에 마녀에 대한 상징적인 해석을 만들어냈다. 특히 등장인물인 '사악한 서쪽 마녀'는 이후 수십 년 동안 지속된 대중문화 속 마녀의 시각적 표본이 된 것이다.

1980년대를 거쳐 90년대까지 여성의 지위 향상에 관한 메시지는 계속 이어졌다. 영화 〈이스트윅의 마녀들〉에서는 세 명의 마녀가 군림하는 남성을 쫓아냈다. 영화 〈프랙티컬 매직〉, TV 드라마 시리즈 〈마법의 미녀 삼총사〉도 여성들의 연대를 찬양했다. 1990년대 후반에는 십대 마녀가 부각된다. TV 드라마 〈미녀 마법사 사브리나〉와 〈뱀파이어 해결사〉는 젊은 시청자들에게 페미니즘 메시지를 전달했으며, 심지어 동성애를 묘사하는 등의 획기적인 시도도 있었다.

어두운 면

1990년대 후반부터는 마녀의 역할이 재설정되면서 어두운 면이 부각되기도 한다. 초자연적 공포 영화인 〈크래프트〉에서 추방된 네 명의 10대 여학생은 복수심에 불타는 마녀가 된다. 관객들을 공포에 몰아넣은 〈블레어 위치〉는 악의에 가득 찬 정체불명의 마녀가 숲을 배회하는 모습을 흔들리는 영상으로 제시하며 공포에 떨면서 촬영한 실화라고 주장했다. 최근 17세기 뉴잉글랜드를 배경으로 한 〈더 위치〉(2015년)에도 강력한 마녀가 포함된 위협적인 풍경이 그려졌다.

젊은 시청자를 겨냥한 드라마 시리즈인 〈사브리나의 오싹한 모험〉은 1990년대에 방영된 전작을 불길한 터치로 재구축한 것이다. 이처럼 마녀는 교훈과 저항의 상징, 페미니즘, 판타지, 악의 세력 그리고 현대의 여성 영웅 등 스크린 속에서 수많은 역할을 수행하고 있다.

▲ **현대의 공포**
공포, 마법, 오컬트를 혼합한 어두운 청춘 이야기 〈사브리나의 오싹한 모험〉은 강력한 힘을 가진 마녀를 페미니스트로 묘사하는 현대 영화의 흐름과 보조를 같이한다.

> "너처럼 작고 순진한 여자애가 나의 이 아름다운 사악함을 무너뜨리다니, 누가 생각이나 했겠어?"

〈오즈의 마법사The Wizard of Oz〉 중 사악한 서쪽 마녀The Wicked Witch of The West의 대사, 1939년

타인의 에너지: 인터넷 시대의 마법
THE ENERGY OF OTHERS
witchcraft in the Internet age

인터넷의 부상은 21세기에 마법의 확장에 큰 역할을 했다. 전용 웹 사이트, 블로그 및 소셜 미디어의 수가 급격히 증가하면서 가상 환경에서 동호인들과 마법 실천가들이 교류할 수 있게 되었고, 활동들은 더욱 활성화되었다. 현대 마법의 핵심 목표 중 하나인 개인의 사회적 지위 향상을 촉진하는 수단으로서 온라인 세계는 큰 도움이 되고 있다.

변화하는 에너지
'테크노파간Technopagan'과 역사적 권위를 지니는 위카 수행자(264~267쪽 참조)는 인터넷 사용으로 인해 더 뚜렷이 달라지고 있다. 이 새로운 세대의 등장은 반드시 신앙에 기반한 것은 아니다. 신이나 여신은 개인의 기호에 따라 소환된다.

참고
이모티콘 주문

이모티콘 주문emoji spells의 성장에서 알 수 있듯이 21세기 주술은 대부분 그리 진지하게 받아들여지는 것은 아니다. 수행자는 휴대 전화를 마법의 지팡이처럼 사용하여 자신이나 타인에게 비언어적 주문을 걸거나 보낸다. 이모티콘 주문의 제작자들도 민속 전통을 채용한다. 예를 들면 먼저 보호를 위한 마법의 원을 그리고(최근에는 생략되었지만), 심호흡을 하여 마음을 안정시킨다. 그다음에는 멋진 커피를 맛보는 것부터 공항 보안 검색대를 신속히 통과하는 일까지, 바라는 것이 무엇이든 거의 모두 기원할 수 있다.

부를 가져다주는 주문은 수정 구슬 사이에 DIY와 달러 기호를 나열한다.

◁ **과거와 미래**
전통 의상을 입은 루마니아 마녀가 셀카를 찍고 있다. 2019년 4월 페이스북에서 라이브 의식을 시작하기 전에 촬영된 모습이다. 이처럼 소셜 미디어와 민간전승의 마법이 융합되고 있다.

현대의 마법이 강조하는 것은 해방과 치유의 힘을 방출하고, 이러한 변화된 에너지를 자연계와 연결하는 방법을 찾는 것이다.

인터넷 사회가 만들어낸 또 다른 결과는 마법의 정당한 목표로서 정치적 활동이 받아들여진 것이다. 마법과 행동주의가 온라인 커뮤니티와 네트워크를 통해 연결됨으로써 보다 공정하고 공평한 세상을 만드는 수단으로서 마법의 중요성이 부각되고 있다.

인터넷은 21세기 마법의 범위뿐만 아니라 상업적 전망도 확장시켰다. 수정 구슬, 마법의 묘약과 그 레시피, 타로 카드, 위저보드와 같은 아이템의 온라인 판매는 패션 및 라이프스타일에 관한 정보로서 마법을 활용한 것이다. 루마니아에서는 마녀vrajitoare가 유료로 온라인 상담을 제공하는데, 운세나 연애 성공을 위한 방법 등을 알려준다고 한다.

> "이교주의자들, 특히 마녀는 내가 '웹 인종'이라고 부르는 것으로 진화하고 있다고 여겨진다."

『**무녀와 마녀**Priestess and Witch』(M. 마차 나이트메어Macha Nightmare, 2009년)

사회를 바꾸는 전사

정치적으로는 현대 마녀의 대부분이 페미니즘 지지자이고, 남성 중심 사회에 도전한다. 페미니즘이 마법을 실천하기 위한 전제 조건은 아니지만, 두 가지 운동은 가치관을 공유하고 있다. 자칭 논바이너리 트랜스젠더 마녀 다코타 헨드릭스Dakota Hendrix의 말을 빌리자면, "우리는 가부장제와 복종적 규범을 거부한다"고 한다.

현대 마법은 연대를 추진하여 LGBTQ+ 커뮤니티나 유색 인종, 사회에서 소외된 소수자 그룹을 위한 강력한 지원 네트워크를 구축하고 있다. 이 움직임은 서구 세계를 넘어 아프리카 국가들과 라틴아메리카에서도 두각을 나타내고 있다. 특히 라틴아메리카에서는 현대 마법이 '브루헤리아'라고 불리는 전통적 민간 주술 및 오컬트 관습과 잘 융화되고 있다. 또한 보수적이고 억압적인 것으로 간주되는 정치 세력과 싸우기 위한 '마법 저항 세력'도 발족되었다. 예를 들면 2017년 미국의 가수 라나 델 레이Lana Del Rey는 '도널드 트럼프와 그를 돕는 모든 사람을 결박하는 주문'을 시도했다.

▲ **활동가 마녀**
2017년 8월 보스턴에서 열린 언론 자유 집회에서 촬영된 현대 마녀 그룹. 집회 주최 측의 우파적 목표에 반대하는 수천 명의 시위자들과 함께 자신들의 방식으로 참여하고 있다.

용어 해설과 찾아보기

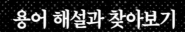

GLOSSARY
AND
INDEX

용어 해설
GLOSSARY

4체액설 humors(four)
히포크라테스가 제창한 고대 그리스 이론으로, 2천 년 동안 의학의 주류였다. 인체가 혈액, 점액, 황담즙, 흑담즙의 네 가지 체액 성분으로 구성되며, 이 체액 간의 불균형으로 발생하는 질병은 체액 간의 균형을 회복함으로써 치료할 수 있다는 것이다.

ㄱ~ㅁ

강령술 necromancy
그리스어로 '사체'를 뜻하는 네크로스nekros와 '점술'을 의미하는 만테이아manteia에서 유래한 말이다. 본래는 죽은 자들로부터 지식을 얻기 위한 방법이었는데, 중세 말기에는 미래에 대한 통찰력을 얻거나 도움이 필요한 여러 경우에 악마를 불러내는 의식을 의미하게 되었다. 중세 유럽에서는 니그로먼시nigromancy라고도 불렀다.

강령회 séance
영매가 죽은 자의 영혼과 살아 있는 사람들을 중개하여 영혼을 불러오는 행위.

게티아 goetia
악마를 소환하는 의식 마법의 한 종류.

공명 마법 sympathetic magic
모방을 기반으로 한 마법. 예를 들어 특정 사람을 닮게 만든 인형에 주문을 걸어 그 사람을 돕거나 해칠 수 있다. 또는 전통적인 치료법 중 하나로, 치료사가 자연물 가운데 질병과 유사한 것을 찾아내어 질병을 퇴치하는 마법의 한 형태를 가리키기도 한다. 황달을 치료하기 위해 자연에서 유래한 노란색 물약을 사용한 것을 예로 들 수 있다. 특징 중심설doctorine of signatures 참고.

그림자 책 book of shadows
위카 수행자가 주문이나 의식을 기록하기 위해 사용한 책. 각각의 책은 각 사용자에게 맞는 개인적인 내용으로 구성된다. 마법서grimoire 참고.

꿈풀이 oneiromancy
꿈을 해석하는 것.

내장 점술가 haruspex
고대 로마에서는 동물의 내장, 특히 양과 가금류의 간을 검사하여 징조를 해석했다. 이 역할을 수행한 종교 관리를 하루스펙스haruspex라고 불렀다.

내장 점 extispicy
고대 메소포타미아나 그리스에서 양의 내장 모양을 보고 점을 치는 것.

네오샤머니즘 Neoshamanism
'새로운' 형태의 샤머니즘 또는 환상이나 치유를 추구하는 방법을 말한다. 무아지경의 환각 상태를 유도하는 의식을 통해 변화된 상태에 도달하고자 하거나, 영계와 소통하고자 하는 등, 다양한 범위의 믿음과 관행으로 구성된다. 샤먼shaman 참고.

뉴에이지 new age
자본주의의 대안을 제시하는 다양한 영적 믿음과 실천. 자연과 함께하는 조화로운 미래를 지향한다. 1970년대 서구의 여러 나라에서 시작된 운동으로, 현재 전 세계적으로 광범위한 지지자들이 있다.

대우주 macrocosm
크고 복잡한 구조물, 특히 세계나 우주 전체를 가리킨다. 이와 대비해 인류나 개인은 그 전체를 구성하거나 일부를 대표하는 작은 존재인 소우주microcosm이다.

돌팔이 quack
사기꾼. 의료 기술을 가장하여 사기를 치는 사람, 전문적이고 공적인 기술이나 지식 또는 자격을 가지고 있다고 거짓으로 주장하는 사람.

레커노먼시 lecanomancy
접시에 담긴 물의 형태나 돌멩이를 물 위에 떨어뜨렸을 때 만들어지는 파문을 관찰하여 미래를 예측하는 점술.

룬 문자 rune
고대 북유럽인들이 돌이나 나무에 새긴 고대의 문자. 또는 비밀이나 마법의 의미를 지닌 유사한 표식.

마녀 witch
마법의 힘을 지닌 자. 'witch'라는 단어는 원래 성 구분이 없었으나 중세 마녀사냥 이후로 여성을 가리키는 단어로 자리 잡았다. 마력으로 사람들을 해치거나 돕고, 사물을 다른 형태로 바꾸기도 한다.

마법서 grimoire
18세기부터 사용된 마법 지침서로서, 대부분은 중세부터 전해온 것이다. 위카 신봉자들 사이에서는 각 수행자들이 주문과 의식을 기록하기 위해 사용하는 책을 가리키기도 한다. 그림자 책book of shadows 참고.

매직 magick
'magic(마법, 마술)'의 또 다른 표기법으로, 20세기 초에 알레이스터 크로울리Aleister Crowley와 같은 일부 수행자들이 자신들의 마법과 무대 마술을 구별하기 위해 사용했다.

맨드레이크 mandrake
가지과에 속하는 지중해 식물로, 인간의 모습과 닮은 다육질의 갈라진 뿌리를 지닌다. 이전에는 약재나 마법에 사용되었다. 땅에서 뽑힐 때 비명을 지른다고 한다.

민간 마법 folk magic
학식 있는 엘리트들의 의식 마법이 아닌, 서민들 사이에서 행해진 것으로 일반적으로 보다 실용적인 마법이다. 병자를 치료하고, 사랑이나 행운을 가져오고, 사악한 기운을 몰아내고, 잃어버린 물건을 찾고, 다산을 기원하고, 오곡의 풍작을 가져다주고, 미래의 징조를 점치는 등, 지역 사회의 공통된 관심사에 대응했다.

민간요법 folk healing
시골 공동체에서 일반적으로 행해지는 전통적인 의술. 보통 약초나 치료 효과가 있다고 여겨지는 채소류를 사용한다. 민간 치료사들은 의사나 성직자처럼 전문적인 자격을 가지고 있지 않다. 커닝 포크cunning folk 참고.

ㅂ~ㅅ

범신론 pantheism
모든 신에 대한 믿음. 또는 신이 우주에 존재하는 모든 것, 동물이나 사람 속에 존재하며 그것과 동일하다고 여기는 믿음.

복점 cleromancy
고대 중국의 점술. 가새풀 줄기를 던져서 실선 또는 점선 형태가 나오도록 하는 행동을 반복하여 여섯 줄이 되도록 한 다음, 이를 해석하여 특정 질문에 대한 답을 구하는 것이다. 『역경』의 점괘는 복점을 바탕으로 한다.

부두교 Voodoo
부돈Voudon 또는 보둔Vodun이라고도 하며, 조상 숭배와 빙의를 특징으로 하는 종교. 서아프리카에서 시작되었으며 지금도 성행하고 있다. 카리브해와 미국 남부에서도 로마 가톨릭 의식의 요소에 전통적인 아프리카의 마법 및 종교 의식을 결합한 형태로 실천되고 있다.

비의 esoteric, 비의주의 esotericism
서양의 전통에서 특권을 가진 소수의 사람들만 공유한 신비주의적이고 전문화된 지식으로 오컬트와 관련된 것. 밀교密敎 또는 비교秘敎라고 부르기도 한다. 헤르메스주의Hermeticism, 영지주의Gnosticism, 장미십자회Rosicrucianism, 카발라Kabbalah 등이 있다.

사랑의 묘약 philtre
약을 준 사람을 사랑하게 만드는 최음제.

사악한 눈 evil eye
저주를 건다고 여겨진 악의에 찬 시선. 대상이 된 인물이 알아차리지 못하는 사이에 시선을 고정하여 포착한다.

사역마 familiar
고양이나 새와 같은 작은 동물의 모습을 한 정령. 마녀의 동반자로서 마법의 힘을 가져다주는 존재이다.

사후 세계 afterlife
사후에 시작된다고 여겨지는 세계. 천국으로 가거나, 사람이나 동물 등으로 다시 태어나는 또 다른 삶으로, 죽은 이후에 맞이하게 된다.

새 점 ornithomancy
새가 나는 모습을 관찰하여 의미를 읽어내는 고대 그리스의 점술.

생명의 나무 tree of life/tree of sephiroth
기독교와 헤르메스주의 카발라에서 신, 신성, 존재 또는 인간의 정신적 측면을 나타내기 위해 10개의 교차점 또는 구체로 구성한 도표. 교차점은 선으로 연결된다. 생명의 나무가 기원한 유대교 카발라에서는 일란Ilan이라고 부르며, 신의 측면을 나타내는 각 속성은 세피라sephirah라고 한다.

샤머니즘 shamanism
약 4만 년 전 중앙아시아와 시베리아의 초원 지대에 살았던 사람들의 영적인 관습. 부족의 정신이나 마법의 전통을 가리키는 용어로 많이 쓰이지만, 때로 잘못 전해진 경우도 있다. 샤먼은 과거와 미래의 사건에 대한 통찰력을 얻기 위해 선한 정령은 물론이고 악한 정령들과도 소통하고 그들에게 영향을 미치는 특별한 능력을 가지고 있다고 여겨졌다.

소우주 microcosm
대우주와 특징을 공유하는 작은 장소나 사물. 헤르메스주의에서는 우주의 축소판으로서 인류를 나타낸다.

손금 점 palmistry
손바닥의 선이나 두께를 살펴봐서 그 사람의 성격이나 삶을 예측하는 고대의 점술. 카이로먼시chiromancy 또는 수상술手相術이라고도 한다.

솔로몬의 마법 Solomonic magic
성경의 솔로몬 왕, 특히 솔로몬의 인장과 관련된 물건을 사용하여 천사나 성인을 불러냄으로써 악마를 제어하는 의식 마법.

솔로몬의 인장 seal of Solomon
성경에 나오는 솔로몬 왕이 신으로부터 봉인의 형태로 받았다고 전해지는 상징. 이 인장으로 악마를 제어하거나 추방할 수 있다고 한다.

수비학 numerology
우주와 강하게 연결되어 있다고 여겨지는 숫자를 사용한 마법. 과거의 사건을 이해하거나 미래를 예측할 수 있다.

수정 점 crystallomancy
수정을 들여다보고 그 속에서 특정 환영을 읽어내는 것. 많은 점술에서 사용되며 크리스털 게이징crystal gazing이라고도 한다.

수정 점 scry
거울이나 유리구슬과 같이 형상이 비치는 물체를 들여다봄으로써 미래를 읽는 점술.

시길 sigil
마술에 사용되는 상징으로, 일반적으로 천사나 영적인 존재를 나타낸 그림 문자. 오늘날에는 특히 혼돈 마법chaos magic의 맥락에서 마법사가 원하는 결과를 상징적으로 표현한 것을 의미한다.

신/신성 deity
힌두교와 같은 다신교에서는 신 또는 여신을, 기독교와 같은 일신교에서는 창조자이자 지고의 존재를 뜻한다. 또는 신성한 지위나 성질, 특징 등을 가리키기도 한다.

신비주의 mysticism
삶에 숨겨진 의미가 있다는 신념, 또는 인간의 지적 능력을 초월하는 영적 세계에 대해 깊이 묵상함으로써 모든 사람이 신이나 절대적인 진리와 하나가 될 수 있다는 믿음이다. 일반적으로는 종교, 영성 또는 오컬트 신앙을 의미하는 말로 사용된다.

신비한 이교 mystery cults
고대 로마 시대에 존재한 비공식 종교(이교). 비밀과 의식을 중심으로 했으며, 선택받아야 교단의 일원이 될 수 있었다.

신이교주의 Neopaganism
고대 이교의 종교 관습으로 여겨지는 것들을 부활시키고자 하는 현대의 여러 시도를 총칭하는 용어.

신지학 theosophy
영적 황홀경, 직관 또는 오컬트에 대한 깊은 연구를 통해 신에 대한 지식을 얻을 수 있다는 사상에 기반한 철학. 1875년 헬레나 블라바츠키Helena Blavatsky와 헨리 스틸 올컷Henry Steel Olcott이 설립한 신지학회Theosophical Society에서 주도했다.

신플라톤주의 Neoplatonism
고대 그리스·로마의 철학 유파. 플라톤주의의 일부 원칙에 기초한다. 이 유파의 추종자들은 모든 존재가 자신들이 신으로 믿는 단 하나의 근원에서 비롯되며, 인간의 영혼은 이 근원과의 결합을 추구한다고 믿었다.

심령주의 spiritualism
19세기에 시작된 신앙으로, 죽은 자는 일반적으로 영매로 불리는 중개자의 도움을 얻어서 산 사람과 소통할 수 있다는 것이다. 또한 모든 현실은 물질적이라기보다는 영적이라고 믿는다. 강령회séance 참고.

ㅇ

악마 demon
초자연적인 힘을 행사하는 사악한 정령. 악마에 대해 연구하는 학문을 악마학demonology이라고 한다. 유대교, 기독교, 이슬람교에서 가장 강력한 악마는 데블devil이다.

악마의 마법 demonic magic
중세에서 유래한 마법. 마법의 효과가 악마의 힘을 통해 달성된다고 생각했으므로 본질적으로 죄악이라고 여겨졌다.

안식일 sabbat
많은 신이교주의자들이 따르고 있는 8개의 계절 축제. 춘분, 추분, 하지, 동지를 포함한다. 마녀들의 모임을 의미하기도 한다.

애니미즘 animism
식물, 동물, 바위, 물 또는 천둥과 같은 자연계의 사물에 정령이 깃들어 있고, 그들이 인간 세계에 영향을 미칠 수 있다는 신앙.

액막이 apotropaic
나쁜 영향이나 불운을 피할 수 있는 마법.

에노키안 마법 enochian magic

존 디John Dee와 에드워드 켈리Edward Kelley가 개발한 의식 마법의 일종. 다양한 정령을 불러내어 통제하는 것을 목표로 한다.

엑토플라즘 ectoplasm

유령의 주위를 둘러싸고 있거나 기타 영적 활동과 연관되어 있다고 여겨지는 물질.

연감 almanac

중요한 날짜와 통계적 또는 천문학적 정보를 수록한 연간 달력. 16~17세기의 책력에는 교회의 축일, 축제일, 시장이 열리는 날 등을 먼저 기재하고, 이어서 일출과 일몰 시간을 포함한 구체적이고 천문학적인 정보를 수록한 페이지가 등장한다. 그다음에는 날씨, 농작물, 정치에 대한 점성학적 예측이 기재되어 있다.

연금술 alchemy

중세 화학의 기원으로, 특히 값싼 금속을 금으로 바꾸거나 불로장생의 묘약을 만들어내려는 시도에 초점이 있다.

영계 spirit world

선과 악을 막론하고 죽은 자들의 영혼이 살고 있다고 일부 사람들이 믿는 세계 또는 영역.

영매 medium

살아 있는 사람과 죽은 자의 영혼을 연결하는 중개자 역할을 한다고 주장하는 자.

영지주의 Gnosticism

2세기에 발생한 종교 운동. 물질세계는 데미우르고스Demiurge라는 열등한 신이 만든 것으로, 지식과 순수한 삶을 통해 그로부터 해방될 수 있다고 믿었다.

예언자 oracle

신의 조언을 얻어서 질문에 답해주는 점술사. 대부분의 경우 그 내용은 신비로운 형태로 암호화되어 있었다.

오각성 pentagram

마법 소환을 위한 호부로 사용되는 오각성. 펜타그램이라는 단어는 오각성이 원에 둘러싸인 형태인 펜타클pentacle과 같은 의미로 사용된다.

오컬트 occult

신비하고 초자연적인 비밀, 마법의 힘을 실천하는 관습 또는 그러한 현상.

요술 sorcery

정령, 특히 악령을 사용하여 구사하는 마법의 한 유형.

위카 Wicca

신이교주의의 주요 기반으로 20세기 중반에 영국에서 설립되었다. 기독교 이전 종교의 영향을 받은 자연 기반의 마법 전통을 추구한다. 추종자들은 마법의 힘과 남녀 신을 믿으며, 위카 의식과 축제는 계절과 인생 주기를 나타낸다.

유체 이탈 astral projection

영혼이나 의식을 물리적 형태에서 분리하여, 신계와 인간계 사이에 가로놓인 애스트럴 영역을 통과할 수 있도록 하는 시도.

의식 마법 ceremonial magic

의식, 제사 등을 통해 이루어지는 마법. 특수한 도구나 복식을 사용하며, 고도의 학습을 통해 구현할 수 있다.

의식 ritual

제례의 일부로서 정착된 일련의 행위나 언어.

이교 heresy

가톨릭교회의 교리와 모순되는 믿음.

ㅈ~ㅌ

자연 마법 natural magic

자연의 숨겨진 힘을 통해 신비한 효과를 얻을 수 있다고 여겨졌던 중세 마법.

장미십자회 Rosicrucianism

고대 밀교의 지혜와 종교적 원리를 발견했다고 주장하는 17세기의 비밀 형제단.

저승 netherworld

죽은 자의 세계, 사후 세계, 명계라고도 한다.

저주 curse

사람이나 사물에 해를 끼치거나 벌을 줄 목적으로 초자연적인 힘을 불러일으키기 위해 사용하는 엄숙한 발언.

저주판 curse tablet

저주문을 새긴 작은 석판. 고대 그리스, 로마에서 많이 사용되었다. 신이나 정령 또는 죽은 자의 힘을 빌려서 사람이나 사물에 영향을 미치거나 저주를 걸기 위해 만들어졌다.

전이 transference

민간요법에서 질병을 타인이나 다른 동식물에 감염시킴으로써 치유할 수 있다고 생각하는 것. 공명 마법과 관련이 있다. 또 타로 카드와 같은 점술 도구를 사용하여 영계에서 영매로 전달되는 생명력이나 에너지 또는 미래에 대한 지식을 의미하기도 한다.

점 divination

미래에 무슨 일이 일어날지 미리 발견하거나 예언하는 기술 또는 행위.

점성술 astrology

별과 천체의 움직임이 지상의 인간의 삶이나 사건에 영향을 미칠 수 있다고 믿고 천문을 연구하고 해석하는 것.

점술 augury

날씨, 새가 나는 모습, 제물로 사용한 동물의 내장의 형태 등을 통해 자연 현상에 존재하는 어떤 징조를 읽는 것.

점술가 soothsayer

점술을 통해 미래를 예측할 수 있는 사람.

정신주의 spiritism

심령주의spiritualism와 마찬가지로 사람의 영혼이 사후에도 살아 있고, 영매를 통해 접촉할 수 있다는 믿음. 윤회전생도 믿는다.

조로아스터교 Zoroastrianism

이슬람교 이전, 기원전 6세기에 조로아스터가 창시한 고대 페르시아의 일신교. 세계를 선과 악의 세력 투쟁으로 해석하는 이원론을 특징으로 한다.

주문 incantation

말이나 노래를 통해 마법의 효과를 발휘한다고 여겨지는 언어, 또는 그 발화 행위.

주문 spell

마법의 힘이 있다고 믿어지는 말이나 말의 형태.

주물/부적 talisman

악신이나 악령을 물리치고 행운을 가져다주는 신비한 힘을 가졌다고 신성시하는 물건을 뜻하며, 그중 부적은 글씨를 쓰거나 그림을 그려 몸에 지니거나 집에 붙이는 종이를 말한다. 호부amulet 참고.

주술 conjuring

정령을 불러오거나 마법적인 일을 일으키는 것.

지팡이 wand

마법의 주문을 외거나 트릭을 구사하는 데 사용하는 막대.

지하 세계 underworld
신화 속에 등장하는 죽은 자의 세계. 땅속에 있는 것으로 상상된다.

진정한 의지 true will
1900년대 초 알레이스터 크로울리Aleister Crowley가 창시한 영적 철학인 텔레마Thelema에서 사람의 운명 또는 완전한 길을 가리키는 용어. 인간의 진정한 욕망과 자연이 합치된 가장 깊은 자아와 신성한 우주 사이의 연결에서 생겨난다고 여겼다.

징조 omen
선이나 악의 전조로 여겨지는 사건.

천궁도 horoscope
특정 시간과 장소에 대한 천문 지도로, 행성의 위치와 관계를 나타낸다. 성격, 운명, 사건, 자연 현상, 특정 행위를 벌이기에 적합한 시기 등을 예측하는 데 사용된다.

천체 celestial bodies
행성과 항성, 태양, 달 등 하늘에 존재하는 물체들. 이들은 역사적으로 특정 천사나 정령들과 관련지어 생각되어 왔다.

천체 마법 astral magic
별과 천체, 그 정령들과 관련된 마법의 일종.

춘분/추분 equinox
태양의 중심이 적도 바로 위에 있고 낮과 밤의 길이가 같아지는 때. 한 해에 두 번, 봄과 가을에 찾아오며, 신이교주의Neopaganism 신자들은 안식일로서 기념한다.

카발라 Kabbalah
타나크Tanakh(유대교 경전, 구약 성경)에 대한 신비적 해석을 행하는 고대 유대교의 관습. 처음에는 구전으로 전해지다가 이후에는 비밀 암호로 기록되었다. 그 관행 중 일부는 르네상스 시대에 기독교 및 헤르메스주의의 카발라 추종자들에 의해 채택되었다.

커닝 포크 cunning folk
유럽 기독교 지역 전통에서 의료, 마법, 점술 분야에서 활동한 사람들. 치료사, 조산사, 퇴마사, 중매쟁이 등으로도 활동했다.

타로 tarot
특별하게 디자인된 78매의 카드를 사용한 점술 체계. 각각 고유한 의미를 지닌 22개의 메이저 아르카나major arcana와, 지팡이wand, 금화pentacle, 검sword, 성배cup 네 가지 슈트 중 하나에 할당되는 56개의 마이너 아르카나minor arcana로 구성된다.

테우르기아 theurgia
마법이나 기적을 행하기 위해 신이나 선한 정령, 특히 천사의 도움을 구하는 의식 체계.

토뎀 totem
특히 종교적, 상징적인 이유로 사람들의 집단에서 숭배되는 물건.

퇴마 exorcism
기도나 마법을 사용하여 특정 사람이나 장소에 깃든 악령을 쫓아내는 것.

특징 중심설 doctrine of signatures
특정 신체 부위를 닮은 자연물은 그 부위에 발생한 질병을 치료할 수 있다는 믿음. 중세의 기독교와 이슬람교의 민간 치료사들은 신이 의도적으로 식물을 각각 치료할 수 있는 신체 부위와 비슷한 형태로 창조했다고 주장했다. 예를 들어 선명한 청색을 띠는 눈 모양의 식물인 깔끔좁쌀풀eyebright은 눈병을 치료하는 데 사용되었다. 공명 마법sympathetic magic 참고.

ㅍ~ㅎ

퍼포먼스 매직 performance magic
재미를 위해 수행하는 환상적 트릭이나 속임수, 인내력을 과시하거나 겉보기에 불가능해 보이는 기술들을 구사하는 행위.

페티시 fetish
정령이 깃들어 있거나 특별한 마법의 힘이 있다고 여겨 일부 사회에서 숭배하는 물체.

포펫 poppet
민간 마법에서 주술을 걸거나 마법에서 해당 인물을 대신하기 위해 만든 인형. 포핏poppit, 모펫moppet, 모멧mommet 또는 피피pippy라고도 한다.

하지/동지 solstice
일 년 중 태양이 적도의 북쪽에서 가장 먼 지점 또는 남쪽에서 가장 먼 지점의 바로 위에 위치하는 두 날을 가리킨다. 각각 낮이나 밤이 가장 긴 날이다.

헤르메스주의 Hermeticism
주로 헤르메스 트리스메기스투스Hermes Trismegistus('세 배로 위대한 헤르메스')의 저작물에 기초한 종교적, 철학적, 밀교적 전통. 헤르메티즘이라고도 한다.

호부 amulet
인간이 만든 공예품이 아니라, 이를테면 비버의 이빨처럼 자연에서 발견된 것을 사용한다. 마법의 힘을 가지고 있다고 여겨 몸에 착용한다. 주물/부적talisman 참고.

혼합주의 syncretism
다양한 종교, 문화 또는 사상을 결합시킨 것. 이교와 기독교 양쪽에 뿌리를 둔 핼러윈을 예로 들 수 있다.

환각제 hallucinogen
환각처럼 시각, 사고, 감정 및 의식에 주관적 변화를 일으키는 정신 활성 물질.

핸드패스팅 handfasting
서유럽 국가에서 시작된 것으로 여겨지는 민속적, 신이교주의적인 풍습. 주로 농촌 지역에서 결혼하는 부부가 행한 언약 의식이다.

후두 hoodoo
일부는 중앙아프리카에서, 일부는 미국의 최남단 지역에서 기원한 공명 마법이나 민간 주술. 현재는 주로 미국 남부의 아프리카계 미국인들 사이에서 행해지고 있다.

흙 점 geomancy
지면에 그려진 표식, 모래 등을 뿌려서 나타나는 패턴, 흙이나 바위의 모양 등을 해석하는 점술.

찾아보기
INDEX

ㅂ

참고 문헌

ACKNOWLEDGMENTS

DK would like to thank the following: Anna Cheifetz, Aya Khalil, and Joanna Micklem for editorial assistance; Phil Gamble, Stephen Bere, and Sampda Mago for design assistance; Steve Crozier for high-res colour work; Helen Peters for indexing; DTP Designer Rakesh Kumar; Jackets Editorial Coordinator Priyanka Sharma; Managing Jackets Editor Saloni Singh; Senior Picture Researcher Surya Sankash Sarangi; Assistant Picture Researcher Nimesh Agrawal; Mexiclore, www.aztecs.org for the Aztec chant that appears on p. 133

The publisher would also like to thank the following for their kind permission to reproduce their photographs:

Key: a-above; b-below/bottom; c-centre; f-far; l-left; r-right; t-top

Unit: Dave Webb (crb). The Metropolitan Museum of Art: Gift of John D. Rockefeller Jr., 1937 (tc). 128-129 Alamy Stock Photo: Art Collection 3. 130 Alamy Stock Photo: World History Archive (tl). 130-131 Alamy Stock Photo: World History Archive (b). 132 Alamy Stock Photo: Science History Images (bc). Dreamstime.com: Jakub Zajic (t). 133 Alamy Stock Photo: Science History Images (b). 134 Alamy Stock Photo: culliganphoto (br); History and Art Collection (cla). 135 Getty Images: De Agostini Picture Library. 136 Alamy Stock Photo: Pictorial Press Ltd (cl). 136-137 Alamy Stock Photo: Science History Images (c). 137 Alamy Stock Photo: Niday Picture Library (br). 138 Alamy Stock Photo: INTERFOTO. 139 Alamy Stock Photo: Lebrecht Music & Arts (tc). Wellcome Collection: (br). 140 Bridgeman Images: Francis I (1494-1547) Touching for the King's Evil at Bologna (fresco), Cignani, Carlo (1628-1719) / Palazzo Comunale, Bologna, Italy (t). 141 History of Science Museum, University of Oxford: Holy Table: Inv. 15449 (br). Science & Society Picture Library: Science Museum (tc). 142 Alamy Stock Photo: Topham Partners LLP (tc). 143 Alamy Stock Photo: Topham Partners LLP (bc). Bridgeman Images: Giancarlo Costa (t). 144 Bridgeman Images: Photo © AF Fotografie (clb). 144-145 Getty Images: Historical Picture Archive / CORBIS (c). 145 Polygraphie, et vniuerselle escriture cabalistique: Johannes Trithemius (crb). 146 Alamy Stock Photo: The Print Collector (t). 147 Alamy Stock Photo: IanDagnall Computing (bl). Bridgeman Images: © British Library Board. All Rights Reserved (tr). 148 Alamy Stock Photo: Science History Images. 149 Bridgeman Images: © British Library Board. All Rights Reserved (br). Getty Images: Apic (cra). 150 Alamy Stock Photo: Historic Images (bc). Wellcome Collection: (tr). 151 Alamy Stock Photo: Topham Partners LLP (t). 152-153 Alamy Stock Photo: INTERFOTO (c). 152 Alamy Stock Photo: INTERFOTO (tl, tc, cl); Realy Easy Star (bl). 153 akg-images: (tl). Alamy Stock Photo: INTERFOTO (bl). 154 Alamy Stock Photo: Granger Historical Picture Archive (c). Bridgeman Images: (bl). 155 Alamy Stock Photo: AF Fotografie. 156 University of Wisconsin Libraries: Geheime Figuren der Rosenkreuzer, aus dem 16ten und 17ten Jahrhundert: aus einem alten Mscpt. Zum erstenmal ans Licht gestellt: zweites Heft. 157 akg-images: (tc). Alamy Stock Photo: The Picture Art Collection (br). 158 Bridgeman Images: Index Fototeca (cla). The Metropolitan Museum of Art: Gift of Herbert N. Straus, 1925 (bc). 159 Getty Images: DEA / A. Dagli Orti. 160 Alamy Stock Photo: Danny Smythe (bl); Nikki Zalewski (tc). Dreamstime.com: Anna Denisova (tr); Notwishinganymore (cra). Steve 'Stormwatch' Jeal: (tl). 161 123RF.com: Andrea Crisante (cl). Adobe Systems Incorporated: kkgas / Stocksy (cr). Dreamstime.com: Katrintimoff (tc); Sorsillo (tl); Russiangal (tr). Xeonix Divination: (crb). 162 Bridgeman Images: (cl). 162-163 Bridgeman Images: © British Library Board. All Rights Reserved (c). 163 Patrice Guinard: Corpus Nostradamus, i.e. Patrice Guinard, Corpus Nostradamus, http://cura.free.fr/mndamus.html or Patrice Guinard, Corpus Nostradamus #42, http://cura.free.fr/dico-a/701A-57bib.html (br). University of Pennsylvania: Lawrence J. Schoenberg Manuscripts (cra). 164-165 Sächsische Landesbibliothek - Staats und Universitätsbibliothek Dresden (SLUB). 166 Wellcome Collection: (clb). 167 Bridgeman Images: (tl); Photo © Heini Schneebeli (r). 168 Bridgeman Images. 169 Getty Images: The Print Collector (tc). Newberry Digital Collections: Book of magical charms. The Newberry Library, Chicago (br). 170 Bridgeman Images: Chomon / De Agostini Picture Library (br); The Stapleton Collection (cla). 171 Bridgeman Images. 172-173 Bridgeman Images: Photo © Christie's Images. 174 Bridgeman Images: Granger. 175 Alamy Stock Photo: The History Collection (bl). Bridgeman Images: (cra). 176 Alamy Stock Photo: The Granger Collection (br). The Metropolitan Museum of Art: Bequest of Ida Kammerer, in memory of her husband, Frederic Kammerer, M.D., 1933 (cla). 177 Bridgeman Images: The Stapleton Collection. 178 Alamy Stock Photo: The Granger Collection (tc). Bridgeman Images: (bc). 179 Bridgeman Images: The Stapleton Collection. 180 Alamy Stock Photo: Lanmas. 181 Alamy Stock Photo: Pacific Press Agency (bc); Prisma Archivo (cra). 182 akg-images: Mark De Fraeye (bc). Alamy Stock Photo: Sabena Jane Blackbird (r); Peter Horree (tl); Heritage Image Partnership Ltd (fbl); Topham Partners LLP (bl). Bridgeman Images: Pollock Toy Museum, London, UK (ftl). Getty Images: DEA / G. DAGLI ORTI / De Agostini (tc). 183 Alamy Stock Photo: Heritage Image Partnership Ltd / Werner Forman (l). Bridgeman Images: Detroit Institute of Arts, USA / Founders Society Purchase with funds from the Richard and Jane Manoogian Foundation (r). Getty Images: Universal Images Group / Desmond Morris Collection (ca). Glasgow Museums; Art Gallery & Museums: (bc). 184 Alamy Stock Photo: Hi-Story (bl). 184-185 Bridgeman Images: © British Library Board. All Rights Reserved (tc). 185 Alamy Stock Photo: The Granger Collection (br). 186 Alamy Stock Photo: Granger Historical Picture Archive. 187 Alamy Stock Photo: Topham Partners LLP (bl). Bridgeman Images: De Agostini Picture Library (cra). 188-189 Alamy Stock Photo: Granger Historical Picture Archive. 190-191 Dover Publications, Inc. New York: Devils, Demons, and Witchcraft by Ernst and Johanna Lehner, ISBN 978-0-486-22751-1. 192 Alamy Stock Photo: Anka Agency International (br). Bridgeman Images: Giancarlo Costa (bc). Getty Images: Nicolas Jallot / Gamma-Rapho (bl). 193 Alamy Stock Photo: Chronicle (bc); PBL Collection (bl). Bridgeman Images: (br). 194 Bridgeman Images: Archives Charmet. 195 Alamy Stock Photo: Photo 12 (bl). Getty Images: DeAgostini (ca). 196 Bridgeman Images. 197 Alamy Stock Photo: Chronicle (bl). Bridgeman Images: (tr). 198 Nordiska museet/ Nordic Museum: Ulf Berger (t). 199 Alamy Stock Photo: Florilegius (cr). Bridgeman Images: The Stapleton Collection (tc). Norwegian Museum of Cultural History: (bl). 200-201 Getty Images: Historica Graphica Collection / Heritage Images. 202 Alamy Stock Photo: The Picture Art Collection (cla). The Sixth and Seventh Books of Moses: (br). 203 Getty Images: Allentown Morning Call / Tribune News Service / Kellie Manier (tr). 204-205 Getty Images: Nicolas Jallot / Gamma-Rapho. 204 TopFoto.co.uk: John Richard Stephens (bl). 206 Bridgeman Images: Heini Schneebeli; Werner Forman Archive (bl). 207 Bridgeman Images: Werner Forman Archive (bl). Koninklijke Bibliotheek, The Hague: Het Geheugen / Stichting Academisch Erfgoed (tr). 208 Mary Evans Picture Library: (bc, br); Antiquarian Images (l); Florilegius (ca, cra). 209 Mary Evans Picture Library: (bl, br); Thaliastock (tl); Florilegius (tc, tr, bc). 210-211 Getty Images: Stefano Bianchetti / Corbis (tc). 210 A key to physic, and the occult sciences: (bl). 211 Bridgeman Images: Archives Charmet (br). 212 Bridgeman Images: Look and Learn. 213 Anonymous, Lausanne - grande salle du casino. Magnétisme E. Allix, lithography, coll. Historical Museum of Lausanne, Switzerland: (cr). Bridgeman Images: Giancarlo Costa (cla). 214 Alamy Stock Photo: Topham Partners LLP. 215 Bridgeman Images: Archives Charmet (cra); A. Dagli Orti / De Agostini Picture Library (bc). 216 Alamy Stock Photo: Topham Partners LLP (bc/High Priestess, br). Bridgeman Images: (bc); © British Library Board. All Rights Reserved (bl). Egyptian Tarot image used with permission of U.S. Games Systems, Inc., Stamford, CT 06902. c. 1980
by U.S. Games Systems, Inc. All rights reserved: (cla). 217 Bridgeman Images. 218 Alamy Stock Photo: Anka Agency International (tl, tc, tc/Hanged Man, tr, cl, c, c/Strength, cr, bc, bc/Justice, br). 219 Alamy Stock Photo: Anka Agency International (tl, tc, tc/The Star, tr, ca, ca/The Magician, cb, crb, cb/The Emperor, bl, bc). 220 akg-images. 221 Alamy Stock Photo: Lebrecht Music & Arts (cra). Bridgeman Images: Granger (bl). 222-223 Alamy Stock Photo: PBL Collection. 224-225 akg-images: Fototeca Gilardi (c). 225 Alamy Stock Photo: Granger Historical Picture Archive (tr). 226 Alamy Stock Photo: Archive PL (tc); Artokoloro Quint Lox Limited (cl); Topham Partners LLP (br). 227 Library of Congress, Washington, D.C.: Rare Book and Special Collections Division, Printed Ephemera Collection (r). 228 Alamy Stock Photo: Chronicle. 229 Alamy Stock Photo: Chronicle (cra, bc). 230-231 Alamy Stock Photo: Everett Collection Inc. 232 Bridgeman Images: The Stapleton Collection (bl). 233 akg-images: (t). Alamy Stock Photo: Granger Historical Picture Archive (bc). 234 Bridgeman Images: Photo © Gusman (ca). Wellcome Collection: (bl). 235 Alamy Stock Photo: imageBROKER. 236 akg-images: (tl, tr). Getty Images: APIC (bc). 237 akg-images: (tl, tr). Bridgeman Images: Look and Learn (br). 238 Alamy Stock Photo: Topham Partners LLP. 239 Alamy Stock Photo: Granger Historical Picture Archive (ca); The Print Collector (cra). Bridgeman Images: Luca Tettoni (bl). 240-241 Bridgeman Images. 242 Bridgeman Images: (cla, br). 243 Bridgeman Images: (t). 244 AF Fotografie: (br). Getty Images: Bettmann (cla). 245 Alamy Stock Photo: The History Collection (r); Topham Partners LLP (tl). 246-247 akg-images: bilwissedition. 248 AF Fotografie: (bl). Getty Images: Werner Forman / Universal Images Group (br). Bradley W. Schenck: (bc). 249 Howard Charing: Llullon Llaki Supai by Pablo Amaringo. Featured in the book 'The Ayahuasca Visions of Pablo Amaringo' Published by Inner Traditions. (bl). Getty Images: AFP / Joseph Prezioso (bc); Dan Kitwood (br). 250 Getty Images: Keystone. 251 John Aster Archive: (br). Silberfascination (tr). 252 Getty Images: Oesterreichsches Volkshochschularchiv / Imagno (t). 253 Bridgeman Images: Christie's Images (br). Unsplash: Anelale Nájera (tc). 254 Alamy Stock Photo: Björn Wylezich (t). 254-255 Alamy Stock Photo: jvphoto (c). 255 Alamy Stock Photo: Stephen Orsillo (r). Dreamstime.com: Freemanhan2011 (tl). 256 Getty Images: Hulton Archive (bc); Photographer's Choice (cla). 257 Alamy Stock Photo: Chronicle. 258 Getty Images: Buyenlarge / Archive Photos. 259 Alamy Stock Photo: The History Collection (bl). Getty Images: FPG (tr). 260 akg-images: (br). London School of Economics & Political Science: Malinowski / 3 / 18 / 2, LSE Library (t). 261 Bridgeman Images: Granger (r). Roberto Frankenberg: (cla). 262-263 AF Fotografie ©The CS Lewis Company Ltd / HarperCollins. 264 Svitlana Pawlik: (tl/wiccan). Rex by Shutterstock: Phillip Jackson / ANL (br). 265 Bradley W. Schenck. 266 Getty Images: John Mahler / Toronto Star (tr). 266-267 Michael Rauner: The image was made at Reclaiming's 37th annual Spiral Dance in 2016, San Francisco (b). 267 Alamy Stock Photo: Andrew Holt (cra). 268 Alamy Stock Photo: George Fairbairn (cr). Dandelionspirit: (cra). iStockphoto.com: Il_Mex (tl). Roland Smithies / luped.com: (cl). 268-269 Dorling Kindersley: Alex Wilson / Cecil Williamson Collection (cb); Alex Wilson / Booth Museum of Natural History, Brighton (b). 269 Alamy Stock Photo: Panther Media GmbH (c). Dorling Kindersley: Alan Keohane (r); Alex Wilson / Booth Museum of Natural History, Brighton (tc). 270 Getty Images: DEA / A. Dagli Orti / De Agostini. 271 Alamy Stock Photo: Universal Art Archive (crb). Getty Images: DeAgostini (r). 272-273 Alamy Stock Photo: Marc Zakian (b). 273 Alamy Stock Photo: John Gollop (tc). John Beckett: (br). 274 Lucia Bláhová: (tl). Getty Images: AFP / Petras Malukas (b). 275 Getty Images: Jeff J Mitchell (t). Wikipedia: MithrandirMage (b). 276-277 Getty Images: Kevin Cummins. 278 Getty Images: Werner Forman / Universal Images Group (bl). 278-279 Getty Images: Kevin Frayer (t). 280 Alamy Stock Photo: Sirioh Co., Ltd (tl). Getty Images: AFP / Emile Kouton (b). 281 Getty Images: Werner Forman / Universal Images Group (t). 282-283 Howard Charing: Llullon Llaki Supai by Pablo Amaringo. Featured in the book 'The Ayahuasca Visions of Pablo Amaringo' Published by Inner Traditions. 284 Getty Images: DeepDesertPhoto (cl); Roger Ressmeyer / Corbis / VCG (bc). 285 Bridgeman Images: © The British Library Board / Leemage. 286 Bridgeman Images: Private Collection / Luca Tettoni. 287 Bridgeman Images: Private Collection / Stefano Baldini (bc). Getty Images: AFP / Martin Bernetti (tr). 288 Getty Images: AFP / Joseph Prezioso. 289 Adobe Stock: ttd1387 (cra). Alamy Stock Photo: agefotostock (bc). Getty Images: Jack Garofalo / Paris Match (cla). 290 123RF.com: Jane Rix (cla). Alamy Stock Photo: Trevor Chriss (ca); Björn Wylezich (tc). Dreamstime.com: Justin Williford (crb). Getty Images: DeAgostini (cra). The Metropolitan Museum of Art: Bequest of Mary Stillman Harkness, 1950 (clb). Wellcome Collection: (l). 291 123RF.com: curcuma (l). akg-images: Pictures From History (crb). Alamy Stock Photo: Art Directors & TRIP (tc); Lubos Chlubny (tr). Horniman Museum and Gardens: (bc). Photo Scala, Florence: New York, Metropolitan Museum of Art. © 2020. Image (br). 292-293 Getty Images: Dan Kitwood. 294 Getty Images: Alberto E. Rodriguez / WireImage (bc); Peter Bischoff (cra). ™ The Magic Circle: (cl). 295 Alamy Stock Photo: Brent Perniac / AdMedia / ZUMA Wire / Alamy Live News. 296 Bridgeman Images: Charles Chomondely. 297 Dreamstime.com: Roberto Atzeni (cra). Red Wheel Wesier, LLC, Newburyport, MA www.redwheelweiser.com: Liber Null & Psychonaut © 1987 Peter J. Caroll (br). 298 Alamy Stock Photo: Everett Collection Inc / Warner Bros. 299 Rex by Shutterstock: Kobal / Netflix / Diyah Pera (bc). 300-301 Getty Images: Scott Eisen. 300 iStockphoto.com: Turgay Malikl (bl/Trophy, bl/Wrench, bl/Money, bl/Crystal Ball, bl/Light Bulb). Reuters: Emily Wither (ca). 302-303 Dover Publications, Inc. New York: Devils, Demons, and Witchcraft by Ernst and Johanna Lehner, ISBN 978-0-486-22751-1. 320 Alamy Stock Photo: The Granger Collection (c).

"고통과 고난은 두 배가 되어라!
불은 타오르고 솥은 부글부글 끓는다."